MINERVA
人文・社会科学叢書
203

熟慮と討議の民主主義理論
――直接民主制は代議制を乗り越えられるか――

柳瀬　昇著

ミネルヴァ書房

熟慮と討議の民主主義理論
——直接民主制は代議制を乗り越えられるか——

目　　次

序　　論 ……………………………………………………………… 1

第 1 章　民主主義の原理をめぐる論点整理
　　　　　──憲法学における民主的討議の位置づけ ……………… 5

　1　憲法学における民主主義の原理の扱われ方 ………………… 5
　　(1) 民主主義と国民主権・地方自治　5
　　(2) 実体的民主主義観／手続的民主主義観　11
　　(3) 直接民主制／間接民主制　14
　　(4) 諮問的国民投票制度の可否　18
　2　民主主義の原理と選挙・議会・政府 ………………………… 26
　　(1) 日本国憲法と選挙制度　26
　　(2) 直接民主制／媒介民主制　31
　　(3) 多数派支配型民主主義／合意形成型民主主義　35
　3　民主主義の限界問題としての司法権・違憲審査権 ………… 41
　　(1) 違憲審査権の民主的正統性　41
　　(2) 司法権の民主的正統性　50
　4　民主主義の原理の討議的転回 ………………………………… 56
　　(1) 憲法学における民主的討議の位置づけ　56
　　(2) 討議民主主義の理論系譜概観　62
　　(3) 立憲的統治機構の制度における討議の充実　67

第 2 章　討議民主主義理論の新たな展開
　　　　　──実践モデルとしての討論型世論調査の意義と限界 … 73

　1　討議民主主義理論の実践への憲法学の関心 ………………… 73
　2　討論型世論調査の意義・構造・実践 ………………………… 75
　　(1) 討論型世論調査の意義　75
　　(2) 討論型世論調査の構造　77

（3）諸外国におけるこれまでの討論型世論調査の実践　89
　　（4）わが国におけるこれまでの討論型世論調査の実践　91
　　（5）憲法学からの評価　96
　3　公共的討議の場の設計をめぐる議論……………………………………114
　　（1）「ミニ・パブリック」の諸相　114
　　（2）「ミニ・パブリック」の比較検討　122
　　（3）「ミニ・パブリック」の正統性　132
　4　反事実的な討議的意見と政策決定との距離……………………………147

第3章　公共政策をめぐる民主的討議の場の実験的創設
　　　　――わが国における初めての本格的な討論型世論調査…………155

　1　公的年金制度のあり方をめぐる討論型世論調査の実施準備…………156
　　（1）競争的研究資金への応募　156
　　（2）調査の意義・目的・背景　157
　　（3）調査の実施体制　158
　　（4）討論フォーラムの会場と開催日の決定　160
　2　公的年金制度のあり方をめぐる世論調査………………………………161
　　（1）世論調査の方法　161
　　（2）世論調査の結果　164
　3　公的年金制度のあり方をめぐる討論フォーラム………………………180
　　（1）討論フォーラム参加者の選定　180
　　（2）討論フォーラム参加者の構成　182
　　（3）討論資料　186
　　（4）討論フォーラムのスケジュール　189
　　（5）小グループ討論とモデレータの養成　189
　　（6）全体会議　190
　　（7）討論前後のアンケート調査　190
　4　公共的討議の場の実験的創設……………………………………………200
　　（1）討論フォーラムについての参加者による評価　200

（2）まとめに代えて　205

第 4 章　公共政策の形成への民主的討議の場の実装
　　　　　——エネルギー・環境の選択肢に関する討論型世論調査……… 217

　1　エネルギー・環境の選択肢に関する討論型世論調査の概要…………218
　　（1）調査の意義・目的　218
　　（2）調査の背景　224
　　（3）調査の実施体制　227
　2　エネルギー・環境の選択肢に関する世論調査………………………231
　　（1）世論調査の方法　231
　　（2）世論調査の結果　233
　3　エネルギー・環境の選択肢に関する討論フォーラム………………246
　　（1）討論フォーラム参加者の選定　246
　　（2）討論フォーラム参加者の構成　247
　　（3）日時・会場　251
　　（4）討論資料　252
　　（5）討論フォーラムのスケジュール　253
　　（6）小グループ討論　254
　　（7）全体会議　255
　　（8）討論前後のアンケート調査　256
　4　政策形成への公共的討議の場の実装……………………………………271
　　（1）エネルギー・環境政策の決定への影響　271
　　（2）政権交代とエネルギー・環境政策の見直し　285
　　（3）まとめに代えて　289

結　　論……………………………………………………………………………295

あとがき　301
索　引　307

序　論

　民主主義の起源は，古代ギリシャにある。多数のポリスと呼ばれる都市国家で人間社会の最初の民主政治が誕生したが，実際には，政治的決定に関与する資格は，ポリス人口の15％程度にすぎない市民権を有する成人の男性に限定され，女性や奴隷は民主政治の主体とはなりえなかった。そして，市民は共通の宗教や言語を通じて互いに固く結びついており，外部者が共同体に新規参入することはきわめて困難であった。

　アテナイを例として，古代ギリシャの民主政治の構造を概観しよう。ここでは，重要な政治的決定が（司法的決定も），すべての市民が参加する民会で行われた。すなわち，市民が代表者を選挙で選出し，選ばれた議員によって公共政策が決定されるのではなく，全市民が直接に決定作成に参加するという直接民主制が採用されていた。民会の議事を執行し行政を監督する機関として五百人評議会が置かれ，また，実際の行政を担う官職も設けられていたが，これらのほとんどは市民が抽選で就任するものとされていた。政治的決定を行う権力は市民の誰に対しても分かちあうべきだからこそ，その多くの職務について，抽選による選出が行われ，再任が認められなかった。重要なごく一部の官職については選挙で選出されていたが，権力が特定の個人（または集団）に集中することがないよう，必ず同一役職を複数人が務めることとされた。[1]

　少数のエリートだけが支配するのではなく，すべての市民が直接に公共政策の決定に参加する直接民主制を賛美する向きは，現代でも根強い。しかしながら，そのような直接参加の民主政治が可能であるのは，人口が数万から数十万人程度の都市国家において，市民権がごく一部の人にのみ限定されていた状況下であったからであり，政治的決定に参加する資格が拡大した現代では，それをそのまま実現させることは，およそ現実的ではない。[2] 今日の民主主義国家では，有権者数

（１）　付言すれば，権力の集中排除のために，僭主となるおそれがある者は市民の投票により国外へ追放するという陶片追放という制度すらあった。

を考えれば，国家レベルであれ自治体レベルであれ，アテナイの真似をできないことは明らかである。その一方で，政治参加が許される国民の範囲を縮小してく方向も，到底，採りうる選択肢として考えられない。国家の原子化を目指すか，国民の等級づけを企てるのではない限り，古代ギリシャへの憧憬は，いまだ憧憬のままで終わる。

　それだけでなく，この憧憬の対象は，実は，幻想である。アテナイで行われたとされる民主政治を完全に実現するためには途方もない時間が必要であるということは，単純な算数から明らかとなる。宣戦布告のような重要な決定は少なくとも１人の市民が15分間発言する機会をもつまでは行われるべきでないとのグラウコン（Glaucon）の提案は，一見，筋が通っているようにも見える。しかしながら，この参加に対する強い情熱をもつアテナイ人に従うならば，ダール（Robert A. Dahl）の計算によれば，重要な政治的決定を行うためには，6,000人の市民が１人１回15分ずつ発言するとしても，１日10時間，延べ150日間が必要となる。市民に対して，他の市民の発言に呼応した再度の発言の機会を認めるならば（それは弁証法的な過程としては必須であろう），わずか１つの決定に到達するためにも，人間の寿命をはるかに超える3000年の歳月が要求される。[3]

　今日，政治に参加する資格を有する国民の範囲は，飛躍的に拡大した（例えば，わが国の現在の有権者数は，約１億人である）。しかしながら，かりに１億人を収容しうる会議場を建設できたとしても，人間の寿命を桁違いに引き伸ばすことは，現在の科学技術では不可能である。かりに無限の生命が与えられたとしても，１億人の参集する会議において数千万人前の同胞の発言に対して的確に反論することは，限定的な能力しかもたない我々人間にとって不可能である。実効的な会議を行うには，適正な規模というものが存在する。かくして，すべての国民による直接的な参加に基づく公共政策の決定は不可能であるということが証明さ

---

[2]　もとより，十分な情報に基づかない熟考されていない表面的な直感を集計することは，現在の科学技術をもってすればきわめて容易であるから，そのような直感に政治的決定を従属させるという制度設計自体は不可能ではない。しかしながら，政治的決定というものは，はたして，そのような直感のみに基づきなされるべきなのであろうか。

[3]　Robert A. Dahl, *Size and democracy*, Stanford University Press, 1973, pp. 69-70（内山秀夫訳『規模とデモクラシー』（慶応通信，1979年）112-114頁）．3000年もの時間がかかるのであれば，2500年前のわずか１つの決定がなされるのは，現代の我々にとっては，500年先の遠い未来のことになるだろう。

れる。

　現代社会において，発言権を有する者全員の決定作成への完全な直接的参加が不可能である以上，それを一部の人に委ねるという方法を採らざるを得ない。委ね方についてはいろいろな形態が考えられようが，民主主義を標榜する国家においては，選挙を通じて国民の代表者を議員として選出することが多い[4]。かくして，規模の問題に直面した現代の民主主義理論は，（論理的には民主主義と代議制とが必ず結びつくということは，決して自明なことであるとはいえないにもかかわらず）代議制民主主義として展開していくことになった。

　現在のような代議制の民主政治は，これまで，たかだか200年程度の流行である。長い人間社会の歴史を前提として考えれば，代議制以前や民主主義以外の政治と比較検討できるほど，運用実績があるわけではない。実は，我々人類は，代議制の民主政治を始めたばかりである。あきらめるには，まだ早すぎる。

　にもかかわらず，閾値が下がっているのだろう。現在の代議制民主主義は機能不全に陥ったと叫び，それに代わる新しい政治のあり方を求める動きが散見される。その多くは，民主主義という単語の前に（言語によっては，後ろに）修飾語を変えれば，美しい未来が到来すると信じているようだ[5]。

　直接民主主義ないし参加民主主義を目指していた社会運動家の一部が，近時，討議民主主義（deliberative democracy）理論の看板を掲げている。しかしながら，代議制民主主義の対抗理論のみとして討議民主主義理論を位置づけるのは，その理論の起源を探るならば，そして最新の議論状況を踏まえれば，それが絶望的なほどの誤りであることに気づくだろう。

　討議民主主義理論をより正確に理解するために，本書の前半において，民主主義の理論について考究する。第1章では，主としてわが国の憲法学における民主主義の原理をめぐる論点を整理したうえで，討議という概念をどのように位置づけるべきかなどについて，特に憲法学者サンスティン（Cass R. Sunstein）の議論

---

(4)　ただし，アテナイで行われていたような抽選という選出方法も，選択肢として除外されているわけではない（例えば，わが国の選挙でも，当選人が決まらない場合には議員（公職選挙法95条2項など）や内閣総理大臣（参議院規則20条3項但書）ですら，くじで決すべきものとされている）。
(5)　気づいていないのか，それとも気づかないふりをしているのかは不分明であるが，民主主義のほうを変えるという選択肢も存在する。よりラディカルな思想家は，民主政治に固執することなく，例えば，王政や貴族政などについても再検討を試みるがよい。

に注目しつつ検討する。多様な理論を包摂する理論群としての討議民主主義について，その源流を探るとともに，そこから統治機構のあり方への示唆を導出する。続く第2章では，民主的討議を実践する試みとして，政治学者フィシュキン（James S. Fishkin）が提唱し実践してきた討論型世論調査（deliberative polling）について，その意義，構造及び特徴等を説明するとともに，他の公共的討議の場の諸構想との比較を通じて，現実の政策過程への利用可能性とその限界について考察することとする。

　第1章から第2章までが理論的検討であるならば，第3章と第4章は，討論型世論調査の実践の記録である。筆者らは，まず，社会実験として討論型世論調査を実際に実施した。そして，この討論型世論調査という実践モデルは，国の重要な政策を決定するにあたっての参考資料の1つとして，わが国政府によって公式に採用されることになった。まさに，社会実装段階へ進んだのである。本書の後半のうち，第3章では，筆者らが討論型世論調査をどのように実施し，そこでどのような結果が示されたのかについて叙述する一方，第4章では，現実の政策過程との接続という点に重心を置いて，筆者らが取り組んだ討論型世論調査を描写する。

　なお，第3章及び第4章における意見にわたる部分は，筆者の個人的な見解であり，調査の実施主体（第3章：慶應義塾大学DP研究センター，第4章：エネルギー・環境の選択肢に関する討論型世論調査実行委員会）の公式見解ではない。また，筆者は，調査の議題（第3章：公的年金制度のあり方，第4章：エネルギー・環境政策）の専門家ではないため，それらについて何らかの政策提言を行うものではないし，同様に統計学の専門家ではないため，調査結果の統計学的な分析を行うものでもない。本文中の登場人物の所属・身分は，（筆者自身を含めて異動があるとしても）当時のものである。

第1章
民主主義の原理をめぐる論点整理
――憲法学における民主的討議の位置づけ――

1 憲法学における民主主義の原理の扱われ方

(1) 民主主義と国民主権・地方自治

　憲法とは，国家の統治権の組織と作用及び相互の関係を規律する規範である。ただし，憲法学が対象とする憲法とは，現代的意味においては，主として，自由主義に基づいて人権保障のために権力を抑制することが定められた国家の基礎法としての，立憲的 (constitutional) 意味の憲法を指す。

　憲法学の世界では，民主主義の原理は治者と被治者との自同性と定義され，特にわが国では，その理論的な探求よりも，むしろ国民主権や地方自治といった，より具体的な統治の原理の問題として検討されてきた。

　「立憲」だとか「多数者支配的」などといった修飾語なしに，憲法学が民主主義の原理について語ることはあまり多くないが，ここで，民主主義の原理についての憲法学における確立した定義について，補説することとする。すなわち，わが国憲法学においては，治者と被治者との自同性（Identität von Regierenden und Regierten）として民主主義の原理を説明するのが一般的である。古くは，1934年

---

(1) シュミット（Carl Schmitt）は，民主主義の議論が基づくところの一連の自同性として，治者と被治者との自同性，支配者と被支配者との自同性，国家の権威の主体と客体との自同性，国民と議会における国民代表との自同性，国家とその時々に投票する国民との自同性，国家と法律との自同性，量的なもの（数量的な多数，または全員一致）と質的なもの（法律の正しさ）との自同性を挙げており（Carl Schmitt, *Die geistesgeschichtliche Lage des heutigen Parlamentarismus*, Duncker & Humblot, 1923, S. 15（初版の翻訳であるところの樋口陽一訳「現代議会主義の精神史的状況」長尾龍一編『カール・シュミット著作集I』（慈学社出版，2007年）62頁）），あるいは，民主主義について，支配者と被支配者との，治者と被治者との，命令者と服従者の自同性と定義した（Carl Schmitt, *Verfassungslehre*, Duncker & Humblot, 1928, S. 234（尾吹善人訳『憲法理論』（創文社，1972年）288頁））。

に公表された宮沢俊義教授の論文に類する表現が見られる。宮沢教授は、「法規範の定立者とその法規範によって義務づけられる人間との間に自同性（Identität）が存する政治形態」、すなわち「治者と被治者との自同を原理とする政治形態」として、民主制を定義した。宮沢教授と同じ世代の代表的な憲法学者の１人である清宮四郎教授は、有斐閣法律学全集の１巻をなす『憲法Ｉ』において、「民主制とは、法律、命令、裁判判決、行政処分など、いろいろな形式であらわれる国家の統治意志と、それらによって統治される国民各自の意志とを一致せしめ、統治する者と統治される者との間に自同性（identity）の関係をもたせようとする原理、いいかえれば、国民の政治的自治または自律を認める原理をいう」と述べた。自同性とは、内野正幸教授も指摘するように、国語辞典にも掲載されていない憲法学固有の術語であり、「治める者（＝治者）と治められる者（＝被治者）の同質的側面」と読みかえることができよう。

　前述のとおり、憲法学は国家統治の組織と作用を考える学問であるから、憲法

（２）　これは、民主制と独裁制との対比で述べられたものであり（「独裁制は治者と被治者とのあいだの自同性を全く否定する原理にもとづく」という）、これらの区別は「治者と被治者との間の自同性の有無にある」という（宮沢俊義『憲法の思想』（岩波書店、1967年）274頁、傍点原文）。同じく1934年に初出の別の論稿でも、独裁制ないし絶対制との対比の文脈で、その区別する標準として「政治者と被政治者との間における自同性」の有無を挙げている（宮沢俊義『民主制の本質的性格』（勁草書房、1948年）32頁）。ただし、宮沢教授のいう（民主主義の原理を自由主義の原理と切り離せないことを前提とする）自同性原理が、「同じ自同性の概念を用いながらも、それがデモクラシーとリベラリズムとを峻別するカール・シュミットの民主政と異質のものである」ことを指摘するものとして、高見勝利『宮沢俊義の憲法学史的研究』（有斐閣、2000年）105頁。なお、先に挙げた論文において、宮沢教授が「議会制は、いうまでもなく、民主制のもっとも通常な現実形態である」と述べた（『憲法の思想』275頁）のと対照的に、後に『現代議会主義の精神史的状況』第２版の序文となる1926年に発表した論文において、シュミットが、議会主義への信念、すなわち討論による統治への信念は、自由主義の思想界に属するものであり、それは民主主義に属するのではない——この両者、すなわち自由主義と民主主義は、互いに区別されなければならず、そうすることによって、現代の大衆民主主義をつくりあげている異質の混成物が認識されることになると述べている点（Carl Schmitt, "Der Gegensatz von Parlamentarismus und moderner Massendemokratie," *Positionen und Begriffe im Kampf mit Weimar-Genf-Versailles, 1923-1939*, Hanseatische Verlagsanstalt, 1940, S. 59（樋口陽一訳「議会主義と現代の大衆民主主義との対立」長尾編『カール・シュミット著作集Ｉ』164頁））が、本章で後述する議論との関係で示唆を与える。

（３）　清宮四郎『憲法Ｉ〔第３版〕』（有斐閣、1979年）57頁。なお、同書は、宮沢俊義『憲法ＩＩ〔新版〕』（有斐閣、1974年）とともに、1957年の初版刊行以降、佐藤幸治『憲法』（青林書院、初版の刊行は1981年）や芦部信喜『憲法』（岩波書店、初版の刊行は1993年）が公刊されるまで、長らくわが国憲法学の最も標準的な概説書であり続けた。

（４）　内野正幸『民主制の欠点』（日本評論社、2005年）15頁。

典に登場すらしない民主主義の原理よりも、それを採用していることが法文上明らかな国民主権や地方自治という具体的な統治の原理について、さらなる考究が求められることとなる。

国民主権の原理については、「絶対主義時代の君主の専制的支配に対抗して、国民こそが政治の主役であると主張する場合に、その理論的支柱とされた観念」であるとされ、国の政治のあり方を最終的に決定する権力を国民自身が行使するという権力性の契機と、国家の権力行使を正当づける究極的な権威が国民に存するという正当性の契機の2つの要素からなることが示される。また、地方自治の原理に関しては、日本国憲法92条にいう「地方自治の本旨」の意味として、地方自治が住民の意思に基づいて行われるという民主主義的要素である住民自治と、地方自治が国から独立した団体に委ねられ、団体自らの意思と責任の下でなされるという自由主義的・地方分権的要素である住民自治の2つの要素から構成される。

国民主権に2つの側面があるという議論は、民主政治をめぐる諸論点における学説の対立とも連関する。すなわち、その論点とは、①日本国憲法43条1項で「両議院は、全国民を代表する選挙された議員でこれを組織する」というときの「代表」が、政治的な意味における代表を指すのか、それとも法的な意味における代表を指すのかという論争であり、また、②そこでいう代表されるべき「全国民」とは誰を指すのか（抽象的な国民としてのnationなのか、具体的な有権者団としてのpeupleなのか）をめぐる議論である。これは、③多くの立憲主義国家において基本とされる間接民主制には、固有の意義・価値があると考えるのか、それとも直接民主制が本来望ましいが、物理的にも理論的にもその実現が困難であるから、次善の策として間接民主制を便宜的に採用しているのかという、民主政治の本来のあり方をめぐる見解の相違とも連関しており、さらに言えば、④被代表者

（5）　日本国憲法には、代議制（前文第1段、43条1項）や国民主権（1条）についての規定はあるものの、民主主義という文言は一切登場しない。

（6）　なお、井上典之教授によれば、国民主権とは国の統治あるいは国の政策についての自己決定原理である一方、民主主義はその決め方の手段ないし手続であるというのが憲法学の通説的見解とされる（松井茂記・井上典之「憲法訴訟と民主主義」井上典之・小山剛・山元一編『憲法学説に聞く』（日本評論社、2004年）221頁（井上典之発言））。

（7）　芦部信喜（高橋和之補訂）『憲法〔第5版〕』（岩波書店、2011年）39頁。

（8）　芦部・前掲注（7）356頁。

（国民）が代表者（議員）に与える委任の性格は、自由なものなのか、それとも代表者の意思を法的に拘束する命令的なものなのかという議論対立でもあり、より具体的な問題としては、⑤代表者を被代表者がリコールする制度は法的に要請されるべきか否かという形でも発現する。

　国民が自ら国の統治のあり方を最終的に決定するという権力性の契機を重視するならば、主権の主体としての国民とは、「社会契約参加者の総体、政治に参加しうる年齢に達した者（市民）の総体」であり、実際に政治的意思表示を行うことのできる peuple を意味することになる。そのような直接に政治的意思を表明する能力のある peuple には、本来的には代表というものを必要としないので、peuple 主権は、直接民主制と密接に結びつくことになる。便宜的に peuple が代表を選出し、議会における政治を委ねることがあるとしても、議会は「直接民主制の代替物」にすぎないから、そこでいう代表は、peuple の意思を議会に伝達

---

(9) 政治的意味の代表とは、「国民は代表機関を通じて行動し、代表機関は国民意思を反映するものとみなされるという趣旨」であり、法的意味の代表とは、「代表機関の行為が法的に代表される者（国民）の行為とみなされるという趣旨」である（芦部・前掲注（7）282-283頁）。芦部教授は、政治的代表観が通説であるとする一方で、「第二次世界大戦後、経済の発展とともに社会構造が複雑化し国民の価値観も多元化したという状況を踏まえて、議員の地位の国民意思（具体的には選挙）による正当化が強調され、国民意思と代表者意思の事実上の類似が重要視されるようになり、社会学的な観念を含めて代表の観念を構成する考え方が提唱されるようになった」とも述べている（283-284頁、傍点原文）。近時は、この社会学的代表観が有力であると思われる。この見解によれば、「国民の多様な意思をできるかぎり公正かつ忠実に国会に反映する選挙制度が憲法上要請されることになる」という（284頁）。

(10) ただし、これらの議論がわが国に継受されるにあたり、本書で述べるような理念系としての nation 主権と peuple 主権との対立構造よりも、さらに議論が複雑になった。辻村みよ子教授は、国民主権というときの「国民」の意味につき、全国民主体説と有権者主体説との対立において、「政治的な意思決定能力者をさす「人民（プープル）」は必ずしも実体法上の有権者とは同視されないため、「人民（プープル）」主権説を「有権者主体説」と表現することは適切ではない」と述べたうえで、国民の意味と主権の帰属をめぐるわが国における議論を4類型に分類するが、その詳細は、辻村みよ子『憲法〔第4版〕』（日本評論社、2012年）48-52頁、同『市民主権の可能性』（有信堂高文社、2002年）27-29頁参照。

(11) 杉原泰雄『憲法I』（有斐閣、1991年）5頁。したがって、そのような「「プープル」は……みずから主権を行使できる」（同頁）。

(12) 杉原教授は、「「プープル主権」のもとにおいては、「プープル」の意思や利益はその構成員の意思や利益の集積と考えられて」おり、「したがって、そこでは「プープル」を構成している各市民は主権の行使に参加する「固有の」権利をもち、直接民主制が政治の原則となる」と述べる（杉原・前掲注（11）5頁）。なお、芦部・前掲注（7）42-43頁も参照（ただし、芦部教授は、nation 主権と peuple 主権との対立については、いくつかの留保をしており（43頁）、また、①・④・⑤の論点と②・③の論点との関連性については言及していない）。

するメッセンジャーボーイに徹することが望まれ、そのような代表者が政治活動を行うにあたっては、被代表者の意思に拘束される。被代表者の意思を議会に歪めることなく伝達するという機能が果たせなければ、その代表者は正統性を欠き、罷免されてもやむを得ないという帰結となる。一方、国家権力を正統化し権威づける根拠が究極的には国民であるという正当性の契機においては、そこでの主権の保持者としての国民は、現に存在する国民ないし有権者に限定されるべきではなく、すべての国民と観念されるもの、すなわち、nationであるとされる。このnationは、「抽象的観念的存在でそれ自体としては自然的な意思決定能力さえももたない」。現存しない過去の国民や未来の国民も、ここでいう国民というべきであるため、政治的な意思を表明する手段をもたない彼らの意思を国政に反映させるため、必然的に代表という装置が設けられることになる。そして、政治

(13) 杉原教授は、繰り返し、議会（あるいは、現代代表制）が「直接民主制の代替物」である（あるいは、「でなければならない」）と強調している（例えば、近時の文献として、杉原泰雄『地方自治の憲法論〔補訂版〕』（勁草書房、2008年）52頁、160頁、181頁、226-230頁、233頁、239-240頁、244頁）。一方、樋口陽一教授は、杉原教授と同じくフランスを題材に、しかしながら、杉原教授とまったく逆に、「国民代表概念は、直接民主制がたとえば実際には物理的に不可能であるためそれに代わるべきものとして考えられたところの便宜上の次善的な代用物としてではなく、直接民主制よりもすぐれた価値をもつ原理上の対立物として主張されていたのである」と述べる（樋口陽一『議会制の構造と動態』（木鐸社、1973年）40頁、傍点原文）。この樋口教授の国民代表概念の理解に対する批判として、杉原泰雄『国民主権と国民代表制』（有斐閣、1983年）43-59頁、320頁。「代表民主制を、直接民主制に対する「質的優位」から基礎づけるか、あるいは代表民主制は物理的に実施困難な直接民主制の「代替物」にすぎないと考えるか」という代表民主制の本質をめぐる対立は、エスマン（Adhémar Esmein）が提示した2つの統治形態をめぐる議論を基礎としているが、両方の立場から議会制をめぐる基礎概念についてどのようにとらえうるかを整理したものとして、杉原泰雄・只野雅人『憲法と議会制度』（法律文化社、2007年）204-261頁（只野雅人執筆）。なお、只野雅人教授は、議会における国民の代表による審議を討議民主主義理論に基づき再構成する見解に触れ、「かかる「討議民主政」モデルは、ある面では、〔直接民主制に対する「質的優位」から基礎づける〕「古典的代表」と重なり合う」と主張している（216頁）。

(14) 「なんらかの理由で代表制を採る場合にも、直接民主制に代わるものとして、代表は当然に「プープル」またはその単位の意思に拘束され、それに対して政治責任を負うことになる。「プープル代表」は、実在する「プープル」の意思を確認表示すべき立場にある」（杉原・前掲注（11）5頁）。合わせて、同書106頁も参照。杉原教授は、peuple主権において、代表者は命令的委任によって被代表者に拘束されていなければならないと述べ、その具体的な制度化としてリコール制を挙げているが、これに対して、高橋和之教授は、「peuple主権は……命令的委任までは要求しない」と述べ、また、リコール制は「必ずしも命令的委任の制度化としてしか理解できないというわけではな」いと批判している（高橋和之『国民内閣制の理念と運用』（有斐閣、1994年）196-198頁）。

(15) 杉原・前掲注（11）112頁、134-135頁。
(16) 杉原・前掲注（11）127頁。
(17) 杉原・前掲注（11）4頁、128頁。

的な意味における代表は,「選挙区ないし後援団体など特定の選挙母体の代表ではなく,全国民の代表であること,したがって,……議会において,自己の信念に基づいてのみ発言・表決し,選挙母体である選挙区ないし後援団体等の訓令には拘束されない」ことになる。民主政治のあり方として間接制と直接制のどちらを選択すべきかは,政治学や経済学の世界でもしばしば取り上げられる論点であるが,憲法学では,特に代表観・国民像・委任の性質などとの関連性が常に意識されるという点に特徴がある。[19]

また,地方自治に2つの側面があるという議論は,そもそも,地方のことは地方で決めるという地方自治の原理(それ自体は,本質的に民主主義的な原理であるといえよう)について,より自由主義的な側面と民主主義的な側面とに着目したものであると考えてよかろう。すなわち,団体自治とは「地方自治が国から独立した団体に委ねられ,団体自らの意思と責任の下でなされる」ことを指す一方,住

---

(18) 芦部・前掲注(7)283頁。杉原教授は,「「ナシオン代表」は,「ナシオン」に代わって国政の基準となる一般意思を決定するにあたり,「プープル」の意思に従うこともその同意を求めることも要求されず,それに責任を負う必要もな」く,「ここでは命令的委任(mandat impératif)の禁止(自由委任)が原則となり,「プープル」による「ナシオン代表」の政治責任の追及を制度化することも必要とされない」(杉原・前掲注(11)4頁)と述べる(合わせて,144頁も参照)。

(19) 憲法学界では,代表観としては政治的代表を基本としたうえで社会学的代表の意義を加味するものとし,民主制のあり方としては間接民主制を,国民像としては抽象的国民としての nation を,委任の性質としては自由委任を,それぞれ採用するのが通説的見解である。

なお,主権論に関しては,nation 主権のほうが討議民主主義理論に親和性があると筆者は考えている。高橋教授は,「共同体の恒常的利益を前にして,利己主義と欲望と知的盲目を伴ったまるごとの個人なのではな」く,「理性により開明され,自己の経済条件に固有の気苦労と階級的偏見とから解放されており,個人的な好みを捨象して公事を論ずることのできる人間,つまり,まさにその無私無欲が主権を慎重に行使するであろうことの担保であるがゆえに,主権者としての資格が承認されるような一種の世俗的聖者」こそが nation であるというビュルドー(George Burdeau)の議論を紹介したうえで,この nation 主権の下で,代表者の意思が市民=人民の意思となるための濾過装置として,討論があり,「討論こそが,多かれ少なかれ生身の人民の意思を素材として,そこから真の,理性的な人民意思を創造するメカニズムなのである」と主張する(高橋・前掲注(14)172-174頁,傍点原文)。一方で,peuple 主権の下では,「人民の生身の意思が貫徹すべきであるとすれば,代表者の討論は,それをゆがめるものとして否定的評価を受けざるをえ」ず,「人民の生身の意思は,利害対立を内包しているので,代表者の討論を通じて国民の統一的意思を創造するのではないとすれば,むき出しの「数による結着」以外に,国家意思の形成方法はない」ことになる。「国民主権が必須の制度として要求した「濾過装置」は,人民主権の下においては,排斥されねばならないし,さらに,人民の意思がより良く反映されるための「通気装置」が導入されるべき」であるから,直接制的な制度が要求されることになる(176-177頁)。したがって,討議民主主義理論との距離に関しては,上述の私見(相対的にみて,nation 主権論に親和性がある)が妥当すると思われる(その一方で,いわゆる参加民主主義は,peuple の直接的な参加を尊重する peuple 主権論に通底するところがあるといえよう)。

民自治とは、「地方自治が住民の意思に基づいて行われる」という意味である。
ここでは、自由主義と民主主義との関係について、より深く考究する必要性を認識させるが、この点は、項を改めて検討することとする。

(2) 実体的民主主義観／手続的民主主義観

憲法学の世界において、自由主義と民主主義との本来的な緊張関係は、立憲民主主義という術語の登場によって、事実上看過されてきた。

すなわち、日本国憲法が前提とする民主主義は、単純な多数者支配的民主主義 (majoritarian democracy) ではなく、人権ないし自由の保障という実体的価値を前提とする立憲民主主義 (constitutional democracy) であり、後者には、当然に自由主義の思想が包摂されているという。少数者の人権を保障してこそ、憲法における（立憲）民主主義であって、多数者が少数者の声を顧慮せずに、その意思をもって少数者の権利を制限することは、民主主義的ではないと解するのである。

わが国憲法学において、このように実体的な価値を包摂して民主主義の原理を明確に定式化したのは、宮沢教授であった。宮沢教授は、「デモクラシーの根拠は、……人間の自由平等というところにあ」る「が、人間の自由を保障するというのが自由主義であ」るから、「自由主義はデモクラシーの概念の中に当然含まれていなければならないので、そこを離れてデモクラシーはあり得ない」と述べている。そして、この宮沢教授が提唱した立憲民主主義という民主主義観は、芦部信喜教授に継承され、その後、わが国憲法学において支配的な理解となるに至った。

宮沢教授にせよ、芦部教授にせよ、「民主主義は、単に多数者支配の政治を意味せず、実をともなった立憲民主主義でなければならないのである」と考えており、特に芦部教授にあっては、「国家権力を合理的に制限し、国民、とくに少数者の権利・自由を保障すること、そこに民主政の真の本質が存するといってよい」と断言している。すなわち、民主主義を考える際には、より多数の者の意見

---
(20) 芦部・前掲注（7）356頁。
(21) 宮沢俊義『憲法論集』（有斐閣、1978年）282-283頁。
(22) 芦部・前掲注（7）17頁、同『憲法訴訟の理論』（有斐閣、1973年）360-363頁。
(23) 芦部・前掲注（7）17頁。

で物事が決まるという手続であるということよりも,「国家権力を合理的に制限し, 国民, とくに少数者の権利・自由を保障すること」という実体的な価値を維持・尊重することのほうに重点が置かれている(24)。

一方, このような民主主義についての定義づけとは異なる観点から, 民主主義の原理を説明しようとしたのが, 宮沢教授とともに同じ時代を牽引した清宮教授である。清宮教授は, 民主主義を「統治の機構に関する主要な原理であ」って, それは, 先述のとおり,「国民の政治的自治または自律を認める原理」であると説くが, ここにおいては, 権利・自由の保障という実体的な価値の重視は見られない。むしろ,「民主主義は, 統治の方法または形体に関する原理」であって(25),「統治の目標または内容に関する原理」とは区別されており(26), すなわち, 純粋に統治のための手続・方法として理解されている(27)。

要するに, 民主主義の原理については, 憲法学の世界では, 国家統治の目標を

---

(24) 芦部教授は,「民主政とは, 一般には,「政治的平等の原則に基づきかつ政治的自由の条件の下で行なわれる定期的な選挙において, 国民の効果的なコントロールに服する代表者によって, 公の政策が多数決原則で作られる」政治制度と規定されるが, これらの要件のうち, 多数者支配 (majority rule) の要件に重点をおくか, それとも自由と平等, それを基礎づける人間人格の尊厳および人権保障の原則に重点をおくかによって, 民主政は多数者支配的民主政と立憲民主政の二つに大別され」るとし,「多数者支配は, ……個人の自由・平等・生存の保障という立憲主義の目的を確立し伸長させるための手段であり, 一定の——とくに少数者の——不可侵の人権が尊重・擁護されている体制の下で始めて実効的に機能することができる原則である」と述べたうえで, 本文引用部分に続ける (芦部信喜『憲法訴訟の現代的展開』(有斐閣, 1981年) 152-154頁)。
(25) 清宮・前掲注 (3) 55-57頁。
(26) 「統治の目標または内容に関する原理」としては,「自由・平等・福祉および平和」が挙げられている (清宮・前掲注 (3) 55頁)。もとより, 各原理の相互関係として,「自由・平等・福祉および平和は, いずれも民主主義の前提であると同時に目標でもある」と述べられ, また,「民主主義の観念が, いわゆる「国民の政治, 国民による政治」のほかに,「国民のための政治」にも及ぶとすれば, ここにいうすべての原理がそれに含まれることになる」とも述べられている (同頁) が, 引用部分から明らかなように, 清宮教授は, あくまで民主主義の原理と自由主義の原理とを区別する立場にある。
(27) 清宮教授の民主主義観について「清宮説の特徴は,「民主主義」を「統治の方法」の問題として理解するところにある」と述べる点 (内野・前掲注 (4) 16頁) において, 内野教授の見解には賛同する。内野教授は,「清宮説を参考にしながら」としたうえで, 暫定的な定義として,「民主制とは, 被治者の直接的もしくは間接的な多数意思にもとづいて統治するという統治のやり方のこと」と述べる (15頁) が, 筆者が思うに, 清宮教授の民主主義理解には, 多数決ないし多数者支配という要素は見られない (ただし, この点について, 内野教授も注意深く表現している)。なお, そもそも民主主義の原理は多数者支配的なものにほかならないと断言するものとして, 阪本昌成『憲法理論Ⅰ〔補訂第3版〕』(成文堂, 2000年) (「民主主義とは, 多数意見による決定方法に基づきながら, 何が法となるかについての教義をいう」(50頁),「「民主主義」(democracy) は……「多くの人びとによる支配」を表すにとどまる」(51頁))。

達成することという実体的な価値を重視する立場と、価値とは切り離して純粋に国家統治のための手続・方法と考える立場の2つに大別しうる。阪本昌成教授の語用法にならって[28]、前者を実体的民主主義観と呼び、後者を手続的民主主義観と呼ぶならば、そのうち、重視すべき価値として個人の権利・自由を挙げる民主主義観こそが、立憲民主主義である。

　もとより、この立憲民主主義という民主主義構想に対しても、批判が寄せられている。すなわち、司法権の民主的正統性をめぐる問題に関連して再吟味の必要性が示唆される（この点は、節を改めて論ずる）ほか、そもそもこれは民主主義理論ではないとの阪本教授による重要な指摘がある。

　阪本教授は、いわゆる近代立憲主義について、「立憲自由主義」と呼称すべきと提唱するが、それは、次のような理由からである。すなわち、「近代立憲主義は、リベラリズムを国制（constitution）の基本とする思想であり、デモクラシーを貫徹する思想ではない。近代立憲主義は、立憲自由主義と同義であって、民主主義を立憲化すること（国制の基本として組み入れること）ではない。「立憲民主主義」とは、「憲法によって制限される民主主義」を指すというのであれば、有意となる」[29]。換言すれば、立憲民主主義という考え方は、民主主義について論じて

---

(28) 阪本教授は、民主主義の原理を「基本的人権の尊重思想と不可分のかたちで、あたかも統治の目的であるかのように議論」すること（「目的としての民主主義観」）、すなわち、「民主主義が自由の条件であるかのように説く」見地に対して、「それは立憲民主主義という用語の濫用である」と批判する。「「民主」なる用語の濫用の典型例が、「実体的民主主義」とでもいうべき民主主義観である。この立場は、実体価値として、特に「自由で平等な市民（シティズン）としての価値」を重視し、市民を自由で平等な道徳的・自律的存在として処遇することこそ民主主義的である、とみるのである」が、「個人の尊厳保障を民主制の条件と説いて、自由または平等にまで言及することは、あまりにも実体的価値を吹き込んだ誤用である」し、「利益・選好を異にする多数者国民による政治的決定を「自己決定」と呼ぶことはできない」（「「自己決定」は、あくまで個人についていいうるだけである」）という。一方、「民主主義とは、望ましい統治の方法・手段をいうのであって、統治の目的ではな」く、「誰が権力をいかに行使するかを問うのである」という論者自身の立場を「手続的民主主義」と呼び、これは「国民が被統治者であるという事実を率直に承認しながら、その政治参加の手続（投票、言論、請願、ロビー活動等）を民主主義の中身におく」ものであると解説する（阪本・前掲注(27) 50-52頁）。なお、プリュラリズム憲法学者である松井茂記教授も、次のように述べて、実体と手続とに分けて民主主義の原理を理解している。「ここでいう「民主主義」は、あくまで国民の多数者の意思が、代表者を通して国政を決定するという手続的な意味における民主主義である。これに対し支配的な学説は、民主主義を実体的に定義し、自由が保障されることが民主主義だと捉えている。もちろん、手続的に捉えた民主主義も、普通選挙制や表現の自由など政治参加のプロセスに不可欠な諸権利の保障を前提としている。しかし、それを超えた自由の保障を民主主義の中に組み込むことは妥当とはいえまい」（松井茂記『日本国憲法〔第3版〕』（有斐閣、2007年）137-138頁）。

いるかのように標榜するが、その実態は、自由主義のことであるという。

　筆者は、憲法学界における民主主義の原理についての支配的理解である立憲民主主義という構想に対して、いささかも異論を唱えるものではないが、この阪本教授による問題提起にも強く共感するものである。民主主義の原理について、自由主義との関係を意識しながら議論するにあたっては、立憲民主主義という民主主義理解は、無用な議論の混乱を招来しかねない。そこで、本章においては、立憲民主主義という民主主義のとらえ方は、民主主義が目指すべき価値として人権を据えようとする自由主義の問題であって、そこから権利保障という要素を除いた民主主義の固有の意味は、決定の手続原理であると仮定したうえで、以下、議論を進めることとする。

（3）直接民主制／間接民主制

　前述のとおり、主権論をめぐる議論の対立は、本来あるべき民主制をどのようにとらえるのかという点において、見解を大いに異にすることになる。peuple主権に立つならば、政治的意思決定をする資格があり、かつその能力もあるpeupleは、自らそれを行うべきであって、すなわち、直接民主制が本来行われるべきであるが、実際に、わが国でいえば、1億人の有権者が一堂に会する場もなく、また平等な発言を認めたうえで政治的意思決定を行うことは時間的にも困難であるので、次善の策として間接民主制の政治制度を採用するのである。一方、nation主権に立つならば、抽象的国民の一部分である現在の有権者が、国民全員のために、過去・現在・未来に通暁する優れた人物を選出し、その選良たる代表者が互いに議論しあって政治的意思決定を行うという点に意義を見出すた

---

(29)　阪本昌成『法の支配』（勁草書房、2006年）16頁。
(30)　内野教授も、「人権とデモクラシーとをきちんと区別してとらえた方が、概念の整理の仕方として、すっきりしており、よりすぐれているであろう」と述べている（内野・前掲注（4）24頁）。
(31)　これは、立憲民主主義という民主主義理解を否定したり、その意義を軽んじようとしたりするものではない。自由主義の原理を合わせて議論する地平においてのみ、立憲民主主義という構想を敢えて封印しておくという意味にとどまる。
(32)　選挙によって代表者を選出する代議制の場合であっても、nation主権における議員は、選出母体などの個別的利益から切断され（有権者の側から見れば、国民が議員に与えた信託（日本国憲法前文第1段）は、議員の政治的活動を法的に拘束するものではない）、当該選挙区の代表ではなく、「全国民の代表」（43条）となる。

め、そもそも間接民主制に固有の意義・価値があると考えている。このように、「主権概念と統治形態との関係については、代表制が「ナシオン（nation）主権」、直接制が「プープル（peuple）主権」にそれぞれ対応していると解することについては概ね一致している」。[33]

いずれにせよ、大別するならば、民主制には直接制と間接制との2つがあるとして、では、日本国憲法が採用するのはどちらであるといえるのか。接近方法としては、2つある。1つは、日本国憲法の文言から導出する方法であり、また1つは、日本国憲法の規定する制度の実体から推察する方法である。[34]

まず、形式的なアプローチに関して、注目すべき憲法の規定は、前文第1段である。すなわち、日本国憲法は、その第1文として、「日本国民は、正当に選挙された国会における代表者を通じて行動し、われらとわれらの子孫のために、諸国民との協和による成果と、わが国全土にわたつて自由のもたらす恵沢を確保し、政府の行為によつて再び戦争の惨禍が起ることのないやうにすることを決意し、ここに主権が国民に存することを宣言し、この憲法を確定する」と規定する。この冒頭の1文について、日本国憲法が間接民主制（特に、代議制）を採用したことを宣言する趣旨であるとする見解と、日本国憲法の制定（大日本帝国憲法の改正）作業を行った際の行為の態様を表現したものであるとする見解とが対立している。[35]このうち、後者は、ここでいう「国会」とは制憲議会である第90回帝国議会を指すものとしたうえで、[36]「日本国民」が「行動し」、「決意し」、「宣言し」、「この憲法を確定する」と動詞が並列していると読み、この1文が「この憲

---

(33) 岡田信弘「代表民主制の構造」大石眞・石川健治編『憲法の争点〔ジュリスト増刊　新・法律学の争点シリーズ3〕』（有斐閣、2008年）25頁。

(34) ただし、後に触れるとおり、統治形態として直接制と間接制のほかに、さらに細かく半代表制ないし半直接制と類型化する見解（ただし、それらを別個のものとするか、1つの類型とするかについては、争いがある（岡田・前掲注（33）24頁））も有力である。

(35) この論点に特に注目するのが、初宿正典教授である（初宿正典「日本国憲法前文冒頭における「国会」の意味」法学論叢133巻6号（1993年）1頁、同『憲法1』（成文堂、2002年）53-57頁）。

(36) これが、この見解の難点でもある。前文第1段が「この憲法が成立するに至つた事実上の由来を説明するのではな」く、「日本国民がこの憲法の下に持つ自覚的意思、覚悟を示すのである」とする立場の佐々木惣一教授も指摘するように、日本国憲法が制定された時点では、日本国憲法は施行されておらず、したがって、（「帝国議会」ではなくて）「国会」は存在しておらず、また、日本国民が国会における代表者を通じて行動するということも社会的事実として存在しえなかったため、第1段でいうところは、「日本国憲法施行の下における規範的事実をいうとするの外ない」（佐々木惣一『改訂日本国憲法論』（有斐閣、1952年）135-138頁）。

法の制定権者が日本国民であることを宣言したものであ」ることを示すものであると解する。(37) このような理解は，文法構造上も妥当であると指摘されており(38)，そのような解釈をすることの憲法制定史上の根拠も示されている(39)。政府見解も，後者である(40)。一方，「後者のように解すると，この部分は単なる憲法制定の経過説明にすぎないものとなってしま」い，また，「文法的・沿革的にも前者のように解する余地はあり，また，憲法の制定者である国民が統治のあり方についてその原則を明示したものと解さないと，前文の規範的意義が半減してしまうことにな」るとして，間接民主制の採用を明らかにする趣旨であると解するのが，憲法学界における通説的見解である(41)。

もとより，前文第1段の意義について（先に挙げた）後者の見解に立つ論者も，「日本国憲法が代表民主制を採ることとしたことは明らかである」と述べる（間接民主制の採用を否定するものではない)(42)。あるいは，「そもそも，「代表民主制」を国政上の原則とするかどうかは，日本国憲法が国民と国会との組織・権限上の関係を全体としてどのように組み立てているかという問題であって，それが憲法前文に明記されるかどうかとは関係がない」のであろう(43)。こうして，次に，日本国憲法の規定内容から実質的に判断して，この憲法が間接民主制を採用しているか否かを検討することが必要となる。

日本国憲法は，立法機関として国会を設け（41条)，その構成員たる議員を選

---

(37) 佐藤功『ポケット註釈全書　憲法（上）〔新版〕』（有斐閣，1983年）14頁。佐藤功教授は，「この文句は，……この憲法によって日本国民が国会を通じて行動すること，すなわち，この憲法が直接民主制ではなく間接民主制ないし議会主義を採用することを意味するものではない」と明確に述べる（同頁)。大石眞『憲法講義I〔第3版〕』（有斐閣，2014年）75頁も，後者に立つ。
(38) 小嶋和司『憲法概説』（信山社，2004年）128頁。
(39) 初宿・前掲注（35)「日本国憲法前文冒頭における「国会」の意味」7-20頁。
(40) 参議院予算委員会における真田秀幸内閣法制局長官の答弁（第87回国会参議院予算委員会会議録第4号（1979年3月10日）19頁（浅野一郎・杉原泰雄監修『憲法答弁集1947〜1999』（信山社，2003年）3-4頁参照))。
(41) 野中俊彦ほか『憲法II〔第5版〕』（有斐閣，2012年）10頁（高見勝利執筆)。
(42) 初宿・前掲注（35)「日本国憲法前文冒頭における「国会」の意味」9頁，同・前掲注（35)『憲法1』56頁（初宿教授は，日本国憲法が代表民主制を採用したことは，「この冒頭部分に書かれていると解する必要はなく，第1項第2段〔第1段第2文〕の「その権力は国民の代表者がこれを行使し」の部分で宣言されていると読めば十分であって，冒頭部分もこの趣旨だと読むことは重複感があることも否めない」と述べる（同頁))。
(43) 大石・前掲注（37）76頁。

挙で選ぶものとし（43条），また，行政権を担う内閣の長たる内閣総理大臣を国会議員の中から国会の議決で指名されるものとし（67条1項），その他の国務大臣の過半数を国会議員の中から任命されるものとした（68条）。地方公共団体の長，その議事機関である議会の議員などは，その住民の選挙で選出される（93条1項，2項）。一方で，「国民が国家意思の形成に直接関与する直接民主制的な諸制度」として，最高裁判所裁判官の国民審査（79条2-4項），地方自治特別法の住民投票（95条），憲法改正の国民投票（96条）の3つのみが挙げられる。このような規定構造から，日本国憲法は，直接民主制ではなく間接民主制（特に，代議制）を採用したものと解するのが，通説的見解である。

これに対して，日本国憲法の採用する民主制につき，「限定的な半直接制」ないし「半直接民主制」とする見解も，近時，有力となっている。例えば，大石眞教授は，「国民により選出された国会は原則として立法権を行使するが……，国会の議決した憲法改正案について必ず国民表決の手続を経るべきことが求められ，しかも，その単なる過半数によって国会両議院の特別多数で決定した意思をも覆すことができる，と定められているから」，概念上のいくつかの留保を付けつつも，「日本国憲法が採用した国民と議会との関係は，紛れもなく「半直接民主制」に属するということができ」ると主張している。また，佐藤幸治教授も，

---

(44) 野中ほか・前掲注（41）10頁（高見勝利執筆）。
(45) 清宮・前掲注（3）70頁，宮沢俊義（芦部信喜補訂）『全訂日本国憲法』（日本評論社，1978年）32頁，野中ほか・前掲注（41）10頁（高見勝利執筆）。ただし，これらのうち，最高裁判所裁判官の国民審査については，「国民の国政に関する直接的な参加もしくは決定のための制度ではない」ため，直接民主制的制度の1つとして挙げるべきではないとする見解が，近時有力である（岡田・前掲注（33）26頁）。大石・前掲注（37）77-78頁，佐藤幸治『日本国憲法論』（成文堂，2011年）401頁も同旨。
(46) 先に挙げた辻村教授も，「国民主権原理の解釈論として，「人民主権」論ないし（主権者人民を構成する具体的な個人としての「市民」の主権行使を重視する）「市民主権」論，さらに選挙権を主権者の権利と解する「権利説」の立場を前提と」するとしたうえで，「これらの原理に最も適合的であり，かつ日本国憲法自身が採用している「半直接制」を実現することが望ましいと解する立場をとっている」という（辻村・前掲注（10）『憲法』51-52頁，360-361頁）。そして，「「半直接制」を前提に考察する場合には，法律の改廃に関するレファレンダムについては，……決定型ではない諮問型・助言型レファレンダムの活用は十分可能と考えられる」とし，「その他，条約や行政の方針に対する世論調査的な意味をもつレファレンダムも，憲法の建前から禁止されていないと考えられる」（363-364頁，同『市民主権の可能性』269-270頁も同旨）と主張するが，この点については，次節で検討する。
(47) 大石・前掲注（37）77頁。大石教授は，「多数説が前提とする直接民主制・間接民主制（代表民主制）という対比は，近代国家ではまったく現実性を欠いた「直接民主制」論を基礎としている点

「日本国憲法のとる民主制は限定的な半直接制」であると述べている。[48]

　この近時有力説に対しては，なおも，国民と国会との間にある（特に立法をめぐる）権限分配上の関係を念頭に置きながらも，立法に関する国民投票制度を一般的な形では定めていないにもかかわらず，日本国憲法の代表民主制を半直接制と位置づけるのは妥当ではないとの再反論も示されるが[49]，概念上，半直接制と分類しても具体的な制度として代表制を採用する，あるいは広義においては代表制と分類しうる以上，この争点については，これ以上の深入りを避けることとする。

　むしろ，この論点に関連して，日本国憲法下において，憲法上規定されていない（憲法改正の場合以外の）国民投票制度の導入の可否について検討するほうが，より有益であると思われる。すなわち，日本国憲法の採用する民主制につき，代表制か，半代表制か，あるいは半直接制と解釈するかは，直接制的な制度の意義をいかに評価するのかという形で発現することになる。[50]

（4）諮問的国民投票制度の可否

　直接民主制に対する憲法学界の基本的な態度は，伝統的に，おおむね否定的である。例えば，清宮教授は，次のように述べている。「団体が小さく，社会条件が単純な国家の場合には比較的実行し易いが，団体が大きく，社会的分業が進化している近代の国家では，全国民が会同して，多数決によって国政を決するということは，第一に，実現不可能である。のみならず，多くの国民は，諸種の国政

　　で，出発点において不当である」としたうえで，「これと対比される「代表民主制」も，実は，「民主制」と「代表制」という根本的に対立しうる組織原理の組合せから成って」いると指摘しつつ，「「代表制」論理をある程度緩和して「民主制」論理を生かそうとするもの」として，「国民は，選挙権を行使するだけでなく，イニシアチブ（国民発案）やレファレンダム（国民表決）などの方法によって，議会の決定に反する形においても，その意思を公式に表明することができる」ものとして，半直接民主制という類型を挙げている（76-77頁）。
(48)　佐藤・前掲注（45）401頁。ただし，佐藤教授も，「日本国憲法は代表制（議会主義）を中心に「政治の復権」を図ろうとして」いると述べており（70頁），広義では代表制であることを否定していない。
(49)　例えば，岡田・前掲注（33）26頁（「日本国憲法の代表民主制を，ヨーロッパ諸国のあり方との比較のうえで，半直接制と位置づけるのはいささか困難が伴う」としたうえで，「「半代表制と半直接制の間の代表民主制」という位置づけも一つの考え方かもしれない」という）。
(50)　代表制ないし半代表制ととらえれば消極に，逆に半直接制ととらえれば積極に，原則として解されることになる（が，もとより，必ずしもそれらが順接するとは限らない）。

問題を判断し，処理するだけの政治的素養と時間的余裕とをもたないから，直接民主制を高度に実現することは妥当ではない」。

間接民主制を採用する理由としては，中村睦男教授の整理によれば，清宮教授が挙げた技術的困難性と国民の政治的能力の欠如に加えて，「政治には専門性が要求されるから，専門家に任せた方が効率が良いという」政治の専門性・専門家の必要性の3つであるという。

筆者なりに換言すれば，直接制的な決定が忌避される理由は，①有権者の範囲が拡大し，有権者が直接参集して決定に関与することが時間的にも空間的にも困難になったことと，②政治参加以外に有権者が従事しなければならないことが増加し，一般の有権者は個々具体的な政策課題にあまり関心を示さなくなり（日常生活など，政治以外の問題にもっぱら関心を寄せるようになり），当該問題に対しては判断に必要な情報を得ていないこと，③そして，決定すべき政策課題が複雑になった一方で，判断に必要な情報を保有する立法府と行政府が専門的な組織として整備されたため，有権者自らが決定する必要がない（彼らに代行させれば済む）ことの3点に集約されよう。

もとより，直接制への懐疑的態度は，必ずしも民主政治そのもの，ないし民主的な決定一般の否定を意味するものではない。清宮教授が述べるとおり，「国民は，国政をみずから決することはできなくても，国政を担当するに適した者を選

---

(51) 清宮・前掲注（3）68頁。
(52) 中村睦男『論点憲法教室』（有斐閣，1990年）220-223頁。同書233-234頁（引用箇所の脚注部分）でも指摘されているが，これら3つは，シエース（Emmanuel J. Sieyès）が間接民主制を採用すべきとした理由とほぼ同じである（浦田一郎『シエースの憲法思想』（勁草書房，1987年）194-195頁）。なお，伊藤正己『憲法〔第3版〕』（弘文堂，1995年）108-109頁，小林直樹『憲法講義（下）〔新版〕』（東京大学出版会，1981年）33-38頁も参照。
(53) ただし，③については，今日，立法府と行政府に対する信頼が著しく低下しているため，有権者による直接的な決定が一部で志向されているが，その一方で，自らがその判断に必要な情報を十分に有していないことの無自覚（判断に必要な情報がないにもかかわらず，それでも自ら判断しうると誤解してしまうこと）が新たな問題として浮上していると筆者は見ている。
(54) さらに，樋口教授は，「理念的たてまえにおいて直接民主主義の制度は，政策決定への国民自身の参加ということを意味するが，現態としてのそれにおいてはしばしば，もっぱら国民意思の名によって所与の権力を正当化するものとしての機能だけが卓越する」と述べ，「制度論としての直接民主主義」（樋口教授は，「人民投票制と首長公選制と」を挙げ，これらは「議会制民主主義が不人気になるごとに陽の目をみてきた」という）が実際にどのように機能するかに注目したうえで，その制度化にあたっては慎重な議論を求めている（樋口・前掲注（13）262頁，傍点原文）。

出する能力はある」と解しうるからである。⁽⁵⁵⁾

　ここでは、日本国憲法が許容する直接制的な政策決定方法（その最も顕著なものが、地方自治特別法の住民投票制度である）以外に、新たに直接制的な政策決定方法を設けることの是非――より直截的にいえば、具体的な政策決定をめぐる住民投票ないし国民投票の是非が、検討すべき問題として登場する。

　まず、地方公共団体における住民投票について考える。

　地方公共団体の政策課題をめぐっては、地方自治法に定める条例の制定・改廃の請求（74条）や、2004年に制定された市町村の合併の特例等に関する法律に基づく合併協議会の設置の請求（4条、5条）といった制度が法定されている。ただし、前者は、あくまで請求するにとどまり、有権者の多数の連署があっても、ただちに条例が制定・改廃されるのではない（議会に付議されるにとどまる）。合併特例法に基づく直接請求についても、議会がこれを否決した場合、首長によって投票に付する旨の請求があるとき、または有権者の6分の1の請求があるときは、住民投票が行われるが、それでも同法が認めているのは、合併そのものの賛否ではなく、合併協議会の設置の賛否についての投票である。また、政策の決定ではないが、地方自治法は、地方公共団体の長の解職（76条1項、81条1項）、議会の解散（76条1項）、議員の解職（80条3項）、その他一部の職員の解職（86条、地方教育行政の組織及び運営に関する法律8条1項）について、直接請求制度を認めている。一方、このような国の法律が用意する直接制的な参加制度とは別に、地方公共団体が、その議会が定める条例等に基づき、住民投票を行う例が見られ

---

(55) 清宮・前掲注（3）68頁。「なんらかの執行を要求する能動的な決議を行なう権利」は「人民には全く不可能なことである」が、「一般に各人は、自分の選ぶ者が他の大多数の者より識見があるかどうかを知ることはできるから」、「人民はその代表者たちを選ぶためにのみ統治に参加すべきである」と述べたのは、モンテスキュー（Charles Louis de Montesquieu）である（野田良之ほか訳『法の精神（上）』（岩波書店、1989年）296-297頁（横田地弘訳））。

(56) 「一の地方公共団体のみに適用される特別法」に関しては、「唯一の立法機関」（41条）と規定された国会の両議院が議決をしてもなお、「その地方公共団体の住民の投票においてその過半数の同意を得なければ」、それを「制定することができない」とされている（95条）。これは、まさに国会の立法意思（間接民主制（代議制））に当該地方公共団体の住民たる国民が直接に示した意思（直接民主制）が優越する（あるいは、国民が拒否権を有する）という点で、本書での議論に関連して注目すべき制度である。しかしながら、この地方自治特別法の住民投票は、1952年8月に行われた伊東国際観光温泉文化都市建設法の一部を改正する法律案をめぐる住民投票を最後に、近時は1件も行われていない。なお、後述する議論との関係で、地方自治特別法の住民投票が実施される前提として、必ず国会における審議が前置されるという制度設計になっていることをあらかじめ指摘しておく。

る(57)。もとより，地方自治においても，日本国憲法が「議事機関として議会を設置する」(93条) と定めるとおり，あくまで間接民主制を採用しており，具体的な政策課題そのものの当否をめぐる住民投票は，憲法レベルはもとより，法律レベルでも用意されていない。ただし，憲法も法律もそれを行うことを禁止していない (許容している) ため，地方公共団体が条例に基づき行うことは，諮問的なものとして設計する限りで，違憲・違法の問題を生じさせない。むしろ，住民投票の実施は，peuple 主権の立場からは積極的に要請されるものであって，「住民自治を強め，市民の直接的な政治参加による「人民主権 (ないし市民主権)」実現の方向に歩を進める点で評価される」とする向きもある(58)(59)。

住民投票制度の設計に関しては，実施の範囲 (広域的な地方公共団体とするか，

---

(57) 市町村合併の是非をめぐるもののほか，これまでに，新潟県旧巻町における原子力発電所の建設の是非をめぐるもの (1996年8月)，沖縄県における日米地位協定の見直し及び米軍基地の整理縮小の是非をめぐるもの (同年9月)，岐阜県御嵩町における産業廃棄物最終処分場の建設の是非をめぐるもの (1997年6月)，沖縄県名護市における在日米軍基地の建設の是非をめぐるもの (同年12月)，徳島県徳島市における吉野川可動堰の建設の是非をめぐるもの (2000年1月)，新潟県刈羽村における原子力発電所のプルサーマル計画導入の是非をめぐるもの (2001年5月)，山口県旧岩国市における在日米軍の空母艦載機移転の受入れの是非をめぐるもの (2006年3月) などが行われ，注目された。

(58) 日本国憲法にいう国民主権を peuple 主権であると解する杉原教授は，「現代代表制は，古典的代表制の場合と異なって，直接民主制と対立し，それを排除しようとするものではな」く，「それは，直接民主制が実行困難であることから，次善の策として認められているもので，その代替物となることを求められて」おり，「したがって，憲法上直接民主制を排除する明示的な規定がなければ，法律等でそれを導入することは，許されているだけでなく，一定の状況においては，「人民による，人民のための政治」の確保のために積極的に求められるはずである」(杉原・前掲注 (13)『地方自治の憲法論』235-236頁) と述べたうえで，①地方公共団体の場合には，憲法上，立法について拘束的国民投票を排除する規定 (41条) や立法手続の例外についての厳しい限定 (59条1項) が存在しないこと，②95条が地方自治特別法の住民投票を定めていることから，憲法は地方公共団体の意思決定について，特に重要な問題に関しては住民自身の意思決定を重視すると解しうること，③地方自治法上，町村について条例で議会を置かずに有権者の総会 (町村総会) をもって議会に代えることができる (94-95条) が，これは意思決定についての全面的な直接民主制の承認であることから (162頁，240-243頁)，法律の明示的容認がなくとも条例のみを根拠に，拘束的なものであっても，住民投票制度を設けることは違憲・違法ではなく (243-245頁)，むしろ，「日本国憲法下においては，……住民生活を大きく左右する問題については，……住民投票制の導入が積極的に求められていると解される」と主張している (246頁)。

(59) 辻村・前掲注 (10)『憲法』519頁。さらに，辻村教授は，「国民主権をフランスの「人民 (プープル) 主権」のように捉える立場」では，「地方政治における直接民主制導入と住民自治原則重視の観点から，条例による住民投票も，憲法原理上の要請として肯定されることになろう」(521頁)，あるいは「「人民 (プープル) 主権」ないし「市民主権」の立場を基底に置きつつ地方自治の本旨としての「住民自治原則」を直接民主制の契機として重視し，法律や条例による住民投票を原理的に認めてゆくことが望ましいと思われる」(同『市民主権の可能性』279頁) と述べる。

基礎的な地方公共団体とするか),根拠規定(法律で規定するか,地方公共団体の条例で規定するか,それ以外の事実上のものとするか,そして,一般的な投票制度を設けるのか,個別政策課題ごとの投票を認める制度とするのか),対象(一般的な投票制度を設ける場合,対象を限定するか否か),実施条件・手続(法律等の規定により当然かつ自動的に実施されるか,一定の手続・要件に従って任意に実施されるか),発案者(地方の首長,地方議会またはその議員,一定数の有権者)などの点で問題となるが,特に留意すべき点は,その法的効力である。すなわち,住民投票の結果が直ちに首長等の政策決定を法的に拘束するのか,それとも,政策決定に対する助言的効果にとどまるのかについてである。前述のとおり,日本国憲法93条は,議事機関として議会を設置し,地方公共団体の長や議会の議員を当該団体の住民の選挙により選出することと規定していることから,諮問型の住民投票にとどめる限りで本条に抵触しないと解されよう。もとより,諮問型の住民投票であっても,ひとたび住民の「民意」が数値として示されれば,それは首長や議員に対して事実上,強力な拘束力をもつことになる。

---

(60) 辻村・前掲注(10)『市民主権の可能性』266-267頁,同『憲法』519-520頁参照。
(61) 辻村教授は,93条がある一方で「95条で地方自治特別法についての住民投票を明文で規定している以上,地方の問題に関する住民投票等の手続を原理的に排除していると考えられない」と述べ,さらに,地方自治法に定める直接請求手続や町村総会(94条)の存在などを根拠に,地方議会を「「議事機関」と位置づけたうえでこれに政策決定上の種々の原案を作成・提示する機能を委ね,住民が最終決定する手段を認める制度」がありうると主張している(辻村・前掲注(10)『憲法』521頁,同『市民主権の可能性』278頁)。
(62) 特に,再選を望む首長や議員にとっては,客観的な数値として示された「民意」をあからさまに無視して行動することは期待できまい。先に触れた名護市での米軍基地の建設の是非をめぐる住民投票では,反対が投票の過半数を占める結果となりながらも,市長は,基地受入れを表明し,その後,辞職した。この事例は,諮問的住民投票であっても,首長の政治的判断を事実上強く拘束し,辞職という選択肢を採らなければ,住民投票の結果を乗り越えることが困難であるということを示したものと評しえよう。あるいは,たとえ住民投票によって明示的に示された民意であっても,首長が自らの政治生命と引き換えに乗り越えられるという,住民投票の限界を示したものと評すべきだろうか。
なお,本件に関して,建設反対側住民は,投票の結果には法的拘束力があるなどと主張して,前市長等に対して損害賠償を請求したが,「仮に,住民投票の結果に法的拘束力を肯定すると,間接民主制によって市政を執行しようとする現行法の制度原理と整合しない結果を招来することにもなりかねないのであるから,右〔住民投票条例〕の尊重義務規定に依拠して,市長に市民投票における有効投票の賛否いずれか過半数の意思に従うべき法的義務があるとまで解することはできず,右規定は,市長に対し,ヘリポート基地の建設に関係する事務の執行に当たり,本件住民投票の結果を参考とするよう要請しているにすぎないというべきである」として,これを斥けた裁判例がある(那覇地判平成12年5月9日判時1746号122頁,確定)。

次に、国民投票についてである。

地方公共団体における住民投票について積極に解する論者であっても、41条が国会を「国の唯一の立法機関」と規定しており、また、59条1項で、「法律案は、この憲法に特別の定のある場合を除いては、両議院で可決したとき法律となる」とし、地方自治特別法の場合を除き、直接投票による法律の制定について特別の定めを設けていないことから、日本国憲法96条に定める場合以外には、決定型の国民投票を設けることはできないと考えている[63]。したがって、日本国憲法96条に定める場合以外に決定型の国民投票を行うことは、憲法改正をしない限りは不可能である[64]。

一方、国会の議決を法的に拘束しない諮問型の国民投票制度は、国会の唯一の立法機関性という原則に違反しない限り違憲ではないとするのが通説的見解である。芦部教授は、「憲法上認められるのは、国民投票の結果がただちに国会を法的に拘束するものではない諮問的・助言的なものに限られよう」と述べている[65]。「国家意思形成の参考にする趣旨で行われる国民投票制であれば、憲法上必ずしも禁止されていないと解される」一方、「法律の可否を国民投票で決する国民表決は、憲法41条・59条1項に違反するといわざるをえないが、国民発案や国会の決定に先立って国会の参考のために行われる国民投票……は憲法に違反するとまではいえず、その採用は立法政策に委ねられていると解される[66]」。政府の見解も、日本国憲法が限定的に直接民主制を容認している中で、「投票の結果が法的な効力を持って国政に参加するという形に仕組むことは、これは憲法上恐らく否定的な結論になるのだろう」が、「法的な効力は与えない、どこまでも国会が唯一の立法機関であるという憲法四十一条の原則に触れないという形に制度を仕組むということであれば、まずその点は憲法に違反」せず、「どういう事項につい

---

(63) 杉原・前掲注（13）『地方自治の憲法論』161-162頁、236-239頁。ただし、日本国憲法にいう国民主権を peuple 主権ととらえ、代表制を「直接民主制の代替物」であるとする杉原教授は、一定の場合には諮問的国民投票の利用を積極的に考慮すべきであると主張する（240頁）。
(64) 岡田・前掲注（33）26頁、辻村・前掲注（10）『市民主権の可能性』269頁、同『憲法』363頁。
(65) ただし、本文引用箇所は、国民主権の権力性の契機について説明する文脈において、「憲法の明文上の根拠もなく、国の重要な施策についての決定を国民投票に付する法律がただちに是認されるという意味ではない」とした後に、括弧内の記述としてなされたものである（芦部・前掲注（7）42頁）。
(66) 佐藤・前掲注（45）401頁。

てこれを国民投票に付するかということについても，国会自身が決めるということであれば，それはやはり国会が国権の最高機関であるという原則にも触れないであろう」から，個別的な事案につき国会がその審議の参考にするために，個別の問題について国民投票に付する制度を設けることは，直ちに憲法に違反するものとはいえないとしている。[67]

これに対して，諮問型であっても国民投票の実施については慎重であるべきだと主張するのが，毛利透教授である。毛利教授は，アメリカ合衆国における州民投票の是非をめぐる議論などを詳細に紹介したうえで，特に，秘密投票によって二者択一で行われる有権者による直接的な決定には，議会という制度が立法に関してもちうる作用と比べて，人々を「結びつける」機会が乏しく，それが決定の質に影響しうると述べる。[68] その一方で，国会を「唯一の」立法機関と定める日本国憲法41条について，「この規定は公共での言論活動に最大限の自由を保障するという積極的意義も有する」と解したうえで，「たとえ諮問的とはいえ，賛成か反対かの二者択一を特定期日におこなうという条件が全有権者に課せられるという状況では」，国会での「議論の可能性が大きく制約されるのは明らかである」と主張する。そして，「国会の立法権限を確保するためにも，外部から有権者集団が多数決で一定の意思を示すことには慎重であらねばならな」ず，「そのように言論ではなく数として示された意見――秘密投票でおこなわれた投票結果から，「なぜ」その結果が生じたのかを理解することはできない――に対しては，国会は従うか従わないかの選択肢しかなく，結果として議決の合理性をそこなう危険すらある」という。[69]

筆者は，この毛利教授の見解に対して全面的に賛同するものであるが，さらに議論を鍛錬するべく，敢えて次のような問題提起を行いたい。では，なぜ，日本国憲法は憲法改正に際して国民投票を要求しているのか，と。

---

(67) 衆議院予算委員会における真田秀幸内閣法制局長官の答弁（第84回国会衆議院予算委員会議録第6号（1978年2月3日）2-3頁（浅野ほか・前掲注（40）348-349頁参照））。
(68) 毛利透『民主政の規範理論』（勁草書房，2002年）265頁。ただし，毛利教授も，あるいは，彼が引用するユール（Julian N. Eule）らも，「議員が〔一般の有権者よりも〕優れているから議会は安全だなどといっていたわけではない」し（同頁），「有権者が愚かだから決定させないのではない」という（269頁）。
(69) 毛利・前掲注（68）283頁。

第1章　民主主義の原理をめぐる論点整理

　日本国憲法は，その自らの改正という最も重要な政策的判断の場面において，比較憲法学的に見て必ずしも一般的とはいえない国民の直接投票制度を採用している(96条)。この点，日本国憲法が原則として代議制を採用し，直接制的な政治的判断を認めていないこととの整合性が問われることになろう。

　筆者は，この点，国民による直接投票制度によって憲法改正が確定するという点よりも，国会の各議院の総議員の3分の2以上の賛成をもってはじめて憲法改正の発議ができるという点，すなわち，憲法改正国民投票は国民の代表による慎重な討議を経なければ始動すらしないという点に注目したい。

　この点を重視するならば，わが国の憲法が，原則として代議制を採用し直接制的な決定手続を極力排除していながらも，憲法改正という究極的な場面において国民投票を採用している趣旨について，筆者は，討議民主主義理論からの説明が可能である(71)と考える。

　通常の政治過程では，国民は自らの代表者に政治の運営を委ねるのであって，直接制的な決定方法は安易に実施されるべきではない。これは，憲法に定める公共政策の決定方法の原則である。しかしながら，真に憲法規定の改正が必要となる重大な事態においては，例外的に国民による直接的な決定が行われる。憲法改正の発議は，国会の各議院の総議員の3分の2以上の賛成をもって行われるが，これは，通常の法律の改正手続よりも議決要件が加重されており，より慎重な審議が構造上要請されている。各議院の過半数の賛同だけでは足らず，より多くの

---

(70)　例えば，アメリカ合衆国憲法やドイツ連邦共和国基本法は，憲法改正に国民投票を求めていない。また，フランスの現行の第5共和制憲法でも，89条による正規の憲法改正手続(国会の両院でそれぞれ過半数以上の賛成による可決を経て，国民投票が行われる)において，大統領の付託により両院合同会議で有効投票の5分の3以上の賛成を得れば，改正案が承認されることとされており(89条3項)，国民投票が必置とはされていない。

(71)　宍戸常寿教授は，「内容的に望ましい改正であるかどうか，また改正が成功するかどうかは別に，憲法改正手続の発動が代表者と国民に熟議の体験を提供し，副次的に政治プロセスの質を向上させる可能性があること自体は，率直に認めるべきであろう」と述べ，憲法改正の発議及び国民投票の討議性に着目している(宍戸常寿「「憲法を改正する」ことの意味」論究ジュリスト9号(2014年)25頁)。

(72)　両議院の総議員の3分の2を要する発議要件を単純多数決へと引き下げようとする提案に関連して，毛利教授は，「憲法改正は本来，国民の間での熟議を経てからなされるべきものであり，不必要な国民投票は有害である」り，また，「十分な議論を経てから表明される投票結果のみが，国民が十分熟慮した結果であると受け止められ，政治的決定の重責を担う「国民の意思」としてかろうじて正当なものとみなしうる」と主張する(毛利透『統治構造の憲法論』(岩波書店，2014年)30頁)。これに対して，棟居快行教授は，3分の2を要することによって，かえって多数派と少数派との安易な妥協

支持が得られなければ行うことができないということも，通常の立法とは異なり衆議院の優越がないため，一院のみの意思で行うことができないということも，いずれも国会全体として十分な審議を行わせしめるための制度的工夫と評価しえよう。このように，国会においてすでに慎重な審議を経て，論点が整理された状態ではじめて，国民による直接投票が行われるのである。

それでも，はたして国民に重大な事項を決定するだけの能力があるのだろうかなどと，国民による直接的な決定に疑義が呈されるかもしれない。これについては，アッカーマン（Bruce A. Ackerman）による二元的民主政（dualist democracy）理論に着想のヒントを得ることにしよう。通常の政治過程（normal politics）において，無知で利己的で政治に無関心な私的市民（*private* citizens）はもっぱら政治の運営を代表者に委ねているとしても(73)，憲法の改正を議論するような特殊な政治状況においては，公民（private *citizens*）として結集し，私益を超越した共同体の共通善（common good）のために熟慮と討議を行うものと想定されている(74)。国民は，十分な情報に基づき内心において熟慮し，他者との間で討議を行うことによって，具体的な憲法改正案をめぐる国民投票においても，直接的でありながらも理性的な判断が可能となる。そして，市民社会における国民による熟慮と討議（国民による直接的な討議であり，また，それはすでに国会における国民の代表による討議が行われた後の，いわば2回目の国民的議論である）を行わせるためにも，国民が判断するにあたって必要となる憲法改正案をめぐる情報の自由な流通が不可欠であろう。

2 民主主義の原理と選挙・議会・政府

（1）日本国憲法と選挙制度

日本国憲法は，民主的な政策決定のために，国会という名の議会を設置し，それに立法権その他の重要な権限を授権した（41条）うえで，その構成員を選挙で

が招来されうるため，「「3分の2」なら「過半数」よりも少数派を引き込む過程で熟慮が増し合理性が確保され，さらに分かりやすさが増すという保証は，必ずしも常に成立するものではない」と述べる（棟居快行「憲法改正要件論の周辺」レファレンス63巻9号（2013年）16頁）。
(73) Bruce A. Ackerman, *We the People 1: Foundations*, Belknap Press, 1991, pp. 230-265.
(74) *Ibid.*, pp. 266-294.

選出されるものと規定する（43条1項）とともに，国民に対してその議員の選挙権を保障している（15条1項）。また，地方公共団体に議会を設置する（93条1項）とともに，地方公共団体の長，その議会の議員及びその他の公務員について，地方公共団体の住民による直接選挙で選出するものと規定している（同条2項）。

選挙制度や政党制については，政治学や経済学と同様に，憲法学の世界においても，すでに研究の十分な蓄積がある。法律学は規範の学問であるから，憲法上の選挙に関する規定等から，具体的なあるべき選挙制度や政党制というものが直ちに導出されることが期待されるかもしれない。しかしながら，日本国憲法は，何か特定の選挙制度を望ましいだとか，二党制と多党制のどちらがよいなどといったことは，規範的には明言していない。むしろ，具体的な選挙制度をどのように定めるかについては，立法政策の問題としており（47条），政党に至っては，

---

(75) 憲法から直接いいうることは，任意の選挙制度が憲法の趣旨や規定に違反するか否かであって，特定の選挙制度が採用されるべきだということは，憲法からは一義的にはいえない。現在，衆議院議員の選挙の方法として採用されている小選挙区比例代表並立制について，最高裁判所は，選挙制度そのものは憲法の規定に違反しないと判示している。衆議院の比例代表制については，最大判平成11年11月10日民集53巻8号1577頁，同じく小選挙区制については，最大判平成11年11月10日民集53巻8号1704頁。最高裁判所は，両判決において，選挙制度に関する一般的な憲法的要請として，次のように述べる。「代表民主制の下における選挙制度は，選挙された代表者を通じて，国民の利害や意見が公正かつ効果的に国政の運営に反映されることを目標とし，他方，政治における安定の要請をも考慮しながら，それぞれの国において，その国の実情に即して具体的に決定されるべきものであり，そこに論理的に要請される一定不変の形態が存在するわけではない。我が憲法もまた，右の理由から，国会の両議院の議員の選挙について，およそ議員は全国民を代表するものでなければならないという制約の下で，議員の定数，選挙区，投票の方法その他選挙に関する事項は法律で定めるべきものとし……，両議院の議員の各選挙制度の仕組みの具体的決定を原則として国会の広い裁量にゆだねているのである」。そして，小選挙区制については，「全国的にみて国民の高い支持を集めた政党等に所属する者が得票率以上の割合で議席を獲得する可能性があって，民意を集約し政権の安定につながる特質を有する反面，このような支持を集めることができれば，野党や少数派政党等であっても多数の議席を獲得することができる可能性があり，政権の交代を促す特質をも有するということができ，また，個々の選挙区においては，このような全国的な支持を得ていない政党等に所属する者でも，当該選挙区において高い支持を集めることができれば当選することができるという特質をも有するものであって，特定の政党等にとってのみ有利な制度とはいえ」ず，「小選挙区制の下においては死票を多く生む可能性があることは否定し難いが，死票はいかなる制度でも生ずるものであり，当選人は原則として相対多数を得ることをもって足りる点及び当選人の得票数の和よりその余の票数（死票数）の方が多いことがあり得る点において中選挙区制と異なるところはなく，各選挙区における最高得票者をもって当選人とすることが選挙人の総意を示したものではないとはいえないから，この点をもって憲法の要請に反するということはできない」としたうえで，「小選挙区制は，選挙を通じて国民の総意を議席に反映させる一つの合理的方法ということができ，これによって選出された議員が全国民の代表であるという性格と矛盾抵触するものではないと考えられるから，小選挙区制を採用したことが国会の裁量の限界を超えるということはできず，所論の憲法の要請や各規定に違反するとは認められな

何ら憲法上の規定は存在しないのである。

90年代までのわが国憲法学界で中心的地位を維持し続けた芦部教授は,「選挙制度の当否の判断にあたって,①政治を安定させるという安定政権の論理と,②国民の意思を公正かつ効果的に国会に反映させるという民主的代表の論理,の二つがとくに考慮されなければならない」と整理している。[76]そして,「わが国では,「選挙の目的は正確な国民代表議院を確保することにある」という点が,むしろ重視されるべきだ」としたうえで,「代表の正確ないし公正という準則からいえば,疑いもなく,比例代表制が多数代表(小選挙区)制にまさるというべきだろう」と述べている。[77]「きわめて多くの死票が生じ,多数党は過多に,少数党は過少に代表され,各政党の得票率と議席率が照応しないこと,のみならず,例外的な現象とは言え,得票率の低い政党がより多くの議席を獲得する可能性も不可避的に生ずること」が「小選挙区制の決定的な欠陥」として考えられている。[78]

小選挙区制に対しては,憲法学界では懐疑的な見解が有力である。例えば,[79]選

い」と判示した。また,参議院の非拘束名簿式比例代表制の合憲性については,最大判平成16年1月14日民集58巻1号1頁,選挙区制の合憲性については,最判昭和63年10月21日判時1321号123頁。

(76) これに続けて,前者の論理においては小選挙区制が優れているものの,「比例代表制も多元的な国民意思を均衡させることによって,安定の前提条件を整える役割を果たす場合が少ないことに」注意を促す一方で,後者の論理に関して小選挙区制は「大きな問題があり」,「国民の価値観が多元的に分かれている国においては,適切ではない」と述べている(芦部・前掲注(7)296頁)。

(77) 芦部信喜『憲法と議会政』(東京大学出版会,1971年)406頁,傍点原文。

(78) 芦部・前掲注(77)407頁。これに加えて,芦部教授は(ロス(J. F. S. Ross)の議論を参照するという形式を採りつつ),議員が「選挙人に代わって議会の一般的な政治活動への参画」という職務を行うにあたり,「選挙区の指令に拘束されず,独自の判断と良心を行使すべきにもかかわらず,政党政治が確立するにつれ,重要な国政については全面的に党議に拘束される」ことになるが,「議員の地位が地元利益の保護や政党への忠誠を前提とするものだとすれば,議員は事実上,彼に投票した選挙人および彼が所属する政党を支持する選挙人を代表するにすぎないものとなる」し,「小選挙区制の下では,一つの選挙区の代表者は一つの政党に独占されるので,その選挙区で他の政党を支持する有権者の意思・利益は,実際には議会に反映されなくなる」ということが,「小選挙区制の救いがたい欠陥である」と主張している(408頁)。

(79) 1989年6月に発足した第8次選挙制度改革審議会が,衆議院議員の選挙制度について小選挙区比例代表並立制案を答申として提案したことを受けて,全国憲法研究会が1991年春季に「議会制民主主義と「政治改革」の諸問題」をテーマとして研究集会を開催した時点では,小選挙区制はもっぱら批判の対象であった。杉原泰雄「政治改革の理念と現実」憲法問題3号(1992年)20-21頁(「日本国憲法第四三条一項にいう「代表」が「社会学的代表」を含意しているとすれば,比例代表制や人口に比例した厳格な定数配分の上に立つ中選挙区制は憲法に適合的でありえても,小選挙区制やそれに近似する小選挙区比例代表並立制は不適合ということにならざるをえないはずである」),藤野美都子「選挙制度改革と「政治改革」」憲法問題3号47頁(「一般に,憲法四三条一項の「代表」については,社

挙権の「民意形成・政策選択・国民統合機能」ではなく「民意反映機能」を重視する辻村みよ子教授は，小選挙区制における得票率と議席占有率との乖離（辻村教授は，これを「民意歪曲機能」と評する）をより重視すべきと述べつつ，「日本国憲法下で，四三条の代表制を「半代表制」と解し，さらに選挙権が権利であることを重視するならば，民意が可能なかぎり議会に反映されることが何より憲法上の要請と考えるべきであり，国民の投票結果を極端に歪めるような制度は憲法の要請に反するといわざるをえない」としたうえで，「憲法の枠内では，選挙の機能から民意反映機能を除外することは妥当ではなく，むしろその機能を全うさせるために，得票率と議席率との間に乖離が少ない制度を追求すること……が重要と考える」と主張している。また，「選挙制度は国民意思の議会構成への正確な反映を確保するもので」なければならないとする和田進教授は，「国民代表原理は一義的には特定の選挙区制を導きだすものではない」と述べるものの，それが

　会学的代表を意味すると解されている。実在する民意が議会に適正に反映される選挙制度の選択が，ここから要請される。小選挙区制から比例代表制までのどの選挙制度を導入するかということは，全くの自由裁量とされているわけではなく，実在する民意を的確に反映しうる選挙制度を選択しなければならないのである。民意の反映を歪める選挙制度は，本条違反の問題を惹起することになろう。死票率が高く，実在する民意と議会構成との間に極端な「ずれ」をもたらす虞のある小選挙区制は違憲である」）。また，この答申を具体化した，いわゆる1994年の政治改革関連4法の成立に際して，芦部教授は，「現在の政治状況のもとで小選挙区比例代表並立制という制度によって政界の再編成を強いることが，はたして議会政を再生させる切り札と言えるのかどうか疑わしく」，「とくに最近の各党の動きには，小選挙区制の採用によって二党制の方向に政界が再編されてゆく場合，国民意思のかなりの部分が切り捨てられる可能性が大きいことを感じさせるものもある」とも述べている（芦部信喜『憲法叢説1』（信山社，1994年）257頁）。現行制度の下での初めての総選挙の結果を受けての憲法学からの評価として，小林武「新選挙制度の映し出したもの」法律時報69巻1号（1997年）2頁（「小選挙区制が帯有しているところの，国民意思と代表意思との乖離により国会を「歪んだ鏡」に変えてしまう欠陥がそのまま顕出するであろうことは明白であった。……選挙の結果は，この予測が正鵠を射たものであることを，疑問の余地なく示した」），5頁（「小選挙区制については，①それが「死票」の山を築くものである点で，平等選挙の原則……に違背し，また，②国会を構造的に「歪んだ鏡」にしてしまう点で，わが国憲法においては政治的代表の意味に加えて社会学的意味をも含む「代表」の観念からすれば国民の多様な意思をできる限り，公正かつ忠実に国会に反映する選挙制度が求められる，その憲法的要請を充たすものとはいいがたいから，合憲性には強い疑問が向けられる。……新制度は，前記の憲法上の規範的要請に明白に背馳する実態を示すに至り，……初回の実施を以て適用違憲と断じても，さして早計のそしりを受けるものではないと信ずる」）。
(80)　辻村・前掲注（10）『市民主権の可能性』228頁。
(81)　辻村・前掲注（10）『市民主権の可能性』224頁。辻村教授は，国民内閣制論を否定的に評価する一方で，「選挙のもつ政治責任追及機能や公約についての信任機能を重視し，主権者の政治的意思形成手段としての意義を高めることが望ましいと考える」とも述べている（224-225頁）。
(82)　和田進『国民代表原理と選挙制度』（法律文化社，1995年）145頁。

「国民意思の議会構成への反映を破壊するような選挙区制を排除するという役割をはたす」としたうえで,「得票率と議席率との……極端なアンバランスをもたらす選挙区制を排除するものなのである」と主張する[83]。そして,和田教授は,「特定の選挙制度の採用による人為的な議会多数派形成は,国民意思の発展過程を阻害するものであり,ひいては社会の発展を阻害し,当該社会に停滞状況と退廃・腐敗をもたらすものである」と断言する[84]。

　では,このような議論が展開している憲法学界において,望ましいと考えられる選挙制度とは具体的には何であろうか。「選挙に期待される最も重要な機能は,国民意思を統合し次期政権を担当する政府を形成することではなく,国民意思を公正に国会に反映させることだと考え」る芦部教授は,「国民意思の統合は政党間の妥協に委ねるべきだとし,価値観の多元化している現代国家では比例代表に重点をおく制度が望ましいとする見解」を肯定的に評価する[85]。

　これに対して,芦部教授が否定した選挙制度観を明確に支持し,政府と議会との関係性について新たな構想を示したのが,芦部の亡き後,憲法学界を牽引することとなった高橋和之教授である。高橋教授は,自らが提唱する国民内閣制の実現のために,望ましい選挙制度として,小選挙区制を挙げる。芦部教授が国民意思を国会に反映すべきであると主張していた一方で,高橋教授は,国民意思は(国会ではなく)国政に対して反映すべきであると主張する。そして,その国民意思とは,芦部教授にあっては,国民の多様な意思を指す一方で,高橋教授にとっては,政治過程における多数派の意思を意味することになる[86]。国民意思とは何

---

(83)　和田・前掲注（82）152頁。
(84)　和田・前掲注（82）151頁。さらに,「選挙制度を含むなんらかの制度運用による人為的多数派形成は,実質的には多元的価値の併存を否定する一元的価値体系を善とする「独裁制」に思想的には通ずるものといわねばならない」と述べたうえで,「現代社会が諸階級・諸階層からなる多層・多元的構造から成り立っていることを考えるとき,議会内多数派形成は多元的価値の併存状況を前提にした上での敵対的対立・矛盾の限界内で構成される連合による多数派形成こそが民意による政治の実現に適合的であるといいうる」と続ける（同頁）。
(85)　芦部・前掲注（79）257頁。
(86)　高橋教授は,次のように主張している。「民主政治は国民の意思に基づく政治であり,政治のプロセスは,一面では国民の（多数派の）支持する政策を創造・発見する過程である。そこでは国民個々人が政治のアクションを採りつつ多数派形成に参入することが期待されている。そして,その過程において形成された多数派の政策（国民意思）が「政治」に反映されるのである。「政治」（国政）にであって,国会にではない。国民の意思が反映されるべきは,政治プロセスの結果として承認され

か，そして，それが反映されるべき対象は何かという点で，芦部教授と高橋教授とは明らかに意見を異にしている。この点，高橋教授の見解は，その国民内閣制構想と密接に連関するものであるため，選挙制度に関する議論だけを切り取って扱うのではなく，項を改めて，議会と政府との関係の中で検討することとする。

（2）直接民主制／媒介民主制

　議会と政府との関係については，立憲主義という価値観を共有する国では，議院内閣制または大統領制のいずれかが採用されることが多い。日本国憲法自身は議院内閣制を採用するとは明言しておらず，わが国の議会と政府との関係は議院内閣制であるといえるのか，あるいは，そもそも議院内閣制の本質とは何かなどといった議論が，憲法学においてかつて重要な論点であった。また，現実政治への不信が高まると（特に，内閣総理大臣に対する世論調査の支持率が低迷すると）しばしば巷間にわかに期待されるのが，内閣総理大臣を国民によって直接選出する，いわゆる首相公選論であるが，その導入には基本的には日本国憲法の規定の改正を伴うため，解釈論としては（その導入を批判する場合を除き）あまり熱心には議論されていない[87]。[88]

　議会と政府との関係に関して憲法学において今日最も注目されている議論は，1990年代以降，高橋教授が提唱した国民内閣制論である。これは，首相公選論よ[89]

　　る国政に対してであって，国会とか内閣に対してではない」（高橋和之『現代立憲主義の制度構想』（有斐閣，2006年）10-11頁）。
- [87] 憲法学における首相公選論に対する代表的な批判として，芦部・前掲注（77）345-363頁。現代的な批判として，高橋・前掲注（86）103-107頁，長谷部恭男「首相公選論　何が問題か」世界690号（2001年）46-53頁など。
- [88] 首相公選論については，「首相公選制を考える懇談会」報告書（2002年8月）に論点がほぼ網羅されている。この報告書は，小泉純一郎内閣総理大臣の下で，「内閣総理大臣と国民との関係の在り方について国民的な議論を提起するため」開催された懇談会での議論をまとめたものであり，国民が首相指名選挙を直接行う案，議院内閣制を前提とした首相統治体案，現行憲法の枠内における改革案の3案が併記されている（もっとも，いわゆる首相公選論と考えられるのは，3つの案のうちの第一案のみであり，第二案と第三案は，一般には首相公選論とは分類されないものであろう）。この懇談会に関連して，大石眞ほか『首相公選を考える』（中央公論新社，2002年）。合わせて，弘文堂編集部編『いま，「首相公選」を考える』（弘文堂，2001年）も参照。
- [89] 首相公選論は，「行政府の長を国民が直接選挙するという点で，基本的には大統領制の論理に立つ」（高橋・前掲注（86）103頁）。その意味では，所詮，議院内閣制／大統領制をめぐる議論を超えるものではない。

りも，議院内閣制と大統領制との違いよりもはるかに重要な，直接民主制と媒介民主制との違いに関連するものである。

　高橋教授によれば，現代代表制の理念，すなわち，「選挙を通じて民意を国政に反映させること」の実現方法として，「国政の中心を議会にみて，議会に民意をできるかぎり忠実に反映させ，それを通じて選挙民の多数派の意思が内閣，そして国政に反映されることを期待する」議会中心構想と，「国政の中心を内閣にみて，選挙を通じて選挙民の多数派に支持された内閣の形成を実現しようとする」内閣中心構想の2つを示す。前者は，「多様な民意をできるかぎり忠実に議会に反映させること」を目指すものであり，「その多様な民意を政策意思へと統合する役割，すなわち多数派形成は代表者に委ねられる」一方，後者は，その「多数派形成を，いわば代表者の「舞台裏」での駆引きに委ねず，国民内部の統合プロセスにおいて実現し，その結果を議会に反映させ，自動的に内閣に反映させようとする」ものである。すなわち，後者は，「国政の基本となるべき政策体系とその遂行責任者たる首相を，国民が議院の選挙を通じて事実上直接的に選択すること」を目指すものである。国民内閣制論とは，後者の内閣中心構想に依拠するものである。

　民主主義の原理という点から再言するならば，国民内閣制論とは，要するに，「議院内閣制の直接民主政的運用形態」である。すなわち，その理論的基礎は，デュヴェルジェ（Maurice Duverger）が提示した直接民主制（démocratie directe）である。ここでいう直接民主制とは，先に挙げた間接民主制の対義語としてのそれではなく，「国民が選挙を通じて政治プログラムとその実施主体（首相）を事実上直接的に決定する方式」である。これに対置されるのが，媒介民主制（démocratie médiatisée）であり，これは，「選挙が政治プログラムと首相を事実上直接的に決定する意味をもたず，それを決定する役割は選挙で選ばれた代表者に

---

(90)　論点としてより重要であるという評価は，高橋教授が，デュヴェルジェの主張として述べているところである（高橋・前掲注（14）397頁）。
(91)　高橋・前掲注（14）30-31頁，傍点原文。
(92)　高橋・前掲注（86）66頁。
(93)　高見勝利『現代日本の議会政と憲法』（岩波書店，2008年）56-57頁。アメリカ合衆国の大統領制が直接民主制であることは明らかであるが，間接民主制の典型である議院内閣制であっても，下院議員選挙が実質的に首相の選択として機能している場合（例えば，英国の議院内閣制）には，直接民主制に分類される点に注意が必要である。

委ねられる方式」をいう。議院内閣制は，制度上，国民が直接行うのは議員の選出のみであり，首相の選出は議員に委ねられていることから，基本的には，媒介民主制の制度であるといえる。しかし，「首相の選出は議員の媒介により間接化されている」以上，「国民の期待に反する首相と政治プログラムが，議員により選択されるということも常に起こりうる」ため，「内閣が国民の内閣と言えるためには，内閣が選挙で表明された国民の期待に合致する形に構成されなければならないが，そのためには，選挙において国民の意思が明確に表明される必要がある」と，高橋教授は主張する。[94]「諸政党が，相互間の競争と提携の中から，国民の多数の支持を受けうる政策体系を提示することに成功す」れば，「国民は選挙によって事実上直接的に内閣（その首長としての首相）を選出することが可能とな」る。議院内閣制であっても，直接民主制的に運用しうる。そして，これが，国民内閣制論である。[95]国民の側から見れば，国民が議員の選挙を通じて，政策を選び首相を選ぶことができる制度であり，その逆の立場から見れば，「内閣が直接国民に政治責任を負う」制度であるといえる。[96]そして，そのために必要なことは，「選挙において国民の意思が明確に表明されること」であり，「国民の意思が明瞭に表明されれば，議員はそれを尊重した形で首相を指名する」ことになる。[97]

　選挙において国民の意思が明瞭に表明されるようにするため，高橋教授は，政党制として二党制を肯定的にとらえ，その帰結として，選挙制度としては基本的には小選挙区制を支持する。[98]

---

(94) 高橋・前掲注（86）66-67頁。ただし，高橋教授は，直接民主政／媒介民主政という表記を用いている。

(95) 高橋・前掲注（14）42頁。高橋教授の主張は，「既存の議院内閣制を，選挙制度や政党制などとの組合せの中から，国民内閣制的に機能させることを考えてみようということ」であって，「決して首相公選論のような制度改正（憲法改正）をめざしているのではない」（42-43頁）。

(96) まさに，それが「国民内閣制の理念である」という（高橋・前掲注（14）42頁）。

(97) 高橋・前掲注（86）67頁。

(98) ただし，高橋教授は，国民内閣制論を提唱した時点では，小選挙区制の支持を明確に述べていない（後掲注（102）参照）。それは，国民内閣制論が最も明確な形で発表されたのが1993年であったということと関連があるのかもしれない（わが国の衆議院議員選挙で中選挙区制が廃止され，小選挙区比例代表並立制が導入されたのは，1994年のことであった）。また，高橋教授は，「理論上は直接民主政と密接な適合性をもつ」としても，「イギリス型の小選挙区制を日本で採用することに躊躇を感じる」とも述べている。なぜならば，わが国では，これまで，国民意思を忠実に反映させることこそ選挙の役割であると理解されてきたため，小選挙区制への正当な評価がなされてこなかったためであるという。高橋教授は，「日本で小選挙区制がうまく機能するためには，選挙に関する国民の理解が変わらなければなら」ず，「それなしにイギリス型の小選挙区制を導入することは，かえって危険なの

政党制に関して，高橋教授によれば，「二党制は，国民が政治プログラムの選択を直接的に行うことを可能とする」ので「「直接民主政」を実現するのに適している」一方，穏健な多党制においては，選挙の後で「政党間で連立を組み政治プログラムを決定するとすれば，国民は政治プログラムの決定には直接的な発言はできないことになるから，媒介民主政的運用となる」という。(99)「現代民主政において政党に期待される役割は……国民の多数意思形成に貢献することでなければならない」とする高橋教授にあっては，「政党は，将来の理想社会を頭に描きつつも，現実政治の中で，国民の多数派形成の可能な政策体系がどのあたりにあるかを模索し，プラグマティックに他党と連立をはかる」ことによって，「おのずと政党状況は二極化に向かうであろう」と展望する。(100)

　選挙制度に関しては，小選挙区制を政治プログラムの決定を重視した制度として，比例代表制を有権者の多様な意見をできるだけ忠実に反映させることを重視した制度として，それぞれ位置づける。わが国の議論では，「選挙とは多様な意見をできるだけ忠実に反映させることを目的とするものであるという考え方が支配的であるため」，小選挙区制に対して不当な批判が寄せられているが，「小選挙区制と比例代表制では基礎となっている選挙の役割観がまったく異なること」を指摘し，汚名をそそごうとする。すなわち，議院内閣制における選挙→議会→首相（内閣）という政治プログラムの形成・選択の過程で，「選挙に政治プログラムの選択を決定づける役割を期待するのか，それとも，政治プログラムの決定は代表者に委ね，選挙には代表者の行動をある程度方向づける役割のみを期待するのか」によって，望ましい選挙制度も異なってくる。(101)先に挙げた内閣中心構想に立ち選挙制度を考えるならば，「ここでの選挙の目的は，国民の多様な意見を議会に反映させることではなく，国政の基本政策とその遂行責任者を選挙民が直接選択することにある」。(102)この議論を踏まえて，高橋教授は，小選挙区制を擁護す

　　である」と述べ，ドイツやフランスの選挙制度，ないしわが国の現行の小選挙区比例代表並立制を肯定的にとらえている（高橋・前掲注（86）82-83頁）。
(99)　高橋・前掲注（86）72-74頁。
(100)　高橋・前掲注（14）41頁。
(101)　高橋・前掲注（86）76頁。
(102)　高橋・前掲注（14）34頁。ただし，高橋教授が，構想提唱当時において，「比例代表制がその思想自体において目的適合的な制度だとは，いえな」いものの，「逆に，比例代表制がこの目的にまったく適さないとも，一概にはいえな」いとしたうえで，「国民内部での多数派形成へのインセンティ

る議論を展開する。

（3） 多数派支配型民主主義／合意形成型民主主義

　芦部教授は、「わが国のように保守・革新の抗争がはなはだしく、政治過程に不可欠な妥協の行なわれる基盤に乏しく、しかも保守永久政権の観すら呈し、さらに保守も革新も、その内部に派閥ないしイデオロギーの対立をかかえている状況においては、むしろ選挙制度を改め、選挙の重点を、政府形成よりも代表の正確性の確保という要件におき、政府形成なり政治指導は、議会における各政党・政派の妥協にゆだねるという方向、すなわちデュヴェルジェのいう媒介民主制……の構想を検討してみる必要はないか」と述べ、媒介民主制に対して好意的な態度を示していた。その一方で、芦部教授とは反対に、直接民主制を具体化する制度構想を明確に示したのが、高橋教授であった。現実のわが国の政治状況においては、衆議院議員の選挙制度は小選挙区制中心の制度となり、55年体制下における「保守永久政権」と対抗勢力との間で一応は政権交代が実現した。評価するのではなく政治的な事実の経緯だけを描写するならば、高橋教授の主張した国民内閣制論が機能しえたか、あるいは、機能する条件が整備されたかのようにも見える。しかしながら、はたして国民内閣制論の完全勝利と評価してよいか否かは、改めて検討する必要があろう。ここでは、高橋教授に対する最も代表的な批判者である高見勝利教授の議論に準拠しつつ、5点に渡って、国民内閣制論の再検討を行うこととする。

　高見教授によれば、高橋教授の国民内閣制論の要諦は、「選挙により明確に表明された国民（多数派）の政策意思（プログラム）を基礎として、内閣が、議会の与党・多数派の支持のもとに強力なリーダーシップを発揮して統治を行い、官僚制を駆使して自らの政策を実現してゆく」ことであるという。[104]

　第一に、選挙制度に関して、高橋教授が小選挙区制を政治プログラムの決定を重視した制度であるとするのに対して、高見教授は、そのように「単純に言い切

ヴを与えやすい」小選挙区制にも、「議会内の誇張された多数派を基礎に独裁的な政治に陥る危険が生ずることもありうる」とし、「どれが最適な制度かということは、制度の性格そのものからは判断できない」と述べている点（34-35頁）に注意が必要であろう。
(103) 芦部・前掲注（77）361頁。
(104) 高見・前掲注（93）73頁。

れるかという疑問」があると批判している。疑問の1つは，各選挙区において1人の代表を選び出す小選挙区制が，その制度の特性としては人物重視の選挙というべきである一方，政党の作成した名簿に投票する（名簿に登載された候補者の人格は無視されている）比例代表制のほうこそ，政党及びそのプログラムを重視する選挙制度であるといいうることである。もう1つの疑問は，小選挙区制の下での選挙が政党の政治プログラムの選択・決定として機能するためには，政党が規律あるものであること，投票が政党の提示する政権公約の選択であること，政党の政権公約の間で明確な対立・競争が存在することの3つの条件が充足される必要があるが，少なくとも3つ目の条件が実現するのは「きわめて稀であ」るということである。[105]

第二に，政党制に関しては，「多様な民意を選挙制度の改変によって無理やり二極化することなく，その多様な存在をまず国会の構成にほぼ忠実に反映させたうえで，国会の場における政党間の合意形成を通して内閣を組織し，議会政を再生する方途も選択肢となりうるであろう」と提案する。[106]もとより，これは，穏健な多党制の下でも国民に対して責任を負いうる公正な政治を実現しうるということを示すにとどまり，高橋教授の主張に対する決定的な批判とはなっていないといえよう（他の可能性を示しても，高橋構想を否定することにはならないからである）。

第三に，選挙制度と政党制との関係については，二党制－国民は政党の提示する政治プログラムを直接的に選択しうる／穏健な多党制－国民は政治プログラムの決定に直接的に発言できない（通常，総選挙後の議会で政党間の連立が組まれ，政治プログラムが決定されるため）とする高橋教授の理解に対して，高見教授は，根源的な疑問を示す。すなわち，高見教授によれば，「選挙とは，そもそも，政治的プログラムの選択ではなく，特定の地位……につくべき人間の選任で」あって，「政治的プログラムの選択は，そうした選挙における一つの付随的な機能であっても，選挙そのものは，多数人が行う議員の選定行為で」ある。[107]たしかに，高見教授が示すように，選挙が第一次的には個々の議員を選定する行為であるという点には何ら異論をはさむ余地はない。しかしながら，政党政治を前提とし，

---

(105)　高見・前掲注（93）66-68頁。
(106)　高見・前掲注（93）43頁。
(107)　高見・前掲注（93）62頁。

政党が政治プログラムを提示して支持を競い合う現状では，すべての選挙についてそうであるとはいえないとしても，少なくとも内閣の（実質的意味での）存立の基盤となる衆議院議員を選出する総選挙に関しては，政権を担うべき政党と政治プログラムを選択することであると解する余地があろう。候補者が自らの実績や構想を強調して選挙に臨む場合もあるが，今日の実際の総選挙では，政党に所属する候補者の多くは，政党の名を背負い政党の作成した公約を掲げて選挙に挑む。そして，そのような姿を想起するとき，高橋教授が前提とする選挙像は決して否定されるべきとはいえなかろう。

　第四に，首相のリーダーシップと議会の役割に関してである。高橋教授の国民内閣制構想は，その実現によって首相のリーダーシップが強化されることを企図するとともに，議会の役割の視座転換をもたらそうとするものであった。すなわち，高橋教授は，「選挙の結果代表者は選出されたが，首相と政策体系の選択は明確でなく，その選択は代表者に委ねられるという議院内閣制の運用形態は……現代政治に必要な内閣のリーダーシップも困難に」すると主張する。ここでいうリーダーシップとは，「一定の目標に向かって民意を誘導し，先導し，協同させうる説得力」を指すとし，「それは，首相が衆議院議員選挙の結果自動的に選出されるとき，もっともよく実現されるであろう」という。また，高橋教授によれば，国会に関しては，与党と野党とで協働して政策を法律として作成していくという場ではなく，政策の優劣を与党と野党とで競争し合う場として描かれることになる。内閣は与党と一体的に理解される一方で，議会の主役（攻撃役）は野党ということになる。内閣の強化と議会の強化とは従来描かれてきたようなトレード・オフの関係にはなく，「議会と内閣のそれぞれの機能を明確化し，それぞれ

---

(108) 日本国憲法67条2項，69条。ただし，形式的意味においては，内閣の存立の基盤は国会である（66条3項，67条1項）。
(109) 高橋・前掲注(86)102頁。ところで，筆者にとってより示唆的であるのは，このような議院内閣制の運用形態が「国民から政治の主体意識と責任感覚を奪い，公共心の涵養を困難にする」と述べられていることである（そして，それに代わって示される高橋教授の構想では，政治の主体意識と責任感覚を国民に与え，公共心の涵養を容易にするものであるということが含意されているのであろう）。筆者の信奉する討議民主主義理論では，国民の公民的徳性の陶冶が公共的討議の重要な機能として位置づけられるからである。
(110) 高橋・前掲注(86)102頁。
(111) 「内閣の強化という問題設定は，議会の強化という，戦後憲法学の主流的問題設定と正面から衝突するように見える。なぜなら，主流的見解にとっては，内閣の強化は議会の弱化を意味するからで

の機能を同時に強化する」ことが可能だということになる。具体的には、「内閣が与党の支持の下に強力なリーダーシップを発揮して統治を行い、官僚制を使いながら自己の政策を実現していくのに対し、野党は議会の場を中心に内閣の政策の問題点を指摘し、代替政策を提案して国民に訴え、政権交代の脅威によって内閣の行き過ぎを掣肘する」という形で、「内閣（与党）が統治を、議会（野党）がコントロールを分担する」ものとされる。「わが国の政治のあり方を特徴づけてきている「官僚政治」と政治もしくは政策決定における「無責任の体系」の二点」について「民意に直接的に基礎を置いた内閣が官僚に対抗して重要な政策決定を行い、そして決定した政策（体系）がもし間違っていたり、また民意からズレてしまったような場合には国民に対して責任をとるということが、「国民内閣制」の理念の下では可能となる」点で、岡田信弘教授もこの構想を支持している。高見教授は、この点についても、「官僚に対する「統制」は、国民の多数派ではなく、むしろ、国民の少数派および議会の野党に期待すべきものと思われる」と批判しているが、議論がかみ合っているとは思えない。

　第五に、高見教授は、わが国の政治制度の民主的運用を考えるうえで高橋教授が敢えて参照しなかったレイプハルト（Arend Lijphart）の座標軸に定位したうえ

ある。内閣・官僚機構は……すでに必要以上に強い行政権を確立しているのであり、これをさらに強化するとすれば、議会によるコントロールがますます困難となって独裁政治に陥る危険性が増す。ゆえに、内閣の強化という発想は受け入れ難い、と考えてきた」（高橋・前掲注（86）89頁）。
(112)　高橋・前掲注（86）89頁。従来のわが国の支配的な見解は「国会が決定し、行政権が執行する」という「決定－執行」図式であったが、「現代における実際の政治は、国会が決定し、行政権が執行するというようには行われて」おらず、「実態に即してみれば、一方に政権を握り、政策を立案し、決定し、執行していく人々の集団があり、他方にその政権を監視し、批判し、コントロールする人々の集団がある」（そして、「政策の立案・決定・執行（すべてを一括して「統治」と呼ぼう）は同一集団の支配下に行われる」が、この役割を担うのが政府・与党である）。他方で、「国会が統治に関する議論を行い、国民に対してこのプログラムの正当性を説明し、あるいは、その問題点を指摘し批判する場となる」が、「国会の役割は、政策を決定することにあるのではなく、政府が行おうとする政策の内容をその長所・短所を含めて国民の前に明らかにし、国民の判断に材料を提供することにある」（「野党が国会の場を借りて政府の政策の内容を質し、問題点を指摘し、代替政策を提示して、政府が行き過ぎないようコントロールする」）。このように「決定－執行」図式から「統治－コントロール」図式へと政治を転換すべきというのが高橋教授の主張である（45–46頁）。
(113)　岡田信弘「高橋和之著『国民内閣制の理念と運用』〔ジュリスト書評〕」ジュリスト1077号（1995年）162頁。
(114)　高見・前掲注（93）77–78頁。
(115)　高橋教授は、「より民主的な政治を目指して民主性の程度を問題とするとき、レイプハルトのモデルはいかなる示唆も与えてはくれない」、あるいは「合意志向型を前提にして、より集中する方向

で，高橋教授の民主主義観を批判する。すなわち，高見教授によれば，多数派支配型民主主義（政党制として，基本的には二党制を前提とする）と合意形成型民主主義（穏健な多党制を前提とする）とでは，「日本国憲法そのものの規範構造は，むしろ，「合意」型の理念系に属する」と分類し，また他方で，国民内閣制は多数派支配型民主主義に属すると評価する。そのうえで，合意形成型民主主義の現行憲法の下で，「一九九〇年代に始まった政治改革・行政改革のめざすところ」，すなわち，「多数派代表の選挙制度（小選挙区制）の導入によって，二大政党制の形成を促し，国会に対して内閣が優位し，国政をリードする多数派型のデモクラシーを実現してゆく方途は閉ざされてはいない」が，それは「合意型の憲法規範構造を多数派型として運用してゆくというものであり，憲法の規範構造とその運用形態の間にある種の「ねじれ」ないし「きしみ」を生じさせるものであった」と診断する。そして，高見教授自身は，わが国社会が「レイプハルトが合意型のモデルとしたスイス・ベルギーのような硬質の多極構造社会でない」ことを認めつつも，「内外に山積する複雑多岐にわたる種々の政治的争点を二者択一的に収斂しうるほど単純な社会でないことは明白である」として，「「二党制」よりも，むしろ，「穏健な多党制」……を基礎に，変化する状況に対して柔軟に対応しうる「合意形成」型のデモクラシーを模索する方がより現実的であるといえるのではなかろうか」と主張している。

　さて，媒介民主制を目指すべきとする芦部教授と直接民主制を志向する高橋教授とでは，あるいは，多数派支配型民主主義と分類される高橋教授と合意形成型民主主義へと教導する高見教授とでは，どちらが討議民主主義理論に親和的であるかが問われうるであろう。一見すると，政治プログラムの決定が国民によって

　　を目指すのか，より分散する方向を目指すのかというのが，日本における民主政治の選択ということになる」が，「どれを選択するかは，レイプハルトの理論からはヒントを得られない」と述べている（高橋・前掲注(86) 38-43頁）。
(116)　高見・前掲注(93) 29頁。この点，高橋教授も，「日本は憲法上は合意志向型に属する」ことを認めている（高橋・前掲注(86) 42頁）。
(117)　高見・前掲注(93) 16頁。
(118)　高見・前掲注(93) 87頁。
(119)　高見・前掲注(93) 30頁。また，高見教授は，「本格的な「ねじれ」国会が到来したのを機に，合意型のデモクラシーの方途を真剣に切り拓く試みがなされてしかるべきものと考える」とも述べる（88頁）。

直接行われず，議会などのフィルターを必要とする媒介民主制のほうが，（そこで討議が行われることを前提とすれば）より討議を重視しているかのように思われる。また，高見教授自身が討議民主主義理論に論及していることや[120]，合意形成という語が討議民主主義と関連するものであることから，合意形成型民主主義のほうが討議理論に近いものと見えるかもしれない。

　しかしながら，議論は，それほど単純なものではない。直接民主制は，公共政策をめぐる議論を代表者間にとどめず国民に対しても開放することによって，政策の決定と遂行に正統性を与える多数派の形成過程を可視化しようとするものである。民主的討議は必ず議会のみで行われなければならないのではなく，市民社会においても重合的に行われるべきであるという筆者の立場によれば[121]，直接民主制と討議民主主義理論とは共存しうるものである。また，決定という要素をより重視する国民内閣制論は，実は，国民とその代表機関である国会による討議を通じた政策決定を前提としているのである。すなわち，高橋教授は，「国民が，国会を中心にメディアを介して全国民規模に拡大した公共空間において討論を展開し，選挙ごとに暫定的な政策選択を行うという永続的なプロセス」こそが「代表民主制」であって，そこにおける「代表者の役割は，この討論過程を先導し，可能な政策体系を提示し，国民の多数派形成を助け，国民が暫定的に選択した政策体系を実施し，あるいは，それを批判して代替政策を提示し，討論過程をさらに展開することにある」と主張しているが[122]，ここで示されているのは，選挙と議会という公式の政治制度のより討議的な運用の必要性である。

　直接民主制ないし多数派支配型民主主義が討議民主主義とは両立しえないという議論は，必ずしも妥当ではない。このような議論の不当性を示したうえで，次節では，民主主義の原理の限界問題を検討することとする[123]。

---

(120)　ただし，高見・前掲注（93）260-267頁及び同『政治の混迷と憲法』（岩波書店，2012年）136-138頁は，討議民主主義的な政治制度の運用に懐疑的な立場で論及している。
(121)　本章第4節（2）で後述する。
(122)　「国民と代表者は，役割分担をしつつ共同して討論と決定を行う」とも述べられている（高橋・前掲注（86）101-102頁，傍点は本書の筆者による）。
(123)　なお，政党制に関しては，筆者は，政策上の対立軸が明確な複数の勢力が討議的政治を行うことが重要であって，必ずしも政党が2つに収斂されなければならないとは考えていない。むしろ，複数の政党が連立政権を組んだり政策ごとに連携することによって1つの政治勢力を構成し，その政治勢力が複数存在しそれぞれ競争しあうことによって，政党間及び政治勢力間の不断の討議が促進され

3 民主主義の限界問題としての司法権・違憲審査権

（1）違憲審査権の民主的正統性

　民主主義の原理を考えるうえで，違憲審査制に言及する理由は，それが政治部門による民主的な決定を乗り越えて，組織構成及び権限行使につき本来的に民主的基盤を有しない裁判所が，自らの判断を終局的なものとして示すという制度であるからである。日本国憲法は，98条1項で「この憲法は，国の最高法規であつて，その条規に反する法律，命令，詔勅及び国務に関するその他の行為の全部又は一部は，その効力を有しない」と規定しており，その最終的な判断権を最高裁判所以下の裁判所に授権している（81条）。

　ることが望ましいと考える（それに加えて，政党内の派閥間での（政党内）討議も有益なのかもしれない）。

　また，選挙制度のあり方については，現時点では，筆者は結論を得るのに必要かつ十分な準備はできていない。暫定的な見解を示すならば，次のとおりである。芦部教授が示した選挙制度のあり方に関する2つの論理（安定政権の論理と民主的代表の論理）については，そのどちらか一方を貫徹するのではなく，両方を上手に実現する方法こそが選択されるべきであろう。わが国は議会制度として二院制を採用しているので，衆議院については政策決定の側面を重視し，安定政権の論理に資するような選挙制度を採用するとともに，参議院については多様な意見に基づく十分な審議がなされる場として，民主的代表の論理が発揮される選挙制度を採るというのはいかがであろうか。そして，討議の面では参議院の審議を尊重する一方で，決定の側面においては衆議院の審議を重視する。本文で縷々述べた対立する議論に対して，どちらにもよい顔をするような八方美人の見解であるが，そもそも筆者の信奉する討議民主主義は，延々と終わりのない討議をするだけでのものではなくて，それが求められる場面では果敢に決定の作成を行うという，討議と決定という2つの要素が共存する理論であるため，上記の構想は，実は，筆者の理論的視座とまさに符合するものである。政治学の立場から，岡﨑晴輝教授は，選挙制度のあり方に関して，代表の理念に照らせば（小選挙区制は政権選択レベルでは民意を反映しやすいものの，政党選択レベルでは民意を反映しにくいため，そのどちらにも民意を反映しやすいとされる）多数派優遇の比例代表制が望ましいとする一方，熟議の理念からは，小選挙区制では政党間熟議が促進され（ただし，二大政党制下では同質的政党間での熟議にとどまる），候補者同士ないし候補者 - 有権者間の熟議がしやすいものの，政党内熟議は阻害され，比例代表制では，穏健な多党制等であれば議論が拡散することなく政党間熟議が実質的なものとなり（政党内熟議はやはり阻害されるが，それも小選挙区制よりはましであるとする），それが名簿式でなければ候補者同士ないし候補者 - 有権者間の熟議は可能となるため，小選挙区比例代表併用制が望ましいと主張する。そして，代表と熟議の両方の理念を充足するならば，多数派優遇の小選挙区比例代表併用制が望ましいとする（岡﨑晴輝「選挙制度とデモクラシー」齋藤純一・田村哲樹編『アクセス デモクラシー論』（日本経済評論社，2012年）203-224頁）。これに対しては，討議民主主義が特定の選挙制度を志向するものか否かは（もし是ならば，岡﨑教授の見解が妥当するか否かも），さらに検討を要するであろうし，また，論者自身も留保しているように，選挙制度の組み合わせの弊害が懸念されるものの，参考に値すべき議論であろう。

まず，次の３つの点において，概念の限定をしておきたい。第一に，ここでいう違憲審査制とは，裁判所によるものであって，裁判所以外の国家機関によるものは含まれない。国家機関にはそれぞれ固有の憲法解釈権があり，例えば，国会がある法律を制定するということは，（個々の国会議員ではなく）機関としての国会がそれを憲法適合的なものとみなしていると推認される（なお，法律の制定についての国会及び国会議員のそれぞれの法的責任については，最判平成９年９月９日民集51巻８号3850頁参照）し，また，内閣は，自らが提出する法律案について内閣法制局による審査等を経て閣議決定を行うことにより合憲性を確認しており，国会における質問・質疑に対する答弁という形で具体的な憲法問題について回答している（なお，日本国憲法99条参照）。こういった裁判所以外の国家機関による有権解釈は，裁判所が具体的な事件を通じて判断を示さない憲法問題に関しては重視すべきであるものの，憲法上，「一切の法律，命令，規則又は処分が憲法に適合するかしないかを決定する権限」を最終的に有するのは最高裁判所と規定されていること（81条）から，本書では，究極的な判断者としての裁判所の（特に，最上位の裁判所である最高裁判所の）違憲審査（つまり，司法審査）を扱うこととする。第二に，ここで注目するのは，法律の憲法適合性の審査に関してであって，行政機関による処分や裁判所による判決等に対する憲法適合性の審査ではない。もとより，日本国憲法に定める違憲審査制は，違憲立法の審査に限られず，立法以外の国家行為に対する違憲審査を含むものである。しかし，民主主義の原理について考究する本書では，行政処分や裁判判決等に対するそれよりも，民主的正統性を有する国会が制定した法律についての審査が最も注目されるべきである。第三に，ここでいう違憲審査は，憲法上保障される人権への侵害を争うものであって，憲法の統治機構への権限分配規定違反に関するものは，本書における検討の射程に含めない。統治機構の規定をめぐる憲法問題に関しても，後述する民主的正統性の問題は同様に生じうるが，議論をより明瞭にするために，人権保障規定をめぐる憲法問題に射程を限定しておく。

　近代立憲主義の歴史を紐解いていけば，はじめに国民を代表する議会が，君主による専制的な支配を制限するべく，法律をもって人権を保障しようとした。これが（形式的）法治主義の原理である。歴史はさらに展開する。1803年にアメリカ合衆国で違憲審査制（特に，司法裁判所がこれを行う司法審査制）が誕生し（Mar-

第1章　民主主義の原理をめぐる論点整理

bury v. Madison, 5 U.S. 137)，その後，それは世界中の憲法へと伝播した。わが国には，他の多くの国々と同様に，違憲審査制が第二次世界大戦後に導入された。これは，議会が制定した法律であっても，それが憲法に照らして人権を侵害するものであれば無効としなければならないとするものである。違憲審査制などに通底する法の支配の原理は，先の表現と対比するならば，憲法をもって人権を保障しようとするものである。

　違憲審査制は，立憲主義にとって重要な構成要素の1つであるが，民主主義の原理との関係では，その位置づけについて非常に深刻な問題を有しているということは，本節の冒頭で触れたとおりである。この点について，1960年代前半において最高裁判所長官を務めた横田喜三郎教授は，次のように述べている。

　「法律は，国民の意志を表現したものであり，国民の意志にほかならない。民主主義は，国民の，国民による，国民のための政治であり，結局において，国民の意志による政治である。そうしてみれば，民主主義のもとで，法律をどこまでも尊重すべきことは，当然のことであり，自明のことである。それを無効にすることは，国民の意志を無視し，否定することであって，本来ならば，決して許されないことである。ただ，憲法も国民の意志を表現するものであり，しかも法として最高のものであるから，それに違反するふつうの法律は，効力を認めることができない。それにしても，普通の法律も，国民の意志を表現するものであるから，それを無効にすることは，民主主義のもとで，つとめて慎重にしなければならない。……裁判官は，国民によって選ばれたものでなく，国民に対して直接に責任をおうものでもない。この点で，国会議員とまったく異なっている。国会議員は，国民によって選ばれたものであり，国民に対して責任をおうものである。その言動が国民の意志に反すれば，議員として選ばれないし，一度は選ばれても，つぎの選挙では落選するであろう。……これに反して，裁判官は，国民によって選挙されたものでなく，国民の意思に反するからといって，落選するとか，罷免されるとかということもない。そうしてみると，裁判官が国会の制定した法律を無効にするということは，国民によって選ばれ，国民に対して責任をおう国会議員が制定した法律を，国民によって選ばれず，国民に対して責任をおわない裁判官が無効にするということであって，民主主義のもとでは，まったく異常なことである」(124)。

民主主義の原理にとって違憲審査制が異質な制度であるということは，わが国がそれを学んだ米国においても，同様に議論されていることである。例えば，ビッケル（Alexander M. Bickel）は，「司法審査は，アメリカの民主制において逸脱的な（deviant）制度である」と述べたうえで，「根本的な難点は，司法審査が合衆国のシステムにおいて反多数決主義的な勢力であるという点にある」と主張し，違憲審査の民主的正統性を「反多数決主義という難点（counter-majoritarian difficulty）」として再定式化した。

　問題は，要するに次のとおりである。裁判所の構成員たる裁判官は，国民から選挙によって選出されてはおらず，その点，民主的正統性に乏しい。しかも，司法権の独立の下で，裁判官は違憲審査権の行使について政治的に責任を負うことはない。このように民主的な基盤を有しておらず，答責性も有しない裁判官が，民主的に選任された議員により構成される議会の制定した法律について，憲法適合性を判断し，違憲とするものの無効を宣言することは，民主主義の観点からどのように正当化しうるのか。

　この問いに対して，憲法の明文上違憲審査権の根拠をもたず裁判所自身が判例でそれを創出した合衆国の場合とは異なり，「日本国憲法は81条の明文で違憲審査権を認めている……ゆえに，日本国憲法の解釈論として，違憲審査を行うことの正当性を論ずる必要はない」とする応答方法もあろう。しかし，このように問題を正面から論ずる必要性を否定する論者であっても，問題を「まったく素通りできるわけでもない」と考えているし，問題を取り組むべきものとして重視するならば，それは立憲主義と民主主義との相克という壮大なテーマとして，論者の前に立ちはだかることとなる。

---

(124)　横田喜三郎『違憲審査』（有斐閣，1968年）12-14頁。本文引用箇所は，裁判所による法令の違憲審査権の行使は慎重になされなければならないということを主張するにあたって，2つの論拠を示すうちの1つとして述べられた部分である（なお，もう1つの論拠は，権力分立の原理である）。

(125)　Alexander M. Bickel, *The Least Dangerous Branch: The Supreme Court at the Bar of the Politics,* Yale University Press, 1962, pp. 16-18.

(126)　高橋・前掲注（86）186頁。このような法実証主義アプローチに対する批判として，棟居快行「プロセス・アプローチ的司法審査観について」阿部照哉・高田敏編『現代違憲審査論』（法律文化社，1996年）124-125頁。

(127)　「違憲審査権の行使の仕方（いかなる行使の仕方が正当なのか）を議論する前提として，この制度がいかなる目的で導入されたのかを明らかにする必要があ」り，「この議論のなかに違憲審査の正当性問題が形を変えて入り込むからである」（高橋・前掲注（86）186頁）。

第1章　民主主義の原理をめぐる論点整理

　もとより，この違憲審査の民主的正統性の問題は，（かの国ではもちろんのこと）わが国でも，すでに優れた研究の蓄積がある。代表的なものを挙げるだけでも，戦後憲法学の基礎を築いた研究者や現代の憲法学を先導する第一線の研究者の名が連なるし，現在でも多くの若手研究者が真摯に取り組んでいる課題である。ほぼ論じ尽くされたかにも見えるこの論点について，それを主題とするものではない（あくまで言及するにすぎない）本書において筆者が付加しうる余地はないし，新たに参入するにも障壁はあまりにも高い。

　先に言及したアッカーマンの二元的民主政理論や，原意主義，プロセス理論，プリコミットメント論などといったアメリカ合衆国におけるこの問題をめぐる議論状況については，先行研究にその紹介を譲るとして，ここでは，本書の問題関心と関係する限りにおいて，わが国の議論として描きなおされたものについて，若干，敷衍することとする。

　この問題への接近方法は，違憲審査が民主主義の原理と調和する役割を果たしうるのか・現に果たしているのかという具体的・経験的レベルのものと，違憲審査と民主主義の原理とがいかにして両立しうるのかという抽象的・理論的レベルのものとに，大別しうる。

　具体的・経験的なものとして最も有名なのは，政治学者ダール（Robert A. Dahl）による実証研究である。大沢秀介教授の紹介によれば，「ダールは，連邦最高裁の違憲審査権の行使が民主主義に反するという見解に対して，立法過程での多数派，すなわち当該法律を制定した上院と下院の多数派と大統領であるが，それを国民の多数派とみなした上で，連邦最高裁の違憲判決が国民の選好とどの程度乖離したかを調査し」，「連邦最高裁が立法過程の多数派の意思に反して，すなわち違憲判決を受けた後の法律の改正や憲法修正などに対抗してまで，少数派の立場を支持する政策を判決という形で打ち出す場合には，それはデモクラシーと一致しないことになるが，調査の結果は，そのような結論を支持していないとする」。「連邦最高裁は，常にその時代における政治的連合の一員であり，その政

---

(128)　拙著『裁判員制度の立法学――討議民主主義理論に基づく国民の司法参加の意義の再構成』（日本評論社，2009年）213頁注（27）。
(129)　長谷部恭男『比較不能な価値の迷路』（東京大学出版会，2000年）135頁参照。
(130)　Robert A. Dahl, *Pluralist Democracy in the United States: Conflict and Consent*, Rand McNally, 1967, pp. 143-170.

策決定の範囲は，その時代の政治的連合の基本的な政策的目的を超えるものではなかった」ので，「連邦最高裁の主たる役割は，裁判所は政治的な制度ではなく，法律的な制度であるという国民の中に存在する信念に訴えて，社会的に深い対立を有する問題に対するその時代における政治的連合の採る政策に正当性を与えることにあったと主張する」。しかしながら，「ダールが提示した証拠は方法的に問題が多く，彼の主張を支持するに十分なものとはいえなかった」というのが，この領域に関する最近の議論についての詳細な研究を進めている見平典准教授による評価である。

 もっとも，司法裁判所による違憲審査が結果的には民主的政治部門の意思に沿うように行使されているということを実証的に示したところで，なぜ裁判所が違憲審査を行うことが正統であるのかは，そこから導出されることはない。かくして，検討すべきは，抽象的・理論的な問題に移ることとなる。

 解法の1つとして，問題そのものを操作するという方法がある。裁判所が非民主的機関であるという前提そのものを覆せば，問題そのものが消滅する。すなわち，次項で詳述するとおり，裁判官が形式的には民主的に選任されているということを強調する見解である。しかし，裁判官の民主的選任をいかに強調しても，政治部門の民主的構成と比較すれば，国民からの距離という点ではるかに遠く，また，司法権の独立という憲法原理に鑑みても，およそ裁判所が（政治部門と比してもなお）民主的であるということは立証困難である。また1つは，政治過程のほうもさほど民主的ではないということを強調する議論であるが，ならば，政治過程の民主性を高めるべきであると主張すべきであって，それが民主的基盤に乏しい裁判所の違憲審査権行使を正統化することには必ずしもならない。

 では，問いに対して，どのように答えればよいのか。今日，わが国におけるこの問題についての最も代表的な解答が，芦部教授によるものである。

---

(131) 大沢秀介『アメリカの司法と政治講義ノート』（成文堂，2003年）181頁。
(132) 見平典『違憲審査制をめぐるポリティクス』（成文堂，2012年）30頁。
(133) 「たしかに司法府は直接の国民意思による正当化の基盤に支えられた，国民に対して政治的責任を負う機関ではないので，多数者支配的民主政の観点からいえば民主性のもっとも稀薄な国家機関であるが，これと同じ非民主性は，政治の現実においては，国民の代表機関である議会および議会に責任を負う内閣の諸制度にも，多かれ少なかれみられることである。議員定数の不均衡，議会の議事運営における国民意思による民主的コントロールの欠如，あるいはまた内閣ないし官僚主導の行政国家現象などは，その例である」（芦部・前掲注（24）153頁）。

第1章　民主主義の原理をめぐる論点整理

　芦部教授は，立憲民主主義という民主主義構想をもって，違憲審査制を民主主義の見地から正統化している。すなわち，「民主政を多数者支配主義(マジョリタリアニズム)と同視する立場を採れば……最高裁の違憲審査権は「非民主的」で「本質的に寡頭政的なもの」ということになる」が，先にも引用したとおり，「多数者支配(マジョリティ・ルール)は……個人の自由・平等・生存の保障という立憲主義の目的を確立し伸長させるための手段であり，一定の——とくに少数者の——不可欠の人権が尊重・擁護されている体制の下で始めて実効的に機能することができる原則であ」り，「国家権力を合理的に制限し，国民，特に少数者の権利・自由を保障すること，そこに民主政の真の本質が存する」以上，立憲民主主義という観点からは「違憲審査権はむしろ民主的な制度だとみることができると考え」るという。[134]

　この芦部教授による解法に対して，長谷部恭男教授は，次のように批判している。「全能の主権者が常に「ヌキ身で常駐」するというこの前提からすれば，憲法は立憲民主政をとっているため多数決によっても奪いえない権利が民主政の一環としてそもそも組み込まれているとか，自由な言論・結社と公平な選挙は民主政の構成要素であるから，それは民主プロセスによっても破壊できないといった議論の仕方は，単なる論点の先取りであって，都合のよい「民主政」の定義を置くことで問題が解消したようなふりをしているだけのことになる」[135]。また，別の立場からも，芦部教授のいうように「憲法的価値実現というだけで最高裁による違憲立法審査権の民主主義的正当性を肯定してしまって良いものであろうか」，「やはり最高裁判事が国民の選挙を経ていないという意味では，国民主権との関係では，最高裁は基本的には民主主義的正当性を欠くといわざるをえないのではないか」と，疑問を呈しうる[136]。

　芦部教授への批判者たちは，どのように違憲審査権と民主主義の原理との緊張関係に答えるのか。

　プロセス的司法審査理論を提唱するのが，松井茂記教授の立場である。松井教

---

(134)　芦部・前掲注(24)152-154頁。もっとも，芦部教授によれば，「問題の本質は，……違憲審査権ないし司法的政策形成が民主的か非民主的かの議論にあるのではな」く，「違憲審査権が実際に国民——とくに少数者——の人権擁護の機能を果たしてきたか否かにある」という(155頁)。
(135)　長谷部・前掲注(129)140-141頁。
(136)　渡辺康行「多数だけでは決めない仕組み」樋口陽一編『ホーンブック憲法〔改訂版〕』(北樹出版，2000年)312頁。

授によれば,「憲法は,政治共同体の各構成員に政治参加のプロセスに不可欠な諸権利を保障し,国民が政治参加することを保障している」[137]。「政治を多元的な集団の交渉と取引のフォーラムと捉える政治観」,すなわち,プリュラリズムに立つ松井教授は,「日本国憲法の理解としても,リベラリズムよりも……プリュラリズムの方が適切なのではなかろうか」と考える[138]。そして,「プリュラリズムの考え方では政治プロセスの決定が本当に公益にかなっているかどうかを判定する客観的な基準は存在」せず,「それゆえ,政治の実体的結果の正しさではなく,プロセスの公正さを確保することが重要となる」。「立法者の制定した法律が,愚かな選択であり,不合理とさえ思えたとしても,不満をもつ国民は基本的に政治プロセスに訴えて法律を改廃することを求められている」が,「多数者が,このような国民によるさらなる吟味と政治参加による政治の変化を閉ざしてしまい,いつまでも多数者のままでいることができるような行為を行うことは,このプリュラリズム的に理解された政治のメカニズムを阻害することになる」。具体的には「多数者が選挙権や表現の自由などの国民の政治参加のプロセスに不可欠な権利を制約している場合,あるいは一定の少数者の利益を代表することなく差別しているような場合には,政治のメカニズムに組織的な機能障害が生ずるおそれがあ」り,「このような機能障害を除去し,国民が本来のプリュラリズム的に理解された政治のメカニズムを通して政治を変革することを可能にすることこそが,民主主義に立脚する日本国憲法が最高裁判所に求めていることである」という[139]。

一方,長谷部教授は,リベラリズムによる違憲審査制度の正統化を提唱する。リベラリズムによれば,「国民全体の利益の内容は,第一次的には議会の判断をまつべきだが,個人が共有する人権の内容は理論的にも明らかにすることが可能であり,したがって,裁判所の役割もさまざまな利益が議会に反映される道筋を確保することには限られず,むしろ,個人の権利を政治的・社会的に多数派の決定に対抗して保障することにある」という。「各自が自らの人生を構想し,それ

---

(137) 松井・前掲注(28)97頁。
(138) 松井・前掲注(28)39頁。
(139) 松井・前掲注(28)97-98頁。プロセス的司法審査理論に対するまとまった批判として,棟居・前掲注(126)131-137頁,土井真一「司法審査の民主的正統性と「憲法」の観念」米沢広一ほか刊行代表『現代立憲主義と司法権』(青林書院,1998年)137-139頁。

第1章 民主主義の原理をめぐる論点整理

を自ら生き抜くための権利は、社会全体の利益を理由として制約することは許されない「切り札」としての意味を持つ」ものであって、「裁判所の役割は「切り札」としての人権の保障の他、民主的政治過程やそれを支えるマスメディアの自由のように、その時々の政治的多数派によって左右されるべきではない基本的な公共財の保障にもおよぶ」と解することになる。

　もとより、立憲民主主義論者は、プロセス的司法審査理論やリベラリズムによる正統化が、政治過程への参加を支える人権の保障を目指す点で、論者らの主張と異なるものではないと反論しうるかもしれない。しかしながら、第1節での議論に基づけば、違憲審査の民主的正統化にあたって、立憲民主主義という構想のうち意味があるのは、「立憲」という部分であって、「民主主義」という部分は、正統化にまったく寄与していない。敢えて民主主義を名乗るよりも、端的に立憲主義ないし自由主義的正統化とするだけでも足りるのではないかという素朴な疑問が湧くであろう。

　先で触れたように、わが国の憲法が明文で違憲審査権を規定していることを理由に違憲審査の正統性を問わないという選択も採りうるにもかかわらず、わが国でもこの問題への取組みが隆盛している理由について、大河内美紀教授は、この問題が長らく「議論の枠外に置かれていた」「民主主義とりわけ多数決主義の正当性」を問う企てであることを挙げている。そして、このことを意識的に取り上げたのが、長谷部教授であった。曰く、「司法審査と民主政との緊張関係を検討するには、司法審査の正当性と同時に民主政の正当性とその射程をも検討しなければならない」。この長谷部教授による議論を受けて、阪口正二郎教授は、アメリカにおける議論では、「多数決主義としての民主主義の正当性は議論の自明の前提とされて」おり、これに対して「正当性に関する立証責任はもっぱら司法審査を擁護する側が負わされてきた」が、そもそも民主主義そのものの正統性について考えるということに関して、「少なくとも伝統的なアメリカの議論において

---

(140)　長谷部恭男『憲法〔第5版〕』（新世社，2011年）430頁。松井-長谷部論争については、松井茂記「プロセス的司法審査理論　再論」米沢ほか刊行代表『現代立憲主義と司法権』67-114頁、長谷部恭男「憲法典というフェティッシュ」国家学会雑誌111巻11-12号（1998年）162-176頁。
(141)　大河内美紀「「司法審査の正当性を問うこと」について」辻村みよ子・長谷部恭男編『憲法理論の再創造』（日本評論社，2011年）474頁。
(142)　長谷部・前掲注(129)141頁。

は，こうした問題意識はかなり希薄であったように思われる」と分析している。

結局は，裁判所の違憲審査権行使の正統性は，立憲民主主義という術語を用いて問題そのものを消滅させるか，その他の政治観に立脚して，表現の自由に代表される，政治プロセスのための人権，あるいは「切り札」としての人権，その他公共財の保障などを理由に正統化するかのいずれかになるだろう。そして，第1節で触れたように，立憲民主主義は，純粋な民主主義の原理のことではなく，自由主義の原理のことであるとみなすならば，民主主義の原理とは何なのかという問題に逢着することになる。

（2）司法権の民主的正統性

ところで，改めて裁判所と民主主義の原理との関係を真剣に考えるならば，多数決を超える正義が民主的政治部門の決定を乗り越えるという違憲審査制の正統性だけでなく，裁判所の第一の権能というべき司法権を民主的基盤を有しない裁判所が行使することの正統性すらも，自明のものとは言えなくなる。この問題は，あまりにも根源的すぎて，わが国ではあまり議論されてこなかったということを，筆者は，前著で指摘した。もちろん，後に触れるとおり，これを問題として認識した研究者がまったく存在しなかったわけではなく，また，この問題に意識的に取り組んだ研究者もわずかながらいた。しかしながら，違憲審査権の民主的正統性が国内外で激烈に議論されていることと好対照をなすといえるほど，司法権の民主的正統性に関する議論は，問題として注目されなかったのである。

ここでは，前著での議論を敷衍するとともに，その後の研究で明らかになった点につき補説することとする。

国民主権国家において，国家機関による統治権の行使は，基本的には，その国家作用に対する国民による民主的正統性の付与によって正統化される。樋口陽一教授のいうように，「今日，およそ公権力はなんらかの意味で「国民」意思によって正統化されるものでなければならない」。

---

(143) 阪口正二郎『立憲主義と民主主義』（日本評論社，2001年）19-20頁。
(144) 拙著・前掲注（128）202-214頁。
(145) 以下，本節（2）の議論は，拙著・前掲注（128）第3章第1節を再構成したものである。
(146) 樋口陽一『憲法Ⅰ』（青林書院，1998年）502頁。

わが国において，国会が立法権を，内閣が行政権をそれぞれ行使すること（日本国憲法41条，65条）は，前者を構成する議員が，国民による選挙によって選出された全国民の代表である（43条1項）からであり，後者の首長たる内閣総理大臣が，国民代表機関である国会の議決によって，国会議員の中から指名され（67条1項），その他の構成員である国務大臣が，内閣総理大臣によって任命される（しかも，68条1項により，その過半数は国会議員でなければならない）からである。

　一方，裁判所の司法権行使の正統性に関しては，日本国憲法は，①裁判所の構成員である裁判官の任免について，間接的ながらも民主的正統性を有するよう制度設計しているが，それを直接的に調達することを避けており，②裁判所の司法権行使について，憲法上，指名・任命権者である内閣，国民代表機関である国会または主権者である国民が直接統制することはなく，むしろ，司法権の独立を認めており，そして，③法律による裁判所の設置（76条1項），法律による裁判の原理（76条3項），裁判の公正を確保するための裁判の公開原則（82条）など，若干の民主的統制手段を設けているにすぎない。

　つまり，裁判所の司法権行使の民主的正統性は，憲法上，きわめて弱く設計されている。民主的正統性は，規定された制度以外に，裁判所による司法権の行使

---

(147)　高田篤教授（さらに，その依拠するところのベッケンフェルデ（Ernst-Wolfgang Böckenförde））の整理によれば，「「国政」の国民信託ということで，その「権威」が「国民に由来し」，その「権力」が「国民の代表者」によって「行使」されるとされているが（前文1段），それは，2つの方向での「民主主義」的正統性を要請する」という。すなわち，「「国政」を司る「公務員」（15条）が，「国民」に直接的または間接的に任命されることによって（15条1項・3項，43条1項，67条，68条，6条2項，79条1項，80条1項），国民にまで途切れることなく遡る正統性の連鎖が生じていることが求められる」という人的正統性と，「「国政」の具体的なあり方について，「全国民」を「代表」する議員で組織される（43条1項）「国権の最高機関」たる「国会」が「唯一の立法機関」（41条）として議決した法律に合致すると同時に，「内閣」が「法律を誠実に執行」し（73条1号），「内閣」が「行政権の行使について，国会に対し連帯して責任を負」い（66条3項），「内閣総理大臣」が「行政各部を指揮監督」することにより（72条），民主的責任が問われることを通じて，内容的にみても「国民に由来」しているといい得る」という内容的正統性の2つがあるという（高田篤「法律事項」小山剛・駒村圭吾編『論点探究 憲法〔第2版〕』（弘文堂，2013年）320-321頁，合わせて，E.-W. ベッケンフェルデ著・初宿正典編訳『現代国家と憲法・自由・民主制』（風行社，1999年）215-220頁（高田篤訳）も参照）。この議論によれば，裁判所についての人的正統性とは，裁判所の裁判官が内閣によって指名ないし任命されることが該当すると考えられる。

(148)　裁判官が独立して中立かつ公正な裁判を行うことによって醸成される裁判に対する国民の信頼を，裁判所の司法権行使の正統化根拠と評価することができる。最高裁判所は，裁判の存立の根拠が，裁判官による独立，中立かつ公正な裁判と，それに対する国民の信頼にあると判示している（最大決平成10年12月1日民集52巻9号1761頁）。

に対する国民の信頼にたどることもできるが、ここで注目すべきは、憲法が、裁判所について直接的な民主的正統性を調達させようとしなかった理由についてである。

　この問題に対して、わが国で初めて自覚的に取り組んだのが、制定直後に刊行された初めての日本国憲法の権威ある概説書である国家学会編『新憲法の研究』において司法制度の部分を担当した兼子一教授であった。兼子教授は、裁判所ないし裁判官の民主的正統化の必要性を指摘したうえで、なおも「司法権の使命が、多数意思の圧力による少数者の自由の窒息に対する安全弁であり、国政の極端な偏向に対する調節器である役を果たすことにあるとすれば、そこに同じ多数意思がはたらくことに疑念がもたれる」と述べ、「司法迄が極端に民主化しないところに、合理的な民主主義の運用がある」と主張した。つまり、裁判所が、多数の急進的な専横に抗してでも、あるべき法に基づき、個人の権利・自由を擁護し、法秩序を維持することを目的とする機関であるからこそ、むしろ、そこに単純な民主主義の原理を貫徹させないような制度設計が望ましいものと考えられる。

　この点、従来のわが国の憲法学は、一定の民主主義観を援用することによって、そもそも、「民主的司法のディレンマ」は問題とはならないと考えてきた。それが、本章で繰り返し言及してきた立憲民主主義という考え方である。すなわち、日本国憲法にいう民主主義は、単純な多数者支配的民主主義ではなく、人権ないし自由の保障という実体的価値を前提とする立憲民主主義であり、このように民主主義を解する限り、裁判所は非民主的な国家機関ではない（むしろ、人権保障という立憲民主主義を実現する機関である）という。民主主義の定義を操作することによって、問題それ自体が解消されるのである。

　しかしながら、このような立憲民主主義という理解は、樋口教授が述べるように、「実質的な説明として、とりあえずは説得的なものではあろう」が、立憲民主主義の原理は、「およそ「デモクラシー」を名のる以上、demos＝国民の側か

---

(149)　兼子一「司法制度」国家学会編『新憲法の研究』（有斐閣、1947年）236-237頁。
(150)　樋口陽一「裁判の独立」樋口陽一編『講座・憲法学第6巻　権力の分立（2）』（日本評論社、1995年）53頁。
(151)　長谷部・前掲注（129）140頁。

らの最終的なコントロールを遮蔽する制度を，それによってのこりなく説明することは，不可能」であり，なおも「裁判の独立を正統化する根拠を，より立入って求める場面に戻ってくることとなる」。

では，敢えて，ここで立憲民主主義という民主主義の構想を採用せずに，民主主義の本質を多数者支配的民主主義と理解するならば，どのような解法が考えられるであろうか。この場合，基本的には，民主的に正統化することそれ自体を放棄するということになる。では，具体的には，どのように正統化を行うのか。

第一は，政治部門と裁判所とでは組織形成・権限行使の指導理念が異なるという考え方である。すなわち，政治部門である議会や政府には第一に民主主義の原理が妥当する一方，法原理部門である裁判所では，それとは異なり，法の支配ないし自由主義の原理に基づく組織・権限が考えられるべきということになる。例えば，佐藤教授は，次のように述べている。「国民主権の下にあっては，すべての国家作用は国民の意思に基づいて行われる理であり，裁判所も，権力分立構造の一翼を担い，国民主権の実現のための政治制度の一環としての性格をもっている。が，議会や内閣は，国民の政治的統合を図りつつ国民の意思実現のため能動的・積極的に活動することを期待される……のに対して，裁判所は，そこに持ち込まれる紛争を契機に，法の客観的意味を探り，それを適用することによって該紛争を適正に解決し，もって法秩序・原理の維持・貫徹を図ることを期待されている受動的な機関である。その意味で，裁判所は，非政治的・非権力的機関と称しうる性格をもっている……。裁判所の活動には，一般世論がストレートに作用することがむしろ忌避され，国民代表による指揮や監督が排されるが，裁判所が解釈・適用する法は国民代表機関によって定立されるものであることから，国民主権原理と矛盾しないとされる。国民主権は，その現実態にあっては，活性的な政治的行動を通じて顕現しようとする傾向をもつのに対して，「法による統治」は，法原理によって，「政治」のもつ"非情"さを一定の枠に閉じ込めようとす

---

(152)　樋口・前掲注（150）54頁，傍点原文。
(153)　佐藤・前掲注（45）575-576頁，傍点原文。あるいは，大石眞教授も，次のように述べている。「国会と内閣とは，国民による選挙に存立の基礎を置き，国民の民主的コントロールに服し，相互に牽制しつつ（抑制と均衡），積極的・能動的に国政上の決定をおこない，これについて国民に直接に政治的責任を負う権力機関である。これに公民団として組織化された国民を加えて，これらを広く「政治部門」と呼ぶことができる。これに対して，司法裁判所は，国民による選挙に基礎を置くもの

る個人主義的・自由主義的性格を有するものである」[153]。

　第二は，裁判所を，民衆の支配である民主主義ではなく，規範ないし法理性の支配であるノモクラシーによって正統化しようとする立場である。「民主主義(デモクラシー)すなわち民衆（民衆意思(デモス)）の支配(クラチア)ならぬ，本来の意味での規範(ノ)（法理性(モス)）の支配(クラチア)が象徴されていないか。本来のノモクラシーとは，相対的正義として決断されるその時どきの民衆意思にではなく，事物の本性から認識される恒常的な合理的規範に最終の判定を委ねることを意味している。裁判という公機能は，たとえ民主主義政体の下でも，究極的にはそのようなノモクラシー的要素を払拭することはできないのではなかろうか。ここにおいてか，民主主義と裁判は，相対主義と絶対主義の関係として根本的な違和を生ずるであろう。このことは，現実におけるデモクラシーの作動原理として概念必然的な多数決原理が，裁判の場面では大きくその妥当性を制約されている，また制約されざるをえないところに端的に顕われる。すなわち，規範の認識は冷静な専門的理性の働きとして，本質的に主意的で政治的な多数決にはなじみ難い」[154]。「憲法自身が——多数決制度のもとで——国民のなかの多数の意見を吸い上げて実現することによって立法権や行政権が自らを民主的に正当化するのに対して，司法権が国民のなかの少数の意見を吸い上げて実現することによって自らを人権尊重主義を根拠として（＝法理的に）正当化することを許容し，更には要請していることを意味している」と述べる栗城壽夫教

でなく，むしろ国民を含めた他の国政上の機関から独立しつつ（司法権の独立），争訟の当事者から提起された事件に対し，公平な第三者として所与の法的規準に照らした判断をおこなうが，裁判の内容については国民に対して直接には政治的責任を負うことのない非政治的な権力機関——これは「法原理機関」と名づけられる——として活動する。ここでは，確かに，国民の主権的意思が実現することを重んじる民主制の原理は後退する。しかし，それに代わる価値を立憲民主制は「法の支配」という原理に見いだすのである」（大石・前掲注（37）206頁）。

(154)　手島孝「司法権」全国憲法研究会編『憲法三〇年の理論と展望〔法律時報49巻7号〕』（日本評論社，1977年）148頁，傍点原文。
(155)　栗城壽夫「権力分立体制における司法権の正当性」法学教室151号（1993年）31頁。ここでいう「民主的正当性」とは，栗城教授によれば，「国民の意思・国民代表の意思を根拠とする正当性」のことを指し，また，「法理的正当性」とは，民主的正統性によってカバーされない「人権尊重主義を根拠とする正当性」のことを指すという（同頁）。
(156)　樋口教授のいうコオルとは，要するに「職業身分特権集団」のことであって，「コオルは，特権集団として残存するそのことによって権力を多元化し，自由の確保手段を提供するものとして，機能する可能性がある」るという（樋口陽一『憲法　近代知の復権へ』（東京大学出版会，2002年）136-137頁）。

授の見解も，民主的正統化を完全に放棄していない点で差異があるものの，論旨においてはこれと同列してもよかろう。

　第三は，「コオル（Corps）としての司法」を前提とする樋口教授の見解である。「国民国家の内側で，立法者としての主権者の正統性は，普通選挙あるいは人民投票の際に表明される人民意思に起源を置く。裁判官については，最上位にある裁判官……に関していえば，なるほど，彼らもまた，多かれ少なかれ人民意思を反映した政治的機関によって……選任されている。……その指摘を受け入れながらもであるが，私もまた，私の持論をくり返しておきたい。それは，人民意思という正統性とバランスをとるだけの重さを持ったもうひとつの正統性の存在ということであり，それなしには，裁判作用の悪しき意味での政治化の危険が生ずるであろう。……政治権力，法を与える権力の正統性が人民に起源を持つのに対し，裁判をする権力，法を解釈する権力の正統性は，知的起源に負う程度が大きい」。法理について知性をもった裁判官の判断は，民意に並立するほどの正統性があるという主張である。ここに引用した部分のみを読む限りでは，民衆におもねらず専門合理性を追求する裁判官の徹底した卓越的判断に真理到達への唯一の途があって，それが民主的正統性に代わる正統性根拠となるという議論と読み解かれうるかもしれない。もっとも，樋口教授においても，その裁判官の希求すべき価値とは自由と平等であり，特異な価値を目指せというわけではない。すなわち，「トクヴィルの「アリストクラット」にせよ，エリオットの「ガーディアン」にせよ，決定方式としては民主主義＝「デモスのクラチア」と異質のものとして提示されているのであるが，それによって得られるだろう決定内容としては，「デモス」の利益と矛盾しないどころか，場合によっては「デモス」自身の意思に抗してでもそれを擁護するものとして，想定されている。トクヴィルの場合は自由だったし，今日のアメリカでは，知的エリートの「後見」によってまもられるべきものとされているのは，何より，精神的自由と平等である。こうして，司法オプティミズムを支える裁判官の「人」の質への期待は，そのような裁判官によって生み出される一定の決定内容への期待と密接にむすびついている。いいかえれば，本来「アリストクラティック」である裁判官が民主主義社会でな

---

(157)　樋口・前掲注（156）114-115頁。

おかつ積極的な役割を果たすことがゆるされ，そればかりか要請されるのは，裁判所がその権能を積極的に行使することによって特定の内容を実現することが期待されているからこそであり，またそのかぎりでなのである」[158]。

結局は，裁判所の司法権行使の正統性は，立憲民主主義という術語を用いて問題そのものを消滅させるか，民主的正統化を目指さずに，自由主義の原理で正統化するか——あるいは，それを特に法理的正統化と呼ぶか，人民意思と並び立つほどの裁判官の優れた知的能力・専門性を強調するか——のいずれかになるだろう。やはり，民主主義の原理とは何なのかという問題の検討に戻ることになる。

4　民主主義の原理の討議的転回

（1）憲法学における民主的討議の位置づけ

わが国憲法学において，民主主義理論に討議（deliberation）という要素を定位する方法は，3つに大別しうる。第一は，ドイツの社会哲学者ハーバーマスを源流とするものである[159]。第二に，アメリカ合衆国の公民的共和主義（civic republicanism）者たちの議論を紹介するものである[160]。そして，第三が，その他欧米の政治理論・哲学者の議論を基礎とするものである[161]。これらのうち，本書では，第二の憲法理論研究者による研究を紹介することとする[162]。

合衆国における討議民主主義の憲法理論研究者といえば，サンスティン（Cass

---

(158) 樋口陽一・栗城壽夫『憲法と裁判』（法律文化社，1988年）86-87頁（樋口陽一執筆），傍点原文。
(159) 例えば，毛利・前掲注（68），同「政党と討議民主主義」辻村・長谷部編『憲法理論の再創造』447-459頁，本秀紀「政治的公共圏の憲法理論」（日本評論社，2012年）16-46頁，176-249頁。
(160) 例えば，大沢秀介「熟慮民主主義をめぐる最近の議論について」田中宏・大石裕編『政治・社会理論のフロンティア』（慶應義塾大学出版会，1998年）63-87頁，同『アメリカの政治と憲法』（芦書房，1992年），同『司法による憲法価値の実現』（有斐閣，2011年）255-274頁，川岸令和「熟慮に基づく討議の歴史とアメリカ合衆国憲法の正統性」早稲田政治経済学雑誌320号（1994年）286-321頁，同「言論の自由と熟慮に基づく討議デモクラシー」同324号（1995年）242-277頁，同「自由の構成としての憲法」同328号（1996年）261-296頁。
(161) 例えば，木下智史「アメリカ合衆国における民主主義論の新傾向」法律時報73巻6号（2001年）70-73頁，駒村圭吾「討議民主政の再構築」中村睦男・大石眞編『立法の実務と理論』（信山社，2005年）3-34頁，同「討議民主政論の挑戦」憲法問題17号（2006年）95-108頁。
(162) 以下，本節（1）及び（2）の議論は，拙著・前掲注（128）インタールードの議論を再構成したものである。
(163) Cass R. Sunstein, *The Partial Constitution*, Harvard University Press, 1993, pp. 19-20.

第1章　民主主義の原理をめぐる論点整理

R. Sunstein）を第一に挙げるべきことに異論はなかろう。共和主義的憲法観に立脚するサンスティンは，明確に「アメリカ合衆国憲法は，討議に基づく民主政治（deliberative democracy）を創造すべく設計されている」と述べており，この言回しは，その著書の中で繰り返し用いられている。まさに，「憲法こそが，人民への説明責任と省察及び理由づけとを結合する制度を通じて，討議的な民主政治を創造するよう企てているのである」。

　サンスティンによれば，合衆国憲法の起草者たちは，君主制の残滓，公務員の利己心及び党派による権力の掌握（「多数派の暴政」）を危惧し，憲法制定にあたって，これらの3要素が機能しないように制度設計を行った。国民の代表者は，最終的に国民に対して説明責任を負い，その一方で，党派の影響に支配されずに討議を行うことが保障された。私的団体の私益のみを基礎とするような法は，討議的な理念の侵害の核心である。討議的な政治の最低条件は，国家行為に理由を求めることであり，合衆国憲法は，初めて理性に基づく共和国を創設したものと理解しうる。

　『フェデラリスト（*The Federalist*）』第10編には，マディソン（James Madison）による次のような有名な記述がある。「一団の市民によって選出された媒介を経ることによって，民意が洗練され視野が広げられる（refine and enlarge the public views）。そのような市民の賢明さは，自国の真の利益を最もよく認識させる一方で，国家と正義への愛によって，一時のあるいは不公平な考えゆえにそれを犠牲にするようなことが最も起こりにくくなる」。また，建国の父たちは，公民的徳性（civic virtue）という古典的な共和主義の信念を現代化し，高度な同質性と同じ利益によって結合された小さなコミュニティでしか開花しえないものではな

---

(164)　Cass R. Sunstein, *Free Markets and Social Justice*, Oxford University Press, 1997, pp. 13-14（有松晃・紙谷雅子・柳澤和夫訳『自由市場と社会正義』（財団法人食料・農業政策研究センター，2002年）. Cass R. Sunstein, *Why Societies Need Dissent*, Harvard University Press, 2003, p. 150.
(165)　Cass R. Sunstein, *Infotopia: How Many Minds Produce Knowledge*, Oxford University Press, 2008, p. 49. 同書では，憲法制定会議そのものが討議的であったこと，二院制が関連する情報を参照した高度の討議を保障する試みであること，指図権の否定などといった後述する議論にも触れられている（*ibd.*, pp. 49-52）。
(166)　Sunstein, *supra* note (163), pp. 18-20.
(167)　Alexander Hamilton, James Madison, and John Jay (notes by Charles R. Kesler and edited by Clinton Rossiter), *The Federalist Papers*, Mentor Book, 1999, p. 50（齋藤眞・武則忠見訳『ザ・フェデラリスト』（福村出版，1991年）47頁）。

く,（私益ないし私的党派の利益ではなく）公益へのコミットメントとしてそれを理解しようとした。そして,小国は党派によって弄ばれてしまうが,広大な共和国では,さまざまな党派が互いに相殺しあうと考えていた。[168]

　プリコミットメント戦略の複合体（complex set of precommitment strategies）として憲法を理解すべきというのが,サンスティンの見立てである。すなわち,政治的な私益,派閥抗争,代表選出の失敗,近視眼的行動,その他民主政治における予想される問題から,一般市民を守る制度的な取決めを創造するものである。憲法の諸制度の多くが,このような発想の下に説明されうる。例えば,オリジナルの（修正される前の制定当初の）合衆国憲法では,上院と大統領は,人民の直接投票ではなく,討議的代表によって選出されると規定されていた。当初,大統領選挙人団は,得票を単純に集計するだけの機関ではなく,だれを大統領にすべきかを討議する組織として予定されていた。起草者が上院議員の任期を長くし選挙区を広くしたのも説明がつく。統治機構は同一の目標を達成するために制度設計されたものであり,その思想とは,討議を促進し,公務員が選挙人の利益の単なる代弁者となってしまう危険を制限することである。[169]

　コミュニケーション技術が現代の基準から見てきわめて原始的であることが理由で,直接的な参加が技術的に実現不可能であったため,その代替物として共和制を採用したという理解は,サンスティンによれば,絶望的な誤りである。優れた民主的制度は,十分な情報に基づく応答的な集合的決定を保障することを企図するものであって,個人の意見のスナップショットを単純に集計することではない。サンスティンが考える共和主義（政治思想としての共和主義全般ではなくて,アメリカ建国の理念としてのそれを指す）は,討議的な政治を創造するための試みを包摂するものである。下院議員は,一般の国民全体に対して説明責任を負うものとされるとともに,市民同士で,そして統治機関内部で,相当の熟考と討論が行われることをも予定していた。先に挙げた討議体としての大統領選挙人団のほかにも,討議民主主義の実現のための制度として,二院制が挙げられる。二院制は,審議が不十分であるかどうかを立法府のどちらかの議院がチェックするものとし

---

(168)　Sunstein, *supra* not (163), pp. 20-21.
(169)　*Ibid.*, pp. 21-22.
(170)　Cass R. Sunstein, *Republic.com 2.0*, Princeton University Press, 2007, pp. 34-35.

て企図されている。特に，上院には，大衆の情念に対する「冷却」効果が期待されているし，上院議員の任期が長いのも大選挙区から選出されるということも，より討議をさせるという観点から設計されたものであるという。[170]

サンスティンは，一見すると非民主主義的かのような合衆国初期の2つの重大な決断も，この視点からは説明できると主張する。1つは，市民に議員への指図権（right to instruct）を付与するという提案が拒絶されたことである。指図権という語は，議会での議論を市民がコントロールできるという発想を抱くように誤導するものであるが，ロジャー・シャーマン（Roger Sherman）が述べたように，選出された代表者は，合衆国の他の部分から選出された代表者とともに議論し，コミュニティ全体の一般的利益のために採るべき行動について合意するという義務があるのであって，もし市民から指示されたまま動くのであれば，立法府での審議には意味がなくなる。もう1つは，憲法制定会議を非公開で行ったということである。このことについて，公共的討論（public discussions）の価値を無視した唾棄すべき先例だとジェファソン（Thomas Jefferson）は非難したが，マディソンは別の考えをもっていた。すなわち，代議員らの意見は当初精錬されておらず，それをまとめ上げるには長時間の議論を行わなければならなかったため，閉ざされた扉の中で（立ってではなくて）じっくりと座って行うことが最善である。そして，議論の過程で，代議員は考えを変えるようになり，譲歩・同意の精神が醸成されていく。公開ではなく，秘密の議論とすることによって，自分の意見に固執せずに済む――まさに，ここに政治的討議の重要な特徴が示されている。当初の個人の選好に固執させず，自由な討議を通じて熟考し意見を形成させるための工夫である。[171]

結果として創設された憲法の基本的な制度は，討議を促進しそこから利益を得るべく企図されたものであるとして，サンスティンは理解する。憲法体系の礎石である権力分立は，異なる統治機構間での議論を促進するよう設計されたものであり，異なるパースペクティブが立法にもたらされるという二院制の要請も，同様の趣旨である。法律制定に関する大統領の署名／拒否の権限も，同じ目標を達成しようとするものである。連邦制度も，州と連邦政府との対話を補うことを保

---

(171) Sunstein, *supra* note (163), pp. 22-23.

障するものとして，ここでは解される。司法審査制についても，さらなる検討を創設することを意図されたものとなる。討議民主主義というアイディアの部分として人権の多くを理解しようとするサンスティンにとっては，個人の権利を保障することと討議を促進することとは，手を取り合って行進するかのような相互に関連するものに見えており，また，討議的な政府と制限政府とは起草者の目からは同じものに見えると主張する。[172]

　上院議員・大統領が間接的に選出されるという当初の仕組みや，非公開で行われた憲法制定会議での討議などを通じて，憲法起草者の意思は，プリュラリズム的な政治観を明確に拒絶しており，人々の利己的ないしは党派的な「むき出しの選好（naked preferences）[173]」による統治ではなく，熟慮や討議に基づく民主政治を志向していたということがいえる。そして，サンスティンによれば，眠れる通商条項（1条8節3項），特権・免除条項（4条2節1項），平等保護条項（修正14条），デュー・プロセス条項（同条），契約条項（1条10節1項），収用条項（修正5条）といった合衆国憲法の諸規定は，むき出しの選好を抑止するためのものであると解される。[174]

　また，表現の自由の制度と「思想の自由市場（marketplace of ideas）」という暗喩は，討議的な術語として理解されるべきであると，サンスティンは主張する。建国当初，合衆国憲法の支持者と反対者は，いずれも政治的討議へ固くコミットしており，完全なポピュリズムではなく高度の自己統治を探求する共和主義者であると自らを考えていた。反フェデラリストのブルータス（Brutus）が「人民は同質でなければならず，人民の同質性がなければ，絶えず意見の衝突が起こるだろう」と懸念したのに対して，市民の異質性を尊重した建国の父たちは，「人々がぶつかり合うことで，討議と慎重さが促進される」，ないし「人々のぶつかり合いと意見の相違を保証する憲法が討議を促進する」と考えていた。[175]

　サンスティンは，合衆国憲法の規定する統治機構の構造が，熟慮や討議に基づ

---

(172)　*Ibid.*, p. 23.
(173)　*Ibid.*, p. 25.
(174)　*Ibid.*, pp. 32-37.
(175)　Sunstein, *supra* note (165), pp. 50-51. なお，ブルータスとは，フェデラリストの匿名の著者パブリウス（Publius）のライバルで，反憲法案の論文を新聞紙上で展開したイェーツ（Robert Yates）のことである。

第 1 章　民主主義の原理をめぐる論点整理

く民主政治を行うために制度設計されたものであると述べるが，その構造について，川岸令和教授は，フェデラリストに依拠しながら次のように明瞭に再定式化している。すなわち，合衆国憲法の制定は，人間社会が熟慮と選択とを通じてよき政府を確立することができた成功例である。その理由は，①フェデラリストたちによって熟慮に基づく討議を通じて憲法案批准に向けての説得がなされたという憲法の制定過程そのものがこの理論を体現するものであったということと，②その憲法が規定する統治機構が熟慮を促すべく設計された制度であること（代議制，国民により直接選挙される下院議員を（憲法制定当時は）少数に抑えたこと，下院の暴走を抑制するための上院議員の（当時の）選出方法の工夫，参加の要素と熟慮の要素とを組み合わせた大統領選出方法，機関相互間で熟慮に基づく討議を行わせる二院制・議会や議院内での複数政党制・大統領の議会への関与，司法審査制，そして，憲法承認のための邦でのコンベンション（Convention）という手続）の 2 点である。

サンスティンは，①政治的選択は政治的な熟慮ないし討議（political deliberation）を経てなされるべきであるということ，②国家から独立し不可侵の，政治参加の基盤としての公民性（citizenship），③政治的論争は平等な公民間での意見の一致を通じて解決されるべきであるという規制的理念としての同意（agreement as a regulative ideal），④政治的影響力の著しい不均衡を禁ずる政治的平等（political equality）の 4 つを共和主義の原理的な要素と考え，それらは憲法解釈原理としての討議民主主義の観念の起源の 1 つであると述べている。このサンスティンのいう 4 要素は，人々が，私的な利害を超えて公民的徳性に基づき，共通善の実

---

(176)　川岸・前掲注（160）「自由の構成としての憲法」261頁。
(177)　川岸・前掲注（160）「自由の構成としての憲法」263頁。
(178)　川岸・前掲注（160）「自由の構成としての憲法」264頁。さらに，川岸教授は，熟慮と討議に基づく民主政治の実現のために密接不可分に関連する言論の自由についても詳しく言及している。
(179)　Suntein, *supra* note (163), pp. 134-135.
(180)　*Ibid.*, pp. 135-136.
(181)　*Ibid.*, p. 137. なお，サンスティンは，別の論文では，この規制的理念としての同意という要素を，異なる選好も議論と対話によって仲介され合意に達しうるという「普遍主義（universalism）」とも表現している（Cass R. Sunstein, "Beyond the Republican Revival," *Yale Law Journal*, 97, 1987, p. 1554）。
(182)　Suntein, *supra* note (163), pp. 137-141.
(183)　*Ibid.*, p. 134.
(184)　サンスティンと同じく共和主義的憲法観に立つ代表的な研究者として，マイクルマン（Frank I. Michelman）が挙げられるが，両者の差異については，さしあたり，拙著・前掲注（128）161-162頁。

61

現を目指して，熟慮と討議を通じて民主政治を行うにあたっての不可欠な要素として，共和主義的憲法理論が構想している原理を的確に示したものであるといえる。[184]

　なお，本書でいう共和主義とは，古典的な意味における政治思想としてのそれではなく，現代的意味の憲法理論としてのそれを指している。たしかに私的生活よりも社会における公的義務を優先させようとする古典的な共和主義思想は，自由主義とは緊張関係に立つ。しかしながら，サンスティンをはじめ共和主義的憲法理論の主唱者が，自由主義的な見地から議論を出発させていることからも示されるように，リベラリズムと対立しうるのは，古典的な純然たる共和主義であって，現代的意味での共和主義的憲法理論とリベラリズム（それは，同様に，古典的な自由主義ではない）とは整合しうるものである。そのことは，サンスティンに関して言えば，自らの共和主義を「リベラルな共和主義（liberal republicanism）」と定位していることからも例証されよう。[185]

（2）討議民主主義の理論系譜概観

　20世紀の民主主義理論は，グッディン（Robert E. Goodin）によれば，3つの波として発展してきた。[186]第一の波が，シュンペータ（Joseph A. Schumpeter）やダールに代表されるエリート民主主義（democratic elitism）である。前世紀半ばに，シュンペータが示したのは，選挙のときのみ政党が有権者に説明責任を果たし，選挙民が政党によって提示された政策のパッケージの中からそれを選ぶ存在に追いやられるという姿であった。この第一の波に反発して起こった第二の波が，公式の政治過程と社会生活を形成する市民社会との両方に，より多くの国民の参画を促進しようとする参加民主主義（participatory democracy）の理論である。この第二の理論によれば，代議制の民主主義は本質的なものではなく便宜的に採られているにすぎず，民主政治は，本来的には個人の自己決定に由来するものであるという。政治参加は，選挙以外のさまざまな場面で行われるべきであり，また，多くの場合，重要な政策争点をめぐる住民投票などのような直接的な参加を好意的に評価する。そして，それに続く第三の，そして，最も新しいイノベーション

---

(185)　Sunstein, *supra* note (181), p. 1541.
(186)　Robert E. Goodin, *Reflective Democracy*, Oxford University Press, 2003, pp. 3-4.

第1章 民主主義の原理をめぐる論点整理

の波こそが，討議民主主義（deliberative democracy）である。この討議民主主義理論は，個人の加工されていない直感的な生の選好を集計し，その最大化を図るべく，公共的な事項が決定されるべきであるとする集計民主主義（aggregative democracy）の対抗理論として登場したものである。ここでいう集計民主主義は，政治を得票と交渉の場と見るエリート民主主義を批判する文脈で登場した概念である。これは，その質を問わずにその数に注目して，できる限り歪めることなく選好を集計すべきと考え，そのための方法論を追究するものであるから，議会内外における代表者による政策決定を基本的には否定的にとらえるものであり，一方，住民投票などの直接的な市民参加を積極的に評価する参加民主主義と，理論的に親和性をもつことになる。したがって，その理論として登場した経緯を考えれば，討議理論による集計民主主義批判の矛先は，参加民主主義理論に対しても同様に向けられるべきものである。

　ここで，しばしば誤解されやすい討議民主主義と代議制民主主義との関係について，整理しておきたい。

　わが国において，討議民主主義理論は，代議制民主主義と対立的なものとして位置づけられることが多い。例えば，篠原一教授は，討議民主主義と参加民主主義とを並立的な関係にあるとし，それらは代議制民主主義と対置する関係にあると定位している。篠原教授によれば，討議民主主義と参加民主主義との関係は，

---

(187)　例えば，ヤング（Iris M. Young）によれば，現代の民主主義理論を整理するうえで最も重要な視点の1つが，選好の集計モデルと熟慮・討議モデルとの二分論であるという（Iris M. Young, *Inclusion and Democracy*, Oxford University Press, 2000, pp. 18-26）。一方，フィシュキン（James S. Fishkin）は，討議的（deliberative）か生（raw）かは選好の形成方法の視角であり，集計的（aggregative）か合意的（consensual）かは決定ルールの問題であって（これら4つの要素を掛け合わせたマトリクスを示し，討議的に形成された選好を集計するモデルとして，討論型世論調査を位置づけている），したがって，集計民主主義と討議民主主義とを競合する・両立しない立場とみるのは両刀論法（false dilemma）であると主張する（James S. Fishkin, *When the People Speak: Deliberative Democracy and Public Consultation*, Oxford University Press, 2009, pp. 85-88（曽根泰教監修・岩木貴子訳『人々の声が響き合うとき』（早川書房，2011年）136-140頁））。しかしながら，具体的な参加モデルを考える際には，この分類方法は有用であろうが，民主主義理論の系譜という点では，なおもヤングらの示す理論対立図式のほうを筆者は支持したい。
(188)　もっとも，当初，篠原教授が「討議デモクラシー」と訳出したものは，ドライゼックのいう言説的民主主義（discursive democracy）のことであって，本書の筆者が「討議民主主義」と訳出するdeliberative democracy のことではなかった（篠原一『市民の政治学』（岩波書店，2004年）110-113頁）。篠原教授の語用法については，拙著・前掲注（128）192頁注（156）。

前者が市民社会における討議の結果の直接的効果に比重を置かないものであるのに対して，後者はそれと政策決定とを直接結び付けて考えるものであり，これらはいずれも，代議制民主主義とは別の回路の民主主義理論であるという。そして，代議制民主主義と討議民主主義＋参加民主主義の二回路制の民主主義論の時代が到来したといい，この現象を「デモクラシーの複線化」と呼ぶ。[189]

　このように，討議民主主義を代議制民主主義と対抗させようとする論者は，しばしば，自らの理論潮流こそが唯一の討議理論であると主張し，代議制と協調しようとする他の討議理論を排斥する傾向がある。例えば，ドライゼック（John S. Dryzek）は，サンスティンら公法理論研究者を批判し，ハーバーマスをも批判し[190]たうえで，討議理論の公式の政治・経済制度への包摂を忌避し，市民社会における討議の重要性を強調している。[191]また，ウォーレン（Mark E. Warren）は，代議制機構の討議機能を強調する論者を討議民主主義論者に数えないと強弁する。[192]なるほど，このような議論に依拠するのであれば，先述の篠原教授による整理は，理論的には何ら否定されるべきものではない。

　しかしながら，社会科学上の術語としての討議民主主義の起源は，実は，ベゼット（Joseph M. Bessette）によるアメリカ合衆国の議会研究にある。[193]また，政

---

(189)　篠原・前掲注（188）155-157頁。この理解は，その後も基本的には維持され，2007年の著作では，さらに参加民主主義が討議民主主義理論と「重なるものをも」つとまで述べられている（篠原一『歴史政治学とデモクラシー』（岩波書店，2007年）3-85頁（特に，15頁））。

(190)　John S. Dryzek, *Deliberative Democracy and Beyond: Liberal, Critics, Contestations*, 2000, Oxford University Press, pp. 17-20.

(191)　*Ibid.*, pp. 20-27.

(192)　Mark E. Warren, "Deliberative Democracy," April Carter and Geoffrey Stokes eds., *Democratic Theory Today: Challenges for the 21st Century*, Polity Press, 2002, p. 174. 1789年制定当初のアメリカ合衆国憲法において，より質の高い討議を保障するために上院議員の選出を直接投票とはしなかったという制度設計は，ウォーレンにとっては，否定的に評価される（*ibid.*）。反対に，『フェデラリスト』に沿って，「人民の感情と熟慮に基づく討議とを組み合わせるシステムである」と肯定的に評価するものとして，川岸・前掲注（160）「自由の構成としての憲法」273頁。

(193)　討議民主主義という語の初出については，拙著・前掲注（128）193頁（特に，同頁注（161））。ベゼットは，合衆国市民は議員という代表者を通じて討議を行うべきであるとしたうえで，市民の代表者である議員が共通善を求める討議の場として議会を再構成しようとした（Joseph M. Bessette, *The Mild Voice of Reason: Deliberative Democracy and American National Government*, University of Chicago Press, 1994）。

(194)　Jürg Steiner, André Bächtiger, Markus Spörndli, and Marco R. Steenbergen, *Deliberative Politics in Action: Analysing Parliamentary Discourse*, Cambridge University Press, 2004.

治学の領域でも，DQI（Discourse Quality Index）という指標に基づき議会における審議を測定・分析したシュタイナー（Jürg Steiner）らの実証的研究が注目を集めているが，これも，討議民主主義理論を基礎として代議制の統治機構を分析しようとするものである。このように，1980年代以降の英米の討議民主主義理論を精査し，また，2000年代後半の議論の展開を踏まえて検討すれば，討議民主主義理論は，代議制ないし代議制民主主義と対置されるものとして単純に理解されるべきではない。むき出しの選好を吐露しながら参加しようとする人々による直接統治ではなく，冷静で慎重な討議に基づく政治が望ましいということを主張するための説明概念として，討議民主主義という術語が創造されたという経緯を看過してはなるまい。

討議理論内部での衝突を止揚し，討議民主主義理論という1つの術語の下で共存しうるものとして理解するための環境を整備すべく，筆者は，前著において，この新しい民主主義理論の理論的支柱の1人であるハーバーマスによる複線的な討議政治（zweigleisige deliberative Politik）論を再評価することとした。

筆者による再定式化は，次のとおりである。すなわち，討議民主主義理論にお

---

(195) Sunstein, *supra* note (163), p. 25.
(196) すなわち，ハーバーマスによれば，討議政治の場は，政治システム（politisches System）と政治的公共性（politische Öffentlichkeit）という2つの層に分けられ，それらが相互作用することこそが重要であるという（Jürgen Habermas, *Faktizität und Geltung: Beiträge zur Diskurstheorie des Rechts und des demokratischen Rechtsstaats,* Suhrkamp Verlag, 1992, S. 361-366（河上倫逸・耳野健二訳『事実性と妥当性（下）』（未来社，2003年）22-26頁））。政治システムは，議会などの制度化された公式の審議を行う討議の場であり，集合的に個人を拘束する決定を行うために特殊化された部分システムであり（*ibid.,* S. 363（訳書24頁）），そこでは，決定は制度化された法定の手続に規律されることが求められる（*ibid.,* S. 374（訳書31-32頁））。一方，政治的公共性とは，必ずしも制度化された手続には規律されない，問題の所在を発見しそれを争点化するための非公式に形成される意思形成過程である。公共的な問題は，政治的公共性において，人々によって公共的な争点として一般的に認知されるようになると，政治システムにおける議題へと転換されていく。ハーバーマスは，民主的手続によって規制される決定志向的審議（entscheidungsorientierte Beratung）の場と，公共圏における非公式の意見形成過程（informelle Meinungsbildungsprozess）を，明確に区別して考えており（*ibid.,* S. 372-373（訳書31頁）），それらいずれも民主的な討議がなされるべき場であり，そして，それらの相互作用が討議政治の成否を決めると主張している（討議的政治の成功は，適切な手続，コミュニケーション的前提の制度化，制度化された討議と非公式の世論との協同（Zusammenspiel）にかかっているという（*ibid.,* S. 361-362（訳書22頁）））。
(197) 拙著・前掲注（128）195-201頁。幸いなことに，筆者の理論枠組みについては，憲法学の世界では，一定の肯定的な評価を受けることができた。例えば，糠塚康江『現代代表制と民主主義』（日本評論社，2010年）19頁。

ける民主的討議とは，それが何を目的とするかによって，2つに分けることができる。1つは，公共的な事項に関して各人の意思を形成することを目的として，個人が，問題の所在を理解し，熟慮したうえで行う討議（「意見形成のための討議」）であり，また1つは，立法その他公権的な決定作成が求められる場面において，決定に責任を負う者が，熟慮し，意思を形成し，それに基づき決定を行うためになす討議（「決定作成のための討議」）である。後者が行われる場は，議会や裁判所などの立憲的統治機構である一方，前者は市民社会において重畳的に展開される。

　意見形成と決定作成のどちらに討議の意義の重点を置くかを区別して考えることによって，民主的討議が合意形成を志向するものであるか否か，理性的論証以外のコミュニケーション様式が許容されるか否か，民主的討議への参加資格を有する主体は誰か，民主的討議の議題として許容される範囲はどこまでか，などといった討議民主主義理論内部でのいくつかの論点における対立に，新しい視点を提供することができると考えている(198)。例えば，合意形成を討議理論の本質的要素の1つとして認めるか否かについては(199)，「意見形成のための討議」では合意を目指して永遠にそれを追求することができるとしても，「決定作成のための討議」では合意に固執するあまりに決定をあきらめることはできないというように，あるいは，前者では真の合意が不可能であるとしても，後者では暫定的な合意を承認せざるを得ないというように，討議理論をめぐる議論をさらに充実させることができる(200)。

(198)　拙著・前掲注（128）197-199頁。
(199)　この理論の代表的論者の1人であるコーエン（Joshua Cohen）は，理想的な討議の目的が理性に動機づけられた合意形成に到達することであると述べる（Joshua Cohen, "Deliberation and Democratic Legitimacy," Bohman and Rehg eds., *Deliberative Democracy*, pp. 74-75）。一方で，ガットマン（Amy Gutmann）とトンプソン（Dennis Thompson）は，この理論が，道徳的不一致（moral disagreement）の場合には，合意形成を求めるのではなく，受容できるような決定に到達するよう討議参加者が互いに説得しつづけるべきであるということを中心概念とすると述べている（Amy Gutmann and Dennis Thompson, *Democracy and Disagreement*, Belknap Press, 1996, p. 1, pp. 73-79）。また，「多元社会において，達成できない，不必要な，かつ望ましくないもの」として，合意そのものを否定する議論として，Dryzek, *supra* note (190), pp. 31-80, p. 170。
(200)　なお，筆者自身は，討議民主主義理論の統合的な理解のためには，その本質的要素の1つとして，合意形成志向性ではなく，選好の変容可能性を挙げるべきであると考えているが，その理由については，拙著・前掲注（128）181-183頁，187-190頁。

筆者は，討議民主主義理論を統合的に理解したうえで，「意見形成のための討議」という視点を尊重するものの，あくまで，その本流というべき「決定作成のための討議」を基礎として，議論を展開することとする。討議理論で代議制を語ることを排斥する見地に立たない理由は，立憲主義に立脚する以上は，憲法によって規定された統治機構の枠組みをまずは前提とすべきであると考え，そして，その枠組みの中でより討議的な決定作成を志向し，それに対する侵害的な制度の設計・運用から民主的討議を擁護したいからである。

（3）立憲的統治機構の制度における討議の充実

　討議民主主義理論において決定作成のための討議をも重視すべきとする筆者の立場から導き出される第一の帰結は[201]，既存の立憲的統治機構の制度における討議のさらなる充実が求められるということである。それは，政治制度においてもそうであるし，また，司法制度においても同様である。

　議会における審議も，裁判所における評議も，英語で表記すれば，deliberationである。議会も裁判所も，その実態が討議的であるかどうかは別論として，本来は討議が行われるべき場として，憲法上制度設計されている。つまり，民主的な討議は，市民社会で新たに創造される場において生成されるものに限られない。憲法は，討議の場をすでに用意しているのである。正統性が供給されるかどうかも定かではない，新たな市民参加の実質化を渇望するよりも，既存の統治機構の諸制度の再評価こそが，討議民主主義論者にとってのより優先度の高い課題であろう。なお，討議民主主義理論に依拠すれば，審議をしない議会や評議をしない裁判所で得られた結論は，正統性を欠くものとして否定的に評価されることとなる。

　合衆国憲法に定める統治機構についてサンスティンが定位したのと同様に，日本国憲法が定めるわが国の統治機構の仕組みについても，討議的な民主政治を実現するための制度として評価するならば，例えば，次の2点について指摘するこ

---

[201] 第一の帰結と述べるからには，第二の帰結も当然に用意している。それは，いわゆるミニ・パブリック（mini-public）などと呼称される，人々による直接的な討議の場を新たに創設する試みについて，立憲的統治機構の制度における討議を重視すべきとする筆者の立場から，必ずしも手放しで評価することはできないということについてである。第2章第3節（3）で詳述する。

とができよう。

第一に，国会における審議についてである。

まず，一般論としては，討議民主主義理論からは，国会における審議の充実が規範的に要請される。[202]国会審議の活性化のための諸制度・諸改革は，討議性という観点からは，基本的には肯定的に評価されよう。しかしながら，看過してはならないことは，国会は討議をする機関であるとともに，公共政策について決定作成を行うべき機関でもあるということである。合意形成という概念の扱いが討議民主主義理論においてきわめて難しいということは前述のとおりであるが，合意形成を民主的討議の本質的要素の1つとして据える見解に立たないとすれば，与野党間の完全な合意形成ができない限り決定を行うべきではない，あるいは行ったとしても，その結果は討議的ではないので正統性を欠くなどという議論は，討議民主主義理論からは直接導出されるものではない。[203]

次に，具体的な制度の問題としては，例えば，国会における二院制は，これまで，もっぱら自由主義的な統治の原理である権力分立を体現するものとして位置づけられてきたが，これを民主的な討議を促進するために設計された制度として評価することも可能であろう。[204]すなわち，憲法学の世界では，一般に，二院制は，第一院の多数派による単純な決定を阻止するための自由主義的な制度として理解されているが，[205]討議民主主義理論という新たな視座からは，むしろ，両院間

(202) その点，「熟議の国会を実現し」ようとの，施政方針演説におけるある内閣総理大臣の発言（官報号外第177回国会衆議院会議録第1号（1）（2011年1月24日）4頁）は，（本人が「熟議」の意味をどれほど理解していたかは不分明であるが，ともかく）憲法の趣旨に沿うものであったと筆者は評価している（しかしながら，実際にその後展開された国会審議が真に討議的なものであったか否かについては，多分に異論があろう）。
(203) 筆者は，拙著・前掲注（128）198頁注（181）において，「野党が審議を拒否し物理的な抵抗を企てるという議会制の病理に我々が違和感を覚えるのは，本来議会が理性的な論証に基づく討議がなされるべき場であるという認識があるからであり，これに対して，それでも公共政策の決定に責任を負う与党が採決を強行せざるを得ないのは，議会が「決定作成のための討議」を行う場であるからである」と述べた。これは，2009年夏のいわゆる政権交代以前の政治状況を意識して記述したものであるが，いかなる政権枠組みになろうとも，基本的には普遍的に妥当するものであると解している。
(204) もちろん，ある任意の制度に対する評価は，それを行う論者の依拠する立場によって異なりうるし，同一の論者が違う文脈において異なる解釈をするとしても，その複数の評価が両立することはあるだろう。筆者は，立憲的統治機構の制度における民主的討議の意義に着目する本書では，二院制を討議民主主義的に解釈しうるという視角を示したが，このような文脈を離れて，一般的な議論をする場合には，基本的には自由主義的な制度であると解している。
(205) 芦部・前掲注（7）290頁。

でのさらなる議論や調整を促すための制度的装置として理解しうるものといえる。一院での議決だけで決定ができないという仕組みは，他院による牽制という自由主義的な意味だけではなく，さらなる討議を促進するためという民主主義的な意義を有する。ただし，この議論の前提として，わが国の政党政治がより成熟することが課題となる。

　第二に，裁判所における評議についてである。

　前節で述べたとおり，司法権や違憲審査権を裁判所に付与するという憲法の制度設計は立憲民主主義的であると評価することは可能である。ところで，民主主義の原理に「討議」という修飾語を冠することによっても，裁判所の権限行使を民主的に正統化しうると解するのが，筆者の見立てである。

　すなわち，民事裁判にせよ刑事裁判にせよ，司法という国家作用は，一般に，具体的な争訟について，法を適用し，宣言することによって，これを裁定する国家の作用をいうと定義される。この司法権の概念をより厳密に考えれば，当事者間に，具体的事件に関する紛争が存在するとき，当事者からの争訟の提起を前提として，独立の裁判所が統治権に基づき，一定の争訟手続によって，紛争解決のために，何が法であるかの判断をし，正しい法の適用を保障する作用といえる。たしかに，裁判所が扱う事項は，政治部門がその対象とする公共政策の問題とは趣旨が大いに異なるものであるが，当事者自身の具体的争訟を通じて，公共的な事項についての判断を求めるものであるという点に注目するならば，共通するところがあるといえる。法と証拠に照らして，具体的な法的問題に対して，裁判官による熟慮と討議に基づく決定作成がなされることが前提とされている点において，議会における審議と同様に，討議的な国家作用であるといえよう。以下，より簡潔に説明するため，刑事事件の裁判に限定して論ずることとする。

　まず，法廷において，検察官は証拠を示して被告人の罪を立証しようとし，被告人は，弁護人とともに，証拠を示してそれに反駁する。この公判手続とは，被

---

(206)　このような二院制の再評価については，直接的には，サンスティンの議論に依拠したものではあるが，只野雅人教授の議論（只野雅人『憲法の基本原理から考える』（日本評論社，2006年）53頁）にも着想のヒントを得た。
(207)　芦部・前掲注（7）326-327頁。
(208)　詳しくは，拙稿「裁判所における素人と専門家との熟議・対話」田村哲樹編『語る――熟議／対話の政治学』（風行社，2010年）206-234頁を参照されたい。

告人個人についての罪責の認定や刑の量定をめぐる議論の応酬である。刑事裁判において検討されているのは，第一次的には被告人個人の具体的なことではあるとしても，それを通じて，社会秩序や治安の維持，犯罪の意義や被害，受刑者の処遇などといった問題が扱われている。つまり，公判手続とは，社会における犯罪と刑罰といった公共的な事項をめぐる・・対話の場である。被告人個人の事例を通じた対話であるが，それを契機に，社会秩序や犯罪の被害とそれへの対応といった，我々一般の国民が検討しなければならない公共的な事項を扱っているといえよう。次に，法廷で行われる公判手続という対話を踏まえて，裁判官は，（一人制の場合は，裁判官個人の内心における熟慮において，合議制の場合は，それに加えて他の裁判官との評議においても）思索を行う。この評議とは，第一次的には，具体的な犯罪に関して被告人個人の罪責と量刑の判断を行うことであるが，それを通じて，より一般的に言えば，社会における犯罪と刑罰といった公共的な事項をめぐる・・討議の場である。

このように，裁判における公判手続と評議を対話と討議ととらえるならば，2009年5月以降わが国で実施されている刑事裁判における裁判員制度についても，公共的な討議の場を創設する試みであると解することができると，筆者は，拙著及びその他の論稿において提唱してきた。[209]すなわち，わが国の刑事事件の裁

---

(209) 拙著・前掲注（128）231-259頁。なお，民主主義だから司法にも市民参加が必要だなどというナイーブな言説は，学術的な議論として成立しえない（筆者は，討議民主主義理論に基づく裁判員制度の意義の再構成を提唱しているのであって，裁判員制度が司法の民主化を企図して導入されたものであるなどと主張しているわけではない）。司法に（多数者支配的）民主主義の原理を直接持ち込むのであれば，国民の代表による審議や国民の直接投票の結果で判決を形成することに躊躇する必要はなくなるだろう。司法をめぐる制度設計理念として単純な民主主義の原理のみを重視するのであれば，裁判官による法に基づく形式的な裁判を経るよりも，国会の議決や国民投票などで国民の直接的な意思を確認するほうが，より民主主義的であるといえる。なぜならば，この国会の議決による「裁判」は国民の代表である国会議員による判断であり，国民の代表ではない裁判官や裁判員による裁判よりも民主的正統性が高く，また，国民投票による「裁判」を全国民が参加できる制度にするならば，国民の部分的な参加の制度にすぎない裁判員制度よりも，はるかに参加性の高い制度であるともいえるからである。あるいは，情報通信技術が発達した今日においては，短期間で国民の直感的な意思を集計することは容易であるので，精度の高い世論調査を活用して，被告人に対する国民の意思を確認するのも一案であろう。この世論調査による「裁判」では，裁判員制度では決して得られない統計学的な（国民の）代表による判断を確認することができる。しかしながら，これらが人権保障という観点からは，まったく忌避すべき制度設計であるということは，論証するまでもなく明らかなことであろう（詳しくは，拙著・前掲注（128）210-212頁，さしあたり，拙稿「民主的司法のディレンマと裁判員制度の意義」法社会学72号（2010年）167-182頁を参照されたい）。

第1章 民主主義の原理をめぐる論点整理

判は，従前は裁判官のみによって行われてきた。そこでは，1人の裁判官の内心における熟慮や，裁判官による合議体における評議は行われていたものの，それらは一般の国民に対して開放されるものではなかった。裁判員制度の導入により，一般の国民の中から選任された裁判員が，裁判官とともに一定の刑事事件の裁判に参加することになった。この裁判員裁判では，裁判員は，ある刑事事件の被告人に関する犯罪の成否及び刑罰の決定という公共的な事項について，裁判官とともに，評議という名の討議を行う。討議民主主義理論に基づき再評価すれば，裁判員制度の導入とは，まさに一般の国民に開かれた公共的討議の場を新たに創設するものであるいえよう。(210)　そして，「司法に対する国民の理解の増進とその信頼の向上に資すること」を立法目的（裁判員の参加する刑事裁判に関する法律1条）とした裁判員制度は，共和主義的憲法観に基づく討議民主主義理論によれば，それに参加した国民の公民的徳性を涵養するための「陶冶の企て（formative project）」と理解することもできる。

最後に，違憲審査制に関して述べるならば，この制度は，政治部門が法律という形で具体化した公共政策について，裁判所が憲法に照らして抵触すると判断する場合に，それを違憲と宣言し無効とすることによって，政治部門の再考を促すという機能を果たす。これも，（人権保障のための制度であると同時に）公共政策をめぐる討議を始動させる1つの装置であると考えられる。裁判所による違憲判決は，当該政策分野について，法律の制定という形で一旦は凍結された政治部門における民主的討議を再開させるものとして評価しうるであろう。(211)　違憲判決の効力をめぐる個別的効力説(212)という立場は，一般に，憲法による権限配分ないし権力分

---

(210) そのように解釈しうる論拠及びその帰結については，拙著・前掲注（128）234-253頁を参照されたい。
(211) 木下智史教授は，「裁判所の違憲判決が世論の喚起にもたらすインパクト」に注目すべきとしたうえで，原告の請求を棄却しながら傍論で内閣総理大臣の神社参拝を日本国憲法20条3項等に違反すると判示した福岡地判平成16年4月7日判時1859号125頁について，「一地方裁判所の判断であっても，民主主義的決定の前提となる「討議」の活性化に大きな貢献をなしうることを示したといえる」として，肯定的に評価する（木下智史「違憲審査制の意義とその活性化の方向性」法学セミナー597号（2004年）34頁）。いわゆるねじれ判決の是非や討議の場（木下教授は，議会や政府などの公式の政治部門における討議ではなく，もっぱら市民社会における討議を前提としていると思われる）については，筆者は木下教授とは見解が異なるが，違憲審査制を討議民主主義的に再構成しようとする点においては，木下教授の見解を支持したい。
(212) 任意の事件において裁判所がある法律を違憲無効と判示した場合に，違憲とされた法律の効力

立という自由主義的な観点から支持され，憲法学の世界において通説的地位にあるが，討議民主主義の立場からも説明することができると筆者は考えている。すなわち，裁判所の判断を立法府のそれに代置させ，立法を一般的に無効とするのではなく（それでは，当該政策をめぐる国会による審議は始動しない），違憲判決の効力を敢えて個別事案のみにとどめることによって，裁判所は，その判断の当否について政治部門による再吟味を待つのである（さらに，このことは，その先にある市民社会における討議を促す契機ともなりうる）。なお，この筆者による違憲審査制度の討議民主主義的再構成は，佐々木雅寿教授が提唱している対話的違憲審査の理論と共通するところがあると思われる。[213]

　もとより，このような日本国憲法の統治機構に関する諸規定の討議的再解釈は，絶対的なものではない。ここで展開した議論は，筆者の依拠する討議民主主義理論（すなわち，公式の立憲的統治機構の制度における討議をより重視する討議理論）に基づけば，日本国憲法の規定する統治のシステムをこのように解釈することもできるということを示すにとどまるものであって，他の政治思想に立脚した解釈の可能性を一切排斥するような教条的なものではない。筆者も，日本国憲法の解釈論としては，立憲民主主義に基づく解釈が通説的な地位を占めることを承知しており，また，それに批判を加えるものでもない。ただし，立憲民主主義がリベラリズムを標榜する以上，同じリベラルな理念を共有する共和主義的憲法観に基づく討議民主主義理論による解釈は，それと共存しえないものではなかろう。

　　はどうなるのかという論点に関する，当該事件に限って適用が排除されるとする見解である。国会による改廃の手続なく客観的に無効となるという一般的効力説は，消極的立法作用を裁判所に認めることになるため，国会のみが立法権を行使するという日本国憲法41条の国会単独立法の原則に反することになるため，また，付随的違憲審査制の下，当該事件の解決に必要な限りで審査が行われる以上は，違憲判決の効力も当該事件に限って及ぶと解されることを理由に，個別的効力説を支持する見解が支配的である（芦部・前掲注（7）378-379頁）。
(213)　佐々木教授は，「最高裁の役割を重視する法の支配を前提としつつも，人権保障や憲法的価値の実現という憲法保障は，最高裁による違憲判決という一つの点によって実現するという従来の視点……から，時間の流れを止めた「静止画」として憲法保障をとらえることは」せず，「憲法保障は，最高裁，国会，行政府，地方公共団体，さらには国民などによる対話という相互作用のプロセスによって実現するという視点から，時間の流れの中の「動画」として憲法保障の流れをとらえ」ている（佐々木雅寿『対話的違憲審査の理論』（三省堂，2013年）10頁）。

第2章

討議民主主義理論の新たな展開
――実践モデルとしての討論型世論調査の意義と限界――

1 討議民主主義理論の実践への憲法学の関心

　民主主義理論は1990年前後に決定的に討議的転回（deliberative turn）を遂げた[1]と述べたのはドライゼック（John S. Dryzek）であったが，現代は，さらに展開して，フィシュキン（James S. Fishkin）によれば，民主主義の実験の時代（an age of democratic experimentation）であるという[2]。

　討議民主主義（deliberative democracy）理論とは，筆者の理解によれば，およそ，公共的な事項の検討・決定にあたっては，十分な情報に基づく個人の内心における熟慮と他者との間の討議という過程によって形成される選好を重視すべきであるとする民主主義理論である。これは，個人の加工されていない直感的な生の選好を集計し，その最大化を図るべく，公共的な事項が決定されるべきであるとする，多元主義に基づく選好集計型の民主主義（aggregative democracy）理論への対抗理論として登場したものである。

　現代民主主義理論の系譜において，この討議理論がどのように位置づけられるのかや，この理論群において多様な諸理論をどのように整理すべきかについては，筆者は，前著において概説したほか[3]，本書第1章でも，そこでの議論を敷衍

---

[1] John S. Dryzek, *Deliberative Democracy and Beyond: Liberal, Critics, Contestations*, 2000, Oxford University Press, p. v.

[2] James S. Fishkin, *When the People Speak: Deliberative Democracy and Public Consultation*, Oxford University Press, 2009, p. 1（曽根泰教監修・岩木貴子訳『人々の声が響き合うとき』（早川書房，2011年）11頁）．

[3] 拙著『裁判員制度の立法学――討議民主主義理論に基づく国民の司法参加の意義の再構成』（日本評論社，2009年）150-201頁．

した。また，民主的討議を実践する場を人工的に創設する試みとして，例えば，わが国の裁判員制度の導入を位置づけることができるとの私見も示してきた[4]。

毛利透教授が問題提起しているとおり，かりに「市民は熟慮＝討議への参加において，自らの選好を反省し公共の善を指向する視点を得ることができるようになる」としても，「今日の政治制度で問題になるのは，そのような熟慮＝討議の場が一般国民のあいだに存在しているのか，ということであろう」し，十分な熟慮・討議の場が一般国民の間に存在していることを首肯しがたい今日の政治システム下においては，「市民が政治的熟慮＝討議を行えるような場の構築についての現実的理論をたてることが必要だということになろう[5]」。

このような問題意識に呼応して，討議民主主義の理論研究者のうち，ある者は，さまざまな既存の制度を討議という観点から描写しなおし，またある者は，自らが最も重要だと考えるところの討議民主主義の構成要素に注目しつつ，具体的な民主的討議の場の制度設計を企てる。筆者は，いずれのアプローチも重要であると考えるが，すでに前者については前著で取り上げたので，本書では後者について検討することとする。

ところで，先に引用した毛利教授の問題提起は，サンスティン（Cass R. Sunstein）の共和主義的憲法理論に関連して示されたものである。そのサンスティンは，前者のアプローチとして，第1章で紹介したとおり，アメリカ合衆国憲法の規定する統治機構の制度を討議民主主義理論に基づき再構成する一方で，後者のアプローチとしては，その著書『リパブリック・ドット・コム2.0（*Republic.Com, 2.0*）』や『極端に走るということ（*Going to Extremes*）』などのなかで，討議民主主義理論の実践モデルの1つである討論型世論調査（deliberative polling）について，詳細に検討している。

また，サンスティン以外にも，アメリカ合衆国における著名な憲法理論研究者の多くが，政治理論研究者フィシュキンらが提唱し実践してきた討論型世論調査に注目している。例えば，アメリカ合衆国憲法の制定・運用史の再解釈を試みるアッカーマン（Bruce A. Ackerman）は，フィシュキンとの共著書において，討論

（4）　拙著・前掲注（3）231-253頁。
（5）　毛利透「国家意思形成の諸像と憲法理論」樋口陽一編『憲法と憲法学〔講座・憲法学第1巻〕』（日本評論社，1995年）58頁。

型世論調査を国政選挙と関連づけて制度化する「討議の日（Deliberation Day）」構想を発表している。情報通信技術の発達と憲法学との関係についての著作の多いレッシグ（Lawrence Lessig）に至っては，フィシュキンが所長を務めるスタンフォード大学センター・フォー・デリベラティブ・デモクラシー（Center of Deliberative Democracy，以下，「DD研究センター」と略記する）の研究員に名を連ねている。

このように，討論型世論調査という実践モデルの検討を通じて，まさに，公法理論と政治理論との対話ともいえる現象が見られるのは，きわめて興味深いことである。では，アメリカの著名な公法理論研究者たちを惹きつける討論型世論調査とは，いったい何であろうか。本章では，第一に，討論型世論調査について，それが登場した理論的経緯，その構造，これまでの実践例，研究者らによる評価などを紹介する。第二に，他の公共的討議の場の諸構想との比較を通じて，討論型世論調査の特徴を析出する。最後に，討論型世論調査その他の公共的討議の場の政策過程への利用可能性とその限界について，考察することとする。

2　討論型世論調査の意義・構造・実践

（1）討論型世論調査の意義

討論型世論調査（Deliberative Polling®）[6]とは，通常の世論調査とは異なり，1回限りの表面的な意見を調査するものではなく，議題となる政策課題について，世論調査の回答者を基礎として選定された討論フォーラム参加者に対して，資料によって十分な情報を提供し，小グループに分かれて他の参加者とともに討論させ，全体会議で専門家による解説を与えたうえで，これらの過程によるその意見形成への影響（具体的には，討論フォーラム参加者の意見が，この討論過程の前後で変化するか否か）[7]を測定するという社会調査の一手法である。これは，スタンフォー

（6）　deliberative polling®は，スタンフォード大学DD研究センターの登録商標であり，同センターによって品質が厳格に管理されている。
（7）　ただし，参加者の意見が変化すること自体は，討論型世論調査の目的ではない。この調査の目的は，人々が特定の議題について十分な情報を得て，多様な考え方に触れると，その反応が変化するか否かを調べることにある。参加者の意見の変化は討論型世論調査の成否を判断する基準ではない。実際に調査を行う際も，実施主体は，参加者に対して意見の変化を要求するものではないということを

ド大学教授のフィシュキンによって考案され，1994年に英国で最初の実験が行われて以降，すでに約20年の歴史をもち，20か国で70回以上も行われている（同一テーマを異なる市で行った複数の討論型世論調査を含む）。

　フィシュキンの問題関心は，次のとおりである。すなわち，一般の人々は，日々の生活で考えるべき事柄が非常に多いため，公共的な政策課題について，十分な情報をもち合わせておらず，ダウンズ（Anthony Downs）のいう合理的無知（rational ignorance）の状態にあり（それ自体は，きわめて合理的なことであって，非難されるべきことではない），意見や態度を決めかねる状態（コンバース（Philip Converse）のいう非態度（nonattitude）の状態）にあることが多い。公共的な事項について意見を求められた一般の人々は，自分の意見を述べているつもりで，実は思いつきで発言していたり，報道機関等によって影響された意見を言うよう操作されていたりすることもあろう。また，公共政策の課題について他者と話し合うことがあるとしても，たいていは，自分と同じような背景，社会的立場または見解を有する者が相手となり，まったく異なる意見等をもつ者と議論することは少ない。このように，現代社会では，政治的平等（political equality）と討議性（deliberation）とを両立させることは困難である。

　マディソン（James Madison）は，アメリカ合衆国の政治体制を討議という理想をもって創始したが，現代の政治は，報道機関や広告産業が進展したため，エリート層によって形成された世論を，民主主義の美名の下に，操作された人々から調達するものにすぎなくなった。そこで，政治的平等と討議性の双方を同時に実現する（この状態を彼は討議民主主義と定義する）ために，フィシュキンが考案し

　　　強調する（*See,* Fishkin, *supra* note (2), pp. 116（訳書181頁））。討論フォーラム終了後に参加者の意見が変化しなくても，この過程を経て最後に得られる結果は，参加者が熟考した後の意見であることに変わりないからである。
(8)　まさにこの２つの問題点を克服するために企図されたものが，討論型世論調査である（James S. Fishkin, "The Televised Deliberative Poll: An Experiment in Democracy," *Annuals of the American Academy of Political and Social Science,* 546, 1996, pp. 133-134)。
(9)　Fishkin, *supra* note (2), pp. 1-4（訳書11-16頁）。
(10)　Fishkin, *supra* note (2), pp. 5-6（訳書19頁）。
(11)　フィシュキンは，討議民主主義を「政治的平等と討議性との結合」(Fishkin, *supra* note (2), p.11, p. 80（訳書27頁，128頁））と定義し，討議を「参加者が誠実に面と向かって討論し，応答し，論争の対立を経て，公共的な問題の解決についての熟考された判断に到達すること」(*ibid.*, p. 17（訳書36頁））ないし「個人が他者とともに討論において対立する議論の利点等を真摯によく衡量する過程

た手法こそが，討論型世論調査である。

　後述するように，討論型世論調査における，無作為抽出により選定された参加者による討論フォーラムはいわば社会の縮図（microcosm）であると，フィシュキンは主張する。そして，そこで十分な情報に基づき議論を経て形成された意見は，討論フォーラムの最後に集計されるが，それは討議を経ない人々の直感的な意見の集計結果よりも，公共政策を形成するうえで参考に値するものであるといえよう。[12]

（2）討論型世論調査の構造
①概　要

　討論型世論調査は，通常の世論調査と討論フォーラムの2つから構成される。

　まず，議題に関して，母集団（例えば，国全体を対象とする討論型世論調査であれば，国民全員）を無作為抽出して（例えば，全国の有権者3,000人を対象として），世論調査を行う（T1調査）。[13]このT1調査そのものは，通常の世論調査と何ら変わるところはないが，討論型世論調査が通常の世論調査と異なる点は，これ以降の過程である。

　次に，このT1調査の回答者全員に対して，討論フォーラムについて説明したうえで，それへの参加を募る。一般の人々に対して強制力を担保して参加を求めることは法的には不可能であり，[14]調査の設計上も適切ではないので，[15]参加を拒絶した者への参加の呼掛けは基本的には行わない一方で，いわゆる市民運動等に必ずしも積極的に参加しようとはしないごく一般的な人々の意見を収集するため，

(*ibid.*, p. 33（訳書60頁））と定義する。ただし，筆者は，必ずしもこの見解を全面的に支持するものではない。私見によれば，これは，民主的討議の実践面に着目する場合の討議ないし討議民主主義の説明であり，この新しい民主主義理論にはほかにも重視すべき本質的な構成要素があると解している。筆者の討議民主主義理論の理解については，拙著・前掲注（3）150-201頁を参照されたい。
(12) Fishkin, *supra* note (2), p. 84（訳書134頁）．
(13) T1調査，T2調査，T3調査とは，それぞれ，time 1 調査，time 2 調査，time 3 調査という意味である。
(14) 例えば，わが国の裁判員制度のように，法律に基づき強制的に国民を参加させるという仕組みであれば別論であるが，討論型世論調査は，そのような国の公式の立憲的統治機構の制度の1つとして位置づけられるものではない。
(15) 討論フォーラムへの参加は，あくまで個人の自由意思に基づくものでなければならない。抗拒不能な状態で参加させて得られたデータは，有意なものとはいえないからである。

当初から明確に参加意向を示した者だけでなく，参加に消極的な者に対しても，参加の要請を積極的に行う(16)。

このように選定された討論フォーラムの参加予定者（例えば，300人）に対しては，議題となっている政策課題についての情報を必要かつ簡潔にまとめた討論資料（briefing material）を事前に送付し，討論フォーラムまでに読了し，理解を深めておくよう依頼する。

討論フォーラムは，最も基本的な形態としては，週末の3日間，参加者に対して1か所の会場への参集を求め，実施する（具体的には，金曜日の夕方に集まり，日曜日の午後に解散する）。簡略版として，フォーラムの期間を短縮したり（1日終日のフォーラムとする），オンライン版として，物理的に参集するのではなくインターネットを利用して隔地で行ったりすることもある(17)。

討論フォーラムでは，最初に，このフォーラムの趣旨等を説明する全体説明会を開催し，そこで議題についてのアンケート調査を行う（T2調査）。アンケート調査の内容は，調査過程全体を通じての参加者の意見の変容を観察するため，後述するT3調査の調査票も含めて，T1調査と基本的に同一のものである。

続いて，調査の趣旨を理解し十分に訓練されたモデレータの司会の下で，15人程度の小グループに分かれて議論を行う（小グループ討論（small group discussion））。

その後，議題に詳しい専門家や政策担当者（以下，これらをまとめて「パネリスト」という）に対して質疑する場を設ける（全体会議（plenary session））。参加者全員が1つの会場に集まり，各グループから提出された質問を司会者がまとめ，各グループの代表の参加者が読みあげてパネリストに提起して，パネリストから回答を得る。

標準型であれば，土曜日終日と日曜日の午前中にかけて，この小グループ討論と全体会議を3回繰り返す（簡略版であれば，1日で2回繰り返す）。最後に，全体説明会を開き，実施主体が討論型世論調査への協力の謝意を述べるとともに，討

---

(16) フィシュキンによれば，このような参加者のリクルートメントが討論型世論調査の成否を左右するとのことである。
(17) アメリカ合衆国でこれまでに行われたオンライン版討論型世論調査では，インターネットを利用しない参加者に対して，必要な情報機器などを実施主体側が提供し，さらに利用方法の講習まで行ったうえで実施したという（Fishkin, *supra* note (2), pp. 169–175（訳書262–271頁））。

論前と同様のアンケート調査を実施する（T3調査）。

　最初の世論調査（T1調査）から討論後調査（T3調査）までの参加者の意見の変化から，情報獲得や議論が参加者の意見形成へ与える影響を測定することができる。

②謝礼・交通費・宿泊の手配

　利害関係者ないし議題に強い関心を有する者のみの参加，あるいは無償で利他的な活動を積極的に行おうという意思のある富裕層のみの参加としないため，討論フォーラムでは，参加者に対しては一切の経済的負担を求めない。討論型世論調査においては，交通費や謝礼が参加者に支払われるほか，討論フォーラム期間中の食事や宿泊の手配なども，通常は実施主体で負担する[18]。

　参加者に対して謝礼を支給することについては，違和感を覚える向きもあろう。無償で参加してもらうほうが健全であり，望ましいのではないかとの批判も想定される。しかしながら，実験経済学などの実験科学の分野で一般の人々を対象に調査を行う場合には，協力に対する謝礼を調査主体が支給するのは当然のこととされている[19]。討論型世論調査においても，同様に，参加者に謝礼を支払わなければならない[20]。なぜならば，合理的な個人は，通常，経済的な誘因で活動するからである。フィシュキンは，謝礼の支給が参加者の不均質性（heterogeneity）を促進すると述べている[21]。一般に人々は政策争点について熟考するのに時間や労力を費やそうとする意思をもたないため，参加の時間と労力に対する補償がなされない状況で参加がなされるならば，その参加は参加者自身の動機以外にほかならない。しかし，そのような参加者は，現実の社会において少数であり，そのような人々を集めても，社会全体の見解を反映した信頼しうる社会の縮図とはいえ

---

(18)　Fishkin, *supra* note (2), p. 115（訳書177-178頁）。
(19)　例えば，西條辰義「経済学における実験手法について考える」河野勝・西條辰義編『社会科学の実験アプローチ』（勁草書房，2007年）12頁。
(20)　Fishkin, *supra* note (2), p. 115（訳書177-178頁）。
(21)　James Fishkin and Cynthia Farrar, "Deliberative Polling: From Experiment to Community Resource," John Gastil and Peter Levine eds., *The Deliberative Democracy Handbook: Strategies for Effective Civic Engagement in the 21st Century,* Jossey-Bass, 2005, p. 74（津富宏ほか監訳『熟議民主主義ハンドブック』（現代人文社，2013年）119頁）。ここでは，参加者の多様性を確保するという趣旨であろう。

ない。謝礼の支給によって，より関心が低い人々やより経済的に厳しい人々が参加できるようになり，当初の標本抽出される人々の代表性が促進される[22]。

この点，謝礼を得ることのみを目的として参加する者が現れ，調査の結果が歪むのではないかと懸念する向きもあろう。しかし，このような懸念は妥当しない。討論型世論調査の謝礼はあまり高額ではなく，経済面において過大な欲求を充足させるものではないからである。交通費が支給され，宿泊が手配され，さらに謝礼が支給されるということは，討論フォーラムへの参加を躊躇している参加予定者に対して，参加を後押しする程度の意味を有するにすぎない。

なお，このほかに，討論フォーラムの開催にあたっては，参加に対する障壁を減らすために，実施主体は最大限の努力をする。実際に筆者らがわが国で討論フォーラムを開催するにあたっては，会場内に臨時託児施設を設置したり，聴覚障害者のために支援員を配置したりした。フィシュキンによれば，牧場経営者の参加を得るために家畜の搾乳の代行者を手配したり，他の言語を母語とする参加者のために同時通訳を用意したりした例もあるという[23]。

③調査票・討論資料と専門家

討論型世論調査では，参加者に対して，事前の世論調査（T1調査），討論フォーラムの開始前のアンケート調査（T2調査），終了後のアンケート調査（T3調査）という3回の調査を行う[24]。この調査の質問項目は，基本的には，共通のものである（ただし，参加者の属性に関する質問（demographic questions）はT1・T2調査のみで行い，討論型世論調査への評価（evaluation questions）はT3調査のみで尋ねる）。ほぼ同一の質問を同一人に対して繰り返して実施する理由は，各段階における討議参加者の意見を捕捉するためである。そして，各時点におけるデータを比較することによって，参加者が討論過程を通じてどのように意見を変化させたのか（変化させなかったのか）を測定することができる。

---

(22) Fishkin, *supra* note (2), pp. 112–114（訳書175–177頁）.
(23) *Ibid.*, p. 114（訳書178頁）.
(24) あらかじめ討論資料を提供し，議題について学習過程を経た討論前アンケート調査（T2調査）と，小グループ討論と全体会議を通じて，議題についての知識と認識を深めたうえで行う討論後アンケート調査（T3調査）は，明らかに世論調査とはいえない。したがって，筆者らは，これらについて，「世論調査」ではなく「アンケート調査」と呼称している。

質問項目は，討論型世論調査で議題となっている政策課題に関して，政策についての質問（policy attitude questions），その判断の前提となる基準・価値観に関する質問（empirical premises questions），回答者の一般的な価値観についての質問（value questions）などによって構成される。議題である政策課題そのものをめぐる質問だけでなく，判断に至る前提としての基準・価値観についての質問を設けることにより，そして，それらをクロス集計するなどして，回答結果にどのような判断要素が影響しているかを分析することも可能である。つまり，討論型世論調査は，人々の思考過程そのものに注目する調査手法である。

　このほかに，討論型世論調査の調査票では，当該政策分野についての知識を尋ねる問題（knowledge questions）を必ず設ける。通常の社会調査では（意見や価値観ではなく）純然たる知識を問うことはないが，討論型世論調査では，議題に関する回答者の知識を確認する。[25] 知識に関する質問を設ける理由は，討論型世論調査が，当該政策課題について十分な情報を得て理解を深めた段階での回答者の意見を調査するという試みだからである。通常の世論調査では，質問されている事柄について十分な知識のない状態で瞬発的に回答を求められることが多い（その結果，十分な情報に基づかない表面的な意見にとどまったり，新聞の社説やテレビのコメンテータの発言の受け売りをしたり，あるいは，そもそも回答できず，根拠なく適当な選択肢を選んだりすることもあろう）。[26] 一方，思い込みや思い付き，他者の受け売りの答えではなく，その問題を学び，考え，話し合ったうえでの成熟した意見を探るのが討論型世論調査である。そのため，この調査の一連の過程を通じて，議題となっている政策課題について，回答者の知識が増え理解が深まったか否かを確認するため，知識に関する質問の回答結果を利用する。これまでに行われた討論型世論調査では，T1・T2・T3へと進むにつれ，知識に関する質問の多くで，回答者の正答率が上昇していることが判明している。[27]

　質問項目が異例であるだけでなく，討論型世論調査では，質問の方法について

---

(25)　Fishkin, *supra* note (2), p. 121（訳書188頁）.
(26)　フィシュキンは，パネル調査において，同一の質問に対する回答の一貫性のなさから，実は回答者の大部分が質問を十分に理解せず適当に回答していることが発見されたコンバースの研究を紹介している（*ibid*., p. 123（訳書191-192頁））。
(27)　フィシュキンは，知識の増加と討論フォーラム参加者の意見の変化の関連を指摘するとともに，意見の変化は争点の理解に起因すると主張している（*ibid*., p. 10（訳書26頁））。

も，通常の世論調査ではあまり行われない方法が用いられている。すなわち，通常の世論調査では，何らかの政策について「賛成か，反対か」の二者択一や，何らかの見解に対して「そう思う，まあそう思う，どちらともいえない，あまりそう思わない，そう思わない」といった5段階尺度で尋ねることが多い。一方，討論型世論調査では，意見の微妙な変化を把握するために，社会調査では用いられることの少ない7段階尺度や11段階尺度での回答欄を設けている。

討論型世論調査において，T1調査は，議題について特段の情報提供がなされていない段階の一般の人々の直感的な意見を集めるものである。一方，T2・T3調査は，議題についての情報を与えた段階での人々の意見を問うものである。情報の提供方法は，討論フォーラムの参加者に対して討論資料を事前に送付するという形で行う。

この討論資料とは，議題となっている政策課題について，問題の所在を明らかにしたうえで，基礎的な資料等を添え，主要な論点を挙げ，論点をめぐる対立する複数の見解とその論拠をわかりやすく簡潔に解説するものである。討論型世論調査で扱うテーマは，一般的には重要な公共政策の課題であり，そのような論争的な問題については，専門家の中でも意見が激しく対立していることが多い。したがって，討論資料では，特定の意見に偏らないように，複数の見解がバランスよく取り上げられなければならない。

討論資料や調査票の内容が，妥当であって（専門的な観点からみて誤りがなく），かつ，バランスが取れていることを保証するため，必ず，その議題についての異なる立場の複数の専門家（アドバイザ）から助言を受ける。討論型世論調査は，参加者を特定の意見に誘導するためのものではなく，当該問題について適切な形で情報を提供し，熟考し議論する機会を与えれば，人々がどのような意見を形成するのかを調査するものである。したがって，実施主体は，常に議題に対して公平な立場を維持しなければならず（自らが，特定の見解を支持してはならない），また，参加者に与える情報について，バランスの取れたものとするよう細心の注意を払わなければならない。内容の妥当性や複数の論点の取り上げ方などについて，公平性を担保するため，実施主体とは別に，その議題の専門的知見を有する，立場の異なる複数の専門家をアドバイザとして選任し，討論資料や調査票の内容についての助言の聴取が構造上求められている。

第**2**章 討議民主主義理論の新たな展開

④小グループ討論とモデレータの役割

　討論フォーラムの参加者は，15人程度のグループに分かれて，議題となっている政策課題に関して自由に議論を行う。これが，小グループ討論である。

　討論型世論調査における小グループ討論は，他の参加者を言い負かすことや，グループ全体で合意を形成することが目的ではない。さまざまな意見を聞く機会を設け，熟慮し討議することに意味がある。スタンフォード大学DD研究センターの説明によれば，小グループ討論の役割は，参加者の議題についての学習と，全体会議でパネリストに尋ねる質問の作成の2つであるとされる。

　性別，年齢や居住地などが区々な初対面の者同士が，日々の生活では十分に考えたことのない公共政策の課題について実質的な議論を行うということは，きわめて困難なことである。そこで，それを助力する役割を担うのが，小グループ討論の進行係として，各グループに置かれているモデレータである。

　討論型世論調査における小グループ討論は，グループ全体で合意を形成することが目的ではない。モデレータは，小グループ討論の参加者が特定の見解の妥当性に同意するように誘導してはならない。むしろ，参加者が相互に対立する考え方に接触することによって，より充実した意見を形成できるようにする。モデレータは，特定の意見の是非等について参加者に表決を求めてはならず，また，参加者が表決を行うことを希望しても，表決の実施を避けるよう促すべきであるとされる。モデレータが参加者の合意形成を試みないという点が，通常のワークショップにおけるファシリテータとは顕著に異なる点である。

　また，モデレータが自分の見解を披瀝することは厳しく禁止されており，議論の進行や参加者への応答に自分の考え方が表れないように，モデレータには細心の注意が求められる。通常のワークショップのファシリテータは，参加者の発言を復唱したり，要約したり，あるいは言い換えたりすることによって，議論を活

---

(28) 小グループ討論について，フィシュキン自身は，18人が，経験上，全員が積極的に参加しうる限界であり，12人から15人のグループが望ましいと述べている（Fishkin and Farrar, *supra* note (21), p. 74（訳書121頁））。

(29) 以下の説明は，スタンフォード大学DD研究センターによるモデレータの講習会の内容（公表されていない講習会資料の内容を含む）に基づくものである。

(30) ファシリテータ自身がそれに共感していることを発言者に対して示す効果があるとされる（堀公俊『ファシリテーション入門』（日本経済新聞出版社，2004年）92-94頁，113-122頁，同『ワークショップ入門』（日本経済新聞出版社，2008年）141-143頁）。

性化させる。一方で，討論型世論調査では，こういったファシリテーションの技法は，参加者に対する過剰な介入として禁止されている。

　モデレータは，小グループ討論を開始する前に，参加者に対して，①参加者全員の意見が尊重されるべきこと，②全員が議題の専門家ではないということ，③全員が互いの意見を聞かなければならないこと，④立場が大きく異なる人がいる場合であっても，互いに敬意をもって話し合うことが重要であることなどを伝える。その後，参加者の緊張を解きほぐすため，参加者全員に，氏名，出身地，参加の理由・動機を述べてもらうなどして，参加者が議題について対話しやすい雰囲気となるように努める。[32]

　発言しやすい環境ができ次第，モデレータは，与えられた論点を意識しながら，小グループ討論を進行する。討論型世論調査の小グループ討論では，黒板や模造紙を用いて議論を構造化することは，基本的には認められない。[33]対話に慣れていない段階では，参加者は各々モデレータに対して発言しようとするが，意識的に参加者同士で話し合うように促すことがモデレータには求められている。実質的な議論が軌道に乗れば，モデレータは，討論資料をマニュアルのように取り

---

(31)　参加者のみならず，モデレータも，議題についての専門家ではない（参加者に対して議題に関して独自の情報を提供するおそれがあるため，議題の専門家がモデレータに従事することは避けられている）。実際の討論フォーラムでは，参加者が，モデレータを議題の専門家であると誤解して，モデレータに対して論点について質問しようとすることがしばしばある。このような場合，自分の役割があくまで会議の進行であり，議題の専門家ではないということを説明したうえで，他の参加者に回答を求めたり，討論資料を参照させたりすることによって，参加者自身が質問に対する回答を発見するように促すべきとされる。参加者自らで回答を発見できない疑問が生じた場合には，それを全体会議のパネリスト（議題についての専門家）への質問とすることを提案すればよい。
(32)　このアイスブレイクという作業は，教育研修型や体験学習型のワークショップなどでは必ず行われるものとされており，特に参加者が相互に知り合うことにより，話し合う契機となり，互いの意見を受容しやすくする効果があると解されている。堀・前掲注(30)『ファシリテーション入門』82-84頁は，さまざまなアイスブレイクの技法を紹介しており，一般的なワークショップ等でのそれらの活用は有益であろうと思われるが，討論型世論調査の小グループ討論では用いられるべきではなかろう。合わせて，中野民夫『ファシリテーション革命』（岩波書店，2003年）73-77頁も参照。

　なお，モデレータ自身は，氏名を述べ，討論フォーラムでの役割のみを説明するにとどめ，各自の職業やモデレータを務めることとなった経緯などを述べてはならないとされる。討論フォーラムにとって不要な情報が，参加者による議論や意見形成に不当に影響を与えないようにするためである。
(33)　通常のワークショップではファシリテータに推奨されている（堀・前掲注(30)『ファシリテーション入門』146-158頁，中野・前掲注(32) 90-95頁）が，あくまで議論の主体が参加者に限定され，モデレータの介入をできるだけ排除すべきとされる討論型世論調査では，モデレータが黒板等を用いて議論を先導することは禁止されている。

第2章　討議民主主義理論の新たな展開

上げるのではなく，むしろ資料に言及するのは最低限にとどめ，なるべく言葉を挟まず，討論が自然な会話のように展開するようにする。モデレータの介入は，少なければ少ないほど望ましいというのが，DD研究センターの見解である[34]。また，モデレータは，討論資料に記載された政策の選択肢などを確認し，まだ論じられていない論点があれば，それを検討するよう促さなければならない。多様な立場に対する賛否両論の主張のすべてを検討したうえで，参加者の意見形成に資するようにする。

　小グループ討論での発言がごく少数の参加者のみに独占されることなく，参加者全員が議論に貢献するように導くことが求められる。小グループ討論での議論を一部の参加者が支配するようであれば，モデレータは，穏やかながらも毅然とした態度で介入し，開放的な討議環境を回復させなければならない。また，あまり積極的に発言しない参加者[35]に対しては発言することを励まし，参加者全員が発

---

[34]　モデレータの介入は抑制されるべきという点は，徹底されている。例えば，参加者が明らかに誤った発言をした場合であっても，モデレータは，間違いを訂正したりしてはならないとされる。この場合，誤解に基づく発言に関して他の参加者に意見を求めたり，それに関連する事項が討論資料に書かれていたかどうかを尋ねたりするなどして，グループが誤った見解から離れるように間接的に導くことが許されているのみである。

[35]　ただし，あまり積極的に発言しない参加者も，多くの場合，議論に実質的に参加していないのではなく，小グループ討論にある種の貢献をしている。例えば，エネルギー・環境の選択肢に関する討論型世論調査において事務局を務めた上木原弘修氏は，この調査の小グループ討論において，「あまり積極的に発言しなかった人たちは討論に無関心であったのではな」く，「他の人の発言に熱心に耳を傾け，時には相づちを打つ態度で参加していた」と観察している。そして，このような「サイレント・スピーカー」は，小グループ討論で，冷静な議論，すなわち，「反対意見を語る場合にも激しい口調になることなく，常に相手の意見にも耳を傾ける姿勢が一貫していた」という「議論の雰囲気作りに大きく貢献していた」と分析している。小グループ討論において，当初，はっきりとした意見をもっている参加者が口火を切り，議論が徐々に進むと立場の異なる者同士の議論が始まる。その際に，はじめは異なる意見の参加者に対して話しをする参加者が多いが，「徐々に……サイレント・スピーカーを見て話すようにな」っていった（上木原氏は，「ただ黙って聞いているように見えるサイレント・スピーカーは，そのままで議論のキャスティングボートを握っているかのようであった」と述べている）。「意見が異なる双方いずれも自分の意見に賛成してもらいたいかのように，サイレント・スピーカーに向かって話す場面が見られ」たが，その「結果としてどんなに違う立場の議論が交わされても，議論がとげとげしくなることはなかった」し，また，「今回のテーマに関してあまり知識をもっておらず，また日頃……議論した経験がない人が多」い「サイレント・スピーカーが理解しやすいような平易で丁寧な議論が見られた」。さらに，「時にサイレント・スピーカーが口にする疑問や見解が賛成派，反対派の双方に気づきとなる場面もあって，見解や立場の相互理解が進む場面もあった」という。これらのことから，上木原氏は，「サイレント・スピーカーは，意見を述べなくても，無言の態度（控えめな相づちとか，熱心な視線など）と適切な質問によって，議論の展開に大き

言できるようにすることが要請されている。さらに，参加者の意見を同じ結論に集約させないようにすることも，モデレータには求められる。かりに参加者が1つの意見にまとまり，他の選択肢を考慮しないようであれば，他の選択肢についても検討するよう，モデレータが参加者に対して促すべきであるとされる。

　90分にわたる小グループ討論の最後の15分間で，モデレータは，全体会議へ提出する質問の取りまとめを始める。討論型世論調査の小グループ討論においては，基本的には，挙手で賛否を問うたり，合意形成をしたりすることは禁止されているが，この質問作成のときのみは，モデレータが黒板等を用いて質問を整理したり，参加者の意見をまとめようとすることが認められている。また，最終的には，多数決によりグループとして採用する質問を決定することも許される。

　このように，モデレータは，小グループ討論において重要な役割を担っており，また，討論型世論調査に固有の進行方法があるため，十分に訓練を受けなければならない。したがって，討論型世論調査の実施に際して，スタンフォード大学DD研究センターのスタッフが，直接，モデレータの講習会を実施することが多い。わが国で実施されたこれまでの公式の討論型世論調査においても，毎回，DD研究センターのスタッフを招聘し，講義やシミュレーションなどを通じて，モデレータ従事者がノウハウを習得できる機会を設けてきた。

⑤全体会議とパネリスト

　小グループ討論でグループとしての質問を決定した後，参加者全員が広いホールなどに集まり，全体会議を行う。全体会議の参加者は，130人程度のときもあれば，450人以上になることもある[36]。全体会議は，参加者に対して情報を提供することが目的であり，演説や討論を行うものではない。全体会議では，当該政策課題の専門家や政策担当者などであるパネリストに対して，各グループの代表者が，グループで作成した質問を読み上げる[37]。そして，その質問に対して，パネリ

く貢献していた」と分析している（曽根泰教ほか『「学ぶ，考える，話しあう」討論型世論調査』（木楽舎，2013年）207-211頁（上木原弘修執筆））。
[36]　Fishkin and Farrar, *supra* note (21), p. 74（訳書119頁）.
[37]　全体会議での質問の読み上げは，小グループ討論において最初にその質問を提案した参加者が原則として担当すべきとされるが，質問が複数の参加者によって発案されたものを複合して作られた場合には，参加者間で相談したうえで質問者を決めるものとされる。

ストが簡潔に(例えば,1問に対して2分以内で)回答する。

　全体会議の時間は限られており,すべてのグループから等しく質問を受け付ける必要があるため,原則として,各グループからの質問の数は限定されている。[38]パネリストに尋ねることができる質問の数が限定されているため,質問は厳選される。そして,参加者は,全体会議において,自分のグループからの質問に対するパネリストによる回答だけではなく,他のグループからの質問とそれに対する回答に接することによって,他のグループとも疑問点を共有し,自分のグループ以外のグループによる議論についても考えることができる。

　パネリストは,ある論点について対立する複数の立場の専門家,または複数の論点についてのそれぞれの専門家を,2人ないし4人程度集める。討論資料等へのアドバイザと同様に,パネリストに関しても,バランスを取るように,特定の立場の専門家だけではなく,異なる視点ないし異なる立場の専門家を複数委嘱しなければならないとされている。

　パネリストは議題となっている当該政策分野の専門家であるため,しばしば自ら主体的に解説を試みようとする。しかしながら,司会からの指名を受けて参加者からの質問に対して回答するのが,全体会議におけるパネリストの役割である。異なる立場の専門家が一堂に会する場合,おのずとパネリスト同士で議論が始まることもあるが,討論型世論調査では,パネリスト同士での議論は厳禁とされている。

⑥討論型世論調査で得られるデータ

　討論型世論調査で得られるデータは,定量的なものと定性的なものの2種類がある。

　まず,定量的なものについてであるが,討論型世論調査では,基本的には,T1調査,T2調査,T3調査の3つのデータが得られる。これらを次のように,そのままで,またはそれぞれ相互に比較することによって,利用することができ

---

(38)　わが国の討論型世論調査では,各グループからの質問を1問に限定している(ただし,北海道におけるBSE全頭検査の継続の是非を議題とした討論型世論調査では,筆者の判断により,各グループからの質問を2問まで認めた)。なお,スタンフォード大学DD研究センターの基本的な設計によれば,1グループの質問は2問とされている。

る。

①最初に行う世論調査（T1調査）の結果である。T1調査自体は，一般的な世論調査であるから，通常の世論調査のデータとして扱うことができる。当該政策課題についての一般の人々の直感的な意見のスナップショットであり，それ自体は1つの有益なデータである。

②T1調査に関しては，討論フォーラムに参加した者と参加しなかった者との回答結果の比較をすることによって，討論フォーラム参加者の意見の傾向を読み取ることができる。また，それぞれの属性を比較することによって，参加者が母集団を統計学的に代表するものといえるか否かを判断しうる。

③T1調査における討論フォーラム参加者の回答結果と，T2調査及びT3調査の回答結果との比較である。最初の世論調査の時点から，討論資料等に基づく学習と，小グループ討論・全体会議という過程を通じた熟考が参加者の意見形成に与えた影響を読み取ることができる。これが，討論型世論調査において最も注目される部分である。

④T1調査における討論フォーラム参加者の回答結果とT2調査の回答結果との比較からは，討論資料をはじめとする，世論調査時点から討論フォーラム当日までに与えられた情報が参加者の意見形成に与えた影響を測定することができる。すなわち，T1調査の段階では，参加者は議題について意識的に学習しておらず，そこでは参加者の直感的な意見が示される。一方，T2調査の実施までの間に討論資料が送付され，それを事前に読むことによって議題について学習し，改めて意見を形成することになるため，T2調査では，参加者の熟慮の影響を確認することができる。さらに，討論フォーラムに参加することになり，参加予定者は，議題となっている政策課題について新聞等の報道を意識的に認識するようになったり，与えられた討論資料を読むだけでなく積極的に情報を収集したりすることも多い。[39]

⑤T2調査の回答結果とT3調査の回答結果との比較からは，討論フォーラムのみの成果，すなわち，討議の影響を読み取ることができる。

---

[39] 実際に，諸外国の討論型世論調査では，討論フォーラムへ参加することとなり，参加者が意識的に情報媒体に接触するようになるなどの変化があったことが報告されている（Fishkin, *supra* note (2), p. 122（訳書191頁））。

このように，討論型世論調査という1つの調査から複数の定量的なデータを得ることができるので，それぞれを比較することによって，さまざまな分析を行うことができる。

 次に，定性的なデータである。

 討論フォーラムにおいては，小グループ討論で参加者同士でさまざまな議論が行われるが，その模様を音声や映像で記録しておけば，その政策課題についての一般の人々による考えを知ることができる。20グループで3回の小グループ討論を行えば，合計60個の会議のデータが得られることになる。[40]

 また，全体会議における参加者と専門家との質疑応答の模様も，有益な定性的データである。[41] 一般の人々が学習と討論の過程を経てまとめた質問というものは，当該政策分野に関して多くの人々が疑問に抱くであろうと推量されうることであり，それに対して専門家が的確に回答するという模様は，参加者以外の一般の人々にとっても有益な情報を提供しうるものといえる。

（3）諸外国におけるこれまでの討論型世論調査の実践

 諸外国で行われた討論型世論調査において扱われたテーマはさまざまであるが，一般に，広く公共政策に関する問題のうち，論争的なものが取り上げられている。例えば，治安と犯罪（1994年，英国），エネルギー政策（1996年から99年まで，米国テキサス州），国民健康保険制度（1998年，英国），地域経済（2002年，米国コネチカット州），イラク戦争の開戦（2003年，米国），ロマ民族対策（2005年，ハンガリー，ブルガリア），移民政策（2007年，イタリア）などが扱われてきた。また，総選挙（1997年，英国）や大統領選挙（2004年，全米オンライン方式）の直前に行われたこともあり，前者については当時の「影の内閣」の首相であったトニー・ブレア労働党党首が，後者ではアル・ゴア前副大統領が，全体会議のパネリストとして参加者からの質疑に応答した。共和制移行（1999年，オーストラリア）やユー

---

[40] 毎日新聞の与良正男論説委員は，エネルギー・環境の選択肢に関する討論型世論調査において，小グループ討論を実際に傍聴して，「予想以上の「白熱教室」だった」と評価している（毎日新聞2012年8月8日朝刊）。

[41] 公的年金制度をめぐる討論型世論調査の全体会議で，パネリストを務めたある専門家は，「当初，一般の人たちの疑問点はたいしたことがなかろうと高をくくっていたが，実際に示された質問は，問題の本質的な部分を的確にとらえた優れたものであり，非常に驚いた」と述べている。

ロへの通貨統合（2000年，デンマーク）などのように，国民投票で政策の採否が決定される際に，それに先駆けて行われたこともある。

　国境を越える討論が試みられたこともある。EU 加盟27か国から362人の参加者がブリュッセルの欧州議会議事堂に集い，23言語が飛び交う「明日のヨーロッパ（Tomorrow's Europe）」と題する討論型世論調査が2007年に行われた[42]。中国のような民主主義的な政治体制の整っていない国でも行われている[43]。近時で最も大規模な討論型世論調査は，2011年夏に米国カリフォルニア州で行われた「次のカリフォルニア（What's Next California?）」と題するものである。ここでは，住民発議・住民投票制度，議会の代表性，州と地方の政府の改革，州の税制と財政政策などといった憲法問題が扱われ，無作為抽出を基礎として選定された412人の参加者が議論した[44]。

　討論型世論調査も，実践を重ねる中で，さまざまな発展を遂げつつある。例えば，2010年に英国で行われた討論型世論調査では，統治機構改革をめぐって，オンライン上でアイディアを募り，それを専門家委員会で集約したうえで，一般の人々からなる討論フォーラムで検討した。議題そのものの決定に一般の人々が関与した点や，直接対話とインターネット上での議論を組み合わせたという点が興味深い。

　これまでに，討論型世論調査は，ヨーロッパ，アメリカ，アジア，アフリカにおいて，地域レベル（基礎的地方公共団体，広域的地方公共団体，州，複数の州），国家レベル，さらには超国家レベルで行われてきた。調査を行うには時間と手間と費用がかかるため，あまり頻繁に実施されるものではないが，実際に行われれば，その社会的インパクトは非常に大きいものである。

---

(42) Robert C. Luskin, James S. Fishkin, Stephen Boucher, and Henri Monceau, "Considered Opinions on Further EU Enlargement: Evidence from an EU-Wide Deliberative Poll," prepared for presentation at the annual meeting of the International Society of Political Psychology, Paris, 2008. EU 全域の討論型世論調査は，欧州議会議員選挙の直前の2009年にも，「ユーロポリス（Europolis）」と題して行われた（James Fishkin, Robert C. Luskin and Alice Siu, "Europolis and the European Wide Public Sphere: Empirical Explorations of a Counter-factual Ideal," prepared for presentation at the annual meeting of the American Political Science Association, Seattle, 2011）。

(43) James S. Fishkin, Baogang He, Robert C. Luskin and Alice Siu, "Deliberative Democracy in an Unlikely Place: Deliberative Polling in China," *British Journal of Political Science*, 2010, 40, 435-448.

(44) Center for Deliberative Democracy at Stanford University, "Report: What's Next California? A California Statewide Deliberative Poll for California's Future," 2011.

(4) わが国におけるこれまでの討論型世論調査の実践

　討論型世論調査については，1994年に英国で行われた最初の実験の直後にわが国でも紹介され，特に曽根泰教教授や篠原一教授らによる紹介によって注目されていた。わが国での実験可能性についても検討されていたものの，フルスケールでの調査の実施のために必要な資金を調達することが困難であったため，なかなか実施されることはなかった。

　世界初の討論型世論調査の実施から15年後の2009年に，わが国初の討論型世論調査は，規模を縮小して実施されることとなった。わが国で初めての討論型世論調査は，2009年9月から12月にかけて，神奈川県自治総合研究センター及び東京工業大学坂野達郎研究室によって実施された。討論フォーラムには横浜市民152人が参加し，道州制導入の是非を議題として，期間を1日に短縮された形で実施された。

　その後，2009年12月から2010年1月にかけてと，2010年7月から8月にかけて，慶應義塾大学DP研究会が，藤沢市経営企画部経営企画課と協力して，2回の討論型世論調査を実施した。これらの調査は，藤沢市の現状と今後の政策課題を議題として，神奈川県の調査と同様に期間を1日に縮小して行われた。討論フォーラムには，3,000人を対象とする世論調査を通じて選定された藤沢市在住の有権者，それぞれ258人と161人が参加し，その結果は，藤沢市の新総合計画（基本構想）の策定の参考にするとされた。

　これら3つの討論型世論調査の特徴として，①調査の対象を1つの地方公共団

---

(45)　上田道明「デモクラシーにおける「参加」と「熟慮」」日本政治学会編『年報政治学1996　55年体制の崩壊』（岩波書店，1996年）227頁や，高瀬淳一『情報と政治』（新評論，1999年）198-200頁が，わが国で最も早い時期に討論型世論調査に言及したものといえよう。

(46)　曽根泰教「情報社会と公共性」佐々木毅・金泰昌編『21世紀公共哲学の地平〔公共哲学10〕』（東京大学出版会，2002年）312-314頁，同「インターネット時代の合意形成」金子郁容編『総合政策学の最先端II』（慶應義塾大学出版会，2003年）105-108頁，篠原一『市民の政治学』（岩波書店，2004年）159-168頁。

(47)　神奈川県自治総合研究センターは，この討論型世論調査を実施した年度の末（2010年3月31日）をもって廃止されたため，現在は存在しない。

(48)　この調査については，曽根教授が，監修委員及び全体会議の司会者を務めた。

(49)　慶應義塾大学DP研究会は，2009年度末まで設けられていた任意の研究グループである。DP研究センターの前身であり，曽根教授が代表を務めていた。なお，DPとは，討論型世論調査（deliberative polling の頭文字）を意味する。

体（基礎的地方公共団体）に限定して行われたこと，②大学の研究室と地方公共団体の部局が共同で実施主体となっていたこと（藤沢市での討論型世論調査の場合，調査の企画・設計そのものは，もっぱら大学側が担当した），③地方公共団体が費用の一部を負担するとともに，県ないし市の職員が運営に従事したこと（神奈川県が行った討論型世論調査の場合，討論フォーラムの会場も県の施設が提供された），④土曜日1日間で，小グループ討論・全体会議2セットを行う簡略版討論型世論調査であったことが挙げられよう。

これらローカルレベルでの簡略版の調査の経験を経て，ようやく2011年に，わが国初のフルスケールの調査が実現した。

このわが国初の本格的な討論型世論調査は，平成22-24年度日本学術振興会科学研究費（基盤研究（A））による補助事業「討論型世論調査による民主主義における「世代を超える問題」の解決策の模索」（課題番号：22243014，研究代表者：曽根泰教慶應義塾大学大学院政策・メディア研究科教授）による助成を受けて，2011年2月から5月にかけて実施された。曽根教授が代表を務める慶應義塾大学DP研究センターが実施主体となり，公的年金制度のあり方を議題として，日本全国の有権者3,000人を対象とした世論調査と，日本全国からの参加者127人による週末3日間の討論フォーラムが行われた。討論フォーラムの準備期間中に東日本大震災が起こり，一時は開催そのものも危ぶまれたが，結果的には，北海道から沖縄までのさまざまな世代の人々の参加を得ることができた（この調査についての詳細は，本書第3章で述べる）。筆者は，科研費の事業としては研究分担者を務めるとともに，この調査そのものについては，実施主体である慶應義塾大学DP研究センターの事務局長として運営に従事した。

その後，2011年9月から11月にかけて，平成22-24年度日本学術振興会科学研究費（基盤研究（B））による補助事業「科学技術への市民参加に「討論型世論調査」の手法を活かす可能性に関する研究」（課題番号：22300301，研究代表者：杉山滋郎北海道大学大学院理学研究院教授）による助成を受けて，BSEに関する討論型世論調査実行委員会と北海道大学高等教育推進機構科学技術コミュニケーション教育研究部門（CoSTEP）によって，討論型世論調査が実施された。これは，北海道におけるBSE全頭検査の継続の是非を議題として行われ，3,000人を対象とする世論調査を通じて選定された札幌市在住の有権者151人が討論フォーラムに

参加した。この研究事業についても，筆者は，研究分担者・実行委員会委員として参画した。

　このように，討論型世論調査は，地方公共団体における調査事業として始まり，自治体の政策形成の参考にされるようになり，さらに，全国規模のフルスケールによるものを含む公的研究費に基づく本格的な学術研究事業として2回行われ，着実に実績を重ねてきた。

　そして，討論型世論調査は，いよいよ，社会実験段階から，国の重要な政策決定に影響を与える社会実装段階へと突入した。わが国政府は，東日本大震災以降のわが国のエネルギー政策を策定するための国民的議論の方法の1つとして，討論型世論調査を正式に採用することとした。このエネルギー・環境の選択肢に関する討論型世論調査では，2012年7月に，全国の成人男女6,849人を対象に電話世論調査を実施し，その回答者から285人が，8月に1泊2日で開催される討論フォーラムに参加した。この調査の実行委員会は，曽根教授（実行委員長），上智大学の柳下正治教授（副委員長），筆者（事務局長）の3名によって構成され，株式会社博報堂及びその関連会社が実務を担当した。政府が実施を決定し，政府予算で実施され，国の政策決定の参考にすることがあらかじめ明言されていたことから，社会的に大きく注目された。この討論型世論調査の結果は，実際に，その後のエネルギー・環境政策の策定に大きく影響を与えることとなった（この調査についての詳細は，本書第4章で述べる）。

　なお，わが国における直近の討論型世論調査として，札幌市と慶應義塾大学DP研究センターとの共同事業が挙げられる。これは，2014年1月から3月にかけて，同市における今後の雪対策を議題として，1日に短縮して実施した。3,000人を対象とする世論調査を通じて選定された18歳以上の札幌市民205人が討論フォーラムに参加した。研究代表者を務める曽根教授の下で，筆者は，札幌市役所とともに調査の運営に従事した。

図表2-1　わが国におけるこれまでの討論型世論調査（スタンフォード大学 DD センター公認のもの）

（1）「道州制に関する討議型意識調査」
実施主体：神奈川県討議型意識調査実行委員会（神奈川県自治総合研究センター（当時）・東京工業
　　　　　大学坂野達郎研究室）
議　　題：道州制の是非
世論調査の対象：神奈川県民3,000人（実際には，横浜市在住の有権者），回答者535人
世論調査の方法：郵送調査
世論調査の期間：2009年9月初旬（開始日不明）〜23日
討論フォーラム参加者：152人
討論フォーラム開催日：2009年12月5日（土）
討論フォーラム会場：神奈川県自治総合センター（神奈川県横浜市栄区）
政策形成への影響：なし

（2）「藤沢のこれから，1日討論」
実施主体：藤沢市経営企画部経営企画課・慶應義塾大学 DP 研究会
議　　題：藤沢市の現状と今後の政策課題
世論調査の対象：藤沢市在住の有権者3,000人，回答者1,217人
世論調査の方法：郵送調査
世論調査の期間：2009年12月4日〜18日
討論フォーラム参加者：258人
討論フォーラム開催日：2010年1月30日（土）
討論フォーラム会場：慶應義塾大学湘南藤沢キャンパス（神奈川県藤沢市）
政策形成への影響：藤沢市の新総合計画（基本構想）の策定の参考にするとされた

（3）「藤沢の選択，1日討論」
実施主体：藤沢市経営企画部経営企画課・慶應義塾大学 DP 研究会
議　　題：藤沢市の現状と今後の政策課題
世論調査の対象：藤沢市在住の有権者3,000人，回答者1,062人
世論調査の方法：郵送調査
世論調査の期間：2010年7月9日〜23日
討論フォーラム参加者：161人
討論フォーラム開催日：2010年8月28日（土）
討論フォーラム会場：慶應義塾大学湘南藤沢キャンパス（神奈川県藤沢市）
政策形成への影響：藤沢市の新総合計画（基本構想）の策定の参考にするとされた

（4）「年金をどうする〜世代の選択」　　第3章で取り上げる討論型世論調査
実施主体：慶應義塾大学 DP 研究センター
議　　題：公的年金制度のあり方
世論調査の対象：全国の有権者3,000人，回答者2,143人
世論調査の方法：郵送調査
世論調査の期間：2011年2月8日〜22日
討論フォーラム参加者：127人
討論フォーラム開催日：2011年5月28日（土）〜29日（日）
討論フォーラム会場：慶應義塾大学三田キャンパス（東京都港区）

政策形成への影響:なし(純粋な学術研究であるため)
※ 独立行政法人日本学術振興会平成22-24年度科学研究費補助金(基盤研究(A),22243014)の助成による

(5)「BSE問題に関する討論型世論調査(みんなで話そう,食の安全・安心)」
実施主体:BSE問題に関する討論型世論調査実行委員会・北海道大学高等教育推進機構科学技術コミュニケーション教育研究部門(CoSTEP)
議　　題:北海道におけるBSE全頭検査の継続の是非
世論調査の対象:札幌市在住の有権者3,000人,回答者1,616人
世論調査の方法:郵送調査
世論調査の期間:2011年9月8日〜22日
討論フォーラム参加者:151人
討論フォーラム開催日:2011年11月5日(土)
討論フォーラム会場:北海道大学高等教育推進機構(北海道札幌市北区)
政策形成への影響:なし(純粋な学術研究であるため)
※ 独立行政法人日本学術振興会平成22-24年度科学研究費補助金(基盤研究(B),22300301)の助成による

(6)「エネルギー・環境の選択肢に関する討論型世論調査」　第4章で取り上げる討論型世論調査
実施主体:エネルギー・環境の選択肢に関する討論型世論調査実行委員会
議　　題:政府による「エネルギー・環境に関する選択肢」(2030年の原発依存度など)
世論調査の対象:全国の成人12,048世帯,回答者6,849人
世論調査の方法:電話調査(RDD方式)
世論調査の期間:2012年7月7日〜22日
討論フォーラム参加者:285人
討論フォーラム開催日:2012年8月4日(土)〜5日(日)
討論フォーラム会場:慶應義塾大学三田キャンパス(東京都港区)
政策形成への影響:政府による「革新的エネルギー・環境戦略」の策定の参考にするとされた
※ 経済産業省資源エネルギー庁平成24年度電源立地推進調整等事業(革新的エネルギー・環境戦略の策定に向けた国民的議論の推進事業(討論会事業に係るもの))による

(7)「雪とわたしたちのくらし」
実施主体:札幌市・慶應義塾大学DP研究センター
議　　題:札幌市における今後の雪対策(除雪水準や費用負担の問題など)
世論調査の対象:札幌市在住の18歳以上の住民3,000人,回答者1,368人
世論調査の方法:郵送調査
世論調査の期間:2014年1月22日〜2月10日
討論フォーラム参加者:205人
討論フォーラム開催日:2014年3月15日(土)
討論フォーラム会場:札幌市男女共同参画センター(北海道札幌市北区)
政策形成への影響:市政への参加機会拡大と,市民意識の新たな調査手法としての活用可能性を検証するために用いられた

（5）憲法学からの評価
①サンスティンによる評価——集団極性化への注目

わが国で最も著名な憲法理論研究者の1人であるサンスティンは，その著書『リパブリック・ドット・コム2.0』において，民主政治にとって多様な意見と出会うためのパブリック・フォーラム（public forum）の重要性と，同じ意見を有する者同士で議論をするときに生じやすい集団極性化（group polarization）の問題点を指摘したうえで，討論型世論調査について言及している。

同書において，サンスティンは，予期せぬ出会いが民主主義それ自身の中核であると述べている。[50] 情報通信技術の発達によって，人々は自分が読みたいもの，見たいもの，聞きたいものをフィルタリングすることができるようになり，自分が欲しない話題に遭遇せずに済むようになる。[51] しかしながら，サンスティンは，自分があらかじめ選択しなかった素材にも触れるべきであると主張する。そのような出会いには，人々が探し求めなかった話題やものの見方が含まれており，それは，しばしば閉口させるものであったりもするが，重要なものである。同じような意見をもつ人々のみと会話をしていれば社会の分裂（fragmentation）や過激主義（extremism）に至る危険があるが，新たな出会いによって，そのような危険から守られることになる。このこととともに，表現の自由の制度が十分に機能するための必要条件は，多くの国民がさまざまな共通経験をもつべきであるということである。このような経験の数を急激に縮減するようなコミュニケーションの制度は，社会の分裂を増加させるゆえに，多くの問題を発生させることになる。[52] 多様な出会いと共通経験のために必要な憲法理論が，パブリック・フォーラムの法理である。すなわち，合衆国最高裁判所の判例上，道路や公園は一般の人々の表現的行為に対して解放されているべきである（Hague v. CIO, 307 U.S. 496）とされるが，この法理は，①広範囲の人々にアクセスしうるということを

---

(50) Cass R. Sunstein, *Republic.com 2.0*, Princeton University Press, 2007, p. 5（訳書29頁）．同書は，Cass R. Sunstein, *Republic.com*, Princeton University Press, 2001の改訂版である（改訂版では，本書で取り上げる集団極性化などに関して記述が追加されている）．討論型世論調査については，初版から取り上げられており（pp. 84-87（訳書98-100頁））、記述に変更はない．以下，本書における引用は改訂版を用いるが，旧版の邦訳として石川幸憲訳『インターネットは民主主義の敵か』（毎日新聞社，2003年）があるので，参考として，この旧版の訳書の頁数を付記する．
(51) *Ibid.*, p. 1（訳書23頁）．
(52) *Ibid.*, p. 5（訳書29頁）．

第2章　討議民主主義理論の新たな展開

発言者に保障すること（特に，多様な市民への一般的なアクセス権を創設すること），②不満の対象となる特定の人々や制度への一般的なアクセスを認めること，③多様な人々・見解に接する可能性を増進することという3つの重要な目標がある。⁽⁵³⁾新聞や雑誌，テレビ放送では，購読者・視聴者は，選択する意思のなかった多数の記事に触れることとなる。自ら計画もせず選択もしなかった記事と接することによって，自分自身の見解を再評価したり，修正したりすることすらあるし，他の市民が何を考え，なぜそう考えるのかを学習することができる。⁽⁵⁴⁾たしかに，このような大衆的なメディアは，法が認識するところの専門的な意味でのパブリック・フォーラムではないが，サンスティンによれば，その機能の多くを果たしているという。⁽⁵⁵⁾

　同じような意見を有する者同士で議論を重ねた結果陥ることになる病理が，集団極性化である。サンスティンは，これを，討議の後にグループの構成員が当初抱いていた方向において，より極端なほうへと考えを進めやすくなることと定義している。⁽⁵⁶⁾極性化の原因について，①説得力のある論拠と情報，②社会的比較，③自信・実証・過激主義の3つを，サンスティンは挙げる。すなわち，第一に，もしグループの構成員がすでに（複数の立場のうち）ある方向に傾いていれば，グループでの議論を経ると，不釣り合いなほど多くの人々の意見が同じ方向へ向かう（逆方向へは少ない）。議論のプールが限定されている場合，例えば，インターネット上で集団で議論する場合に明らかであるし，個人が当初から傾倒していた思想だけを（議論するのではなく）テレビやインターネットなどで調査しようとする場合も同様であるが，もともとあった思想的位置が固定化され補強され，結果としてしばしば過激主義へと至る。第二に，人は，グループの他の構成員から好意をもたれたいと考え，また他者に好意をもちたいとも考えるものである。したがって，他者が信ずることに従い，自分の立場を支配的立場の方向へ合わせようとする。つまり，少数派は押し黙り時間とともに社会から消されてしまう「沈黙のらせん（spiral of silence）」モデルである。第三に，人々は，多くの政策争点に

---

(53)　*Ibid.*, pp. 25-28（訳書48-51頁）.
(54)　*Ibid.*, p. 30（訳書52頁）.
(55)　*Ibid.*, p. 33（訳書54頁）.
(56)　*Ibid.*, p. 60（訳書60頁）.

ついて，自分の考えを明確にはもっておらず，確実性が欠けているので中間に傾く。そして，討議を経て自信を得ると，常にその信念に対してより極端になろうとする。他者からの賛同は自信を増進させ，これが理由で，議論してきた同じ意見の人々は，自分がより正しいと確信するようになり，より極端へと向かう[(57)]。そして，このような集団極性化は，インターネット上で発生している。まったく反対の意見を聞くことなく，同じ意見の人々同士が容易にかつ頻繁に議論し合うだけのインターネットは，過激主義の温床となっている[(58)]。意見の態度が明確なテレビや新聞の場合も同様に極性化を避けられないが，このような大衆メディアは，広く話題や見解を提供するよう努めなければならないという明確な役割をもっており，それがうまく機能すれば，極性化は起こりにくくなる。パブリック・フォーラムの法理についても同様であり，異なる発言者が多様な人々にアクセスすれば，個人や集団は競合する意見や関心から自らを隔離することはできなくなるし，極性化も起こりにくくなる[(59)]。

このような議論を展開した後，サンスティンが極性化等の病理と対照的なものとして取り上げるのが，討論型世論調査である。ここでは，フィシュキンが，討論型世論調査において，個人の意見が注目に値するほど変化したことを発見するとともに，極性化へのシステマティックな傾向性がなかったと確認したことが，英国における治安と犯罪をめぐる討論型世論調査における実際の調査結果（図表2-2①～③参照）とともに述べられている[(60)]。

サンスティンは，討論型世論調査について，同じ意見をもつ人々ではなく多様

---

(57) Ibid., pp. 64-67（訳書82-84頁）.
(58) Ibid., p. 69（訳書85-86頁）. 同書の改訂にあたり，テロリズムと集団極性化との関係が加筆されている。サンスティンによれば，テロの首謀者は極性化の請負人であり，ここで展開された極性化のダイナミズムがテロリズムを加速させたことは疑いないとしている（ibid., pp. 73-76）.
(59) Ibid., pp. 71-72（訳書87-88頁）. もとより，集団極性化のすべてが悪いことではない。集団極性化は，公民権運動，奴隷制廃止運動，ウーマンリブ運動など，優れた価値をもつ運動の燃料として役立ってきた。多かれ少なかれ孤立した集団内で発生する少数者による討議（enclave deliberation）は，より広い討議体に参加するときには沈黙しがちな集団の構成員が，自らの立場を発展することを促進する（ibid., pp. 76-78（訳書89-91頁））.
(60) Ibid., pp. 91-92（訳書98頁）. 図表2-2中の①～③はサンスティンによって紹介された部分であるが，引用元のフィシュキンの著書『人民の声——世論と民主主義（The Voice of the People: Public Opinion and Democracy）』によれば，サンスティンが言及しなかったデータも掲載されている。すなわち，図表中の④～⑨は，サンスティンが紹介しなかったものであるが，このうち，⑦と⑧は，討論過程を経ても参加者の意見が変化しなかったものである。

figure 2-2　1996年の英国での治安と犯罪をめぐる討論型世論調査の結果（抄）

	討論前	討論後	変化
①より多くの犯罪者を刑務所に送致することが犯罪抑止手段として効果的であるということに賛同する	57%	38%	−19
②裁判所は犯罪者をあまり刑務所に送致すべきでないということに賛同する	29%	44%	+15
③一般的に厳罰判決は犯罪と立ち向かうための有効な手段であるということに賛同する	78%	65%	−13
④有罪判決を得るためにはときには警察官は規則を逸脱してもかまわないということに強く反対する	37%	46%	+9
⑤犯罪者を野放しにすることよりも無実の人に有罪判決を下すことのほうが悪いことだと考える	62%	70%	+8
⑥被疑者は警察官の尋問に対して黙秘する権利を持つべきであるということに賛同する	36%	50%	+14
⑦特定の犯罪については死刑が最も適切な刑罰であるという意見に賛同する	68%	68%	±0
⑧終身刑はより厳しくかつ苦痛な刑罰であるという意見に賛同する	71%	71%	±0
⑨終身刑はより緩やかな刑罰であるという意見に賛同する	75%	73%	−2

（出典：James S. Fishkin, *The Voice of the People: Public Opinion and Democracy*, 2nd ed., Yale University Press, 1997, pp. 206-209に基づき筆者作成）

な市民のグループが，モデレータの司会の下で社会問題のさまざまな側面について情報が与えられた後に議論すること，グループとしてのコンセンサスの獲得を求めないこと，多くの方法によってこのような議論が理由付けと政治的平等とを備えた公共的討議のモデルをもたらしていることといった特徴を指摘する。そして，多様な人々を同じ会場に移動させるのには費用がかかるが，新たな情報通信技術は，討論型世論調査のアイディアと，多様な人々による理由づけに基づいた議論をより一層実現可能にしていると評価する[61]。

討論型世論調査に関しては，2002年12月に，アメリカ合衆国において，初めてのオンライン版調査が，280人の参加を得て米国の外交政策を議題として実施されていた。サンスティンは，フィシュキンがインターネット上で討論型世論調査をすでに実現していることを紹介したうえで，新たな技術がなければ一切会話す

---

(61) Sunstein, *supra* note (50), pp. 92-93（訳書99頁）.

ることもなかったであろう多様な人々が論拠を言い合い議論するという形態が将来大いに期待できると展望している。⁽⁶²⁾

しかしながら，サンスティンの期待に反して，インターネットを利用した討論型世論調査の実践は，その後，あまり普及せず，むしろ，フィシュキンらは対面式の調査の普及により注力するようになる。一方，サンスティンのほうは，集団討論で不可避的に生ずる集団極性化現象が驚くべきことに討論型世論調査では生じることはないとしていた評価を改め，討論型世論調査も例外ではないと論ずるようになる。⁽⁶³⁾

すなわち，『リパブリック・ドット・コム2.0』の初版が刊行された2001年時点で，討論型世論調査を好意的に評価していたサンスティンは，2008年刊行の『インフォトピア（*Infotopia*）』では，討議の日構想（後述）を非現実的であると述べ，自由な社会において全体としての市民は十分に討議することを期待されるべきではなく，たとえほとんどの人々が討議に多くの時間を費やすことができないとしても，市民の代表者が丁寧に討議することとなっていると指摘する。⁽⁶⁴⁾

また，サンスティンは，共著論文「討議の日において何が起こっているのか（"What Happened on Deliberation Day?"）」において，自ら共同で実践したコロラド州での市民参加の取組みを討議の日構想とみなして，そこで集団極性化が生じていることを実証的に分析している。このコロラドの市民参加の取組みは，比較的同質な意見を有する人々のコミュニティにおける討議の影響を調査するため，投票行動においてリベラル派が支配的な都市として有名なボールダと，大部分が保守層のコロラド・スプリングスとで，高度に論争的な政策争点（温暖化，アファーマティブ・アクション，同性婚）を議題として行われたものであった。2つのカウ

---

(62) さらに，消費者主権（consumer sovereignty）という概念に導かれていたり無制限のフィルタリングを喜んでいたりするようであれば，現在インターネット上で起きていることよりも，討論型世論調査における議論がはるかに優れたものであるのはなぜかということを理解できないであろうと，サンスティンは述べている（*ibid.*, p. 93（訳書99頁））。

(63) Fishkin, *supra* note (2), p. 217, p. 221（訳書331-332頁，336頁）．

(64) Cass R. Sunstein, *Infotopia: How Many Minds Produce Knowledge*, Oxford University Press, 2008, pp. 11-12.

(65) David Schkade, Cass R. Sunstein and Reid Hastie, "What Happened on Deliberation Day?" *California Law Review*, 95, 2007, pp. 915-940. ただし，この論文は，当時所属していたシカゴ大学の同僚との共著のものであり，サンスティンがファーストオーサーではないことにも留意したい。

ンティでの電話世論調査（RDD方式）をもとに，25歳から75歳までの63人の有権者（男性29人，女性34人）が選定され，参加者には2時間の討議で100ドルの報酬が支払われた。参加者は，まず個人の意見を調査され，次に，5人から7人のグループ（保守的なグループとリベラルなグループ各5つ）に分かれて，3つの議題について各15分ずつ議論し，グループとして最終的に合意した意見が記録された。その後，再び個人の意見を調査し，討論前後の結果を比較分析したところ，集団極性化の傾向が顕著に現れたという。そして，同じ意見を有する者同士で議論を行うと，リベラルな人はよりリベラルになり，保守的な人はより保守的となること，各グループはより同質的になり，内部での意見の違いが議論によって顕著に縮減されること，現実にまたはインターネット上で同じ意見を有する人々が分裂する中で政治的な討論を行えば，この実験と同じような現象が生じうること，そして，より広く討議を発展させようと努める者や，あるいは民主主義における討議の構想を称賛する者はこの問題を心にとめるべきであるということを結論づけている。[67]

このように，当初は討論型世論調査を好意的に評価していたサンスティンは，自ら社会調査を実践した結果，討議の日といえども他の集団討論と同様に集団極性化の問題から免れないとして見解を改めた。しかしながら，このコロラドの事例はフィシュキンらの討議の日構想とはまったく異なるものである。陪審のようなプロセスでわずか15分程度の議論を行うだけの事例についての議論は，少なくとも1日中モデレータの下で討議を行い合意形成を行わない討論型世論調査や（本来の）討議の日構想には妥当しないと，フィシュキンは反論している。[68]

サンスティンの集団極性化説に対するフィシュキンの反論は，集団討論において一般的に極性化が生ずるという議論に対するものではなく，かりにそういった法則があるとしても，討論型世論調査については例外であるという観点からなされたものである。すなわち，具体的には，フィシュキンは，複数の国で行われた15件の討論型世論調査において，1,848通りのグループないし政策争点の組み合わせについて調査したところ，極性化の傾向がまったくなかったと分析してい

---

(66) *Ibid.*, pp. 918–920.
(67) *Ibid.*, p. 940.
(68) Fishkin, *supra* note (2), p. 221（訳書331–332頁）．

る。また，他の選択肢を真剣に考慮することなく意見が収斂するというのが集団思考論の骨子であるといえるが，討論型世論調査における意見の変化は，相反する議論を情報に基づいて熟考した結果によるものであることを示唆する指標が数多く得られているとも主張している。[69]

　集団討論で生じうる歪みが討論型世論調査では避けられる理由として，フィシュキンは，次のように述べている。すなわち，サンスティンらの実験は陪審に類するものであったが，モデレータが存在しない陪審のような制度では，討議の進行方法や扱われる議題のバランスに欠ける。また，陪審では，1つの共有された評決に到達しなければならないため，明らかに社会的圧力が作用する。それとは対照的に，討論型世論調査では，討議において意見のバランスが取れており，また，合意形成を目的とはしていない。具体的には，アドバイザによって入念に吟味された討論資料が参加者に提供され，小グループ討論では，訓練されたモデレータが，参加者全員が発言できるよう進行し，特定の人に場を支配させないようにしている。また，無作為抽出を基礎として参加者が選定されるため，小グループにおける意見の多様性が高い。全体会議では，専門家や政策担当者が多様な立場から参加者の質問に回答するので，バランスが取れている。討論過程を経て参加者が到達する最終的な判断は，非公開の調査票で尋ねられる。小グループ討論の途中でグループ全体の意見を尋ねない（参加者に表決させない）ため，政策争点についての最終的な意見がどのようなものになるかを明かすことなく，参加者が自由に議論に参加し続けることができる。したがって，多数意見への服従を強いる圧力が参加者にかからない。[70]

　筆者は，討議民主主義理論に立脚しつつも（むしろ，この理論に立脚するからこそ）代議制の意義を非常に重視するサンスティンの視座を共有するものであり，かつ，同じ意見を有する者同士で合意形成を目指して討議を行うことにより，集団極性化が生じやすいという彼の指摘に対して全面的に賛同する。サンスティンの誤解は，討論型世論調査や討議の日構想を，他の市民参加の取組みのように，同じ意見をもつ者同士での議論と同視したことであった。討論型世論調査等は，（サンスティンが再構成するところの）パブリック・フォーラムのように，多様な意

---

(69) *Ibid.*, pp. 131-132（訳書204-205頁）.
(70) *Ibid.*, pp. 132-133（訳書205-207頁）.

見を有する者が十分な情報に基づき熟考し討議できるように注意深く制度設計されたものである。そのことに気づいたサンスティンは，その後，これらへの評価を再度改めることとなる。

著書『極端に走るということ』において，サンスティンは，同じような意見をもつ人々が互いに議論をすることによって，それまで有していた意見よりも一層極端な意見を有するようになるということを示す多くの証拠を整理する。宗教団体，会社の役員会，投資クラブ，ホワイトハウスなどにおける議論が，まさにそれにあたる。また，アファーマティブ・アクションをめぐる同じ意見をもったリベラル派の議論や，同性婚をめぐる保守派の議論は，極端なものになるという。法廷，ラジオ放送局，（オンライン上の）チャットルームなどでは，同じ意見を有する人々で構成される隔離された空間が過激運動の温床となっていると警鐘を鳴らす。[71]

そして，集団極性化論の集大成としての同書において，サンスティンは，討論型世論調査に対する評価を改めることになる。そもそもサンスティンのいう集団極性化の問題は，同じ意見を有する者同士で集団で議論を行うときに顕著に表れる現象であったが，同書において，討論型世論調査が高度に多様な個人から構成されているということを再び承認し，[72]そこでの個人の意見変化はコロラドの事例で観察されたような変化とは非常に異なるものであり，集団極性化によるものではないことを認めた。そして，少なくとも次の3つの要素において，討論型世論調査は集団極性化が生じる基準とは区別されるべきであると分析している。すなわち，第一に，討論型世論調査の小グループ討論は，モデレータによって監督され，寛容さが保障され，議論の力学が変化しうるよう努められている。第二に，そして最も重要なこととして，討論型世論調査では，バランスが取れるよう試みられ，かつ，対立する双方について支持する詳細な議論を含んだ成文の資料が，参加者に対して提供される。第三に，討論型世論調査の参加者は，集団としての意思決定を目指して議論するものではなく，このような決定がないことによって過激主義を生み出す影響が弱まっている可能性が高い。[73]

---

(71) Cass R. Sunstein, *Going to Extremes: How Like Minds Unite and Divide*, Oxford University Press, 2009, p. 55.
(72) *Ibid.*, pp. 1-20.

②アッカーマンとの協働による展開——「討議の日」構想

　アッカーマンは，サンスティンと並びわが国で最も注目されている憲法研究者の1人である。第1章で言及した二元的民主政（dualist democracy）理論は，合衆国憲法の想定する民主的政治過程を，高次法を制定する憲法政治（constitutional politics）と，その下で通常の下位法を制定し統治する通常政治（normal politics）とに分けて，後者において人々は私的市民（*private* citizens）として私益の追求に勤しむが，前者の状況が出現するときには，公民（private *citizens*）として，私益を超越した共同体の共通善のために討議を行うものと想定しうる（そして，公民が討議を通じて社会の根本的原理の変革を実現した憲法政治は，歴史上，独立戦争から合衆国憲法制定までの建国期，南北戦争後の復興期，ニューディール期の3回起こった）というものである[74]。

　そして，フィシュキンとともに討議の日という構想を発表した研究者こそが，ほかならぬこのアッカーマンである。

　この構想は，まず，2002年に，短編の論文「討議の日（"Deliberation Day"）」として，学術雑誌に掲載され[75]，翌2003年には，この論文がフィシュキンとラスレット（Peter Laslett）が編者となった論文集『討議民主主義論集（*Debating Deliberative Democracy*）』に採録された[76]。そして，内容を大幅に充実させて，全288頁の著書『討議の日（*Deliberation Day*）』として，2004年に刊行されることなった[77]。

　では，この討議の日とはどのようなものなのか。アッカーマンとフィシュキンの解説によれば，次のとおりである。

　討議の日とは，新たな国民の祝日である。大統領選挙などの主要な国政選挙の2週間前に2日間にわたって設けられ，（1日すら他に代わりえないような緊急な職

---

(73)　*Ibid.*, pp. 56-57.
(74)　Bruce A. Ackerman, *We the People 1 : Foundation*, Belknap Press, 1991, pp. 266-294. アッカーマンによれば，違憲審査は，憲法政治における高次法形成の成果を通常政治からの浸食から防御する憲法価値保存機能（preservationist function）を果たすものとして理解され，民主主義との関係で正当化可能であるとされる（*ibid.*, pp. 9-10）。
(75)　Bruce Ackerman and James S. Fishkin, "Deliberation Day," *Journal of Political Philosophy*, 10 (2), 2002, pp. 129-152.
(76)　Bruce Ackerman and James S. Fishkin, "Deliberation Day," James Fishkin and Peter Laslett, eds., *Debating Deliberative Democracy*, Wiley-Blackwell, 2003, pp. 7-30.
(77)　Bruce Ackerman and James S. Fishkin, *Deliberation Day*, 2004, Yale University Press.

第2章　討議民主主義理論の新たな展開

務に従事するごく少数の人々を除き)市民は半数ずついずれかの日に招待される（もう半数の市民は働き続けることが認められる）。この公民的責務を果たすことを無視するよう従業員に強要する企業経営者は，重い刑罰の対象となる。一方で，市民の側は，休日が保障され，だれも討議の日の活動に参加することを強制するものはいない。睡眠をとろうと映画に行こうと完全に自由であるが，来たる選挙の際に取り上げられる政策争点についての公共的討議に1日を費やせば，150ドルが支給される。

討議の日は，2日間の休日であり，すべての企業は，そのうち少なくとも1日は休業しなければならないものとする。警察，消防，病院，交通などといった1日も休まずに機能していなければならない仕事に従事する人々も，市民として平等な地位を否定されるべきではないので，討議の日の例外とはなってならない。もし討議の日が1日間であるとすれば，宗教上の行事と重なる可能性があるし，学校や市民センターなどの会場の問題も生じうる。経済活動の停滞を懸念するならば，例えば，4年に1度到来する大統領選挙のために，実質的に形骸化している毎年1回2月第3月曜日に到来する大統領の日の日付を，討議の日のために移動させればよかろう。

討議の日には何を行うのか。具体的には，次のとおりである。

午前8時から9時までに，参加者は，近隣の学校やコミュニティセンターなどに集まり，無作為に割り当てられた15人のグループに分かれて，主要な候補者による政策争点をめぐる討論の模様をテレビの生放送で視聴する。テレビ討論は，

---

(78)　*Ibid.*, p. 236.
(79)　*Ibid.*, p. 17.
(80)　*Ibid.*, pp. 21-22. 新たな祝日を設けるのであれば，討議の日を休日にするのではなくて，投票日こそ休日にすべきではないかとの批判もあろう（アメリカ合衆国は，先進民主主義国の中で数少ない，選挙の日を公式な休日としない国の1つである）。しかしながら，アッカーマンらの構想は，民主主義における市民参加の量ではなく質に注目した議論であるから，投票日ではなく討議の日のほうを休日にすべきであるとの主張になる。すなわち，アッカーマンらは，投票日を休日にしても，投票率はわずかしか上がらないし，より情報を得た有権者を生み出すこともないが，討議の日という休日を創設すれば，投票日を休日にするよりも有権者の投票率の向上につながるであろうと予想している (*ibid.*, pp. 22-23)。
(81)　この試みがうまくいけば，慎重に検討したうえで，中間選挙のために「議会の日（Congress Day）」を導入すればよいだろう（さらに，州や地方の選挙のために，退役軍人の日を「選挙の日（Election Day）」に変形するという提案もありうるだろう）という (*ibid.*, pp. 22-23)。
(82)　*Ibid.*, p. 24.

105

およそ1か月前から準備が行われており，国家が直面する重要な政策争点に関して，討議の日の前夜まで候補者が指定した争点について議論される。テレビ討論のためのタウンミーティングに参加する全国民の代表としての標本は，討論型世論調査で採用されている科学的な無作為抽出方法によって作成される。500人の市民による集会が，テレビ討論の日の2日前に招集され，候補者によって指定された政策争点について検討する。これは，参加者が小グループで質問を作成し，全体会議で専門家や政策担当者から回答を得るという，討論型世論調査の方法で行われる。このテレビ討論は75分間行われ，最初の1時間で，候補者から指定された2つないし4つの争点について，タウンミーティングから提示された質問に対する簡潔な回答が行われるものとし，残りの15分で，補足説明等を行う機会が候補者に与えられる。[83]

　テレビ討論は9時から10時15分まで行われ，「では，みなさん，今度はあなたがたの番です」との発言を受けて，参加者による討論が始まる。続く15分間で，互いに自己紹介を行うとともに，参加者の中からくじでフォーマン[84]を選出する。10時30分からの小グループ討論では，時間の制約上テレビ討論で扱われなかった政策争点について議論する。[85]各参加者は，小グループ討論の時間に質問したいことを紙に書き，フォーマンに渡す。45分経過後，フォーマンによってそれが読み上げられ，グループとしての質問（2つ）を投票によって決定する。[86]

　小グループでの1時間の議論を終えると，500人の集会の会場へ移動する。11時40分からの1時間は，2つの政党の地方議員（二大政党制の場合）が，モデレータの司会の下で，選択されたおよそ10の質問に対して各2分半で応答する。モデレータは，地元の裁判官や非営利団体の会長など，会議運営の経験があり，公平さに定評のあるコミュニティのリーダーが務めるべきであるとされる。[87]

　討議の日の特徴の1つは，大統領選挙に地方の政治的リーダーを再統合させる

---

[83]　*Ibid.*, pp. 24-25.
[84]　参加者はフォーマンへの就任を自由に辞退しうる（*ibid.*, p. 25）。なお，フォーマンには，各参加者の発言を90秒間に制限することと，他の参加者の発言が一巡するまで一度発言した参加者の再度の発言を規制する権限が認められている（*ibid.*, p. 27）。
[85]　*Ibid.*, pp. 25-27.
[86]　*Ibid.*, pp. 27-28.
[87]　*Ibid.*, pp. 30-31.

第2章　討議民主主義理論の新たな展開

ことである。大統領選挙において，キャンペーンが全国的に行われるようになったため，地方の政治的エリートが重要な役割から疎外されてきた。従前は，地方のリーダーを当てにするのではなく，広告を通じて大衆をコントロールし，大騒ぎして全国的なキャンペーンを展開してきた。討議の日を行うようになれば，地方の政党組織から独立して大統領選挙キャンペーンを行うことは，もはや意味がなくなる。何万もの人々が，市民集会において（全国の候補者を代表する）地方のリーダーに対して敬意をもつようになり，州や地方の政治は新たな生命と方向性が与えられる。地方の政党組織は，最も雄弁で思慮深いオピニオンリーダーを討議の日の回答者に据えることに重大な関心をもつようになる。つまり，国の政治に対して地方のエリートが実践的に関与するようになる。[88]

昼食後，参加者は，午後2時に小グループに戻り，第2回目の市民集会のために議題について検討する。この時点では，すでに互いに理解し合い，落ち着いた雰囲気で議論ができるようになっているので，会議の準則が変わる。具体的には，小グループで議論すべき質問を昼食時間中に書いておき，それを持ち寄りプロジェクタに投影して，どれがより重要であり，どの争点が明確化されていないかを検討する。テレビ討論では2問ないし4問が議論され，午前中の集会では「明確化するための質問」が10問ほどしか扱われず，いくつかの争点が扱われないままになっていたため，この午後の討議では，「補足的な質問」が扱われることになる。また，ここでは午前中の議論の明確化や拡張的な質問を行うこともある。[89]そして，第2回目の市民集会が行われる。

午後4時15分に，参加者は再び小グループに戻る。ただし，このまとめの45分間では，質問作成は行われず，互いに感想などを述べ合うのみである。そして，午後5時になると，グループのフォーマンは，全参加者が出席していたということの記録を作成し，署名したうえで，それを討議の日事務局に手交する。[90]

以上が，討議の日の具体的な設計である。この構想に関して筆者が注目すべき点として，①討議の日の目的はあくまで政策争点についての有権者の理解を増進させ政治的関心を向上させることにあり，そこでは政治的決定は行われないとい

---

(88)　*Ibid.*, p. 32.
(89)　*Ibid.*, pp. 34-36.
(90)　*Ibid.*, pp. 36-37.

うこと（投票はあくまで2週間後の選挙の投票日である），②有権者全員の悉皆的な参加が可能な仕組みである（討論型世論調査とは異なり，無作為抽出は行われない）が，その一方で参加そのものは本人の自由意思に基づくものとしていること（討議への参加を強制するものではない），③地方の政治的リーダーに集会での回答者の役割を担わせることにより，国政との関係をより強め，地方政治を再興させようとする試みであるということの3つを挙げたい。特に注目したい点は，第1点である。この点に関して，アッカーマンらは，次のように強調している。すなわち，この新たな公民的祝日は，古代アテナイやフィレンツェ・ルネサンスにおいて時折なされていたような，人々の最終的な決定の作成を要求するものではなくて，投票日に勝利した人に最終的な決定の任務を委譲するために，その前提としてそこで議論するというものである。都市国家の想像上の栄光への回帰を探し求めるものではなくて，代議制民主主義の現代的システムの強化を試みようとしているのである。[91]

このような構想に対しては，空想的であるとの批判が寄せられるのは想像に難くない。しかしながら，アッカーマンらは，討議の日が決して単なる夢想ではなく，深刻な問題に対する現実的な応答であると反証している。[92]

なぜ討議の日が非現実的なものではないと確信しうるのか。それは，この討議の日の設計が，長年かけて有効性が実証されている討論型世論調査の実践的経験の基礎の上に立つものだからである。世界中の異なる国・都市で開催し，ふつうの人々が公共政策の課題について真摯にかつバランスの取れた議論を実践してきた，討論型世論調査という社会科学の実験の実績こそが，討議の日という提案が実現可能であることの最良の証拠であると彼らは主張する。[93]

ただし，討論型世論調査と討議の日とは，決して同じではない。両者の差異については，次のように説明されている。すなわち，第一に，討論型世論調査が参加者にとって週末の小旅行であるのに対して，討議の日はそのような要素をもたないことである。討議の日では，各政党の大統領候補者が主要な政策争点を指定し，それらについて討議の準備期間にテレビ放送等を論争であふれさせることが

---

(91) *Ibid.*, p. 150.
(92) 「現実主義的なユートピアニズム（realistic utopianism）である」とされる（*ibid.*, p. 13）。
(93) *Ibid.*, pp. 3–5.

期待される一方で，討論型世論調査では，実施主体が独自に情報環境を創設する。第二に，準備期間中のメディア・ミックスの形態である。討議の日では，もっぱら情報源としてテレビ等が用いられる（印刷物も利用できる）一方で，討論型世論調査では，主として討論資料によることとなる。第三に，小グループ討論における討議の作法である。討論型世論調査では，全体会議への質問作成にあたっては，合意形成に努めなければならない一方で，討議の日では，全体集会への質問作成は投票方式を採用している。この差異は，討論型世論調査では，訓練されたモデレータが各小グループに配置され，討議時には自己の意見を反映させず，全参加者の参加を支援し，特定の人に討論を独占させないように努め，質問作成時には合意形成を行うのに対して，討議の日では，そのようなモデレータが存在しないという点にある。第四の，そして，最も重要な差異は，討論型世論調査が20年以上もの間，取り組まれてきた実践であるのに対して，討議の日は単なる思考実験にとどまっているという点である。ただし，この点，小グループ討論も全体会議も，討論型世論調査で機能したものは，討議の日でも同様に機能するに違いないとアッカーマンらは確信している。[94]

　アッカーマンらの構想が実現可能性を帯びていることの証左として，彼らは，実際に実施するための見積書を作成し，それを同書の巻末に付録している。これによれば，運営費用は毎年71,175,000ドルかかり，討議の日を実施する年の費用は，2,052,632,000ドル（参加者7,000万人の場合，4年間の合計2,337,332,000ドル）であるという[95]。このように討議の日の開催費用は高額である[96]が，しかしながら，もしアメリカ合衆国市民が民主主義の信念を心に留めているならば，サウンドバイト（十分な中身を伴わない，印象操作のための短いフレーズ）による「民主政治」から脱却するために，このような経済的コストを容易に引き受けるだろうと，アッカーマンらは予測する[97]。

　討議の日の効果として何を期待しうるであろうか。アッカーマンらは，討議の日が成功すれば，あらゆることが変化すると展望する。人々は，十分な情報を獲

---

(94)　*Ibid.*, pp. 47-49. *See,* also pp. 65-66.
(95)　例えば，（参加者3,000万人の場合）広告宣伝費85,000,000ドル，食費141,480,000ドルなどというように，具体的かつ詳細な見積書が示されている（*ibid.*, pp. 221-227）。
(96)　*Ibid.*, p. 120.
(97)　*Ibid.*, p. 146.

得した思慮深い国民へと変化し，選挙が近づくや，自分たちが何を求めており，どの候補者が大衆の負託を得るのにより適しているのかを知るために対話をするようになる(98)。今日，メディアは情報操作専門家(スピンドクター)によって操作されており，また，政治は世論調査によって支配されているが，討議の日が実現すれば，世論調査で測定された人々の生の選好（raw preferences）に対して，賢い政治家は，もはや関心を示さなくなり，むしろ有権者の洗練された選好（refined preferences）を知ろうとするようになるだろう(99)。人々の思い付きの意見を測定する世論調査専門家(ポールスター)に代わり，有権者が丸一日かけて議論して到達した判断が，信用できる指針として用いられるようになる。まさに，世論調査専門家による統治から責任ある政治家による統治に変わる。民主的統治機構の制度を創造した人々が前提としていた代表者らの意思に，議員の意思がより近づくようになるし，選挙運動も変化しうる(100)。メディア商人らは，10秒ほどの印象操作のためのサウンドバイトを公共の電波に乗せることばかりでなく，討議の日の準備期間中に主要な政策争点について候補者がどのような立場をとるのか（それが誤っていないか）についても検討するようになる(101)。つまり，さまざまに操作された現代の選挙を歪みから解放し，マディソンらが思い描いていた本来の共和主義的政治を取り戻す企てであるといえよう。

　有権者の側が政策争点の議題設定権を取り戻すという観点からも，討議の日の実現は有益であると，アッカーマンらは述べている。選挙において，候補者は，世論調査専門家からの報告書を検討し，安全策をとろうとするものである。大統領選挙の各陣営のコンサルタントは，民主党であれば社会保障と医療といった，共和党であれば減税と軍事防衛といった，より勝利しやすい問題に人々の議論を向けようする。しかし，討議の日を行えば，もはや各候補者は議題設定を独占することができない。市民は独自の質問を提起する完全な自由をもっており，500人の集会において政党の代表者に回答を要求することができる。例えば，環境保護こそが国家が直面している真の問題であると考えるならば，市民の側が，討議

---

(98)　*Ibid.*, p. 3.
(99)　*Ibid.*, pp. 77-78.
(100)　*Ibid.*, pp. 14-15.
(101)　*Ibid.*, p. 15, p. 95.

第2章 討議民主主義理論の新たな展開

の日の残りの議論の議題を変更することを主張しうるからである。[102]

同書においても，アッカーマンの持論である二元的民主政論が簡潔に展開されているが，ここで特に考察されていることは，討議の日が憲法政治／通常政治の下でどのように機能するかである。アッカーマンらによれば，通常政治とは，ふつうの人々が公民としての関心事にエネルギーをあまり費やそうとせず，職業政治家等が政治の中心を占める状況を指し，一方，そのような通常政治は，アメリカの歴史の中で，大衆動員の政治によって繰り返し中断されてきたという。旧態依然の政治へ挑戦しようとする新たな指導者に声をかけられ，一般の人々による運動が高まって，根源的な変化の要求を支持して爆発するようになる――これが憲法政治である。[103]

アメリカ建国の父たちは，集中的な討議のための特別な空間を通常政治の時期に作ることを拒絶した。一方，危機の時代に大衆が動員されれば，ふつうの人々は狭い党派心を捨てて政治の根本について真剣に討議するようになると，彼らは考えていた。憲法政治の下では，動員と危険な難局によって広範囲にわたる国民的議論が可能となるというのが，マディソンの公式である。[104] 一方で，通常政治の時期には，一般の人々の関心は揺れ動き，党派心が育つため，集中的な議論に市民を取り組ませる代わりに，選挙された代表者に代わりを務めさせるべきであると彼は考えていた。[105]

18世紀初頭の進歩主義者たちは，選挙された議員による（人々の選好を）洗練する能力を批判し，それに挑戦しようとした。進歩主義者は，政治的代表が道を外れたときに通常の有権者が決断力をもって介入することを認めうるという，一連の構造的変革を提案した。そして，その中の最も重要なものは，活動家の改革提案を有権者による直接的な検討を求めて投票させることを可能にする手続，すなわち，国民発案（popular initiative）である。[106]（連邦レベルで制定することには失敗したものの）多くの州で国民発案は採用されており，1世紀以上の運用実績があるが，歴史が示唆するところによれば，進歩主義者らは，通常政治における人々

---

(102) *Ibid.*, pp. 166-167.
(103) *Ibid.*, pp. 152-153.
(104) *Ibid.*, p. 158.
(105) *Ibid.*, p. 159.
(106) *Ibid.*, p. 154, p. 161.

による討議の組織化に挑んだが,それをうまく成し遂げることができなかった。彼らは,真摯な公共的対話を促進するという社会的文脈を無視して,国民発案を有意義なものにはできなかった。そして,国民発案という制度は,実際には,利己的な利益集団によって悪用が試みられ,一般の人々の熟考された判断を表現しようとする企ては失敗することとなった。

しかしながら,討議の日を採用すれば,通常の市民が,テレビ討論を視聴し,小グループで議論し,地域における政党の代表者に質問をするなどの過程を通じて,政治への理解が格段に深まる。通常政治においても人々が有効な公民性を発揮するという,進歩主義者の願ったことをより成功裏に実現できるだろうと,アッカーマンらは主張している。[107]

建国期においてなされた実践的な提案のように,討議の日は,憲法政治の時期に,大衆動員による高エネルギーの政治を討議的なチャネルに向かわせようと試みるものである。しかしながら,同時に,進歩主義者のように,通常政治の時期に,より進んで集中的な討議の空間を作り上げようと狙うものでもある。マディソンは正しくもそれが困難であるということを指摘したが,彼が誤っていたのはそれが不可能だと考えていたことである。討論型世論調査の実践が証明するように,一般の人々は,平時にも公民的討議に挑戦することをいとわないのである。[108]

直接民主制の形態をとる進歩主義に心酔するよりも,むしろ実践的な挑戦によって,一般市民が代議制の統治機構を合理的な方法で統制することが可能になる社会的文脈が供給される。討議の日は,立憲主義の伝統においてしばしば起こりうる閉塞状態を克服する道筋を示すものである。建国期のような洗練された政治家に指導された共和主義政体に戻ることはできないし,進歩主義者が要求するような直接民主制の制度が民主政の不満を癒すためには非現実的であるとすれば,採るべき方途は,討議の日を通じて公民的な責任を全うしうる社会的文脈を一般の人々に与えることである。討議の日は,通常の選挙時においても,国家の命運のターニングポイントで決定を求めるための非常時の投票(レファレンダム)においても,政府に説明責任を負わせるための市民にとっての貴重な手段であると,アッカーマンらは主張する。[109]

---

(107)　*Ibid.*, pp. 159–165.
(108)　*Ibid.*, p. 171.

③わが国憲法学の応答

　討議民主主義理論の実践に関心を寄せるアメリカの議論について、わが国憲法学がまったく関心をもっていなかったとみるのは事実誤認である。このような議論状況に注目している憲法研究者は、日本にも存在している。すなわち、長谷部恭男教授と駒村圭吾教授である。

　長谷部教授は、アッカーマンとフィシュキンによる討議の日構想について、その論稿の中でたびたび紹介している。初めて取り上げられたのは、ジュリスト1311号所収の論文「民主主義の質の向上——ブルース・アッカーマンの挑戦」においてである。この論文の主題は、アッカーマンの新しい権力分立論を解説すること、わが国の議論への応用について考察すること、そして権力分立論の背景としての二元的民主政論を議論することであったが、さらに、最後の章で、討議の日の構造が紹介されている。現在のわが国では、参政権について年齢の引下げや外国人への付与が議論されているが、長谷部教授によれば、より優先すべきことがある。そして、「あらゆる人には、自分自身や自分の身近な人々の利害を追求しようとする性向と、社会全体の公益を追求しようとする性向の、2つの側面があ」り、「政治過程において、人々に公的側面の発揮を要求するのは非現実的である」一方で、「政治が常に私的利害の反映と妥協にとどまるのでは、夢が無さすぎる」と述べ、アッカーマンの基本的視座に共感を示す。最後に、「昨今論議されている憲法改正の国民投票に先立って、「討議の日」を設けることも検討されてよいであろう」と提案する。

　また、最近の論文「世代間の均衡と全国民の代表」においても、長谷部教授は、「選挙は民主主義のすべてではない」という問題意識の下で、同様に「公共の利益を追求しようとする市民の意識を覚醒させ、政治をそうした市民の手に取り戻すためのアイディア」として討議の日を位置づけ、「選挙を通じた代表民主政の質の向上を図る方法」として紹介する。

---

(109)　*Ibid.*, p. 172.
(110)　長谷部恭男「民主主義の質の向上」ジュリスト1311号（2006年）84頁。
(111)　長谷部教授は、「現在の日本では、年齢や国籍等の点で参政権の範囲を拡大させる論議が盛んであるが、マス・デモクラシーの含む病理状況への処方なしに参政権を拡張すれば、単に病理現象を拡大するだけのことであろう」と述べる（長谷部・前掲注（110）91頁）。
(112)　長谷部・前掲注（110）91頁。

一方，駒村教授は，「アメリカでは，抽象的な理論の次元で討議民主政が論じられているだけではなく，討議の実践に向けての実験的試みが市民団体や研究機関によって盛んになされている」と述べたうえで，討論型世論調査と討議の日を紹介する。(114)そして，このような議論の背景としては，「アメリカ共和主義への郷愁と回帰願望があり，タウンミーティングといった討議実践の伝統，その今日的継承といった実績への自信が横たわっているのだろう」と分析する。(115)「アメリカは，討議民主政をなかば戯画的に実践しようとしており，それはハーバーマスがその喪失を嘆いた，近代的知の「楽天的な考え方」を地で行こうとしている」が，「ペシミストより楽天家の陽気さの方が強」く，「政治とはそういうものではないか」と，駒村教授は結論している。(116)

　もっとも，わが国憲法学は，討議民主主義理論の実践に関して，その意義を評価したり提案したりすることまでは行うものの，かの国において，アッカーマンのように共同研究に参画しようとしたり，サンスティンのように実際に研究費を調達し実験を試みたりするということまでは挑戦してこなかった。

3　公共的討議の場の設計をめぐる議論

(1)「ミニ・パブリック」の諸相

　討論型世論調査は，政治理論研究者フィシュキンらが考案し実践してきた，討議民主主義という理論に基づく社会調査の構想であるが，公共政策の課題について一般の人々が学習し議論するという点だけに着目するならば，他にも類似する取組みがある。

　近時，討議民主主義理論に基づき人工的な公共的討議の場を創設する諸構想を総称して，「ミニ・パブリック（mini-public）」と呼ぶ向きがある。これは，古くから存在する表現ではなく，(117)ダール（Robert A. Dahl）の提唱したミニ・ポピュラス（minipopulus）(118)をもとに，ファング（Archon Fung）やグッディン（Robert E.

---

(113)　長谷部恭男「世代間の均衡と全国民の代表」『憲法の円環』（岩波書店，2013年）123-124頁。
(114)　駒村圭吾「討議民主政論の挑戦」憲法問題17号（2006年）100-101頁。
(115)　駒村・前掲注（114）102頁。
(116)　駒村・前掲注（114）106頁。

Goodin），ドライゼックが用い始めたもののようである。[119]

　グッディンとドライゼックは，ミニ・パブリックについて，「十分に討議的といえるほど小さなグループとして，十分に民主的といえるほど代表的な（ただし，統計学的な代表性の基準を満たすことは滅多になく，また，選挙という意味での代表では決してない）もの」と定義し，具体的には，討論型世論調査のほかに，クロスビー（Ned Crosby）が率いるジェファソン・センター（Jefferson Center）による市民陪審（Citizen Jury），コンセンサス会議（consensus conference），ディーネル（Peter C. Dienel）の発案によるプラーヌンクスツェレ（Planungszelle）などを挙げている。[120]

　ファングやグッディンとドライゼックは，討議の場の諸構想について，その特徴を際立たせながら類型化をするために，この概念を用いてきた。[121]しかしながら，そのような文脈を離れて，単にこれが民主的討議の実践例として，各構想が有する顕著な特徴が捨象され，同格の扱いを受けるための術語として用いられるとすれば，それは明らかに誤用であろう。これら公共的討議の手法について，それぞれの構想の出自や差異を軽視して，市民参加型の学習と議論の場の構想として過度に単純化し概括することには，後述するように，筆者は懐疑的である。

---

(117) 本章で挙げた公共的討議の場の手法の諸構想について，並べて討議民主主義の実践として紹介した篠原一教授による啓蒙書（篠原・前掲注（46））においても，また，ガスティルらのハンドブック（John Gastil and Peter Levine eds., *The Deliberative Democracy Handbook: Strategies for Effective Civic Engagement in the 21st Century*, Jossey-Bass, 2005）においても，ミニ・パブリックという表現はまだ登場していない。

(118) 1980年代後半に，ダールは，市民の熟慮・討議を促すための装置として，ミニ・ポピュラスを構想していた。これは，ランダムに集められた1,000人の市民が，およそ1年間，特定の主要な議題について討議を行い，最終的にどのような政策を選択したかを明らかにさせるものである。ただし，このミニ・ポピュラスは，議会の代替物ではなく，議会の立法機能を補足するものにすぎない。ここでは，当該議題の専門家や政策担当者によって諮問委員会が組織され，市民は，意見を聴取したり，調査させたり，あるいは彼らとの議論に参加することができる。そして，このミニ・ポピュラスという会議体は，全国，州，地域の各レベルで重層的に設計されるというものであった（Robert A. Dahl, *Democracy and its Critics*, Yale University Press, 1989, pp. 340-341）。

(119) Archon Fung, "Minipublics: Deliberative Designs and Their Consequences", Shawn W. Rosenberg ed., *Deliberation, Participation and Democracy: Can the People Govern?*, Palgrave Macmillan, 2007, p. 182.

(120) Robert E. Goodin and John S. Dryzek, "Deliberative Impacts: The Macro-Political Uptake of Mini-Publics", *Politics and Society*, 34 (2), 2006, p. 220.

(121) Archon Fung, "Recipes for Public Spheres: Eight Institutional Design Choices and Their Consequences", *Journal of Political Philosophy*, 11 (3), 2003, pp. 228-267.

もっとも，それぞれの特徴を明らかにすることに資するならば，比較検討を行うことの意義は少なからずあると考えられる。そこで，本節では，さまざまな公共的討議の手法のうち，欧米などで取り組まれており，わが国でもしばしば紹介されているコンセンサス会議とプラーヌンクスツェレについて，それらの特徴を説明したうえで，討論型世論調査との異同について検討する。

①コンセンサス会議

　まず，コンセンサス会議についてである。

　コンセンサス会議とは，主として科学技術と政策をめぐる倫理的な問題を対象に，公募に応じて参加した少数（15人程度）の一般の人々が，専門家との質疑や討論を通じて意見を形成し，最終的にはその合意の下で１つの文書をまとめ，提言を行うという参加型テクノロジー・アセスメントの手法である。

　わが国で最初にコンセンサス会議を実践した研究グループの１人である小林傳司教授は，コンセンサス会議の定義として，「政治的，社会的利害をめぐって論争状態にある科学的もしくは技術的話題に関して，素人からなるグループが専門家に質問し，専門家の答えを聞いた後で，この話題に関する合意を形成し，最終的に彼らの見解を記者会見の場で公表するためのフォーラム」という「イギリスで最初のコンセンサス会議を開催した際に表明された見解」を挙げている。[122]

　木場隆夫教授は，コンセンサス会議の構造について，次のように説明している。すなわち，「この会議では「市民のパネル」と「専門家のパネル」という２つのグループの対話が柱となる。……会議の開催に当たっては，対象とする特定の科学技術のテーマを選定し，それに利害関係のない市民の参加を募る。その応募者の中から十数名を選び，この市民を「市民パネル」と呼ぶ。会議のテーマとしては社会的に議論を呼ぶような技術を取りあげ，市民パネルはそれを評価する。他方の「専門家パネル」は，市民パネルの持つ疑問に対応可能な専門家……から十数名が選ばれる。専門家パネルは，市民パネルにその科学技術の状況についてわかりやすく説明をし，市民パネルとの間で質疑応答を行う。その後，市民パネルだけで議論を行い，市民パネルはその科学技術についてどのような判断を

---

(122)　小林傳司『誰が科学技術について考えるのか』（名古屋大学出版会，2004年）40頁，同『トランス・サイエンスの時代』（NTT出版，2007年）184頁。

下すか,意見を文章としてまとめる。これはコンセンサス〔文書〕と呼ばれ,その意見は公開の場で発表され,新聞等の記事になる。政治家,行政府などにもこの報告書が配布され,参考にされる。このような形で世論形成と政策形成に利用される。ただし,その意見には法的な拘束力は一切ない」⁽¹²³⁾。一方,三上直之准教授は,次のように説明している。「社会的な争点となっている(おもに科学技術分野の)課題について,一般から募った約一五人の市民パネルが,専門家とも対話しながら,数日間かけてじっくりと話し合」い,「市民パネルの間で合意をつくり,それを市民提案文書としてまとめ,マスメディアや社会に発信したり,議員や政策担当者に提言したりする」会議手法であり,「「市民パネル」と呼ばれる約15人の参加者が議論の主役となり,自ら提言文書を作成するところまで行うのが最大の特色である」としている⁽¹²⁵⁾。

　コンセンサス会議の発祥の地デンマークでは,議会が設置する公的機関であったデンマーク技術委員会が,参加型テクノロジー・アセスメントという観点から実施し,成果物としての「コンセンサス文書(consensus statement)」⁽¹²⁶⁾を議員等に諮問していた(ただし,この技術委員会は,2005年以降,コンセンサス会議を一切開催しなくなり,また,2012年に廃止された)⁽¹²⁷⁾。1987年に行われた遺伝子工学の工業及び農業への利用の可否をめぐるコンセンサス会議がその最初のものとされており,90年代に入り,オランダ,英国,ノルウェーなどで実施されるようになった。

　わが国では,1998年に遺伝子治療を議題として,99年にインターネットを議題

---

(123)　木場隆夫「コンセンサス会議の成立過程及びその意義に関する考察」研究技術計画15巻2号(2002年)122頁。

(124)　三上直之「コンセンサス会議」篠原一編『討議デモクラシーの挑戦』(岩波書店,2012年)34-35頁。

(125)　三上直之「日本でのコンセンサス会議の展開とその課題」計画行政33巻3号(2010年)15頁。三上准教授の説明では,市民パネルがこの会議の主役であることが強調され,専門家は市民パネルから諮問された事項について情報提供をするものにすぎないと位置づけられている一方,木場教授による説明では,市民パネルと専門家パネルとの対話が柱とされ,素人と専門家との協働の重要性が強調されている。

(126)　ただし,コンセンサス会議が公式の枠組みの下で運営されていたデンマークにおいても,その結果には法的拘束力はなかったという(三上・前掲注(124)43頁)。

(127)　国の公的機関としての技術委員会は廃止され,その活動は,新設される同名の民間財団に引き継がれるが,国の科学技術政策の決定過程に公式に位置づけられるものではなくなったという(三上直之「デンマーク技術委員会(DBT)の「廃止」とその背景」科学技術コミュニケーション11号(2012年)74-82頁)。

として，それぞれ地域を限定して試行実験が行われた。2000年には，農林水産先端技術産業振興センター（当時）が，遺伝子組換農作物を議題として，国内初の全国規模の本格的なコンセンサス会議を実施した(128)。また，同年には，平成12年度科学技術庁科学技術振興調整費により，三井情報開発株式会社総合研究所（当時）が，ヒトゲノム研究を議題として実施した。最近では，2006年から07年にかけて，「遺伝子組換え作物の栽培について道民が考える「コンセンサス会議」」が，北海道庁の主催で行われた。

　コンセンサス会議の参加者の選定は，新聞等で公募する(129)。この公募を見て関心をもった人々が参加を申し込む。そして，その中から，（参加希望が多数の場合，性別や年齢などの社会的属性に応じて）参加者が選定される。自ら応募しなければ参加できないため，この取組みそのものないし議題に非常に強い関心をもつ人々が参加することになる(130)。しかも，多くの場合，コンセンサス会議の参加者には謝礼

---

(128) 農林水産先端技術産業振興センターは，その後3か年にわたって，コンセンサス会議を変形した手法を用いて，「遺伝子組換え農作物を市民が考える会議」を開催した。
(129) ただし，デンマークにおいて法的制度として行われていたコンセンサス会議では，割当法による標本抽出を行った後，対象者に参加の可否を尋ねたうえで参加者を決めていたという。コンセンサス会議における市民パネルは，「住民名簿から無作為抽出した人への招待状送付や，新聞広告などの方法で一般から募」り，「定員はふつう約一五人である」が，「デンマークでは，全国（人口約五五〇万人）から無作為抽出した約二〇〇〇人に招待状を送り，参加意思の返事があった人の中から，年代・性別・職業・居住地域が全国の割合と一致するよう選出しているという」（三上・前掲注(124)39頁）。もっとも，若松教授によれば，無作為抽出を基礎とする選定方法は，当初から採用されていた原則的なものではなく，2000年前後から採用され始めたものにすぎないという（若松征男「「科学技術への市民参加」を展望する」研究技術計画15巻3・4号（2000年）177頁）。
(130) わが国初のコンセンサス会議の市民パネルについて，これを運営した研究グループの1人である木場教授は，「参加を表明した市民パネルはかなり高い知的関心と自主的発言意欲を持った人達」であり，「市民パネルに対し，会議に先だち簡単なアンケート調査を行った」ところ，「一般国民に対する世論調査と比べると，科学技術について非常に関心があるとした人が多かった」と述べる（木場・前掲注(123)128頁）。同じく運営側の1人である小林教授も，次のように具体的に述懐している。「とにかく，この会議に参加してくれる市民，素人の方々を集めねばならない。どうやって集めるか。これが頭の痛い問題であった。十分な資金があれば，大きなメディアに広告を打つといったことも考えられるが，われわれには不可能である。……結局，われわれにできたことといえば，チラシをつくり，ポスターを貼り，コミュニティ紙に広告を出すといったことと，知人のネットワークを利用することであった。……こうして，紆余曲折を経ながら，市民パネルは何とか集まった。基本的に応募してきた方全員に参加をお願いし，男女一〇人ずつ，計二〇名であった。……参加者の職業などの属性はかなり偏っていたといわざるを得ない。倫理学を専攻する大学院生や，大学で非常勤講師を勤める〔原文ママ〕方も含まれていたからである。この偏りは募集の経緯から当然予想されたことであり，その意味で，市民パネルには社会の「代表」という資格はないというべきであろう。また，募集は一八歳以上という条件で行ったのであるが，年齢層の点でも偏りが生まれた。若い世代が少ない

が支払われないため,無償であっても自分の可処分時間を消費して参加しようとという意識の高い人々しか参加しないことになる。ただし,実施主体は利害関係者の参加を認めないとすることが多いという。この点,三上准教授は,次のように説明している。「市民パネルとなるための重要な資格は,テーマについてあらかじめ特定の立場に立たず,開かれたスタンスで議論できることである。……ポイントは,専門の研究者や利害関係者……のように,テーマに対してあらかじめ特定の知見や立場を持ち,それを主張しようとする人を市民パネルから除くことである」。

コンセンサス会議では,その議題についての専門家ではない市民が,専門家から講義を受けたり,質疑応答を行ったりしながら理解を深めていく。会議の進行役を務めるファシリテータの役割は大きく,「議論や作業の進展のために,かなり介入的なファシリテーションを求められる場面もある」という。そして,議論を重ねたうえで意見を集約し,専門家や行政機関への提言として発表する。最終的に非専門家同士で議論を尽くしても意見の対立がみられることがあろうが,その場合であっても,意見対立があったということ自体を合意として,最終的に文書の形でまとめることで,会議が終了する。

②プラーヌンクスツェレ

次に,プラーヌンクスツェレ(「計画細胞」)である。

プラーヌンクスツェレは,主として,まちづくりについての一般市民の意見を

ことと,男性が六〇代に偏るという問題であった。こればかりはいかんともしがたく,若い世代についてだけは,……紹介で工業高等専門学校の女子学生二人に参加してもらった」(小林・前掲注(122)『誰が科学技術について考えるのか』14-21頁)。

(131) 若松征男『科学術政策に市民の声をどう届けるか』(東京電機大学出版局,2010年)187-188頁,三上・前掲注(124)39頁。

(132) 三上・前掲注(124)40頁。三上准教授は,「強い利害関係や専門知識などを持たない人々を「市民」と捉え」るという「「市民」の構成のしかたは,ある意味で非常に偏ったものである」ということを認めている。「テーマについて高い問題意識を持ち,調査や学習を進め,明確な意見を持って積極的に発言し活動している人こそが市民だ,という考え方もあるだろう」が,「その種の活発な市民は,コンセンサス会議の枠組みでは専門家に入」る(したがって,「草の根のNPO／NGOなどで活動してきた人にとっては,自分たちが「市民」の枠から除外され,行政や研究者などと同じ「専門家」として括られることに対して違和感もあるかもしれない」)(50-51頁)。

(133) 三上・前掲注(124)53頁。

地方公共団体が聴取するために実施する市民参加の手法である。無作為抽出により選定された少数の市民が（5人程度のグループを5つほど作り，休憩ごとに構成員を組み替えるなどして），行政の職員や議員等からの情報提供を受け，小グループで議論を行い，その成果をグループごとに提案という形で集約し，全体での投票により順位づけするというものである。

ディーネルというドイツ人社会学者が1960年代終わりに考案したものであり，最初の試行実験は，1972年11月以降に行われたという。本格的な実施は，1976年に，ハーゲン・ハスペにおける都市開発計画を議題としたものであり，126人が5つのプラーヌンクスツェレに参加したものである。[134]

プラーヌンクスツェレのわが国への普及に努める篠藤明徳教授は，「無作為抽出で選ばれ，限られた期間，有償で，日々の労働から解放され，進行役のアシストを受けつつ，事前に与えられた解決可能な計画に関する課題に取り組む市民グループである」というディーネルによる定義を紹介している。[135]

そして，その特徴として，篠藤教授は，次の8点を挙げている。①「解決が必要な，真剣な課題」に対して実施する。②参加者を無作為で抽出する。③有償で一定期間（4日間が標準）参加する。④中立的な独立した機関が実施機関となり，プログラムを決定する。⑤1つのプラーヌンクスツェレは，原則25人で構成し，複数開催する。2人の進行役がつく。⑥専門家や利害関係者から情報提供を受ける。⑦約5人の小グループで，毎回，構成員を入れ替えながら，参加者のみが討議を繰り返す。⑧「市民鑑定（Bürgergutachten）」という形で報告書を作成し，参加した市民が正式な形で委託者に渡す。[136]

標準的なプラーヌンクスツェレでは，はじめの3日間の前半で基本的な情報の提供が行われ，後半では異なる社会的視点に立つ多元的な情報の提供がなされる。そして，4日目に，市民鑑定作成のためのグループ討議が行われる。

最終的な成果物は，次のように形成される。すなわち，専門家による情報提供と参加者による小グループ討議を経て，小グループの回答結果を発表し，全員で

---

(134) 後藤潤平「プラーヌンクスツェレ」早稲田政治公法研究76号（2004年）243頁，篠藤明徳「計画細胞会議」篠原編『討議デモクラシーの挑戦』63頁。
(135) Peter C. Dienel, *Planunngszelle: Der Bürger als Chance*, 5 Auflage, 2002, Westdeutscher Verlag, 2002, S. 74.
(136) 篠藤明徳『まちづくりと新しい市民参加』（イマジン出版，2006年）13頁。

結果を統合していく。この段階では，各参加者が5ポイントずつのシールを持ち，全体会合で提出された結果に対して貼付するという形で投票が行われる。そして，最終的には各プラーヌンクスツェレ（同じテーマのプラーヌンクスツェレを異なる複数の会場で実施する場合）から提出された結果を，実施主体が統合する。全体の意見は，実施主体によって要約・集計され，市民鑑定にまとめられ，参加者（またはその代表者）の確認を経て，会議の委託者に提供されるほか，インターネット等で公表される。[137]

篠藤教授によれば，「ペーター・ディーネルはその生涯において，選出された代表者や行政職員に対して，直接民主主義的に正当性を持つ手法や提言は，社会全体に対する決定を実現し，それ故また，代表制民主主義や行政が人々に受容されることを促進すると説得してきた」という。[138]

わが国では，プラーヌンクスツェレは，これまでに一度も開催されたことはない。[139] その代りにわが国で実践されているのが，市民討議会である。NPO法人市民討議会推進ネットワークは，①対象者を無作為で抽出し参加を要請し，②討議前に参加者に公正な情報を提供し，③少人数（5，6人）でグループ討議を行い，④報告書を作成し公表し，そして，⑤参加者へ謝金を払うという5つを「市民討議会の五原則」としている。ただし，佐藤徹教授によれば，「現実の市民討議会[140]は必ずしもこれらの原則や条件どおりに行われているわけではない」という。[141] 例えば，参加者へ謝礼を支給することが原則とされているが，「無料参加となっている事例が多い」し，また，完全無作為で参加者を選定する例はむしろ多くなく，無作為抽出の参加者に加えて「ステイクホルダーや地域の有力者（自治会長

---

(137) 後藤・前掲注（134）245頁，篠藤・前掲注（136）59-62頁。
(138) ペーター C. ディーネル（篠藤明徳訳）『市民討議による民主主義の再生』（イマジン出版，2012年）10頁（篠藤明徳執筆）。
(139) 市民討議会推進ネットワークの理事で事務局長である小針憲一氏は，プラーヌンクスツェレが「4日間連続での開催が基本的には必須であり，その他，運営機関の質やプログラム設計の手続き・手順についても〔市民討議会とは〕大きな違いがあり，これに該当する市民参加は現在までのところ日本での開催は確認されていない」と明確に述べている（小針憲一「市民討議会の課題と可能性」地域開発574号（2012年）35頁）。
(140) それに加えて，⑥開催のプロセスの原則的公開，⑦討議不介入の原則，⑧公平・公正な実施機関による運営の3点が挙げられる（小針・前掲注（139）35頁）。篠藤明徳ほか『自治を拓く市民討議会』（イマジン出版，2009年）57-59頁（小針憲一執筆）も同旨。
(141) 佐藤徹「市民討議会の広がりとその動向」地域開発574号（2012年）7頁。

や商工会関係者など）を入れて行う市民討議会もある」という[142]。

　市民討議会は，2005年に東京青年会議所が千代田区で実験的に実施したのが最初である[143]。その後，各地域の青年会議所やNPO団体などが積極的に実施を推進していることから，多くの地方公共団体で実践されている。篠藤教授によれば，「「市民討議会」をより幅広く解釈し，運動の広がりを把握することに」すれば，「厳密な意味では，市民討議会に含めるべきではない」ものも含め，2005年以降の6年間で156事例を数えるという[144]。しかしながら，手法が統一されておらず，その品質管理が課題となっている点は，市民討議会の実践者らがみな認めているところである[145]。

（2）「ミニ・パブリック」の比較検討

　前節で説明した討論型世論調査，そして，本節で紹介したコンセンサス会議やプラーヌンクスツェレは，それぞれまったく異なる公共的討議の場の手法である。特に，議題となる主な政策課題，参加者の数や選定方法，討議の時間・方法，討議の成果の集約方法などの点で，ミニ・パブリックと総称される諸構想は，それぞれ顕著な特徴を示している。

　もとより，それぞれの取組みの優劣を論ずることはあまり生産的ではないと，筆者は考えている。いずれもまったく異なる目的・思想の下に登場したものであり，また，制度設計においてもおのおの固有の意義があるからである。議題とな

---

(142)　小針・前掲注（139）36-37頁。
(143)　ただし，この第1回目の市民討議会においては，無作為抽出で参加した参加者は3人のみであり，他の参加者はすべて関係者の知人など縁故により採用されたものであるという（小針・前掲注（139）35-36頁）。篠藤明徳「プラーヌンクスツェレから見た「市民討議会」の意義」地域社会研究（別府大学地域社会研究センター）11号（2005年）23頁によれば，「599人の市民に案内状を送」ったが，「10名程度から問い合わせがあり，参加を希望したのは5名」で，そのうち「実際に参加したのはわずか3名」（「残りは，同委員会〔実施主体〕が，知り合いに頼んで参加した人々であった」）という。
(144)　篠藤明徳「市民討議会」篠原編『討議デモクラシーの挑戦』107頁。
(145)　佐藤教授は，「不統一な市民討議会の手法を整備確立し，その品質管理を検討すべき段階にある」と述べている（佐藤・前掲注（141）11頁）。また，小針氏も，市民討議会の開催回数が非常に多いことを示したうえで，「数が増えるに比して質についても様々な課題が表出してきた」が，「これは，市民討議会が各地青年会議所を中心に草の根運動として広がったため，クオリティ・コントロールを行う管理団体が存在せず，様々な形式が存在するためである」と分析している（小針・前掲注（139）35頁）。

第2章 討議民主主義理論の新たな展開

る政策分野や結果の用いられ方によって、適切な手法もさまざまであり、単純に長所・短所を論ずることは難しい。ここでは、①各構想が基礎とする理論、②参加者の選定方法、③討議をする期間・時間、④討議の成果物の現れ方の4点に注目し、各構想の特徴について検討することとしよう。

①各構想の基礎とする理論

第一に、各構想が基礎とする理論、すなわち、思想的背景についてである。

図表2-3 公共的討議の場の諸構想の特徴の比較（標準的な形態に基づく）

	コンセンサス会議	プラーヌンクスツェレ	討論型世論調査
主たる議題	科学技術に関する問題	まちづくり	公共政策の課題全般
基礎とする理論	科学技術の評価への市民参加	行政への市民参加（参加民主主義・直接民主主義）	討議民主主義理論
討議の方法	参加者同士の討議と、専門家への質疑応答	専門家からの情報提供を経て、参加者同士の討議	参加者同士の討議と、専門家への質疑応答
参加者の選出方法	公募に応じて積極的に参加の意思を示した者（さらに、そこから割当抽出することもある）	無作為抽出で選定された者のうち参加の意思を示した者	無作為抽出に基づく世論調査を実施し、その回答者のうち参加の意思を示した者
全体の参加者数	15人（議題の専門家や利害関係者は排除される）	25人（4セルを同時に行う場合には、100人）	300人（最初の世論調査は、3,000人）
討議グループを構成する参加者数	同上	5人（休憩ごとに構成員を入れ替える）	15人
討議をする期間・時間	4日間（準備会合等を含めると、10か月程度）	4日間（有職者は休暇の利用を前提とする）	週末の3日間
参加者への謝礼	なし	あり	あり
グループ討議への参加者以外の関与	ファシリテータの関与あり（積極的な介入を行う）	関与なし（参加者のみ）	モデレータの関与あり（非介入的なものに限る）
議題の専門家の関与	参加者からの質疑に応答するとともに、講義形式で参加者へ情報提供を行う	講義形式で参加者へ情報提供を行う	討議資料等にアドバイスするとともに、全体会議において参加者からの質疑に応答する
討議の成果物の現れ方	討議後に意見を集約し、1つのコンセンサス文書を作る（コンセンサス文書の作成に事務局が関与する）	討議後に意見を集約し、優劣を投票で決め、市民鑑定を作る（市民鑑定の作成に事務局が積極的に関与する）	非公開のアンケート調査で意見を収集し、集計結果を、討議過程前の調査結果等と比較する

123

科学技術の評価についての意見をまとめ提言を市民参加によって行うコンセンサス会議は、科学技術と社会との関係をめぐる議論の文脈で構想され、実践されてきたものである。これまで行われた実践例も基本的には科学技術に関するものを議題としているが、そのことは、決して偶然ではなく、この構想の出自を考えれば必然なのである。高度に専門化された科学技術政策分野における専門家の役割をめぐる議論の中で(146)、これが試みられてきたという点は、決して無視されてはなるまい。三上准教授は、「市民による科学技術のコントロールというのが、この手法の基礎にある思想である」と述べており、また、「コンセンサス会議について重要なのは、これがテクノロジーアセスメント（TA）の一手法として生まれたという背景であ」ると主張する(147)。また、プラーヌンクスツェレは、70年代から80年代にかけて流行した参加民主主義（participatory democracy）という政治思想を背景にもっており、行政への市民参加という点が強く意識されている。計画行政という観点から、住民にとって身近なまちづくりなどの政策課題が扱われることが多い。

---

(146) 科学技術社会論は、核物理学・原子力技術の戦力としての利用・平和的な利用や、生命科学・遺伝子工学に基づく遺伝子治療や遺伝子組換え作物の承認などを典型とする、先端的な科学技術の社会的活用の問題について取り組んできた。科学技術を社会に活用する場合、（ここでは、もっぱら自然科学の）科学者が完全に確実な予測を行えるならば、科学的妥当性に基づいた科学的合理性にのっとって判断すればよい。しかしながら、今日では、科学者も予測できない問題が登場しており、それを解決するために、社会的合理性に期待が寄せられる。社会的合理性に関しては、科学者・技術者や行政がパターナリスティックに評価し決定すべきことではなく、公共空間で決められるべきであるとされる。科学的合理性＝社会的合理性であった時代には、科学技術の専門家と一般市民との関係は、知識を持つ者（専門家）と持たない者（市民）という枠組みで考えられ、市民は科学についての知識を有していないので（欠如モデル）、専門家が判断し、専門家から市民へ知識を一方的に伝授すべき（市民は専門家から知識を獲得すべき受動的な存在である）と考えられてきた。しかしながら、今日、科学的合理性だけでは問題が解決できなくなり、双方向的な科学の公共理解モデルへの転換が求められているという（藤垣裕子『専門知と公共性』（東京大学出版会、2003年）7-8頁、77-84頁、107-110頁、159-179頁、189-198頁参照）。また、近年、一般市民の側にも科学技術政策の形成に参画すべきだという意見が、強くなっているという（城山英明ほか「科学技術の発展と社会的含意」城山英明編『科学技術ガバナンス』（東信堂、2007年）33頁参照）。そこで、科学者と政策立案者のみで行われてきた意思決定について、市民が対等な参加者として関与すべきであると議論されるようになった。このような状況を背景として、コンセンサス会議などの参加型テクノロジー・アセスメント（participatory technology assessment）が盛んに行われるようになったという。

(147) 「コンセンサス会議をミニ・パブリックスの手法として捉えれば、その適用範囲は科学技術に限られ」ず、「社会的合意が求められるさまざまな課題に対象を拡大しうる」が、「その設計思想を理解するうえでは、これがもともと参加型TAの方法として生まれたことを押さえておく必要があろう」（三上・前掲注（124）37-38頁）。

一方,討論型世論調査は,90年代以降に勃興した討議民主主義という新しい理論に基づき,政治理論研究者フィシュキンが考案したものである（一部には,参加民主主義と討議民主主義とを混用する者もいるが,第1章で述べたとおり,欧米の研究者の多くは,これらを明確に区別すべきであると考えている）。十分な知識が有権者に与えられず,実質的な態度決定を行いにくい状況において,表面的な理解や情報操作の下で重要な政策決定が行われることへの疑問を出発点として誕生した討論型世論調査では,（単なる参加ではなく）討議という要素を非常に重視している（討議という言葉が流行する以前から,本来的に討議民主主義に基づく制度として創造されたという点が,後づけで討議民主主義の実践と定位された他の市民参加の制度構想との違いである）。また,扱われるべき課題は特に制限されないので,国の政策を扱っても地方の政策を扱ってもかまわないし,科学技術の問題を対象にしてもまったく問題ないが,準備に相当な手間と費用がかかるため,社会的に論争的な重要な政策課題でなければ,実質的には実施する意味がなかろう。

②参加者の選定方法

　第二に,参加者の選定方法に注目しよう。

　いずれの取組みも議論の場へ参加するのは,基本的には,その議題についての素人である一般の人々である。扱われる問題の専門家や直接的な利害関係者ではなく,選挙等によって政策決定に関して正統性を付与された議員でもない。

　討論型世論調査やプラーヌンクスツェレは,無作為抽出を基礎として参加者を選定する。これは,社会的な問題について積極的に声を上げようとはしないサイレント・マジョリティの意見を聴取しようとするものである。前述のとおり,多くの人々は,社会にはさまざまな取り組むべき課題が存在するということは認識していても,日々の生活に忙しくて,自ら進んで主体的に参画していこうとはしないことが多い。そのような一般の人々も,契機があれば,社会に参加してみようと考えることがある。行政が企画した各種の事業や市民運動などに平素から主

---

(148) 筆者は,フィシュキンの理論,特に討議ないし討議民主主義の定義に関する考察には全面的に賛同するものではないが,参加民主主義理論が討議と非専制という要素に不可欠であり,この理論と討議民主主義理論とは区別すべきであるとする彼の主張（Fishkin, *supra* note (2), pp. 76-77（訳書122-124頁））には強く共感している。

体的に参加しようとする能動的な市民ではなく，何らかの政治的・経済的意図等によって動員された市民でもない，選挙以外の政治参加を積極的に行わない（場合によっては，選挙にすら参加しない）一般の人々による討議を経た意見を聴取することができる点が，討論型世論調査をはじめとする無作為抽出により参加者を選定する討議の場の構想の特徴である。⁽¹⁴⁹⁾

　一方，公募制で参加者を集めるコンセンサス会議には，社会への参加意識をすでに強力に有する市民層が集まることになる（決して，ごくふつうの人々を参加させようとするものではない）。木場教授は，「一般市民から，知的好奇心旺盛な人達が応募し，市民パネルが形成される」が，「この市民パネルは，平均的な市民とは科学技術に関する関心の程度が異なった人達であ」り，「個別具体的な問題について学習し，理解を増進する」ので，「平均的な市民とはかなり異なった存在となる」と述べる。したがって，その帰結として，「特殊な存在である市民パネルのコンセンサスを，漠然と社会的コンセンサスということには無理があろう」と主張する。⁽¹⁵⁰⁾つまり，「市民パネルは国民の代表ではなく，バイアスのかかったメンバーである」。⁽¹⁵¹⁾

　この点，フィシュキンは，コンセンサス会議について，公募に応募した人々を対象とする点で，（たとえその後に参加者を統計上代表するように選定するとしても）すでに参加者の範囲を自ら積極的に名乗り出るだけの特別な利害を感じた人々に限定していることに難点があると指摘している。⁽¹⁵²⁾しかしながら，筆者は，フィシュキンによる批判は（参加者の）代表性という点にやや固執した議論であり，

---

(149)　さらに付言するならば，そこでの公共的討議が成功すれば，当初，積極的な参加意思を有していなかった討議参加者が，議題となる政策課題について強く関心をもつようになり，あるいは社会への参加意識を高め，公民的徳性（civic virtue）を醸成するようになることも期待される。
(150)　木場・前掲注（123）129頁。
(151)　小林・前掲注（122）『誰が科学技術について考えるのか』319頁。「有志の人々の参加という点を強調したい」という小林教授は，「市民パネルの代表性を高めるために，その選出の際にランダムサンプリングなどの方法を取り入れることも可能である」が，「コンセンサス会議の良さは，あくまで「この問題に関して議論する意欲を持った人」が参加することによって生まれていると思うから」，「私はこの方向にはあまり賛成できない」と述べる（同頁）。
(152)　Fishkin, *supra* note (2), p. 57（訳書95頁）．あまり関心が高くない人々や，当該問題に関して意見を有していない人々は，自主的に参加する可能性が低い（*ibid*.（訳書同頁））。また，フィシュキンは，コンセンサス会議の代表性を評価しえない理由として，コンセンサス会議の参加者があまりにも少数であるということを挙げる（*ibid*., p. 114（訳書179頁））。

討議性という点からは、コンセンサス会議に対しては別の見方も可能であろうかと解する。すなわち、積極的に応募して、無償で長期間・長時間参加しようという意欲のある人は、その議題について深く勉強しようとする意思が高かろうし、そのような者同士で議論を行えば、おのずと白熱したものとなりやすいだろう。場合によっては、議題について相当に勉強してきた「一般の市民」が参加し、プロ顔負けの専門的な議論が展開されることもあろう。議題の内容に関して、充実した討議が展開される蓋然性は、無作為抽出を基礎として参加者を選定した場合よりも高いと考えられる。

　このように、無作為抽出を基礎とするか公募制とするかには、それぞれ固有の意義がある。どのような人々の意見を聴取するか（ごく一般的なふつうの人々か、それとも、社会への参加意識の高い市民か）という目的に違いがあるのであり、それらの間に優劣はない。[153]

---

(153) ここまでの記述で明らかなように、筆者自身は、コンセンサス会議には、優れた公共的討議の場として一定の意義があると考えており、それを実施することについて好意的に評価しているが、それを政策決定過程に利用しようとする場合については、なおも次の２つの問題点があることを指摘せざるを得ない。すなわち、コンセンサス会議には、構造上、①意見誘導にならないようにするための方策が講じられていないことと、②参加者の選出の妥当性を確保する方法が示されていないことの２点である。①に関しては、所期の目的を達成するためには、コンセンサス会議の実施主体そのものが、ある特定の結論へと参加者を誘導することを目的として結成されるものではない（企画・運営の主要な部分が、議題について中立的な態度をとっている）ことが不可欠であるし、また、政策主体の意向がコンセンサス会議の運営を左右することがないように、実施主体が政策主体から独立している必要がある（したがって、企画・運営の主要な部分を専門家などからなる独立の運営組織に委ねるなど、政策主体がコンセンサス会議の内容に過度な影響を与えないようにするなどの工夫が要請される）。しかしながら、コンセンサス会議においては、その品質を管理・保証するための手続が必置とされていないため、客観的に品質の保証がなされていない場合、基本的には、実施主体自らが中立性や独立性を標榜することになる。また、参加者に提供されるあらゆる情報が、議題について理解を深めるうえで十分であり、かつ偏りのないものであることを客観的に保証する仕組みが整えられていない（例えば、参加者の質疑応答に対応する専門家の招聘については、（たとえその選定が参加者によるとしても）交渉するのは実施主体であるため、招聘された専門家が、参加者にとって納得できる均衡の取れたものとなるか否かは保証されない）。つまり、コンセンサス会議における討議が、特定の結論へと誘導するような運営となる危険性は、構造上、排除できない。②に関しては、コンセンサス会議において、討議を行い、コンセンサス文書を作成するのは、15人というきわめて少数の参加者（市民パネル）であり、その参加者の選定方法が恣意的でないことが当然に要請される。しかしながら、実施主体が本当に恣意性を排除して参加者を選定しているか否かについては、コンセンサス会議ではその過程が明示されることはないため、妥当性は客観的には保証されない。なぜある応募者Xが市民パネルに当選し、別の応募者Yが落選したのかについて、実施主体が説明する手続は、構造上、必ず設けられるものとはされていない。一定の方向に結論を誘導するために、偏った意見を有する参加者を集めたのではないかなどといった疑念を抱かれないよう、透明性のある手続と運営が不可欠で

③討議をする期間・時間

　第三に、討議をする期間・時間についてである。

　コンセンサス会議は一定の期間をおいて数回と集中的に数日間、プラーヌンクスツェレは連続して数日間、ほぼ終日の会合を行うことになる。例えば、4回の会合に毎回出席し学習や議論に参加するということは、日常の生活に忙殺されるごく一般の人々には非常に困難なことである。有職者や主婦等の参加は、職場や家庭の協力がなければ、事実上、不可能であろう。したがって、時間に余裕のある階層か、自分の仕事を犠牲にしてでも参加しようという強固な意思を有する市民のみ参加することになろう。はじめから議題に強い関心をもち、かつ、意欲がある人が参加の障害を克服したうえで参加することになるので、学習効果も高かろうし、議論も活性化するであろう。何度も会合を行うプラーヌンクスツェレの場合、専門家が参加者に対して能動的に情報提供を行うことができるので、多くのことを参加者に学習させる機会がある。また、数週間を隔てて何回かの会合を行うコンセンサス会議では、熟考したり、独自で調査等を行う時間が参加者に十分に与えられる点が長所である（会合から解放され市民生活に戻ったときも、ふとした瞬間にその議題について考えることがあろうから、そのような非拘束時間も含めれば、議題について検討する時間は相当に長い）。

　一方、討論型世論調査は、短期集中型である。T1調査から討論フォーラム当日までしか、議題について予習を行う時間はない。また、討論フォーラムそのものも、2泊3日で、各1時間半の小グループ討論と全体会議が3セット設けられるだけである（標準的なフルスケールの討論型世論調査の場合）。9時間の議論では、取り上げられる具体的な論点の数も少ないし、何よりもそもそも議論する時間が短すぎるではないかとの批判もあろう。もっとも、（平素から主体的に市民運動等に参加している能動的な市民層にはたやすいことかもしれないが）ごく一般の人々にとっては、日常生活であまり熟考したことのない公共政策の問題について9時間の議論を行うことは、十分に大変なことである。

　筆者は、プラーヌンクスツェレを討論型世論調査と同様に無作為抽出を基礎として参加者を選定するものであると位置づけたが、この討議をする期間・時間の

あろう（特に、参加者について人為的に選抜が行われる際には、実施主体には、より一層の説明責任が求められよう）。

長さゆえに，これらの参加者は結果的にはそれぞれ異なるものとなると考える。一般の人々にとっては，討論型世論調査のように（移動時間も含めて）週末の2泊3日の活動に従事するのが限界であり，プラーヌンクスツェレのように（平日を含めて）4日間終日拘束されるとなれば，必然的に自由に時間を使える階層しか参加できなくなる。社会的条件が整わない限りは，畢竟，プラーヌンクスツェレを実施しても，参加者はきわめて特殊な人々に限定されることになるだろう。

④討議の成果物の現れ方

第四に，討議の成果物の現れ方について考察することにしよう。

コンセンサス会議とプラーヌンクスツェレでは，いずれも最終的な成果物として，コンセンサス文書ないし市民鑑定といった集約された文書等が作られる。そして，その作成過程において，必ず，議題についての参加者の意見の集約が行われる。これらのうち，コンセンサス会議については，「市民パネルの中の少数意見や，コンセンサスにいたらなかった論点に関しては，そのまま明記される」ことがある点に注目し，その名称に反して，この取組みが参加者間の合意を形成しようとするものではないとする見方がある一方で，その名称どおり，「会議自体の目的は，市民パネルの中で合意を作ることなのである」という見解もある。また，プラーヌンクスツェレについては，ツェレごとに意見集約のための参加者による議論と投票が行われるととともに，各ツェレで集約された意見に基づき市民鑑定を作成するために，事務局が相当に積極的な介入を行う。

---

(154) 後掲注（164）参照。
(155) 例えば，小林教授は，「コンセンサス会議において，市民パネルは「コンセンサス」を形成することを強要されるわけではな」く，「日本の事例でも，各国の事例でも，市民パネルのまとめた報告書には，必ずしもコンセンサスだけが書かれているわけではない」から，「「コンセンサス会議」という名称は再考される必要があると私は思う」と述べる（小林・前掲注（122）『誰が科学技術について考えるのか』313-314頁）。もっとも，より重要なことは，実際に少数意見が尊重されるか否かではなくて，参加者がコンセンサスを求められていると意識せざるを得ないという事実である。コンセンサス文書に少数意見が併記されることがあるとしても，そのことによって，直ちに参加者が同調や極性化から完全に自由になるわけではない。
(156) 木場教授は，「コンセンサス会議開催の目的は，その名称に明示されているように，テーマとなっている科学技術について市民パネルの意見をまとめることであ」り，「少数意見も尊重するが，市民パネルとしてのコンセンサスを探ることにある」と述べ，この取組みの目的が合意形成であることを強調している（木場・前掲注（123）126-127頁）。

これに対して，討議型世論調査では，参加者が互いに異なる意見を有することは当然であるということを前提としており，それらを無理に1つにまとめようとはしない。討論後に行われるのは，1つの合意を得ることではなく，非公開のアンケート調査により参加者の意見を聴取することである。
　この点，フィシュキンは，討議の設計が，陪審制度のように参加者による全員一致での評決という合意形成を要求するものであれば，社会的圧力と取引の結合によって，参加者の良心に基づく結論とは異なる結果が生じうることを懸念している。一方で，討論型世論調査では，事実上の秘密投票という形で個人の意見を求めるものであり，討論後に示す参加者の見解は本心であると考えられる。[157]特に，コンセンサス会議に対して，その名が示すように市民パネルが合意に到達することが規定されているため，グループに同調（conformity）に向けた社会的圧力が働きうることを，フィシュキンは批判している。[158]意見の集約が求められる状況下では，参加者は，本心に反して他の参加者に同調せざるを得なくなることもあろう。また，参加者同士で投票によって意見の優劣を公然と決するという手続があるプラーヌンクスツェレでは，参加者が，他の参加者から支持を集めるため，社会的に望ましい意見（socially desirable responding）を発言しようとする誘因が強いと考えられる。孤立を恐れる参加者は，自分が少数派であることを他の参加者に知られないようにするため，本心を隠して沈黙するか，または，たとえ本心とは異なるとしても，多数意見となりうる意見を戦略的に述べようとする可能性がある。
　その一方，討論型世論調査のように参加者の意見を集約しない（集計するにとどめる）討議の場では，戦略的な意見表明等から解放され，自由な意見形成が可能となる。したがって，参加者による自由な意見形成の障害が少ないという点で，集約型よりも集計型の討議の場のほうが，より討議性に優れている。
　討議の成果として現れるのは，前述のとおり，コンセンサス会議とプラーヌンクスツェレの場合は，参加者の意見が集約された文書であるのに対して，討論型世論調査では，人々の意見分布の定量的データと，討論過程における議論の記録

---

(157)　Fishkin, *supra* note (2), pp. 39-40（訳書68-69頁）。しかも，討論型世論調査には，その構造上，参加者に対して戦略的な投票を行わせようとする誘因は存在しない（*ibid.*（訳書同頁））。
(158)　*Ibid.*, p. 57（訳書95頁）。

という定性的データのみである。

　政策主体にとっての利用しやすさという観点からいえば，提供される成果物が文書という形でまとめられるものと，データのみが提供されるものとでは，一長一短がある。議論が集約された文書が提供される場合は，その結論は明快な形で現れるが，一方で，後述するように，そこで示される提言が具体的であればあるほど，参加した一部の市民だけによる（全有権者ではない）議論の結果に政策主体が拘束されるべきか，そして，（もし拘束されるべきならば）その正統性はどこにあるのかなどという問題が生じうる。これに対して，討論型世論調査の成果物はデータセットにすぎないため，それを解釈するプロセスが政策主体に必要となる。困難な問題を市民の判断に丸投げすることなく[159]，自ら責任ある政策判断を行おうとする政策主体にとっては，解釈可能な素材のほうを利用しやすいと考える

---

[159]　討議の結果が集約されるミニ・パブリックの場合，政策判断の政治的責任を回避するため，政策主体がそれを濫用する危険性がある。政策主体が望ましいと考える政策案に権威を付加するために，審議会の答申が利用されているなどとして，審議会は，政策過程における官僚の隠れ蓑などと批判されてきた（例えば，草野厚「徹底検証 審議会は隠れ蓑である」諸君！27巻7号（1995年）98-110頁，前田和敬「官僚機構の政策形成と審議会をめぐる諸問題」NIRA政策研究9巻8号（1996年）33-34頁）が，意見集約型のミニ・パブリックについても，政策主体にとっては同様に利用可能である。例えば，プラーヌンクスツェレの場合には，実施主体が市民鑑定の案文を作成するが，政策主体からの実施主体の独立性が確保されていない場合には，政策主体が望ましいと考える政策案を支持する答申がなされるかもしれない。コンセンサス会議も同様である。また，政策主体側にミニ・パブリックを濫用しようとする積極的な意思がなくとも，品質が厳格に管理されていないミニ・パブリックの場合，実施主体が政策主体の意思を忖度することにより，まったく同様の問題が生じる。手島孝教授は，「民主性ないし専門性を"錦の御旗"とする政策の"権威づけ""正当化"の作用……，責任転嫁の"かくれみの"の作用……，世論誘導・操作の作用……，政府の政策原案に"喝采"を送る"御用機関"的作用……など」を，審議会の「利用へと強く誘惑する"隠れたる働き"」として挙げる（手島孝「審議会か新議会か」法律時報58巻1号（1986年）41頁）が，このような評価は，集約型のミニ・パブリックにも基本的に妥当する。細野助博教授は，「行政活動に対して一定の権威付けを審議会に求めるとするとき，審議会のメンバーに「いわゆる有名人，文化人」などの「専門知識もない素人」を多く起用したりする例が一部にはまだ残っている」と批判する（細野助博「審議会型政策形成と情報公開の意義」公共政策研究3号（2003年）56頁）が，ならば，ミニ・パブリックは，「いわゆる無名人，生活人」などの「専門知識もない素人」が参加するものであり，行政責任の明確化，簡素化，経費節減などの観点から考えれば，まったく否定的に評価されるべきなのかもしれない。
　一方，討論型世論調査の場合，たとえ政策主体がある政策案を望ましいと事前に考えており，かつ，その政策案の正統性を調達しようとしたとしても，討論フォーラムの参加者の意見を誘導することは，制度の構造上，不可能である。また，品質管理が徹底されている討論型世論調査では，参加者の意見形成に影響を与える諸要素（討議資料の内容，アドバイザやパネリストの選定，モデレータの育成など）を実施主体が恣意的に操作することは禁止されている。したがって，討論型世論調査は隠れ蓑とはならない。

かもしれない。

(3)「ミニ・パブリック」の正統性
①参加者の代表性
　コンセンサス会議の参加者は，公募に応じて積極的に参加意思を示した人々である。しかしながら，無償であるにもかかわらず，自分の可処分時間を消費して社会に参画しようとする参加意識の高い市民は，必ずしも現実の社会の多数を占めているわけではない。したがって，コンセンサス会議の市民パネル（参加者）は，決して社会を代表するものではない。小林教授は，コンセンサス会議の参加者について，「特殊な属性を持つ」人々[160]，「変な人々」[161]，あるいは「奇特な人々」[162]と表現している。

　プラーヌンクスツェレの参加者に関しては，篠藤教授は，「住民台帳から無作為に抽出された人々から参加者を募る」ため，「これまでの実施例を見ると，性別，職業，年齢などほぼ社会全体を代表してい」ると分析している[163]。「無作為抽出に基づくため，参加者が非常に多様な構成にな」り，（強制参加でないため，参加できる社会的条件の偏りは想像に難くない」ものの）「ドイツのように，休暇制度が社会的に確立した状況では，社会的代表としての有効性を持つといえよう」とも述べている[164]。このように，篠藤教授は，「社会全体の縮図」ないし「代表性」のある討議体であることを強調している[165]。

　一方，討論型世論調査においては，討論フォーラムの参加者が母集団の代表で

---

(160)　小林・前掲注（122）『トランス・サイエンスの時代』214頁。
(161)　小林・前掲注（122）『誰が科学技術について考えるのか』319頁。
(162)　前注。
(163)　篠藤・前掲注（136）14頁。篠藤・前掲注（134）67頁においても，「男女比，年齢層，職業，学歴など社会全体をほぼ反映する「社会の縮図」が構成される」と述べられている。
(164)　篠藤明徳「ドイツの市民参加の方法「プラーヌンクスツェレ」と日本での展開」日本地方自治学会編『格差是正と地方自治』（敬文堂，2008年）131頁。したがって，そのような状況が整わないわが国において実施した場合には，プラーヌンクスツェレは，社会的代表としての有効性をもちえないことになる。
(165)　ただし，篠藤教授は，「参加者が増えれば，その社会的反映度は増す」としながらも，「ここで重要なことは，社会調査と異なり，母集団を代表することではない」とも述べており（篠藤・前掲注（164）124頁），代表性を主張する趣旨であるか否かは不分明である。もっとも，かりにプラーヌンクスツェレが社会の縮図であり，社会を代表するものであると主張するのならば，その最小構成単位である25人という数が，社会の縮図を再現するのに十分であるといえるか否かは，評価が分かれよう。

あることが強調されている。すなわち，週末に集められる討論フォーラムという縮図は，通常，T1調査全体や国勢調査のデータと比較すると，態度面においても人口構成においても母集団を非常によく代表していると，フィシュキンは主張している。討論型世論調査においては，T1調査が母集団を代表するのはもちろんのこと，討論フォーラムの参加者段階（つまり，T2・T3調査の段階）でも母集団を代表するものであるという。

これに対して，筆者は，①代表という概念について整理が必要であることを指摘するとともに，②T2・T3調査の段階においても母集団の代表性が維持されるという主張に対して異議を申し立てたうえで，③母集団の代表性に代わる（討論型世論調査の）意義を検討することとしたい。

第一に，代表という概念についてである。ここでいう代表とは，第1章でいうところの法的代表や政治的代表ではなく，統計学的な代表性を意味するものと解すべきであるということを，まず確認しておきたい。すなわち，討論フォーラムの参加者の社会的属性と態度・意見が母集団のそれらと相似するという意味である。そして，討論型世論調査においては，参加者の社会的属性と当初の態度・意見が母集団のそれらと相似であるならば，適切に情報を与え討議を経て形成された討論過程後の参加者の態度・意見は，母集団全体が同様の討議過程を経た場合に形成される態度・意見とも相似すると推論される。

第二に，しかしながら，わが国において討論型世論調査を実践してきた経験から筆者が考えるところは，討論フォーラムの参加者が全国民を統計学的に代表するとは必ずしもいえないということである。母集団の統計学的な代表性を追求すべきなのは，通常の世論調査であるT1調査段階のみであって，討論フォーラムへの参加の時点では，統計学的な意味における母集団の縮図とはいえなくなると筆者は解する。フィシュキン自身も，当初の世論調査と比較して討論フォーラム

---

(166) Fishkin, *supra* note (2), p. 26（訳書49頁）.
(167) 討論型世論調査が適正に行われれば，社会の縮図で示された見解が，社会全体においてその政策争点についての多様な見解を代表するものと主張する明確な根拠があると，フィシュキンは述べる（Fishkin, *supra* note (2), p. 128（訳書199頁））。
(168) これは，筆者らによる世論調査や参加者の選定方法に瑕疵があったことが理由ではない。むしろ，わが国におけるこれらの過程は，フィシュキンによれば，諸外国での場合と比較して，より水準の高いものであったと評価されている。

参加者の代表性が減退することについては自覚しているが⁽¹⁶⁹⁾、この点は、より強調されるべきである。

　第三に、では、討論フォーラムの参加者が母集団の統計学的代表ではないとすれば、それにはどのような意味があるのだろうか。この問題を考えるうえで鍵概念となるものは、代表性ではなく、参加者選定の無作為性（恣意性の排除）であると筆者は考える⁽¹⁷⁰⁾。すなわち、討論型世論調査の参加者は、無作為抽出による世論調査の回答者を基本として選定されるため、自ら参加の意思を積極的に示すような能動的な市民のみで構成されることはない。そもそも、本人が積極的な意思を示さない限り参加できない公募制の市民参加の取組みとは異なり⁽¹⁷¹⁾、くじにより選定される討論型世論調査においては、母集団の構成員すべてが潜在的な参加者である（公共的討議の場から排除される構成員は存在しない）。そして、特異な市民で

---

(169)　フィシュキンらは、討論フォーラムへの「参加を決意する人は、最初の標本と比べると、通常、いくぶん政治的に行動的であり、かつ、より教育を受けている」と述べている（Fishkin and Farrar, *supra* note (21), p. 74（訳書121頁））。代表性という概念について、フィシュキンは緩やかに解しているようであるが、筆者は、厳格にとらえるべきと考える。

(170)　討論型世論調査の参加者が必ずしも母集団を統計学的に代表するものであるとはいえないと解するがゆえに、筆者は、その調査結果の分析にあたって統計学的な手法の厳密さを追求することに固執しない。

(171)　筆者は、北海道におけるBSE全頭検査の継続の是非を議題とした討論型世論調査のT3調査に、次のような質問項目を設けることとし、参加者からの回答を得た。すなわち、「あなたは、以下の団体が主催するイベントにここ1年間で参加したことがありますか。当てはまるものをすべて選んでください」との質問（複数回答を認める）に対して、4.6％が「国や地方公共団体」、14.6％が「町内会等の地域団体」、2.6％が「大学などの研究機関」、4.0％が「消費者団体」、6.0％が「NPOなど」、2.6％が「その他」と答えた一方で、68.2％が「どれにも参加していない」と回答した。つまり、この調査の参加者の約7割は、社会運動等に積極的に参加してはいない。したがって、討論型世論調査では、平素から主体的に社会活動に参加する能動的な市民層以外の、（参加者公募制の各種イベントでは聴取することができない）ごくふつうの人々の意見を聴取できるといえよう。また、同様に、「あなたは選挙に行きますか」との質問を設けたが、65.6％が「必ず行く」と、19.9％が「ほとんど行く」と、6.0％が「半分くらいの割合で行く」と、3.3％が「ほとんど行かない」、4.0％が「まったく行かない」と、それぞれ回答しており、討論型世論調査の参加者の多くは、社会参加に消極的であっても、政治参加には積極的である（政治に対する有権者としての責任を自ら放棄するものではない）といえる（合わせて、政治参加に消極的な人々の意見も討論型世論調査で聴取できた点にも注目されたい）。このほかに、「あなたは企業や行政のモニター調査などに登録していますか」との質問に対しては、4.6％が「現在登録している」と、7.3％が「以前に登録していたことがある」と、82.8％が「登録したことがない」と、それぞれ回答している。このデータからは、この調査の参加者がモニター調査などに積極的に回答しようとする意思のある者ではないことが示された。現在のインターネット調査は、調査会社等に対して自ら積極的にモニター登録した者か、または調査会社等が何らかの理由で電子メールのアドレス等を入手した者のみが対象となるため、もしインターネット調査でT1調査を実施した場合、この調査の回答者のほとんどが排除されることになったであろう。

はなく，（すべての人々から偶然を契機として選ばれうる）ごくふつうの人々が参加するということが，討論型世論調査にある種の正統性を供給していると筆者は解する。

②利害関係者の参加

　プラーヌンクスツェレや討論型世論調査では，参加者は無作為抽出を基礎として選定されるため，利害関係者が参加を動員しようと企図しても，それは不可能である。偶然に無作為抽出による世論調査の対象となった場合に，討論フォーラムへの参加を極力辞退しないことを組織的に促す程度は可能であろうが，世論調査の対象となる確率は，通常，母集団が大きければ大きいほど低くなる。一方，コンセンサス会議が参加者公募制を採ることの帰結として，コンセンサス会議が社会を代表するものとはならないという上述のことのほかに，一部の利害関係者による組織的動員の影響を受けうるということが指摘できよう。すなわち，コンセンサス会議において，市民パネルへの利害関係者の参加は基本的には排除されているが，実際に参加させていないということを保証するための制度が存在しない。参加者には，利害関係者でないことを客観的な証拠に基づき証明することまでは求められていないため，利害関係者が素性を隠して素人であると標榜し応募することは，構造上，回避することはできない。利害関係者は，自らの参加意思を真摯に主張するであろうから，実施主体によって応募動機等に基づき参加者を選抜する過程が存在する場合には，参加者として選定される可能性が高いと見込まれる。そして，実施主体が，限られた情報によって，隠れた利害関係者の参加を発見することができなければ，わずか15人という市民パネルの中に強烈な動機を有する利害関係者が混入し，他の参加者に説得活動を行うなど多大な影響力を行使する危険性がある。とりわけ，社会的に対立するような問題を議題として扱う場合には，利害関係者がコンセンサス会議への応募を組織的に動員しようと企図するおそれがある（コンセンサス文書が政策決定に直結する場合はもちろん，そうでなくとも参考にされると期待されるのであれば，組織的動員を試みる誘因が高まる）。

　ところで，それ以前の問題として，利害関係者を公共的討議の場から排除するというコンセンサス会議の制度設計は，そもそも妥当であろうか。当該政策課題の決定に関与する資格が利害関係者にまったくないのであれば別論であるが，通

常,利害関係者であっても市民社会の構成員である。利害関係者であるという理由のみで,公共的討議の場から一義的に排除するのは,討議の開放性という観点から疑義を呈さざるを得ない[172]。議題に関して最も関心を有しており,討議に参加したいという意欲のある利害関係者の意見を聴取するための方途は,しかるべき形態で用意されるべきであろう[173]。この点,討論型世論調査においては,利害関係者であることを理由に参加が禁止されることはない。利害関係者であろうとも,偶然に無作為抽出の世論調査の対象となり,かつ,討論フォーラムへの参加を希望する場合は,討論型世論調査への参加を認める[174]。

---

(172) 革新的エネルギー・環境戦略の策定のための国民的議論の取組みにおいて,意見聴取会やパブリック・コメントから電力会社関係者等が排除されたことの問題点に関しては,本書第4章注(6)参照。
(173) これに関連して,公共的討議の場への利害関係者の参加の意義は,別途,真剣な考察を必要とするが,この論点についてわが国で優れた研究を蓄積しているのが,柳下正治教授らの研究グループである。柳下教授らは,ステークホルダーを「「利害関係者」よりも広義に,ここでは問題に関して何らかの接点で深い関わりを有している「問題当事者」と定義」したうえで,このような問題当事者は,「経済・社会活動を通じて常に最新の情報にアクセスし,問題に対してそれぞれの立場に応じた豊富な経験と見識を持つ「経験的専門知(経験知)」を有する専門家」であると評価する。「問題に関する重要な論点について掘り下げようすれば,利害や価値観の相違が大きければ大きいほど,ステークホルダー間での真正面からの議論を避けようとすることが多い」が,「実はそのことこそが,政策形成過程における熟議の不在を生み,問題の根本解決の障壁になっているのではないか」と指摘する。「社会的意思の形成を目指したステークホルダーによる熟議とは,行政の政策決定に対するステークホルダーの意見抽出や利害調整ではなく,ましてや「ステークホルダー間でできるだけ多くの意見一致や共通項を見出そうとすること」(つまり,合意形成)でもない(濱田志穂,柳下正治「ステークホルダーによる熟議の意味についての考察——ESTステークホルダー会議の実践——」社会技術研究論文集8号(2011年)171-172頁)。「ステークホルダーによる熟議に対する期待は,討議テーマに対する議論の広がりと深まり,そして,争点・論点を巡る徹底的な議論を通じて,問題の本質に接近し本質の所在を明らかにすることである」という。そして,「ステークホルダーが熟議を重ね,その結果を社会に発信することは,広範な論点を俯瞰するとともに,社会的意思を形成する上の重要な論点や争点を明らかにし,「国民的議論の喚起」や公共的意思決定プロセスに対する「有用な参照情報・判断材料の提供」を可能とし,より実質的な政策形成への国民参加や,熟議に基づく政策決定や政治決断に結びつくことが期待できよう」と展望する(濱田志穂,柳下正治,宮城崇志,中村博子「ステークホルダーによる熟議の意味についての考察——「低炭素社会づくり『対話』フォーラム」の実践から——」地球環境学7号(2012年)37-38頁)。もっとも,柳下教授らは,ステークホルダーによる討議のみに着目しているのではなく,「テーマの利害関係者や問題当事者が討議を行う「ステークホルダー会議」と,一般市民が討議を行う「市民会議」との組み合わせによって行う」ハイブリッド型会議を提唱している。そして,「テーマについて広く・深く分析し,論点を明確にするとともに,社会としての合意点を探り,「社会的意思を形成」することができるという利点を有することに着目」し,そのようなハイブリッド型会議を実践している(柳下正治「社会的意思形成の重要性に関する環境政策学からの考察」地球環境学4号(2008年)95頁)。
(174) もっとも,利害関係者が世論調査の対象となる確率は,そうでない人のそれと同じであり,また,利害関係者が討論フォーラムに参加するとしても,討論フォーラムの参加者数は多く(全体とし

なお，利害関係者を公共的討議の場から排除するという制度設計は，利害関係者が社会的に少数であるということを前提としているが，一般に，公共政策の課題は，ほとんどの国民が受益者または（及び）負担者になりうるものであり，最広義で考えれば，およそすべての国民が利害関係者ともなりうる（ならば，利害関係者を公共的討議の場から排除するという制度設計は，そもそも現実的ではない）。つまり，利害関係の有無をどのように画定するかによって利害関係者の範囲は広くなることもあれば狭くなることもある。ならば，むしろ当初から利害関係者を排除しないとしたうえで，利害関係者からの動員を回避するような制度設計のほうが，恣意性を排除できるという点でより合理性を有するのではなかろうか。

　無作為抽出を基礎として参加者を選定した場合，たとえ利害関係者の動員ができないとしても，利害関係者が偶発的に参加者の多数を占める可能性がまったくないとはいえないのではないかとの批判もあろう。しかし，社会の構成として利害関係者が多数を占めていないのであれば，通常の無作為抽出による世論調査を行えば，討論フォーラムの参加者がもっぱら利害関係者のみで構成されるなどということは，統計上ありえない[175]。適正な世論調査をしてもなお回答者の大半を利害関係者が占めるというのであれば，社会において利害関係者が多数存在するという現実を反映した結果にすぎない。いずれにせよ，討論型世論調査は，社会の意見分布における自然状態を討論フォーラムという人工的な討議空間に再現しようとするものである。

③参加者の多様性

　自発的な参加を前提とするコンセンサス会議においては，そもそも，構造上，参加者及びその意見の多様性に対する配慮は存在しない（実施主体が応募動機を調査したうえで参加者を人為的に選抜する場合を除く）。参加者を選定するにあたって，性別や年齢などといった社会的属性によって割当てを行い，参加者の多様性を実

て100人を超えるのが通例である），また，討議の結果を集約することはないので，かりに小グループ討論において利害関係者が他の意見を顧みずに自説を一方的に主張したとしても，その影響力は限定的なものにとどまるであろう。
(175)　適正な方法で世論調査を実施しなければ，標本に顕著な歪みが生じうるであろうが，品質管理が徹底されている討論型世論調査の場合，そもそも適正な方法によらずに世論調査を実施すること自体が認められない。

現しようと試みることもあるとされるが，そもそもコンセンサス会議における参加者（市民パネル）は15人程度であるので，社会における多様性を市民パネルに十分に再現するのは困難であろう。いずれにせよ，コンセンサス会議の参加者は全員，討議の場に自ら進んで参加しようという意思があるという点において同質である。

プラーヌンクスツェレに関して，篠藤教授は「多様な参加者相互の討議による意見形成」が重要であると主張しているが(176)，そこでの討議の内容を重視するならば，参加者が多様な社会的属性の人々から構成されるだけでなく，実際の討議過程において，各参加者が多様な意見を述べ合い，実質的な討議が展開されることまで要求されるべきであろう(177)。つまり，参加者の多様性とともにその意見の多様性についても追求されなければなるまい。プラーヌンクスツェレでは，「討議は，参加者のみ（進行役も参加できない）で原則五人を単位として毎回メンバーを変えながら行なわれる」というが(178)，では，討議民主主義理論によれば，このような構造をどのように評価しうるか。

第一に，グループの構成員がわずか5人であるため，構成員が10人の場合や15人の場合と比べて，同じ意見をもつ者同士が集まる確率は高い。しかも，参加者以外の者による小グループ討議への関与がないため，参加者に対して，自分とは異なる立場の見解を顧慮させようとする外在的な要素が存在しない。このように同じ意見をもつ参加者が集まり，中立的な第三者の関与なしに自由な討議を行えば，集団極性化が生じる危険性が高い。

第二に，グループの構成員を固定せず入替制とすることは，グループ討議の実質化の障害ともなりうる。プラーヌンクスツェレの構成員入替制の意義は，「メ

---

(176) 篠藤・前掲注（164）124頁。
(177) フィシュキンは，一般の市民参加の取組みにおいて代表性が単純に統計学的なカテゴリーのいくつかを満たすという意味で用いられているが，討議参加者と非参加者のそれぞれの意見を比較するためのデータも収集すべきであると主張する。なぜならば，討議を経た後の参加者が到達する意見が社会全体の討議的な意見を代表するといいうるためには，そもそも討議前の参加者の意見が社会全体の意見を表していることを立証しなければならないからである（Fishkin, *supra* note (2), p.111（訳書173-174頁））。討論型世論調査においては，政策についての参加者の態度と価値観が母集団全体のそれらと比べて，どの程度異なるのかを判断するためのデータを収集する。そして，これまでの例では，参加者と非参加者との間で統計学的に優位な差異がほとんど見られない（*ibid*., p. 128（訳書199頁））。
(178) 篠藤・前掲注（164）131頁。

ンバーを固定化すると，社会的属性や発言力などによって，メンバー間の平等で自由なコミュニケーションが実現しないから」であるという[179]。その趣旨は理解しうるところであるが，議論しやすい雰囲気が醸成される前に，グループは新たな構成員を迎えなければならず，そのたびに信頼関係を構築しなければならない。このような設計は，短い時間でより多くの他者と出会い，表面的な人間関係の下で会話を楽しむのには適しているであろうが，公共政策の問題について深く熟考し，実質的討議を行うのには必ずしもふさわしいものとはいえなかろう。自由で平等なコミュニケーションを重視するのか，それとも，実質的討議の実現を企図するのかの選択において，プラーヌンクスツェレは前者を重視していると評価せざるを得ない。

　第三に，プラーヌンクスツェレでは，最終的に意見の優劣を判定するとともに市民鑑定という形での集約が行われるが，これが，グループ討議において，参加者に対して多様な（特に，少数派の）意見を討議の場で開陳することを萎縮させ，また，他の参加者の（特に，多数派の）意見に同調しようとする社会的圧力を生じさせうるという点は，すでに指摘したとおりである。

　この点，討論型世論調査では，これら3つの問題点が克服されている。すなわち，①小グループ討論における参加者は15人程度であり，5人の場合と比べて，確率論的に，意見の多様性が保たれる可能性が高い。かりに，1つのグループに同じ意見を有する者が集中したとしても，訓練されたモデレータが配置されているため，自分とは異なる立場の意見についても検討するよう促されることになる。②討論フォーラムの期間中，小グループは改組されることがない（モデレータも交代することはない）ため，当初，小グループ討論における議論があまり活性化していなかったとしても，次第に，参加者間で議論しやすい雰囲気が自ずと醸成される。あまり積極的に発言しようとしない参加者も，モデレータによって発言が促され，発言できるようになることが多い。そして，グループ間の信頼関係が構築されれば，公共政策の問題のような複雑な議題であっても，限られた時間の中で，より多くの参加者による実質的討議が可能となる。もとより，討論型世論調査においても，参加者間の自由で平等なコミュニケーションは，モデレータ

---

[179]　篠藤・前掲注（134）71頁。

によって維持される。そして、③討論型世論調査では、前述のとおり、意見が集約されず、非公開でのアンケート調査により集計されるのみであるから、たとえ他の参加者から支持されない意見であっても、グループ内で自由に発言できるし、アンケート調査において安心して自らの意見を表明することもできる。

④社会的属性の代表

フィシュキンは、プラーヌンクスツェレについて、局地的に無作為抽出された標本を足し合わせても、全地域の無作為抽出標本にはならないという点で、難点があると主張する[180]。

一般に、公共的討議の場を設計するにあたって、母集団を（例えば、地域などの属性に注目して）複数の部分に分割し、それぞれで討議を行わせ、最終的に各部分の意見を合計したところで、母集団全体の意見とみなすことはできないということは看過すべきではない。具体的には、（地域の課題ではなく）国家的な政策課題を議題とする公共的討議を行うにあたって、日本全国の人々の意見を聴取するためには、日本全国から参加者を選定し同じ会場で同時に討議を行わなければならない。多様な地域の参加者同士が一堂に会して議論を行うことによって、他の地域の住民には気づかない地域固有の問題を発見し、共有することができる（同様のことは、地域だけでなく、性別や年齢などといった他の社会的属性に関してもいえる）。日本全国をいくつかのブロックに分けたうえで、各地で討議を実施しその結果を集計したとしても、それは、あくまで日本各地の人々の意見の合計であって、日本全国の人々の意見を意味するものではない[181]。

---

(180) Fishkin, *supra* note (2), p. 56（訳書93-94頁）.
(181) エネルギー・環境の選択肢に関する討論型世論調査のかなり初期の企画段階に検討されたものの1つに、討論フォーラムをブロック単位で行うという案があった。全国から一般の国民を標本抽出して1か所で討論フォーラムを開催するのは、費用の面でも参加者の負担の面でも容易ではない。地域ごとに複数のブロックに分けて討論フォーラムを開催すれば、費用と負担を節減することができる。しかしながら、それでは、参加者に与える情報という点で公平でない（同日に討論フォーラムを開催しなければ、開催日の較差に伴う時間の経過によって、参加者となる一般の人々の意識も変化しうるであろうし、討論フォーラムのパネリストとなる専門家をまったく同一としなければ、異なる情報を与えたことになるので、それぞれ比較の対象とならず、結果を集計することの意義も乏しくなるためである）うえに、（同じ地域的属性の参加者同士の議論はできるとしても）異なる地域的属性の参加者間での討議が実現できなくなる（したがって、本文で述べたとおり、日本の縮図をつくることにはならない）。これらの理由から、筆者は、かかる提案に反対した。

ただし，ここでいう全国の各地域の参加者は，その地域を代表するものと理解されるべきではなく，また，その地域の利益を討議の場で主張することが期待されているわけではない。より一般化していうならば，無作為抽出を基礎として参加者を選定する公共的討議の場において，ある属性の参加者がその属性の人々全体を代表するものと理解されるべきではない。代表性は，参加者個人単位で考えるべきではなく，あくまで討議の場全体で考えるべきである。このことについてフィシュキンは明確には述べていないが，討論型世論調査において，討論フォーラム参加者を人種や性別などの属性に注目して割当抽出し，各人について自らの属性を代表して参加させるという考え方を否定していることから，上記私見と同じ見解に立つものと解される。

諸外国のこれまでの討論型世論調査において，例外的に割当法により一定の属性の人々を過大抽出（oversampling）して参加者を選定した事例は存在する。それは，オーストラリアで実施されたアボリジニ関連政策をめぐる討論型世論調査である。オーストラリアのアボリジニの人口は全体の３％に満たず，完全な無作為抽出を行えば，各小グループに１人のアボリジニが含まれるようにすることすら難しい。参加の際に少数派となるアボリジニが萎縮する可能性があるため，フィシュキンらは，敢えてアボリジニの抽出率を高くして，小グループの３分の２にアボリジニが含まれるように割り振った（344人の参加者に46人のアボリジニを加え，15の小グループのうち10のグループに割り振った）。しかし，小グループにアボリジニを含む含まないに関わらず，どのグループの議論もアボリジニとの和解を促進する政策を支持する方向に向かった。この結果は，たとえ小グループの参加者の多様性が損なわれても，バランスの取れた討議が可能であることを示すものであったと，フィシュキンは分析している。そして，討論型世論調査において，過大抽出は代表性を損なうものであるため，討議の議題が社会的少数者に関するものという特別な場合であっても，原則として参加者は無作為抽出を基礎として選定するものとし，討論資料や全体会議のパネリストを工夫することにより対処すべきであると結論づけられた。

この事例から示唆されるいくつかのことのうち，最も注目すべき点は，たとえ

---

(182) Fishkin, *supra* note (2), pp. 37-38（訳書65-66頁）.
(183) *Ibid*., pp. 161-163（訳書250-253頁）.

社会的属性が討議の議題に強く関連する場合であっても，公共的討議の場に社会的属性の多様性を維持しなくとも，属性を超えた実質的討議は不可能ではないということである。一般に，討議の場の設計者は，社会的属性の多様性をそこに実現するために，参加者の選定に苦慮することがしばしばあるし，多様性に執着するあまり参加者の選定が恣意的になることも多い。また，それへの批判者は，討議の場と社会全体とで属性の分布が完全に相似となっていないことをもって，（十分に代表されていない社会的属性が存在するなどとして）その討議の場を不公平なものだと主張する。しかし，無作為抽出を基礎として一般の人々を参加者として選定する以上，多様性の完全な再現に固執することは生産的ではなかろう。

参加者がその属性の利益集団の代表者等でない限り，本来，彼または彼女に対して，その属性の人々の利益を討議の場で主張することを期待するのは妥当ではない。その理由の第一に，さまざまな社会的属性のうち，何をもって参加者の割合を決定するのかについては，一義的な基準がないからである。例えば，居住地域に基づく代表を考えるとしても，どのような単位の属性を扱えばよいのか（都道府県なのか，市町村なのか）。あるいは，職業を単位属性として扱うならば，社会に存在する多種多様な職業をどのように完全に分類するのか。第二に，属性に基づき参加者を選定しても，実際に選定された個人が討議の場においてその属性を代表しうるかどうかは不分明だからである。[186]例えば，若年者層を代表するものと

---

(184) *Ibid.*, pp. 37-38（訳書66-69頁）。北海道におけるBSEの全頭検査の継続の是非をめぐる討論型世論調査の設計の際に，筆者らが直面した問題も同様である。札幌市民3,000人を対象とする無作為抽出の世論調査を実施しても，対象者に占める畜産・流通関係者の数はわずかであり，したがって，討論フォーラムの参加者の中に畜産・流通関係者が含まれる可能性もきわめて低いということが見込まれた。議題となるBSEの全頭検査に直接の利害を有する生産者等がほとんど含まれないため，討論フォーラムは，もっぱら消費者による議論に終始することになる。生産者と消費者とで利害が大きく異なる政策課題を扱う際に，このような参加者選定方法でよいか（生産者を過大抽出すべきか）検討したが，結果的には，討論型世論調査の原則どおり，無作為抽出を基礎とすることとした。討論フォーラムのパネリストの1人に生産者を充てることで，（たとえ小グループ討論では消費者中心の議論となるとしても）討論型世論調査全体として消費者と生産者との対話が可能になった（消費者が生産者の観点に立った議論を行うことができた）。

(185) この事例は，社会的少数者が無作為抽出を基礎とする公共的討議の場に参加する際に，心理的な障害を除去するために特別な配慮が必要なのか否かや，社会的少数者の処遇を議題とする際に，問題の直接の当事者の参加はどのような意義をもつかなどといった問題を提起している。

(186) 参加者が自らの属性を代表するものであり，その属性の利益を公共的討議の場で主張しなければならないとする議論は，個人主義の立場からも否定されるべきである。すなわち，このような理解は，参加者個人を，個人としてではなく，特定の属性に帰属する記号化された存在（例えば，首都圏

して選定された参加者が実際には非常に成熟していた場合，どのように扱うべきであろうか。あるいは，女性の利益を代弁することを期待された参加者が，討議の場の主催者の意図に反して，意外にも男性重視の思想をもっていたならば，どうすればよいのか（主催者の意図どおりに行動する，より女性的な女性に交代させるべきか）。第三に，現在存在しない属性の人々を代表することは不可能だからである。例えば，（アボリジニの例のように）少数民族を代表するのであれば，少数であっても現存するから参加者として選定し利益代表を務めさせればよい。しかしながら，例えば，すでに絶滅した少数民族の場合はどうか。あるいは，将来の世代の利益を代弁するのは将来の世代でなければならないというのならば，いまだ生まれていない将来の世代をどのように（現在の）討議の場に参加させることができるのだろうか。

　オーストラリアにおけるアボリジニ関連政策をめぐる討論型世論調査等の例が示すように，たとえ母集団と討議参加者とが社会的属性の分布において完全に一致しなくても，参加者への情報提供のあり方を工夫するなど，討議の場の設計方法次第では，実質的討議が可能となることもある。公共的討議の場の設計において目指すべきところは，社会的属性に基づく参加者の選定に執着することではなく，異なる社会的属性の人々の立場を考慮できるような情報の提供など，属性を乗り越えて討議を行うことができる環境の整備であろう。社会的属性の代表が自己利益を追求し合う対決型の闘技（agonism）の場（それは，社会の分裂へと向かいやすい）よりも，自らとは異なる社会的属性や境遇の立場をも理解し考慮できるようになる共生型の公共的討議の場のほうが，属性に基づく利害対立が顕著な場

在住の50歳代女性だとか，30歳代男性障害者だとかという括り方）として取り扱うものである。例えば，女性であれば，必ず女性らしく振舞わなければならず，女性としての利益を主張しなければならないと期待することは，そのように考えない女性の個性を否定したものの見方といえよう。また，女性でなければ女性の利害を適切に代表できないという議論は，女性であればどのような女性であっても女性の利害を主張しうるという何ら根拠のない前提に立つものであると同時に，適切な情報が与えられたとしても，男性である限りは絶対に女性の立場を想像することができないという男性に対する過度な不信に基づくものであろう。あるいは，例えば，障害者でなければ障害者の生活上の困窮が理解できない（したがって，障害者のみが障害者問題を理解しており，利害を主張する真の資格を有するものであり，それゆえに，公共的討議の場に障害者を必ず含めなければならない）などという議論は，逆に，障害者問題について熟考する負担から健常者を解放するものである。しかしながら，より望まれることは，障害者の抱える問題を健常者がより真剣に理解しようと努めることのほうではなかろうか。

合においては優れている。したがって，討議の場の設計にあたっては，社会的属性に基づく割当抽出は，それを行うことの合理的な理由が示されない限りは避けられるべきであろう。

⑤討議的な意見の反事実的性格

ミニ・パブリックに対しては，しばしば提起される疑問が存在する。それは，何のために討議を行うのかという問いである。これに十分に応答できなければ，ミニ・パブリックを実施する社会的な意味はない。

これに対して，コンセンサス会議に関して，小林教授は，「本来は何らかの形で政策形成に結びついている必要がある」と述べる。[187] もっとも，「コンセンサス会議の結論が，実際の政策を拘束するように設計すること」が困難であることはここでも理解されており，「コンセンサス会議が政策形成に直結することは望ましくない」とも述べられている。[188] では，何のために，多額の費用と善意の市民の時間を費消してコンセンサス会議を実施するのか。「会議結果が現実の意思決定にまったく用いられないのであれば，多くの費用や手間をかけてまで会議を開き続ける意味は乏しい」[189] ではないか。これに対して，小林教授は，「コンセンサス会議の結論は政策決定の参照資料として利用されるべきだ」と主張する。コンセンサス会議が「志ある奇特な市民が相当量の専門的知識の提供を受けた上で，長時間の討議を行うという意味で熟慮の過程を経た結論を産み出す点」で，選挙，パブリックコメント，世論調査などとの間には「決定的な違いがある」という。[190]

しかしながら，いかにコンセンサス会議が優れた提言文書を作成し，華々しく公表したとしても，政策主体がそれをどのように受け止めるかは，また別の問題

---

(187) そして，「実際，内外を問わず，コンセンサス会議に参加する市民パネルはそれを強く求める」と続ける（小林・前掲注（122）『誰が科学技術について考えるのか』324頁）。一方，討論型世論調査では，調査の趣旨を参加者に対して明確に示しているため，そこでの議論が政策決定に直結するなどと誤解する参加者が生ずることはほとんどない。

(188) 「理由の一つは，市民パネルが国民の代表ではなく，ある偏りを持った人々によって構成されているからであ」り，また別の理由は「これがある制約条件，たとえば時間制約のもとに行われた会議体であり，しかも少数意見の存在を容認する構造でとどまるように設計されている」からであるという（小林・前掲注（122）『誰が科学技術について考えるのか』324頁）。

(189) 三上・前掲注（124）54-55頁。

(190) 小林・前掲注（122）『誰が科学技術について考えるのか』325頁。

である。「コンセンサス会議の意義は，一般市民の熟慮の結果を，良質の参照意見として政治的意思決定の場や，より広く社会全体に提示することにある(192)」と，実施主体の側が一方的に主張したとしても，政策主体の側がその考えに共鳴しなければ，政策判断に参照されることはなかろう。

この点，原則として政策主体からの委託で行われるプラーヌンクスツェレでは，この正統性の問題に取り組む必要はない。なんとなれば，正統性は，プラーヌンクスツェレを政策決定に利用しようと決断した政策主体の意思によって供給されるからである。しかしながら，次に考えなければならないことは，政策主体がプラーヌンクスツェレを政策決定に利用することを決めたことの正統性である。政策主体には，プラーヌンクスツェレを政策決定に利用することについての説明責任が，議会や有権者等に対して生じることとなる。問題は，政策決定への利用に値するほど，あるいは公金を支出して委託するに値するほど，プラーヌンクスツェレが公共的討議の場として優れていることを，政策主体は証明しなければならない。つまり，正統性についての説明責任は，霧消することはなく，単に実施主体から政策主体へと転嫁されるにすぎない。

---

(191) コンセンサス会議が政策主体からの授権等なく実施主体によって独自に行われた場合，実施主体が政策主体に提言文書等を提出することはもとより自由であるが，これに対して，政策主体は受理しなければならない義務を負うものではない。そして，政策主体がコンセンサス会議に意味があると考えるならば，提言文書を政策決定の参照資料とすればよい一方で，意味のないものと考えるならば，それを無視すればよい（無視したところで，何ら責められるべきではない）。なぜならば，コンセンサス会議は，有権者の悉皆的な参加が不可能であるという点で選挙とは，法令等の根拠に基づかないという点でパブリックコメントとは，統計学的代表性がないという点で世論調査とは，「決定的な違いがある」からである。

(192) 三上准教授は，「意思決定は議会などのしかるべき政治的な場で行なわれるべきものであり，コンセンサス会議自体は政治的意思決定の場ではない」，「コンセンサス会議と意思決定との関係は，直結するのではなく，かといって全く切断するのでもない，両者の中間にあると言うべきだろう」と述べる（三上・前掲注（124）55頁）が，「両者の中間」とは具体的にどのようなことを指すのかは不分明である。コンセンサス会議の結果が政策決定にどのような手続でどのように活かされるべきかは，あらかじめ示されるべきであろう。

(193) 篠藤教授によれば，「多くの計画細胞会議は，政府機関（自治体を含む）から実施機関への委託である」とのことである（篠藤・前掲注（134）68頁）。

(194) 「「政治的諮問機関」（Politikberatung）としての「市民答申」は，行政等の委託事業として行なわれる。プラーヌンクスツェレの方法は，こうした「市民答申」に限定されるものでは決してないが，「市民答申」では，委託者である行政は，その結果が法的拘束力を持つものではないとしても，委託費用が多額であることも相まって，参加した市民だけでなく，全市民に応答責任を負うことになる」（篠藤・前掲注（164）132頁）。

145

一方，社会科学の実験として登場した討論型世論調査は，社会の（統計学的な）代表の討議的な意見を収集することに主たる関心があり，現実の政治過程へ直接的に影響を与えることを主たる目的として設計されたものではない。もっぱら民主的討議を具体的に実践するという学術的な関心を基礎とするものである。もとより，その公共的討議の場としての卓越性ゆえに，政策主体が政策決定のために利用しようとすることも少なくなく，このように社会実装された場合，調査は，学術的な関心からやや離れることとなる。

　では，討論型世論調査と政策決定との関係は，どのように位置づけられるのか。主唱者フィシュキンによる説明を敷衍することにしよう。

　討論フォーラムでは，1人の発言の価値が現実の政治空間とは異なり（小グループ討論では）およそ15分の1ないし（討論フォーラム全体では）何百分の1の重みをもつことになるため，参加者は，政治的無力感から解放され，一人ひとりの意見が重要だと考えるようになる。また，討論型世論調査では，さまざまな情報を獲得するための装置が用意されているため，政策争点を深く学習することができる。これらのことから，結果として得られる参加者の討議的な意見は，情報に基づくものであり，かつ，社会を代表するものであるといえる。[195]

　ただし，討論フォーラムの結果としての参加者の意見は，現実にはありえない反事実的な（counterfactual）[196]ものである。なぜならば，一般の人々が（討論フォーラムの参加者のように）公共政策の課題について関心をもって情報を獲得し討議するようなことは，実際にはほとんど起こらないからである。

　しかしながら，そのような現実にはありえない理想的な状態を実験によって形成することができるならば，そのような実験を実際に実施するのも一案であろう。そして，そのような理想的な討議状態で形成された結論については，政策決定過程において真剣に扱われるべきである。[197] 具体的には，統計学的代表性の高い

---

(195)　Fishkin, *supra* note (2), p. 26（訳書50頁）．

(196)　反事実的とは非現実的という意味ではない。公共政策の課題について平素から一般の人々が（討論フォーラムの参加者のように）十分な情報に基づき熟考し真摯に討議するということは，現実にはありえないという意味である。

(197)　Fishkin, *supra* note (2), p. 27（訳書51頁）．ここで，政策形成に直結ないし反映すべきであるとは主張されていない点に注意が必要である。討論型世論調査の結果はあくまで「真剣に取り扱われるべきである」と主張されているのであって，取り扱う主体（つまり，政策主体）は実施主体とは別個に存在している。

標本を作り，実質的で均衡の取れた討議を行わせれば，現実にはありえない洗練された意見を聴取することができる。そして，(通常の世論調査において，標本の意見が母集団の意見を指し示すのと同様に) そのような標本による反事実的な討議的意見は，適切な条件の下で討議が行われた場合に一般の人々が有するであろう意見を代表するものとなる[198]。

では，なぜ討議的な縮図の結論が，規範的な主張となりうるのか (政策主体へ推奨しうる力をもちうるのか)。それは，討議的な意見のほうが，直観的な意見よりも適切な論拠を有する可能性が高いからである。すなわち，もし，個人レベルで，歪められた判断や思い付きの無分別な判断よりも，熟考されたうえでの判断のほうが重要であると考えられるならば，集合的な判断についても，熟考されたもののほうがより重視されるべきであろう。縮図は政策争点について熟考された判断に到達するように適切な状況に置かれており，そのような討議的な縮図の意見には，考え抜かれていない意見や関連する議論を無視した意見よりも，適切な論拠を有する可能性が高いといえる[199]。

このように，討論型世論調査は，政策決定へ影響を与えることだけを必ずしも目的として設計されたものではないものの，公共的討議の場として優れているため，政策過程で利用されやすく，また，実際にそれが実施されるならば，その結果は政策主体が政策決定を行うにあたって重要な参考資料となるであろう。

4 反事実的な討議的意見と政策決定との距離

本章では，討論型世論調査その他ミニ・パブリックと総称される公共的討議の場の諸構想について紹介するとともに，それらの特徴について考察した。

参加民主主義論者や，市民社会における討議に重点を置く (一部の) 討議民主主義論者は，このような民主的討議の場を新たに人工的に創設する試みをめぐって，閉塞した代議制民主主義を打破する革命的な市民参加の新構想がもたらされたと欣喜雀躍するのかもしれない。

---

(198) Ibid., p. 28 (訳書52頁). 標本の意義について，フィシュキンの主張する統計学的代表性に代えて，参加者選定の無作為性を重視した場合でも，この議論は基本的には妥当すると筆者は解する。
(199) Ibid., pp. 83-84 (訳書132-134頁).

しかしながら，第1章で述べたように，筆者は，参加民主主義とは明確に区別すべきものとして討議民主主義理論を理解している。討議民主主義理論において決定作成のための討議をも重視すべきとする筆者の立場から導き出される第二の帰結は，こういった新たに創造された討議の場の構想について，努めて冷静に受け止めるべきであるということである。このような人工的な討議の場の創設については，その意義を検討するだけでなく，限界についても十分に認識すべきである。

　ここで結論を先に述べるならば，治者と被治者の自同性として民主主義を理解する筆者は，新たに創造された公共的討議の場での議論を，公共政策の決定に直結させることには慎重であるべきと考える。[200]

　まず第一に，憲法学の見地から，公共政策の決定に関して，いわゆる市民参加はどのように位置づけられるかについて紹介したい。例えば，中山茂樹教授は，次のように述べる。「科学技術への「市民参加」論においては，行政だけが利害調整にかかわることを批判し，課題ごとに，利害関係者集団による意思決定をするべきだと論じられることがあ」り，「そして，これが意思決定の「民主性」の確保になると考えられているようである」が，「伝統的な憲法理論からすれば，……「市民参加」は民主主義と緊張関係に立つことになる」。[201]

　意外に感じられるかもしれないが，（特に，科学技術分野における）公共政策の決定への市民参加は非民主主義であるというのが，伝統的な憲法学の理解である。

---

(200)　本文で述べた論拠のほかにも，ミニ・パブリックを政策決定に直結させると，かえってそこでの議論が討議的でなくなるおそれがあることも指摘しておきたい。討論型世論調査の主唱者フィシュキンは，政策決定が討議過程に拘束されるものと規定すれば，それを掌握し動員しようという誘因がもたらされると懸念している（Fishkin, *supra* note (2), p. 112（訳書174-175頁））。ミニ・パブリックの類型化と比較分析を行ったファングも，ミニ・パブリックにおける討議の結果が公共的な決定に影響を与える権限を認めれば，必ず討議に個人の利害というものが増すことになると指摘している（Fung, *supra* note (121), p. 346）。「ミニ・パブリックスにおいて熟議が行われるためには，決定の圧力からの解放が不可欠なものとなる。決定の圧力から解放された場であるからこそ，熟議を通じて多様なパースペクティブが示され，新たな問題の地平が明らかになるのである」（田畑真一「熟議デモクラシーにおけるミニ・パブリックスの位置づけ」田中愛治監修『政治経済学の規範理論』（勁草書房，2011年）266頁）。民主的な討議の実現を目的とした人工的な討議の場の構想について，それを政策決定へと直結させることによって，そこでの実質的な討議が阻害されることになるとすれば，それは，まさに本末転倒といわざるを得ない。

(201)　中山茂樹「科学技術と民主主義」初宿正典ほか編『国民主権と法の支配〔佐藤幸治先生古稀記念論文集〕上巻』（成文堂，2008年）89頁。

中山教授は，その理由を次のように説明する。「伝統的な近代主権国家の民主主義モデルでは，「国民」という統一体が想定される。この「国民」を代表する選挙された議員により議会は構成され，そのような議会において審議・表決され制定された法律は，一般利益（公益）を体現したものと観念される。行政は，このような法律に基づいて行われなければならない。市民ひとりひとりは個別の関係性の中で生きており，個別の利益を持っているだろう。その各人が選挙で投票し，議員が選ばれ，議員が公開の場で審議・表決する，一連のプロセスを通じ，法律という民主的意思決定が結実する。ひとりひとりの個別の利益は，いわば坩堝に入れられ一般性をもった「公益」に化合されるのである。このような「国民」による民主主義モデルの下では，「市民参加」において利害関係者や一般市民は各自の特殊利益を主張しているといわざるをえない。それを行政に直接反映させることは，一般的な公益を体現した法律による行政という民主主義原理と対立することになる」[202]。

「民主的正統性論の観点から議会制の意義について検討していくに際して，今後重要性を増すと思われるのが，「国会」の有する全国民性・包括性である」と述べる高田篤教授も，たとえ「情報が十分に開示され，多くの利害関係人に聴聞など十分な参加・関与手続を保障し，専門家，利害関係人等の建設的な討議を通じて」であっても，一般的法規範の定立が議会を経ずに行われることは，「民主制の観点からすれば，……問題である」と主張する。その理由は，「民主制を個人の自己決定によって基礎付ける立場（民主制＝自律）をとるならば，たとえ利害関係人に手厚い手続保障がされたとしても，また，公開の討議を踏まえていたとしても，その規範が利害関係人を越えて一般的効力を持つ以上，「第三者」にとっては「他律」以外の何ものでもない」からである。「「全国民」の「代表」者達よる決定は，憲法理論上「第三者」，「他律」という問題から免れている，という点は決しておろそかに出来ないのである」[203]。高田教授の主張は，直接的には，専門家や利害関係者の関与のみでは（議会をバイパスしては）公共政策の決定に正

---

(202) 中山・前掲注 (201) 90頁。
(203) 高田篤「議会制についての憲法理論的・憲法科学的省察」憲法問題17号 (2006年) 118-119頁。合わせて，高田篤「法律事項」小山剛・駒村圭吾編『論点探究 憲法〔第2版〕』(弘文堂，2013年) 324-325頁も参照。

統性を付与しえないということを示すものであるが，当該政策課題に詳しい専門家や利害関係者による討議であっても，直ちには正統性が調達されないのであれば，当該政策課題と利害関係のない一般の市民による討議が政策決定に決定的な影響を与えるということは，まったく説明できないことになろう。

　いわゆるミニ・パブリックと総称される諸構想において，参加者の選定方法は，公募への積極的な応募者から選定する場合もあれば，無作為抽出を基礎とする場合もあるが，いずれも参加するのは，当該政策課題の専門家や直接的な利害関係者ではなく，選挙等によって政策決定に関して正統性を付与された議員でもない，一般の人々である。コンセンサス会議など，積極的に参加を希望しなければ参加できないミニ・パブリックにおいて実質的な政策決定が行われるとすれば，参加しなかった国民にとっては，明らかに他律である[204]。

　ところで，第二に，政治理論の見地からは，新たな公共的討議の場での成果と政策決定との関係について，どのように論じられるのだろう。田村哲樹教授は，ミニ・パブリックを構想し実践する討議民主主義論者の多くが，討議の場として正統なものと評価されるよう制度設計の工夫に尽力しているが，その人工的な討議の場における討議の成果を公共政策の形成に何らかの形で影響させることが許されるためには，そのようなミニ・パブリックを通じた意見が正統なものであるという意味づけを社会が共有し続けなければならず，そのような二階の多数者構成問題については，実践主義者は十分な考慮をしてこなかったと批判する[205]。

　たしかに，いかに偏りのない一般の国民を抽出し，優れた討議の場を設計し，政策についての討議を経た意見を獲得したとしても，選挙・議会・政府という公式の政治制度[206]による政策決定に代わる正統性は，そこから発生しない。政策の当否をめぐって行われる国民（住民）投票には，そこで示される民意なるものが必ずしも討議的とはいえないという欠点がある一方で，新たな討議の場を創設しよ

---

[204]　その一方で，無作為抽出を基礎として参加者選定を行う公共的討議の場（討論型世論調査など）は，すべての有権者が参加者に選ばれうる可能性が留保されていれば，理論的には，非参加者にとっても他律問題から解放されているといえよう。

[205]　田村哲樹「熟議による構成，熟議の構成」小野耕二編『構成主義的政治理論と比較政治』（ミネルヴァ書房，2009年）122頁。

[206]　本文で繰り返し述べているとおり，選挙や議会などの既存の立憲的統治機構の制度も公共的討議の場である（または，であるべきだ）ということは，忘れられてはならない。

うとする諸構想には，討議性を獲得した代償として，参加性に乏しい点に弱みがある。討論型世論調査は，参加者を無作為抽出することによって，参加性を代表性で補おうとするものであるが(207)，そこでいう代表とは統計学的なものであって，法的なものではない。

　いわゆるミニ・パブリックでの討議の成果は，いかに優れたものであっても，あくまで1つの実験体による成果物にすぎず，しかも，それは限定された参加の下で討議という要素を人工的に添加された加工物なのである。もとより，そのことを自覚しているがゆえに，(狭義の) 討議民主主義の実践を試みようとする論者は，政策決定へ過度に影響を及ぼすことについては謙抑的である。ミニ・パブリックによって示された選好を政策決定に直結させようとする参加民主主義論者にとっては，田村教授の提起した二階の多数者構成問題は深刻であろうが，そもそも代議制との平和的な共存を目指す討議民主主義論者にとっては，政策主体による節度ある参照が許容される程度に説明できるよう努めればよいだけのことである（これが，民主的な公共的討議の諸構想そのものの意味を全面的に否定すべきとするような，致命的な批判を構成するものではないといえよう）。

　新たに創設された公共的討議の場に参加しなかった圧倒的多数の市民が，そこでの成果の政策決定への活用を受容するには，そこで形成された意見の妥当性だけでなく，その討議体としての正統性（優れて公平で充実した討議が行われるような仕組み）と決定機関としての正統性（有権者からの直接または代表者を通じた授権）が必要であろう。1つ目の正統性は，当該公共的討議の場が優れて討議的なものとして設計され，公正・中立な第三者機関によって開催され，多くの国民がその意義を肯認することによって調達される。しかしながら，2つ目の正統性に関しては，悉皆的な参加が実現しない以上，安易に供給されることには，筆者はなお

---

(207) この点が，田村教授によって，さらに批判される。すなわち，参加者を無作為抽出することによって，かえって参加者の正統性を害することになるという（田村・前掲注 (205) 128頁）。この指摘は傾聴に値するが，その一方で，もっぱら意思に基づく参加は，利害関係者による動員の危険性からは自由ではないという点も重視すべきではないか。すなわち，社会的に意見の対立が顕著な政策課題が議題となる場合，意思に基づく参加によるミニ・パブリックで展開されるのは，一般の人々による理性的討議ではなくて，動員された利害関係者等による，各陣営の人的ないし経済的な資源等を基礎とした競争という闘技である。対立当事者間での公平な議論が可能であるかどうか（現存する社会的な不平等状態が，ミニ・パブリックに単に再現されるだけではないか）は，慎重に吟味されなければならない。

も懐疑的である。したがって，いわゆるミニ・パブリックにおける民主的討議の成果が現実の政策決定に決定的な影響力を与えるという制度設計には慎重であるべきであろう。

　では，第三に，開催するために莫大な費用がかかる公共的討議の新構想による議論の成果を公共政策の決定に直結させるべきではないとするならば，そのような人工的な討議の場を新たに創設し，それを実際に起動させることの意義が問われよう。ここでは，本章の総括に代えて，その意義として筆者が考えるところを2つ示すこととする。

　1つは，議会や政府によって公共政策が決定される際の参照情報を提供するということである。国民への影響が甚大な公共政策の問題について，議会や政府が，一般の国民の討議的な意見を調査するために，民主的討議の新手法へ諮問する。もちろん，制度設計に際しては，そこでの討議の成果が議会や政府を法的に拘束するものとしてはならない（あくまで諮問である）。重要なことは，議会や政府が政治的責任をもって政策決定を行うにあたって，障害とならないようにするということである。この場合，政策主体に判断の裁量権が留保されるべきであるから，行われるべき民主的討議は，1つの合意を形成しようとするものではなく，討論型世論調査のような討議の成果が集約されない類型のものが望ましい。

　また1つは，重要な政策課題が争点となる選挙に先立って，あるいは直接的な投票で政策の当否が決まる場合，そこで示される民意が討議的でないものである

---

(208) 第1章で述べたとおり，討議民主主義理論に基づく公共政策の形成という観点からは，議会での審議における討議性の向上こそが，何よりも目指されなければならないと筆者は考える。また，本章で述べたとおり，二階の多数者構成問題が解決されない以上，公式の政治制度である議会や政府は，ミニ・パブリックの成果を尊重に値する参照情報として扱うにとどめるべきで，公共政策の決定そのものは，自ら行うべきであると考える。なぜなら，それが，代議制民主主義の政治制度の下で，国民によって正統性を与えられた議会や政府が果たすべき責任だからである。人工的な討議の場を創設して，政策決定の権限を国民に授権することは，望ましい民主主義の新形態のように見えるかもしれないが，憲法上の機関が責任を放棄する（そして，責任を国民に押し付ける）ということと同義であって，否定的に解されるべきである。
(209) 第1章で述べたとおり，直接投票に基づく政策決定に対しては，そもそも筆者は懐疑的な見地に立っている。ただし，日本国憲法の改正手続のように，憲法上，直接的な投票で政策決定がなされると規定されているものもある。この場合も，前述のとおり，政策決定における討議性が放棄されているのではなく，国会における討議を前置させていることから，討議的な政策決定が本質的に要請されているものと解すべきである。ならば，国会による討議に加えて，国民投票に先立ち，国民による実質的討議に資するような取組みを行うことは有益であろう。

可能性もありうるということを踏まえ，合わせて，民主的討議の新手法を投票前に実施するということである。ここでの討議は，有権者の判断の参考として提供されるとともに，有権者による自発的な熟考の契機ともなりうる。ただし，この場合であっても，判断の主体はあくまで投票に参加する有権者本人であるべきだから，行われるべき民主的討議は，1つの合意を形成しようとするものではなく，討論型世論調査のような討議の成果が集約されない類型のものが望ましい。[210]

---

[210] 田畑・前掲注（200）266頁参照。なお，実際に，オーストラリアや英国などでは，討論型世論調査を総選挙や国民投票に先駆けて実施し，全体会議の一部をテレビ等で放送した事例もある（Fishkin, *supra* note (2), pp. 135-139（訳書211-217頁））。

第3章

公共政策をめぐる民主的討議の場の実験的創設
――わが国における初めての本格的な討論型世論調査――

　本章は、平成22-24年度日本学術振興会科学研究費（基盤研究（A））による補助事業「討論型世論調査による民主主義における「世代を超える問題」[1]の解決策の模索」（課題番号：22243014，研究代表者：曽根泰教慶應義塾大学大学院政策・メディア研究科教授）による助成を受けて、2011年2月から5月にかけて実施した公的年金制度のあり方をめぐる討論型世論調査について、調査の意義及び結果を整理するものである。

　筆者は、この科学研究費に基づく補助事業の研究分担者を務めるとともに、討

---

[1]　憲法学が時間という概念をどのように扱えばよいのかについては、これまであまり意識されてこなかったが、実は深刻な問題である。例えば、憲法典それ自体が死者による支配であるという理解も成り立ちうるが、このような見地に立てば、例えば、アメリカ合衆国憲法は、すでにこの世の中に存在しない200年以上も過去の制憲者・批准者らが、時間を超えて、現在を拘束するとともに、未来をも支配しようとする不思議な道具である。また、将来の国民の過大な負担の下に現在の国民が不当に経済的利益を享受することを避けるため、経済全体の均衡の要請を考慮して連邦とラントが財政運営をしなければならないとするドイツ連邦共和国基本法109条の規定は、異なる時代に生きる人々に自分の世代の負担を転嫁させないようにするための賢明な立憲的工夫の1つであろう。
　世代を超える問題についてわが国憲法学が明示的に正面から取り組んだ論稿はあまり多くないが、そのうちの1つとして、さしあたり、長谷部恭男「世代間の均衡と全国民の代表」『憲法の円環』（岩波書店，2013年）107-131頁。この論文で、長谷部恭男教授は、次のような問題関心を示している。「民主政国家では、その時々の有権者の意見が国政に反映されるべきだと言われる。しかし、多くの有権者が短期的視野からの特殊利益に基づいて投票するとき、有権者の声を国政に反映した結果は、世代間の受益と負担の均衡を含めた、中長期的な全国民の利益と齟齬を来すこととなりかねない」（107頁）。そのうえで、世代間の衡平をいかに図るかという「課題を解決すべき基本的責務を担う国会議員が「全国民を代表する」とは何を意味するのか」、「別の言い方をするならば、負担と受益の衡平を図られるべき複数の世代を含む「全国民」はいかに観念されるべきか、そしてその「代表」は何を任務とすべきかという問題」が、ここでは取り組まれている（108頁）。そして、この論文は、次のように結論する。「将来世代の利益を「有権者の声」という形で個々の国会議員に伝達し、その行動に反映することが困難なのであれば、ここでも、将来世代の利益の公正な利益を国政に反映するため、代表民主政の過程を補完し、嚮導する制度を設営することが考えられる。世代会計の考え方等を勘案しつつ、世代間衡平について党派政治から独立した立場から助言を行う第三者機関の設営は、そうした構想の一つである」（128頁）。なお、世代会計については、後掲注（34）参照。

論型世論調査を実施するための組織として設置された慶應義塾大学 DP 研究センター（後述）の兼担所員の任にあった。曽根教授の下で，DP 研究センターの事務局長として，科学研究費の研究計画調書の作成から討論フォーラムの実施に至るまで，一貫して中心的な役割を担ってきた立場から，本章では，この公的年金制度のあり方をめぐる討論型世論調査について総括することとする。

1　公的年金制度のあり方をめぐる討論型世論調査の実施準備

　日本全国の有権者を対象とするフルスケールの討論型世論調査を実施するために，研究代表者である曽根教授とともに，筆者は，2009年10月，科学研究費の研究計画調書を作成し，曽根教授名で日本学術振興会に応募した。

（1）競争的研究資金への応募

　討論型世論調査には，世論調査の費用，討論フォーラムの参加者についての謝礼や飲食費，全体会議のパネリスト・小グループのモデレータ・運営スタッフの人件費，討論資料や調査票等の印刷費・送料，その他管理経費など，膨大な費用が必要となる。わが国のそれまでの討論型世論調査のように，討論フォーラムの期間を1日に短縮したり，参加者を招聘する範囲を1つの地方公共団体に限定したりすれば，費用は節減できる。しかし，フルスケールで（2泊3日で，全国から参加者を集めて）討論型世論調査を実施する場合には，相当に多額の交通費や宿泊費等を実施主体が負担しなければならない。

　わが国におけるそれまでの討論型世論調査は，3回ともすべて，地方公共団体が（大学の研究室等と共同して）実施主体であった。今回扱う議題は，公的年金制度のあり方という地方公共団体の事務の枠にとどまらない国家的な課題である。地域の政策課題について調査するために，地方公共団体が公式の手続を経て資金を拠出することは問題がなかろうが，年金制度のような政策課題については，特定の地方公共団体が調査事業を実施し資金を提供することの妥当性には疑問なしとはしない。地方公共団体に決定権限のない政策課題について，調査のために多大な費用を拠出することは，公金の適正な支出という観点から説明が困難だからである。国家的な政策課題であれば，その政策を所管する行政機関の補助する事

業として，討論型世論調査を実施するという方途も考えられよう。ただし，わが国で最初のフルスケールの討論型世論調査を実施するにあたっては，そのような方法を採らずに，政府から独立した自由な立場で，純粋な学術的研究として実施したいと，筆者らは希望していた。

　研究者個人が負担しえない規模の多額の費用が必要となる調査であるため，筆者らは，討論型世論調査を実施するための研究グループを組織し，公的な競争的研究費補助事業への応募を検討することとした。具体的には，国の行政機関がそれぞれ定める目的のための公募型研究である政策課題対応型研究開発に対する補助事業への応募ではなく，研究者の自由な発想に基づく学術研究を発展させることを目的とする競争的研究資金である独立行政法人日本学術振興会の科学研究費補助事業へ応募することとした。また，全国規模の討論型世論調査を実施するにあたり必要となる費用を考慮して，人文・社会科学系の共同研究としては大規模な種目である「基盤研究（A）」とした。

（2）調査の意義・目的・背景

　年金問題や環境問題など，世代を超えて影響が発生する問題を解決することが，現在の民主政治が直面している重要な課題の1つである。従来の民主主義理論は，現に選挙権を有する者の参加や平等を論じてきたが，実際に選挙で投票を行う有権者が高齢者層に偏ってしまい，通常の民主政治過程では多様な意見（特に，将来世代の意見）を代弁する方途には限界がある。また，このような世代を超

（2）　世代別の投票率（と，公的年金制度に対する世代間の態度の差異）の問題については，上村敏之『公的年金と財源の経済学』（日本経済新聞出版社，2009年）17-28頁。

（3）　例えば，井堀利宏教授は，公的年金制度の改革に関連して，次のように述べる。「現実の年金改革では，現在の年金受給者，年金負担者の負担増となる改革は先送りされ，その分だけ将来の年金受給者，年金負担者の負担増に回されている。老人世代は投票率も高く，政治的な発言力は大きい。その結果，老人世代の意向を反映した経済政策や社会保障政策が行われる可能性が強い」（井堀利宏『経済学で読み解く日本の政治』（東洋経済新報社，1999年）148頁）。井堀利宏『誰から取り，誰に与えるか　格差と再分配の政治経済学』（東洋経済新報社，2009年）184頁も同旨。あるいは，上村敏之教授は，次のように述べる。「世代間で公的年金への態度が異なるならば，このことが政治に影響を与える可能性がある。特に，少子高齢化が進むにつれて，高齢世代の数が現役世代の数に比較して増えてゆくことが，高齢世代の政治的な力を増やす。さらに，現実の投票率は，一般に若者世代ほど低く，高齢世代ほど高い。これでは，ますます高齢者の見解を反映した政治が実現してしまうことになる」（上村・前掲注（2）24頁）。

える問題については，非常に複雑であるので，一般の国民は，そもそも問題の所在すら十分に理解できず，限られた不十分な情報による表面的な理解に基づき判断せざるを得ないことが多く，ともすれば，短期的な利害に固執してしまい，長期的には不適切な選択を行うこともある。[4]政府の政策担当者や，有権者に対して選択肢を示すべき政党ですらも，関係者が複雑に入り組んだ問題について，相容れがたい利害を調整しつつ，政策という形で長期的な展望を示すことが困難である。

　討論型世論調査では，無作為抽出による世論調査を実施し，その回答者の中から討論フォーラムの参加者を選定する（投票に積極的に参加しない若年者層などの参加も見込まれる）。討論フォーラムでは，議題となる公共政策の諸問題について，判断に必要な情報が提供されたうえで，他の参加者との議論や専門家への質疑を行うため，参加者は，問題についての表面的な理解ではなく，長期的な視点に立った十分に熟考した意見を示せるよう制度設計されている。

　そこで，世代を超える問題を検討するにあたって，この討論型世論調査という社会実験の手法が利用可能であろうと考えるに至った。

（3）調査の実施体制

　研究代表者である曽根教授は，討論型世論調査という社会実験をわが国に紹介し，実際に諸外国で行われた討論型世論調査を参与観察してきた。また，筆者は，憲法学の見地から，討論型世論調査の思想的背景である討議民主主義（deliberative democracy）理論について研究を進めてきた。[5]この社会実験の主唱者であ

---

(4) 例えば，総選挙の際に，低負担で高福祉を実現すると公約に掲げた政党に対して，有権者は過度な期待をして負託するかもしれない。その政党が政権を獲得し，いざ政策の実行を求められてはじめて，その公約が十分な財源の裏付けのないものであったために，完全な実現が困難であることが判明する。高福祉の実現に増税が不可避であるとしても，有権者の支持を失いたくない政権は，現在の有権者に負担を強いることになる増税を回避する。公約の実行に固執するならば，起債するなどしてでも高福祉が実現するだろう。現在の国民は歓迎するかもしれないが，しかしながら，これは，（現在の政治に発言できない）将来世代に対して負担を先送りするということを意味する。

(5) 筆者は，処女論文である「熟慮と討議の民主主義理論――公法理論と政治理論との架橋に向けての試論的考察」法学政治学論究58号（2003年）369-399頁以降，「公共的討議の意義の複線化――理論群としての討議民主主義理論の生存戦略」曽根泰教・大山耕輔編『日本の民主主義――変わる政治・変わる政治学』（慶應義塾大学出版会，2008年）61-79頁，「討議民主主義理論をめぐる議論状況」慶應義塾大学法学部編『慶應の法律学　公法Ⅰ〔慶應義塾創立150年記念法学部論文集〕』（慶應義塾大学

るスタンフォード大学教授（スタンフォード大学センター・フォー・デリベラティブ・デモクラシー（以下，「DD 研究センター」と略記する）所長）のフィシュキン（James S. Fishkin）と中心的運営メンバーの 1 人であるテキサス大学オースティン校准教授のラスキン（Robert C. Luskin）には，在外の研究協力者として，研究代表者らと密接な連携を図りつつ本研究に従事することの内諾を得ていた。また，補助事業を申請した年度（2009年度）には，ローカルレベルの簡略型の討論型世論調査（2 回の藤沢市での討論型世論調査）を実施し，その運営上の課題や問題点などの分析を進めていた。すでに研究体制は整っており，この研究補助申請が採択されれば，直ちに本格的な討論型世論調査を実施し，研究を推進できる状況にあった。

　2010年 4 月に，前年に応募していた科学研究費の補助事業が，2010年度から2012年度までの 3 か年の研究事業として採択された。そこで，直ちに，この補助事業の中心的な取組みである討論型世論調査を実施するための研究組織を構成することとなった。

　研究代表者の所属する研究機関である慶應義塾大学では，さまざまな研究領域を横断的に連結・融合させた新しい形の研究拠点の形成のために，先導研究センターという機関が設けられている。そこで，研究代表者の曽根教授は，先導研究センター内に，討論型世論調査の研究と普及を目的とする「DP 研究センター」を設置するよう申請し，2010年12月 1 日付けで，同大学公認の機関として認められた。[6]

　DP 研究センターでは，討論型世論調査の主唱者であるフィシュキンとラスキンを研究アドバイザとして迎え，曽根研究室の大学院生や学部学生等からなるプロジェクトチームを設けることとした。そして，曽根教授及び筆者ならびにこのプロジェクトチームによって，討論型世論調査を実施することとなった。

出版会，2008年）35-62頁などを通じて，討議民主主義の理論面の整理に努めてきた（なお，これらについては，他の拙稿とともに再構成したうえで，（本書ではなく）拙著『裁判員制度の立法学――討議民主主義理論に基づく国民の司法参加の意義の再構成』（日本評論社，2009年）に所収した）。
（6）　この慶應義塾大学 DP 研究センターは，2013年 3 月末までの時限的な機関として，同大学湘南藤沢キャンパスに設けられ，センター長を曽根教授が務め，筆者（事務局長）のほか，同大学総合政策学部の玉村雅敏准教授と古谷知之准教授によって構成されることとなった（さまざまな地方公共団体等で地域経営の参加と協働のシステムづくりに従事してきた玉村准教授と，ベイズ空間統計学や計量経済学について研究している古谷准教授には，それぞれ専門的知見を活かして，討論型世論調査の具体的な運営や調査結果の分析にご協力いただくことにした）。

(4) 討論フォーラムの会場と開催日の決定

　科学研究費の補助事業として採択されて最初に検討したことは，討論フォーラムをいつどこで開催するかについてであった。

　討論フォーラムの会場としては，参加者15人程度が小グループ討論を行う小会議場と，参加者全員が集まる全体会議を行う大会議場が必要である。これまでに行われた諸外国での討論型世論調査では，大学のキャンパス（例えば，1996年1月のアメリカ合衆国での調査（テキサス大学オースティン校），2000年8月のデンマークでの調査（南デンマーク大学）），欧州議会議事堂（2007年10月のEU加盟27か国での調査）や旧国会議事堂（1999年10月と2001年2月のオーストラリアでの調査）が使用されたこともあるが，多くの場合，ホテルで行われている。

　今回の討論フォーラムでは，当初，300人の参加を予定していたため，小グループ討論用の小さな会議室を20部屋有し，かつ，300人以上を収容する大きなホールを併有する施設が必要であった。このような要件を充足する商業施設は少なくはないが，施設使用に充てられる費用が限られており，コンベンションセンターやホテルでの実施は困難であった。また，実施主体の本拠地が東京都と神奈川県にあるため，会場を東京都内または神奈川県内で探すこととした。そして，いくつかの候補地の中から，最終的には，慶應義塾大学三田キャンパス（東京都港区三田）を討論フォーラムの会場として決定した。[7]

　ローカルレベルの簡略型の討論型世論調査であれば，参加者のための宿泊施設を確保する必要はないが，今回の討論型世論調査ではフルスケールで実施するため，300人の参加者が金曜日と土曜日の2日間連泊できるよう，300人分のシングルルームを確保する必要があった。宿泊施設を選定するにあたって筆者が重視した要素は，①全国から集まる参加者の交通の便宜（航空機や新幹線を利用し遠方から来る参加者には特段の配慮が必要である），②討論フォーラムの会場に近く，移動しやすい場所にあること，③宿泊費用が合理的であるとともに宿泊上の困難がない施設であることの3点であった。これらの要件を充足し，かつ300人分のシン

---

(7)　大学を討論フォーラムの会場とすることには，固有の意義がある。すなわち，小グループ討論や全体会議の会場として利用しやすい規模の教室があらかじめ複数設けられていることや，必ずしも討論型世論調査やその議題に関心をもたない参加者が，会場とする大学そのものに興味をもって参加する可能性があることなどである。

グルームを金曜日と土曜日の2日間連泊で確保することは非常に困難であったが，最終的には，東京都港区高輪にある民間のホテルを宿泊施設に決定した。

討論フォーラムの開催日については，計画段階では，2011年春に実施するということのみを決めていた。T1調査を2010年度末に行うため，討論フォーラムは2011年度のできる限り早い時期に行う必要があった。参加者の都合を考慮して，開催日は，5月28日（土）から29日（日）までとすることに決定した。

2　公的年金制度のあり方をめぐる世論調査

（1）世論調査の方法

T1調査は，当初，この討論型世論調査独自での調査として行う予定であった。社会調査の専門機関に委託することを前提として，筆者は，複数の企業と打ち合わせの機会をもち，実際に費用の見積もりまで得ていた。しかしながら，2010年度に認められた研究費の金額では，専門機関へ業務委託をして独自の郵送調査を行うことは困難であった。そこで，今回は，朝日新聞社世論調査センター（現 世論調査部）の協力を得て，同社が定期的に行っている全国世論調査に相乗りをすることとした。筆者ら実施主体が独自でT1調査を実施するよりも，回答率の高さで定評のある同社の郵送調査を利用するほうが，より精度の高いデータを得られると見込まれたことが，業者選定の主たる理由である。

朝日新聞社では，電話，面接，郵送による世論調査を定期的に実施しており，2011年2月に「どうする年金・社会保障──あなたの思いは」と題する全国郵送世論調査を実施することとなっていた。そこで，慶應義塾大学と朝日新聞社との

---
(8) T1調査の結果とT2・T3調査の結果とを比較検討するには，これらを近接して実施する必要があるためである。
(9) 安価な実施という観点から最も優れた調査手法は，インターネット調査であろう。しかしながら，インターネット調査は，現時点では，標本の統計学的代表性の点で難点があるとされている。すなわち，モニター登録をしたインターネットの利用者のみを対象とするのでは，積極的に調査に協力する意思が弱い，あるいはインターネットの利用頻度の低い者が，調査の対象から外れる点で，討論型世論調査の調査方法としては欠陥がある（James S. Fishkin, *When the People Speak: Deliberative Democracy and Public Consultation,* Oxford University Press, 2009, p. 117（曽根泰教監修・岩木貴子訳『人々の声が響き合うとき』（早川書房，2011年）182頁））。なお，今回の討論型世論調査のT1・T2調査では，「あなたは，インターネットを使っていますか」という質問を行ったが，「使っていない」との回答は，T1調査では全体の46.3％を，T2調査では全体の20.5％を占めた。

間で相互協力に関する覚書を締結し，同社が作成する全国世論調査の調査票の質問として，筆者らが希望する質問案を含めて検討することと，同大学が世論調査結果のデータを購入することなどを取り決めた。

　この調査そのものは朝日新聞社が主体となって行うものであり，調査票の内容なども最終的に同社の世論調査センターの責任の下で確定したものであるが，DP研究センターとしては，公的年金制度に関する質問項目の作成にあたって，いくつかの要望を行った。

　例えば，公的年金の保険料の徴収をやめ，消費税を引き上げてそれを年金の財源とすべきか否かを尋ねる設問では，通常の世論調査であれば，消費税を財源とする改正に「賛成する」，「反対する」，「その他（自由回答欄を設ける）」の３つの選択肢（択一式の多項選択法）とするか，「大いに賛成する」，「ある程度賛成する」，「あまり賛成しない」，「全く賛成しない」，「その他（自由回答欄を設ける）」の５つの選択肢（評定法）とするのが通例であるという。一般的に，評定法で質問を作成する場合，段階が少なすぎると大まかな回答しか得られない一方で，段階が細かく分かれれば分かれるほど，回答者も回答しにくいという[11]。しかしながら，参加者の意見の変化を調査する討論型世論調査では，参加者の微妙な意見の変化を把握するため，筆者らは，できる限り細かく段階を分けて質問を行いたいと考えていた[12]。そこで，筆者らは，「強い賛成を１，強い反対を７，ちょうど中間を４として，あなたの考えに一番近いと思う番号にマルをつけてください」という設問にするよう要望した[13]。当初，前例がないことを理由に，朝日新聞社側はこのような細かな肢を選択させる質問を設けることに難色を示したが，最終的には，核となる質問のうち５つについて７段階の選択肢を用いた質問を設けること

---

(10)　この世論調査の結果については，さしあたり，朝日新聞2011年３月22日朝刊，詳しくは，Journalism 253号（2011年）96-117頁。
(11)　鈴木淳子『質問紙デザインの技法』（ナカニシヤ出版，2011年）184頁。
(12)　調査票の作成過程で寄せられたラスキンからのコメントによれば，討論型世論調査において，２つの政策案についてどちらがよいかについての質問では，７段階尺度で（または11段階尺度で）で尋ね，また，ある政策案への賛否についての質問では，５段階尺度で尋ねるのがよいという。
(13)　それぞれの段階間の微妙な差異を的確に表現し回答者に伝えるのが難しくなる点が，評定法の質問において段階を細かく分けることの難点の１つであるが，この調査では，尺度の全段階にラベルを付けるのではなく，両端の選択肢にのみ記入しておき，間の選択肢にはラベルを付けない形式の評定尺度を用いることとした（鈴木・前掲注（11）184-185頁参照）。

となった。

　一方，社会保障制度に関する回答者の知識を尋ねる質問項目を設けてほしいという当方の要望については，世論調査の趣旨に沿わないという理由から（回答者の意見を問うものではないため），認められなかった（そこで，知識量の変化については，T2調査とT3調査との比較のみで行うこととした）。

　調査票は，2011年2月初旬に，全国の選挙人名簿から無作為に抽出した3,000人に対して，朝日新聞東京本社から発送し，2月下旬までの返送を求めることとした。討論フォーラムに関しては，フォーラムの参加の意向を調査する質問が調査票に設けられるとともに，簡単な説明が同封された。

　T1調査は，おおむね次のように行われた。①調査票を筆記具や返信用封筒とともに2月8日に発送し，2月28日までの返送を求める。②2週間後（2月22日ごろ）に，はがきを送る。このはがきは，調査協力に対する取り急ぎの謝意を伝えるものであるが，調査票の未返送者に対しては回答を督促する趣旨を含めた文面が記載されている。③はがきの送付からさらに1週間後（3月1日ごろ）に，調査票の未返送者に対して，改めて調査票と返信用封筒を送る。この再度の調査は，3月16日までの返送を求めるものである。

　3月7日の中間集計の時点では，T1調査全体で，2,071通の返送があり，そのうち有効回答（回答のない項目が多い調査票や対象以外の者が回答したと明記された調査票などを除いたもの）が1,914件（63.8％）であった。中間集計では，討論フォーラムへの参加を希望すると回答した者は87人，参加できるか否かは不明であるが関心をもつ者が290人，参加を希望しないと回答した者が1,335人，回答がなかった者が202人であった。このうち，参加を希望するないし関心をもつと回答した者を参加候補者と扱う（回答者本人の同意の下に，DP研究センターが回答者の住所や氏名等の情報の提供を受ける）。

　T1調査の調査票返送者に対する朝日新聞社世論調査センターからの謝礼の発送は，3月16日を予定していた。しかし，実際には，3月11日の東日本大震災（後述）の影響により，3月20日に変更された。この謝礼の発送の際に，討論フォーラムへの参加に関するアンケート項目への回答がなかった者に対しては，

---

(14)　層化2段無作為抽出法により，全国の縮図になるように339の投票区が選ばれ，各投票区の選挙人名簿から平均9人が選ばれた。

合わせて，慶應義塾大学DP研究センターから討論フォーラムの詳しい案内を郵送してよいかどうかを問う追加調査が行われた。[15]

朝日新聞社におけるＴ１調査の最終集計は3月18日に行われた。調査票の返送総数は2,193件で，有効回答は2,143件（71.4％）であった。参加を希望すると回答した者は90人，参加の可否は不明であるが関心をもつ者が322人，参加を希望しないと回答した者が1,494人，回答がなかった者が237人であった。この時点での参加候補者は412人であった。また，追加調査には48人から回答があり，そのうち案内を送ってもよいと回答した者は10人であった。

（２）世論調査の結果
①回答者の属性

前述のとおり，Ｔ１調査の有効回答は2,143件であった。この回答者の属性は，図表３－１～図表３－３のとおりである。[16]

総務省統計局による2011年10月１日時点の人口推計によれば，全国の20歳以上の日本人人口における男女比は，男性48.1％，女性51.9％であるから，回答者全体の男女比（男性47.2％，女性52.0％）とほぼ等しい（図表３－１）。

また，年齢については，全国の20歳以上の日本人人口の分布（20歳代12.7％，30歳代16.8％，40歳代16.4％，50歳代15.2％，60歳代17.8％，70歳代以上21.0％）を，回答者全体の年齢構成と比較すると，20歳代がやや少ないほかは，おおむね歪みはない（図表３－２）。

居住地域については，全国の日本人人口の分布（北海道4.3％，東北地方7.2％，関東地方33.4％，甲信越・北陸地方6.6％，東海地方11.8％，近畿地方16.3％，中国・四国地方9.0％，九州地方・沖縄11.4％）と回答者全体の分布を比較すると，ほとんど歪みはない（図表３－３）。

---

(15) 当時，青森，岩手，宮城，福島，茨城の５県が郵便の配達困難地域に指定されていたため，これら５県に在住する調査対象者への発送はさらに遅くなったものと思われる。
(16) 以下，図表中，「Ｔ１（全体）」とあるのは，Ｔ１調査の回答者全体（2,143人）のＴ１調査への回答を，「Ｔ１（非参加者）」とあるのは，Ｔ１調査の回答者で討論フォーラムに参加しなかった者（2,016人）のＴ１調査への回答を，「Ｔ１（参加者）」とあるのは，討論フォーラムの参加者（127人）のＴ１調査への回答を，それぞれ指す。

第3章 公共政策をめぐる民主的討議の場の実験的創設

図表3－1 回答者の性別

T1（全体）	人数（人）	割合（％）
男性	1,011	47.2
女性	1,115	52.0
無回答	17	0.8

図表3－2 回答者の年齢

T1（全体）	人数(人)	割合(％)
20歳代	226	10.5
30歳代	343	16.0
40歳代	327	15.3
50歳代	381	17.8
60歳代	425	19.8
70歳代以上	436	20.3
無回答	5	0.2

図表3－3 回答者の居住地域

T1（全体）	人数(人)	割合(％)
北海道	96	4.5
東北地方	166	7.7
関東地方	685	32.0
甲信越・北陸地方	156	7.3
東海地方	248	11.6
近畿地方	351	16.4
中国・四国地方	200	9.3
九州地方・沖縄	241	11.2

②公的年金制度への信頼

　公的年金制度に対しては，一般の国民の信頼は，必ずしも高いとはいえない。その原因は，制度そのものが有する本質的な問題点のほかに，近時の最も大きな制度改革の1つであった2004年6月の年金制度改革の際に注目された国会議員等の国民年金保険料の未納問題や，2007年5月以降に発覚した社会保険庁による年金記録問題など，社会的に注目された出来事による影響も挙げうるであろう。[17]

　公的年金制度への信頼についての質問に対して，「大いに信頼している」が9.7％，「ある程度信頼している」が48.7％，「あまり信頼していない」が33.7％，「まったく信頼していない」が6.1％であった。約6割が，相対的に信頼していると回答した。

　年代ごとの回答結果の差に注目すると，図表3－4が示すとおり，高齢者層は制度に対する信頼が高いのに対して，若年者層の多くが制度を信頼していないことが明らかとなる。60歳代と70歳代以上では7割ないし8割が信頼すると答えている一方で，20歳代・30歳代の6割が制度を信頼していないと考えており，40歳

---

[17] 週刊東洋経済6230号（2009年）の特集「年金不信はなぜ広がった？」（64-89頁）は，公的年金制度に対する不信感の基礎には，年金制度が破綻しているという誤った認識があるとし，それを慫慂しているのは，一部の研究者等のほかに，それを党勢の拡大のために政治的に利用しようとした民主党であると分析している。また，権丈善一教授は，「2004年夏の参院選来，この国では年金が政争の具となって」おり，「その間，年金不信，年金嫌いは国民にしっかり根付いたようである」と考察する一方，「年金を政争の具とした民主党は，年金改革の具体像を一向に示そうとせず」，また，「民主党年金改革案と呼ばれているものが，専門家の視点からみれば現行制度の代替案たり得ないこと」を論証しようとしている（権丈善一「年金騒動の政治経済学」社会政策1巻2号（2009年）34頁）。

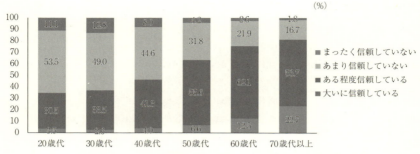

図表3-4　公的年金制度への信頼（T1（全体），年齢別）

代と50歳代とを境に信頼が逆転している。

　制度に対する不信感の基礎の1つとして，公的年金制度の持続可能性への疑念が挙げられよう。2000年代半ばには，公的年金が制度としてすでに破綻していると主張が目立った。例えば，榊原英資教授は，「積立金の不良債権比率が四〇％近くあり，国民年金の未払い率が四割にせまる公的年金は，財政的に既に破綻して」いると断定している。[18] 国会においても，特に2004年の年金制度改革時などには，一部の野党議員が，公的年金制度が破綻状態にあると断定していた。[19]

　では，公的年金制度の持続可能性に対する一般の認識はどうなのか。年金制度が将来にわたって持続しうるかを尋ねたところ，38.2％が「続けていくことがで

---

(18)　榊原英資『年金が消える』（中央公論新社，2004年）7頁。榊原教授は，2004年の年金改革に対しても，「単なる先送りに過ぎ」ないと主張する（20頁）。あるいは，金子勝教授（経済学者）は，「制度の見直しのたびに，保険料の引き上げ，給付額の引き下げ，そして支給年齢の引き上げを延々と繰り返しながら，ただひたすら若い世代に負担を押しつけようとしてきた」が，「そんなことを繰り返しているうちに，年金の未積立金はいまや約四八〇兆円もの巨額に達してしまい，年金の空洞化が急速に進行するようになってしまった」と分析したうえで，「どう見ても，こうした粉飾国家の仕組みは持続可能ではない」と評価する（金子勝『粉飾国家』（講談社，2004年）46-47頁）。金子教授も，2004年の年金制度改革を否定的にとらえているが，「このまま現行の年金制度を続けていたら，いずれ破綻するということにほかならない」と述べている（89-90頁）。

(19)　例えば，小川勝也議員は，参議院本会議において，「政府を信用せず，高い収入があるにもかかわらず〔年金保険料を〕払わない人たちも増えて」おり，「我が国の年金制度は完全に破綻しています」と断言した。これに対して，小泉純一郎内閣総理大臣は，「国民年金を支える被保険者七千万人に対しまして，未納者，未加入者は現在のところ約五・五％であり」，「破綻しているといった状況にあるとは考えておりません」と答弁している（官報号外第159回国会参議院会議録第3号（2004年1月23日）16-19頁）。この時期には，公的年金制度が破綻状態にあると断定する発言が，このほかにも多数なされた（例えば，枝野幸男議員（官報号外第159回国会衆議院会議録第19号（2004年4月1日）

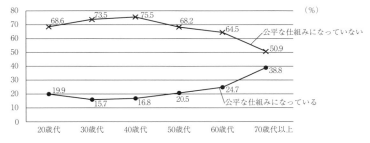

図表 3-5 公的年金制度の公平さ（T1（全体），年齢別）

きる」と答えたのに対して，50.0％が「そうは思わない」とした。この持続可能性に対する期待についての質問も，「続けていくことができる」という回答が年齢に比例して多くなる一方で，「そうは思わない」は反比例している。

③公的年金制度の公平さ・負担の妥当さ

公的年金制度が保険料納付や受給額の面で公平な仕組みになっているかという質問に対しては，23.6％が「公平な仕組みになっている」と答えた一方で，65.9％が「公平な仕組みになっていない」と回答した。

年代ごとの回答結果の差については，図表3-5のとおりである。年金保険料を納付している世代（20歳以上60歳未満）の不公平感は高く，約7割が「公平な仕組みになっていない」と答えている。これに対して，老齢年金を受給している世代である70歳代以上では，38.8％が「公平な仕組みになっている」と答えるものの，依然として半数が不公平であることを認めており，年金受給者世代においても，制度の公平感についての逆転現象は見られない。

このように，公的年金制度は，どの世代においても不公平な制度という認識が強く，制度の改革が求められるところである。

国民の多くが不公平な制度であると考える公的年金制度について，特に保険料負担の点で妥当か否かを尋ねた。これに対しては，42.1％が「適度な負担だ」と答えた一方で，47.3％が「割に合わない」と回答している。

7頁），山本孝史議員（官報号外第159回国会参議院会議録第20号（2004年5月12日）6頁），岡田克也議員（官報号外第159回国会衆議院会議録第41号（2004年6月15日）4頁）によるものなど）。

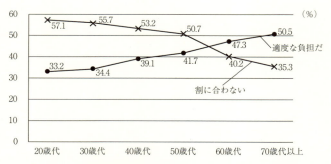

図表3-6　公的年金制度の負担の妥当さ（T1（全体），年齢別）

　回答結果を年代ごとに集計して作成したのが，図表3-6である。
　20歳代の57.1％が「割に合わない」と答えた一方で，70歳代以上の半数が「適当な負担だ」と回答している。50歳代と60歳代とを境に負担の妥当性についての意識が逆転している。保険料納付者世代の保険料の負担感は高く，その一方で，年金受給者世代の保険料の負担感は低い。負担の妥当性に関しては，肯定的意見が20歳代の約3割にとどまったのに対して，逆に70歳代以上は約3割強しか否定的意見をもっていない点で，対照的である。

④基礎年金の仕組みと財源

　わが国の年金制度は，加入者が一定期間にわたり保険料を拠出し，それに応じて年金給付を受ける社会保険方式を採用している。これに対して，例えば，日本経済新聞社や経済同友会は，消費税率を段階的に引き上げて，これを基礎年金部分の財源とする全額税方式への移行を明確に提言している。政党では，民主党が基礎年金部分を税方式とすべきと主張しており，[20]その支持母体である日本労働組

---

[20]　民主党は，2009年8月の総選挙に際して，①年金制度を例外なく一元化し，すべての人が同じ年金制度に加入するようにする，②所得が同じであれば同じ保険料を負担し，納めた保険料を基に受給額を計算する「所得比例年金」を創設する，③消費税（5％税収相当分全額）を財源とする「最低保障年金」を創設し，すべての人が7万円以上の年金を受け取れるようにすることなどを選挙公約（マニフェスト）として掲げていた。民主党の公的年金制度の改革案については，実は「その詳細な制度内容は昔も今〔2011年6月時点〕も明らかではない」（21頁）が，それを整理するものとして，坂口正之「民主党の公的年金制度改革案の変遷と課題」大阪商業大学論集7巻1号（2011年）21-40頁。
　上記のマニフェストでは，上述の内容を「骨格とする年金制度創設のための法律を平成25年までに

図表3-7　社会保険方式と全額税方式のメリットとデメリット

	社会保険方式	全額税方式
メリット	・拠出と給付の対応が基本で、年金保険料の拠出履歴に基づいた給付となり、自助努力を推奨する仕組みとなる。	・無年金者や低年金者を救済することができる。 ・未納問題を解決でき、実質的な皆年金となる。 ・所得に応じて給付水準を変更できる。 ・企業負担を軽減することができる。 ・租税の徴収コストは年金保険料に比較すれば低い。 ・年金積立金の運用を行わなくてもよい。
デメリット	・年金保険料の徴収コストが租税に比べて高い。 ・高齢化の過程においては現役世代の負担が高くなる。 ・高齢化の過程においては年金積立金を運用する必要がある。 ・未納者や無年金者、低年金者が発生してしまう。 ・自営業者や農業者などの所得把握が難しい。 ・増加している非正規雇用や専業主婦（主夫）への扱いが難しい。	・生活保護制度と年金給付の制度的位置づけが曖昧である。 ・あまりに給付水準が高いならば、現役世代の働く意欲を削ぐ可能性がある。 ・税率引き上げが毎年度の政治的な状況に依存する。 ・すべて消費税で賄う場合、相当高い税率が必要となる。 ・税収が足らない場合、年金積立金がないために、十分な給付ができない可能性がある。 ・給付水準が税収に左右される。
全額税方式への移行期間における問題		・すでに退職世代となった家計にも税負担を求めることになる。 ・過去に年金保険料を拠出してきた家計に対する配慮が必要となる。

（出典：上村敏之『公的年金と財源の経済学』257頁）

合総連合会（連合）も、一般財源と社会保障目的税（それぞれ2分の1ずつ）に基づく全額税方式への移行を主張している。[21]

社会保険方式と全額税方式の長所と短所については、上村敏之教授による整理が明快である（図表3-7参照）。上村教授によれば、全額税方式が改革案として強く浮上している理由として、次の3つが挙げられる。すなわち、①景気の低迷

成立させる」と規定されていたが、実際には、政権交代後も民主党はこれを実行することができず、その一方で、マニフェストに記載されていなかった消費税率の引上げが実現した。
(21) さしあたり、第2回社会保障に関する集中検討会議（2011年2月19日）及び同第3回会合（2011年2月26日）の議論と資料を参照。

や雇用の流動化による所得の減少のため国民年金の保険料の納付率が低くなっているが，社会保険方式の下では，年金保険料を拠出しない人は，将来的に無年金ないし低年金となる可能性が高い（あるいは，将来的に生活保護を受給する世帯になりうる）。そこで，全額税方式にすれば，すべての国民は年金保険料を拠出する必要がなく，未納問題は構造上，発生しなくなる。②社会保険方式における厚生年金の保険料は従業員負担と企業負担の折半となっており，公的年金の財源を保険料から全額，家計の負担する租税へと切り替えれば，企業の負担が軽減する。③年金保険料は原則として現役世代が拠出するが，消費税は退職世代にも負担をさせることができるため，公的年金制度において優遇されているとされる退職世代にも消費税を負担させることにより，世代間不公平を是正することができる。[22]

公的年金制度の設計上重要な問題についての質問の1つとして，基礎年金部分の全額税方式への移行の是非について尋ねた。質問文は，次のとおりである。「すべての年金に共通する基礎年金部分の保険料の徴収をやめ，その分，消費税を引き上げて年金の財源にあてるという考え方があります。あなたは，この考え方に賛成ですか。反対ですか。強い賛成を1，強い反対を7，ちょうど中間を4として，あなたの考えに一番近いと思う番号にマルをつけてください」。回答欄として中間（尺度4）を中心とし，賛成（尺度1）と反対（尺度7）を両端に挙げ，それらの間に外向きの矢印を置き，数字を等間隔に添えた。この質問に対する回答結果は，図表3-8のとおりである。

---

[22] ただし，上村教授は，これら3つの論拠について，すべて反駁している。①については，全額税方式への移行の際に，それまで保険料を拠出してきた人々と未納者との整合性を図らなければ不公平となるため，過去の拠出履歴を何らかの形で公的年金の給付に反映せざるを得ないが，それはまさに社会保険方式そのものであり，完全な税方式への移行は長い月日を必要とする。②については，企業の負担が軽減される一方で，家計の税負担が増えることになるが，必ずしも労働分配率が高まる（企業負担の軽減が直ちに従業員への給与の増加につながる）とは限らない。③については，消費税が増税されても，公的年金制度の物価スライドにより給付水準が増加すれば，消費税による世代間不公平の是正の効果が部分的に減殺される（上村・前掲注（2）252-255頁）。また，駒村康平教授も，「税方式の根拠は，「①国民年金の加入者の3割から4割が保険料を支払わず，②国民年金制度は崩壊する」というものである」が，①のいわゆる空洞化の問題については，「1号，2号，3号被保険者を合計した国民年金加入者全体に占める未納者はせいぜい10％程度にすぎ」ず，②の国民年金制度が崩壊するという指摘については，「未納者は将来年金を受給できないため，年金財政に与える影響は限定的であり，10％の人が支払わないからといって，年金財政は破綻しない」と指摘するとともに，「税方式によって，人頭払いの国民年金の保険料が消滅し，消費比例の消費税負担が増えることは，低所得者にメリットがあるという議論も正しくない」（税方式への切替えは，「世代間の公平論と経済

第**3**章　公共政策をめぐる民主的討議の場の実験的創設

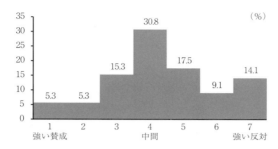

図表3-8　基礎年金部分の全額税方式への移行（T1（全体））

　基礎年金部分の全額税方式への移行については，中間とする意見が3割で最も多い。尺度1から3までを賛成とし，尺度5から7までを反対と集約したところ，賛成が25.9％，中間が30.8％，反対が40.6％であり，意見はおおむね3分される（ただし，賛成よりも反対がやや多い）。

　公的年金制度をはじめとする社会保障制度を維持するならば，景気の変動を受けにくく安定した財源であるとされる消費税率の引上げを検討せざるを得ない。現行の社会保険方式においても，基礎年金の給付額の財源は，20歳から60歳までの加入者が納めている保険料だけでは賄いきれないため，国庫負担分がある（2004年の年金制度改革により，基礎年金の国庫負担割合は2分の1となっている）。また，特に，基礎年金部分を全額税方式に移行するならば，消費税率の引上げは不可避である。

　そこで，今回の調査では，社会保障の財源を確保するための消費税率の引上げ

成長への貢献の2つの議論に根拠を求めるべきであろう」）と主張する（駒村康平編『年金を選択する』（慶應義塾大学出版会，2009年）6-7頁（駒村康平執筆））。
(23)　現行の2階建ての年金制度を維持しつつ，おおむね100年の間で給付と負担を均衡させることとし，保険料の上昇を極力抑えつつ2017年以降の保険料水準を固定する（厚生年金の場合，毎年0.354％引き上げ，18.3％まで，国民年金の場合，毎年280円引き上げ，16,900円までとする）とともに，基礎年金の国庫負担割合を3分の1から2009年度までに2分の1まで引き上げるものとすることなどを内容とする。これは，2003年9月5日に発表された「平成16年年金改革における給付と負担の見直しについて（坂口試案）」を基礎とし，自由民主党，公明党，民主党の3党合意（2004年5月6日）を経て，国民年金法等の一部を改正する法律（平成16年法律第104号）として成立した。その後，国庫負担割合は，段階的に引き上げられ（2005年度・06年度の引上げは，各年度の税制改正による定率減税の縮減・廃止による増収分から充当された），国民年金法等の一部を改正する法律等の一部を改正する法律（平成21年法律第62号）により，2分の1への引上げが完全に実現した。

に対する賛否を尋ねた。回答結果は，56.8％が賛成で，37.1％が反対である。基礎年金部分の全額税方式への移行については否定的な意見が多かったものの，制度改革とは切り離して，消費税率の引上げという点だけで調査した結果は，国民の半数以上が引上げに賛成であることが示された。

　また，社会保障一般ではなく，年金等の高齢者福祉に目的を限定した場合の消費税率の引上げについても賛否を尋ねた。回答結果は，49.7％が賛成で，42.2％が反対である。社会保障一般の場合と比べて，賛成が減り，反対が増えた。消費税率の引上分の使途について，4割を超える人々が，高齢者3経費に限らず，社会保障4経費（年金・医療・介護に加えて，子育て）にまで拡充することを望んでいることが示された。

⑤年金制度の財政方式のあり方

　年金制度の財政運営方式のあり方としては，大別して，その時点で必要な年金原資をその時点の現役世代の保険料で賄う賦課方式と，将来の年金給付に必要な原資をあらかじめ保険料で積み立てていく積立方式とがある。わが国の公的年金制度は，制度創設当初は積立方式を採用していたが，現在では，ある程度の積立金を有し積立方式の要素をもちつつも，賦課方式を基本とした財政方式となっている[24]。

　年金の財政方式について，駒村教授は，①資本蓄積や労働供給といった資源配分への影響，②世代間の公平性，③経済変動への対応力といった経済的影響の3点から検討している。すなわち，①に関して，賦課方式は資本蓄積や労働供給に

---

[24]　内閣は，「公的年金制度は，……その時代の高齢世代をその時代の現役世代が社会的に扶養するとの考え方に立っており，その財政方式は賦課方式（毎年度の年金給付等に要する費用をその年度の保険料収入等で賄う財政方式……）を基本とした方式である」と答弁している（『衆議院議員古川元久君提出公的年金制度等に関する質問に対する答弁書』（内閣衆質160第15号（2004年8月5日）4頁））。

　また，厚生労働省は，2012年度版の白書において，「日本の公的年金制度（厚生年金保険及び国民年金等）は，サラリーマン，自営業者などの現役世代が保険料を支払い，その保険料を財源として高齢者世代に年金を給付するという賦課方式による『世代間扶養』の仕組みとなっている」と説明しており，賦課方式であることを明示している（『厚生労働白書〔平成24年度版〕』（日経印刷，2012年）50頁）。そして，「貯蓄や個人年金のような，自分が積み立てた保険料が将来年金として戻ってくる『積立方式』とは異なる仕組みをとっている」として，積立方式であることを明確に否定している（同頁）。

悪影響を与え，経済成長を低下させ，貯蓄率を引き下げるため，積立方式が優位であるとされる（ただし，これらは実証的に確認されていないとも指摘される）。②に関して，積立方式は，人口構成の変化から独立し，拠出と給付が見合っており，世代間での所得の移転が発生しないという意味で，保険的公平性が達成できる一方，賦課方式は，世代間の移転によって，同一時代に生きる現役世代と高齢世代との間に存在する所得格差是正が可能になるという点で優位性があるという。③に関して，急激なインフレや賃金上昇があった場合でも，その時点の現役世代の負担によって実質的な年金価値が維持されるため，賦課方式が優れている（積立方式はそのような物価変動に対して完全にリンクした積立金の運用は困難であるため，実質的な年金価値が減少する）と解される。(25)

　この点，賦課方式は少子高齢化や人口減少により大きく影響を受けうるものであるため，また，積立方式は負担と給付の関係の明確化という点から優れているため，積立方式への移行を主張する意見も強い。例えば，鈴木亘教授は，「賦課方式のもとで生じている750兆円の債務を……国が背負えば，年金制度自体は積立方式に「即時に」移行でき」，「若者たちを含む現役層がこれから支払う保険料は，すべて各自の口座に積み立てられて，老後にきちんと戻ってくる制度にな」ると主張する。(26)財界では，経済同友会が，現在の厚生年金報酬比例部分について，「積立方式への本質的かつ完全な移行を目指す」べきであると改革提言をしている。(27)

　そこで，世論調査では，公的年金制度の基本的な財政方式として，賦課方式と積立方式とのどちらを選択すべきかという問いを設けた。具体的な質問文は，次のとおりである。「年金制度には，働いている現役世代が払った保険料を財源として，現在のお年寄りの年金を支給する「賦課方式」と，自分たちの世代が現役時代に払った保険料を積み立てておき，老後にその運用益とともに給付を受ける「積立方式」があります。年金制度には，賦課方式と積立方式のどちらがふさわ

---

(25)　駒村康平『福祉の総合政策〔新訂5版〕』（創成社，2011年）126-127頁。
(26)　鈴木亘『年金問題は解決できる！』（日本経済新聞出版社，2012年）136頁。ただし，鈴木教授も，「積立方式移行とは，「賦課方式の債務処理＋積立方式の年金設立」という二つのことを実施することを意味して」おり，「積立方式の年金設立にともなって，現在の賦課方式の年金制度の問題が何もかも解決すると考えるのは間違いで」あると述べている（130-131頁）。
(27)　社団法人経済同友会「真に持続可能な年金制度の構築に向けて」（2009年6月）4-7頁。

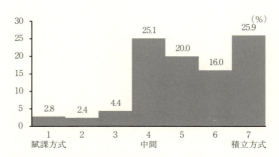

図表3-9　公的年金制度の財政方式のあり方（T1（全体））

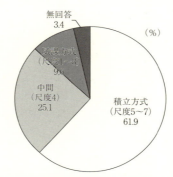

図表3-10　公的年金制度の財政方式のあり方（T1（全体），集約）

しいと思いますか」。中間（尺度4）を中心とし，賦課方式（尺度1）と積立方式（尺度7）を両端に挙げ，それらの間に外向きの矢印を置き，数字を等間隔に添えた。この質問に対する回答結果は，図表3-9のとおりである。

　相対的に賦課方式を支持する意見（尺度1～3）とし，同じく積立方式を支持する意見（尺度5～7）を集約したところ，図表3-10のとおり，現行の制度である賦課方式を支持するのは1割に満たず，6割以上が積立方式への移行を望んでいることが示された。

　なぜこのような結果となったのかについては，理由を調査していないため，推論の域を脱しない。公的年金制度に対する全般的な不信感が，現行の賦課方式とは異なる財政方式を回答者に選択させたという見方もあろう。また，積立方式は負担と給付の関係が明確であるということが，積立方式の高い支持の根拠となっ

第3章　公共政策をめぐる民主的討議の場の実験的創設

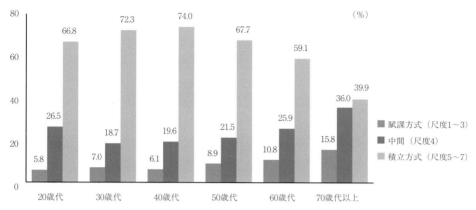

図表3-11　公的年金制度の財政方式のあり方（T1（全体），年齢別）

たとも考えられる。自分が納めた保険料に利子が付き，年金として自分に返ってくるという制度は，各自が保険料を着実に納める限りにおいて，将来の年金給付が保証されるため，保険料をこれまで納めており，かつ，今後も納める意思がある人々にとっては，理想的な選択肢のように見えたであろう。

　回答を集約したうえで，年代ごとの回答結果の差に着目すると，年金受給者世代である70歳代以上を除き，すべての世代で6割ないしそれ以上が積立方式を支持しており，特に30歳代と40歳代で7割以上が積立方式への移行を望んでいることが明らかとなった。

　これは，現行の賦課方式では保険料として納めた分を年金として受給することができない（納め損になる）と考える保険料納付者世代が多いことを示すものであろう。現行の賦課方式を支持する者が最も多いのは70歳代以上であるが，この年代でも，15.8％の支持にとどまり，4割が積立方式を選択している。つまり，現行の財政方式は，すべての世代で（現に年金を受給している世代からすら）支持されておらず，積立方式を支持する意見は，すべての世代において（世代間で支持率に違いはあるものの）多い（図表3-11参照）。

⑥公的年金制度改革で重視すべき世代

　今回の討論型世論調査の討論フォーラムには，「年金をどうする〜世代の選

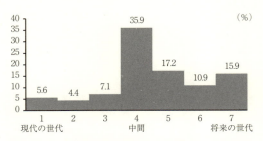

図表3-12 制度改革で重視すべき世代（T1（全体））

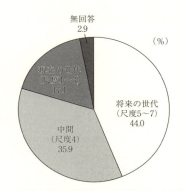

図表3-13 制度改革で重視すべき世代（T1（全体），集約）

択」という題名を付けていた。公的年金制度は世代を超えて大きく影響が及ぶ問題であり，また，世代ごとに意見が対立しうる問題でもあるため，各世代の人々が他の世代の人々と議論した結果，どのような意見をもつようになるのかに注目していた。

今回の調査の趣旨そのものに直接に関連するものとして，公的年金制度の改革について，すでに年金を受給している現在の世代と，これから年金に加入する将来の世代のどちらを中心に考えるべきかを，7段階尺度で尋ねた。これに対する回答結果は，図表3-12のとおりである。

相対的に現在の世代を中心に考えるべきとする意見（尺度1～3）とし，同じく将来の世代とする意見（尺度5～7）を集約したところ，図表3-13のとおり，将来の世代をより重視すべきという意見が，約半数の44.0％となった。もっと

第3章　公共政策をめぐる民主的討議の場の実験的創設

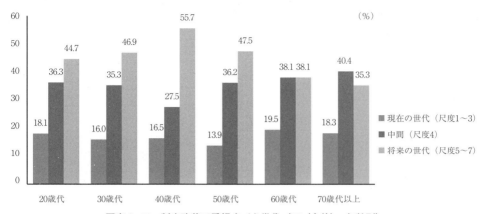

図表3-14　制度改革で重視すべき世代（T1（全体），年齢別）

も，回答者の17.1％が，現在の世代を重視すべきとしており，年金制度の改革について，必ずしも将来世代を中心に考えるべきという意見が圧倒的であるとまではいえない。

回答を集約したうえで，年代ごとの回答結果の差に着目すると，50歳代までが将来世代を重視する一方で，年金受給年齢ないしそれに近い60歳代で，中間意見が将来世代重視とする意見に追いつき，70歳代では，中間意見がそれに勝ることとなった（図表3-14参照）。

⑦世代間の負担と給付のバランス

世代間問題として公的年金制度の改革を論ずる際には，世代間における負担と給付の不均衡は，重要な問題の1つと考えられる。

例えば，鈴木教授は，「現在の年金受給者たちの現役時代は，保険料率は今から思えば驚くべき低さで」あった一方で，このまま保険料率を引き上げれば，「現在の若者たちやこれから生まれる将来世代の負担が著しく高いものにな」り，「生涯にわたる保険料負担について，大きな「世代間格差」が生じ」るという。さらに，「各生まれ年の人々が「生涯受け取る年金の総額」を「生涯賃金」で割った値」である生涯受給率を計算すると，現在の年金受給者の加算や付加的年金などの特典がなくなりつつあること，年金額も近年の改革によって減額され

ていること，将来の年金額もマクロ経済スライドによって減額を予定されていることから，1965年「以前の生まれ年の人々は，生涯受給率の方が生涯保険料率よりも高く，逆に，65年以降の生まれ年の人々は，生涯保険料率の方が生涯受給率を上回ってい」る（すなわち，「65年以前の生まれた人々は「受け取り得」であると言える」一方，「65年以降に生まれた人々は，「支払い損」であることにな」り，かつ，「生まれ年が遅ければ遅いほど，「支払い損」の割合が大きくなってい」る）という。「1965年生まれ以降の人々は，自分が払った保険料に見合う年金額を受け取れない，つまり，「払ったものが返ってこない」という意味で，年金制度に対する大きな不満感，不信感を抱いて」おり，具体的な金額でいうならば，「祖父母にあたる1940年生まれと，孫にあたる2010年生まれの純受給額の格差は，実に6290万円にも上」り，また，「現在の老人たちが生み出した莫大な「年金債務」を，子どもたち，孫たちは負わされる」ことになるという。[28]

そこで，次のような問いを設けることにした。「いまの年金制度では，少子高齢化が進むと，現役世代が払う保険料が増えたり，もらえる年金額が減ったりします。その結果，保険料負担に対してもらえる年金額は若い世代ほど少なくなります。あなたは，このように世代間で負担と給付のバランスに違いがでることは不公平だと思いますか。不公平ではないと思いますか。あなたの考えに一番近い番号にマルをつけてください」。中間（尺度4）を中心とし，「不公平だ」（尺度1）と「不公平ではない」（尺度7）を両端に挙げ，それらの間に外向きの矢印を置き，数字を等間隔に添えた。尺度1から3までを不公平だとし，尺度5から7までを不公平ではないと集約したうえで作成したのが，図表3-15である。

回答者の7割が不公平だとしており，世代間で負担と給付のバランスに違いが出ることを不公平ではないとする意見は7％に満たなかった。

もっとも，年代ごとの意見分布を見るならば，図表3-16に示されるとおり，高齢層とその他の世代とで不公平感に大きな違いがある。不公平ではないという意見が1割を超える世代はなかったものの，不公平だとする意見は，40歳代で

---

(28) さらに，このような「家族の中で，祖父母が孫に膨大な借金を背負わせて，優雅な退職生活を満喫する」という現象（年金以外に，医療や介護その他の財政支出についても同様である）を，コトリコフ（Laurence J. Kotlikoff）が「財政的幼児虐待（fiscal child abuse）」と表現していることを紹介している（鈴木・前掲注（26）65-75頁）。

第**3**章　公共政策をめぐる民主的討議の場の実験的創設

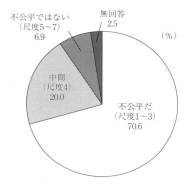

図表 3-15　世代間の負担と給付のバランス（T1（全体），集約）

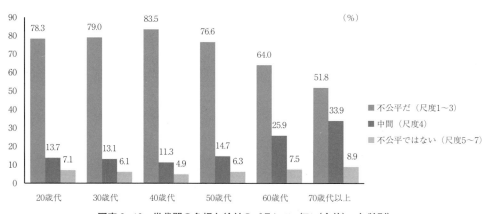

図表 3-16　世代間の負担と給付のバランス（T1（全体），年齢別）

83.5％であるのに対して，70歳代以上では約半数（51.8％）にとどまり，世代間の認識の違いは明らかである。

つまり，公的年金制度における世代間格差について，回答者の多数が不公平であると考えており，それは，保険料を納付している現役世代だけでなく，現に年金を受給している世代についても同様である。ただし，保険料納付者世代と年金受給者世代とでは，不公平感の認識に大きな違いがあるといえる。

3 公的年金制度のあり方をめぐる討論フォーラム

(1) 討論フォーラム参加者の選定

　T1調査の実施を経て，討論フォーラムの参加候補者数は，422人となった。当初，候補者が多数であれば，抽選で参加予定者を選定することを予定しており，T1調査の調査票にも，そのように告知をしていた。しかしながら，結果的に参加候補者数が少なかったため，参加候補者のうち，参加する旨の回答をした者全員に対して，討論フォーラムの参加を求めることとした。

　まず，この参加候補者に対して，3月初旬に，参加希望調査を行うこととした。具体的には，討論フォーラムについて，「参加する」，「参加したいが，まだ予定を確定できない」，「参加するかどうか迷っている」，「参加しない」の4つの選択肢を設け，3月31日までに返信を求めることとした。

　この参加希望調査は，討論フォーラムについてのより詳しい説明文書とととに，3月10日に発送した。

　しかしながら，周知のとおり，この発送作業の翌日である3月11日に，宮城県牡鹿半島の東南東沖130kmの海底を震源とする，わが国観測史上最大のマグニチュード9.0の平成23年（2011年）東北地方太平洋沖地震が発生した。[29]この地震と，それに伴う津波，原子力発電所の事故などの影響により，わが国社会は大変な困難に直面した。東北地方に関しては，東北新幹線をはじめ鉄道が1か月以上，正常に利用できなくなったほか，多くの道路が不通となり，また，不通区間以外の道路も，大幅な車両通行規制が行われた。仙台空港が水没したため，飛行

---

[29] この地震のため，宮城県で最大震度7，福島県，茨城県，栃木県で震度6強，東京都で震度5強など，広い範囲で強い揺れが起こり，それが約6分もの長時間続いた（気象庁調べ）。また，長野県北部と静岡県東部を震源とする強い誘発地震が発生したほか，東北地方と関東地方を中心に，本震発生からほぼ1か月の間，毎日，日に数十回から100回以上の余震が起こり，その後も半年の間は月に数回程度，大きな余震が観測されていた。この地震の影響で巨大な津波が発生し，東北地方と関東地方の太平洋沿岸部に壊滅的な被害が発生した。さらに，これらの影響により，東京電力福島第一原子力発電所では，大量の放射性物質の放出を伴う重大な原子力発電所の事故が発生し，周辺一帯の住民は長期間の避難が求められることとなった（以下，地震やそれに伴う災害などを総称して，「東日本大震災」という）。警察庁によれば，この地震による死者は15,889人，行方不明者2,594人，建物の全壊が127,531戸であったという（2014年12月10日時点）。

機の離発着ができなくなった。さらに，発電所等に地震と津波による被害が発生したため，関東地方を中心に大幅な電力不足が懸念された。そこで，国を挙げて節電に取り組むこととなり，震災直後には，DP研究センターがある神奈川県藤沢市でも，いわゆる計画停電（輪番停電）が行われた。

　震災の直後には，討論フォーラムを予定どおり開催するか否かについて，参加候補者からの問い合わせが慶應義塾大学DP研究センターに殺到した。2011年3月の震災発生から4月にかけては，特に，日本中が大変な混乱の渦中にあり，さまざまな大型事業の開催が中止されていた。(30)筆者らとしても，この未曽有の大震災に接して，討論フォーラムの開催の中止も含めて慎重に検討した。しかしながら，社会保障の問題は真摯に取り組むべき緊要な政策課題であるということには何ら変わりがない（震災によって，社会保障が，問題として解消したわけでもなければ，政策課題としての意義を失ったわけでもない）ことを踏まえ，参加者の安全を最優先に考えて計画を総点検したうえで，予定どおり討論フォーラムを開催することを決めた。

　参加希望調査に対する参加候補者からの返信は，発送から2週間後の3月25日の時点で，「参加する」が63人，「参加したいが，まだ予定を確定できない」が19人，「参加するかどうか迷っている」が8人，「参加しない」が33人であった。113人の調査票返送者のうち，90人が参加を期待できる回答を示し，翌週の4月1日には，それが123人にまで伸びた（「参加する」86人，「参加したいが，まだ予定を確定できない」23人，「参加するかどうか迷っている」14人）。調査票の返信を待つのと並行して，3月中旬から，「参加しない」と回答した者以外に対して，電話で討論フォーラムへの参加の積極的な勧誘を始めた。

　4月22日に，電話で討論フォーラムへの参加意思の確認ができた参加予定者76人に，参加者として確定したことを伝えるはがきを送付した。その後も，参加する意思が確認できた参加予定者に対して，随時，はがきを追加発送することとし，4月25日時点で参加予定者数は124人となった。

　なお，その1週間後の5月2日には，討論フォーラムのスケジュールなどを記

---

(30)　例えば，関東地方や東北地方の多くの大学では，安全上の理由から，1つの会場に多数人を集めて行う卒業式や入学式を中止したり，電力不足とそれに伴う公共交通機関の不便を理由に，新学期の講義開始を1か月程度遅らせたりすることなどが行われていた。

載した参加要領を送付したが，その時点での参加予定者数は145人となった。

（2）討論フォーラム参加者の構成

　討論型世論調査において，無作為抽出を基礎として選定された参加者による討論フォーラムが社会の縮図（microcosm）となっているかどうかについては，統計学的に（demographic）代表といえるか否かと，意見分布の点で（discursive）代表といえるか否かを調べる必要がある。

　T1調査は，朝日新聞社による通常の世論調査であり，一般には，社会の縮図であるとみなされている（前述のとおり，統計学的な点では，総務省統計局による人口推計とほぼ相似である）。また，討論型世論調査における一連の調査のうち，T2・T3調査が筆者らによる独自の調査であるが，後述するとおり，T1調査の結果と比較して，統計学的な点でも意見分布の点でも，ほぼ似たような分布となっており，今回の討論フォーラムは社会の縮図となっているといえよう。もっとも，討論フォーラムの参加者数が127人とあまり多くなかったため，T2・T3調査の統計学的な意義は低いものと評価されうるだろう。

①属性についての比較

　通常の世論調査である回答者全体と，討論フォーラムの参加者（T2調査の回答者）について，年齢，性別及び居住地域を比較したのが，図表3-17～図表3-19である。

　今回の討論フォーラムは2泊3日の宿泊を伴うものであり，土曜日や日曜日にも仕事がある人や，自宅を数日間であっても留守にできない事情がある人には，参加が困難であった。そのためであろうか，参加者の年齢に関しては，30歳代の参加が少ない一方で，50歳代と60歳代の参加がやや多かった。70歳代以上の参加も少なかったが，宿泊を伴い長時間拘束する討論フォーラムでは，これはやむを得ない。また，女性の参加が男性よりも少なかったのは，育児や介護その他家事のため，自宅を離れられない者が多かったためであろう。東京での開催であったため，東京から距離が離れた地域からの参加が少なくなることが予想されていたが，結果的には，若干の偏りはあるものの，概して全国から満遍なく参加を得ることができた。

第3章 公共政策をめぐる民主的討議の場の実験的創設

図表3-17 回答者の性別(割合) (%)

	T1(全体)	T2
男性	47.2	51.2
女性	52.0	48.8
無回答	0.8	0

図表3-18 回答者の年齢(割合) (%)

	T1(全体)	T2
20歳代	10.5	11.0
30歳代	16.0	9.4
40歳代	15.3	14.2
50歳代	17.8	23.6
60歳代	19.8	27.5
70歳代以上	20.3	13.4
無回答	0.2	0.8

図表3-19 回答者の居住地域(割合) (%)

	T1(全体)	T2
北海道	4.5	3.9
東北地方	7.7	7.9
関東地方	32.0	35.4
甲信越・北陸地方	7.3	7.9
東海地方	11.6	14.2
近畿地方	16.4	15.0
中国・四国地方	9.3	5.5
九州地方・沖縄	11.2	10.2

　今回の調査の議題は公的年金制度のあり方であるが，これについては，現在保険料を納付している負担者世代とすでに年金を受給している受益者世代とでは，考え方が異なることが見込まれる。特に，前述のとおり，世代間で著しい不公平が生じうるとも指摘されているため，より多額を受給する現在の年金受給者と，納付した保険料よりも少額しか受給できないとされる将来の年金受給者（現在の保険料納付者世代）とでは，制度のあり方をめぐって対立が生じることも予想される。各世代の意見が当初どのようなものであり，それが他の世代の人々との議論等を経て，どのように変化するのかを調査することに，この討論型世論調査の1つの意義があると考えられる。この点，保険料納付者世代からも現在の年金受給者世代からも参加者が偏ることなく得られたため，調査の意義を失うことが避けられた。

②意見についての比較
　討論フォーラムの参加者の意見分布についても検討することとしよう。ここでは，特定の意見をもつ者のみが討論フォーラムに参加したのではないということを証明するため，T1調査の回答者のうち，討論フォーラムに参加した者と参加しなかった者とのT1調査の回答結果の比較を行う。
　第一に，公的年金制度に関する関心である。討論フォーラムに参加するのは，他の公募型の市民参加の制度と同様に，その議題に非常に強く関心をもつ人々のみではないかとの批判が寄せられるが，はたして，そのような批判は妥当であろ

図表3-20　公的年金制度への関心（T1（非参加者）・T1（参加者）比較）
(%)

	大いに関心がある	ある程度関心がある	あまり関心がない	まったく関心がない	その他
T1（非参加者）	36.1	47.1	13.3	1.8	1.7
T1（参加者）	52.8	43.3	3.1	0.8	0

うか。公的年金制度に対する関心についての質問に対する回答結果は，図表3-20のとおりである。

　公募によって参加者を集める各種のフォーラムやワークショップでは，その議題に関心をもたない者が応募することはないため，必然的にその議題に関心の高い者が集まることになる。一般の人々は，たとえある程度の関心を有していても，各種事業に積極的に参加しようと考えることはないため，参加者公募型の市民参加事業等の場合，その議題の利害関係者など，格別の関心を有している人が参加者の多数を占めることになる。一方で，討論型世論調査では，T1調査の対象者は通常の世論調査と同様に無作為で抽出され，その回答者が参加者選定の基礎となるため，必ずしも議題に強い関心を有するとはいえない人も参加者となりうる点が特徴の1つである。

　図表3-20から示されるように，たしかに，討論フォーラムの参加者には，「大いに関心がある」と回答した人が多い。これは，討論フォーラムへの参加を任意としている討論型世論調査の制度設計上，やむを得ないことである。「ある程度関心がある」と合わせて，参加者の9割以上が関心があるとする意見であったことから，今回の討論型世論調査に参加した参加者は，やはり，年金制度について関心の高い人が多かったといわざるを得ない。その一方で，T1調査の段階で，参加者の3.9％は関心がない旨の回答をしていた。年金について関心を有していないと回答した人が，年金制度についてどのように議論し，どのような意見を示すのかについては，公募型の市民参加事業等では得ることのできない（討論型世

---

(31)　ただし，関心があると回答した参加者の性質は，例えば，年金制度について詳しく研究をしているだとか，年金問題に取り組む社会運動に従事しているなどといった，（公募型の市民参加の取組みに主体的に参加するような）積極的に活動している市民とはまったく異なるものであるということは指摘しておきたい。

図表 3-21　公的年金制度への信頼（T1（非参加者）・T1（参加者）比較） (%)

	大いに信頼している	ある程度信頼している	あまり信頼していない	まったく信頼していない	その他
T1（非参加者）	9.7	48.5	33.9	6.1	1.8
T1（参加者）	9.4	52.0	30.7	7.1	0.8

図表 3-22　基礎年金部分の全額税方式への移行（T1（非参加者）・T1（参加者）比較） (%)

	賛成			中間			反対
	1	2	3	4	5	6	7
T1（非参加者）	5.1	5.2	15.5	31.3	17.7	8.7	13.5
T1（参加者）	8.7	7.1	11.8	21.3	13.4	14.2	23.6

図表 3-23　公的年金制度の財政方式のあり方（T1（非参加者）・T1（参加者）比較） (%)

	賦課方式			中間			積立方式
	1	2	3	4	5	6	7
T1（非参加者）	2.8	2.3	4.4	25.5	20.2	16.0	25.3
T1（参加者）	3.1	3.9	3.9	18.1	16.5	16.5	36.2

論調査でしか得ることのできない）貴重なデータである。

　第二に，公的年金制度への信頼（図表3-4に係る質問）について，討論フォーラムの参加者と非参加者との回答結果の比較をしてみよう。

　図表3-21から明らかなように，参加者と非参加者との回答結果の分布に，あまり差はない。制度に対して信頼している者のみが集まったわけでもなければ，不信感を抱いている者のみが集まったわけでもないということが示される。

　その他の重要な争点についても，討論フォーラムの参加者と非参加者との回答結果の差に注目することとしよう。

　第三に，基礎年金の仕組みと財源についてである。基礎年金部分の全額税方式への移行の賛否についての質問に対する回答結果は，図表3-22のとおりである。

　参加者と非参加者との回答結果を比較すると，全額税方式に対して，中間とする者よりも，賛成ないし反対という意見を鮮明にしている回答者が，討論フォーラムへ多く参加していることがわかる。

　第四に，年金制度の財政方式についてである。賦課方式と積立方式の選択に関

する質問（図3-9に係る質問）に対する回答結果は，図表3-23のとおりである。

参加者には積立方式を支持する者が明らかに多い。その一方で，賦課方式を支持する者は，非参加者と参加者の回答結果を比較すれば，極端に少ないとはいえない。参加者には，中間とする者が少なかった。

（3）討論資料

討論型世論調査では，参加者は，事前に送付された討論資料を読んだうえで，討論フォーラムに臨むことが求められている。

今回の討論型世論調査では，DP研究センターが原案を作成し，フィシュキンら監修委員（英訳版に基づく）と，年金問題の専門家であるアドバイザに対して助言を求め，それらによる意見を踏まえて制作した。

アドバイザは，上村敏之（関西学院大学経済学部教授），小野正昭（みずほ年金研究所研究理事），駒村康平（慶應義塾大学経済学部教授），鈴木亘（学習院大学経済学部教授）の4氏である。

討論資料は，5月12日に参加者に対して発送した。

討論資料では，公的年金制度の仕組みを概説したうえで，討論の前提として公的年金制度に関して何が問題であるかを説明するとともに，討論フォーラムで扱う論点を3つ挙げ，論点ごとに対立する見解とその論拠を示した（以下の説明は，討論資料作成時点（2011年5月）の制度についてである）。

わが国の現行の公的年金制度は，1階部分の基礎年金（国民年金，厚生年金や共済組合等の定額部分）と2階部分の上乗せ年金（厚生年金等の報酬比例部分）の2階建ての構造になっている。制度としては，社会保険方式を基本としているが，全国民に共通する基礎年金については，税などの保険料以外の財源も投入されている。また，2階部分に関しては，賦課方式が原則であるが，120兆円弱の積立金がある。そして，年金受給資格は25年間加入していなければ発生せず，年金支給開始年齢は原則として65歳である（国民年金の場合）。討論資料では，まず，政府の社会保障改革に関する集中検討会議における（討論資料作成時点での）最新の議

---

(32) 社会保障改革に関する集中検討会議は，社会保障と税の一体改革の検討を集中的に行うため，内閣総理大臣を議長とし，関係閣僚，与党幹部及び民間有識者からなる会議として，政府・与党社会保障改革検討本部の下に，2011年2月に設置された。

論として,「ヒアリングにおける意見について（案）[33]」を引用し，特に年金制度に関して，朝日新聞，産経新聞，日本経済新聞，毎日新聞，読売新聞，日本経済団体連合会（経団連），経済同友会，日本商工会議所，連合の改革提言に触れつつ，問題の所在についての理解を求めた。次に，一般会計予算との対比で社会保障給付費の大きさを認識させつつ，さらに，負担については保険料だけでは賄いきれず，税が投入されていることを示した。総論のまとめとして，世代が世代を支える賦課方式の難点（生産年齢人口が減少する一方で老年人口が増加すれば，現役世代が年金受給者世代を支えることが維持できなくなるということ）を挙げたうえで，例えば，いわゆる世代会計という考え方に基づけば[34]，年金の受給には世代間で著しい不公平が生じうるため，将来世代に負担を先送りしない政策へと発想を転換すべきという考え方もありうることを示した。

第1の論点は，「基礎年金の仕組みと財源の選択」である。ここでは，基礎年金の仕組みと財源として，①現行どおり，社会保険料で確保し，不足分について税を投入するべきか（社会保険方式），②基礎年金の財源を全額税とするか（全額税方式），あるいは③年金制度を一元化し，最低保障年金を創設するか（最低保障年金方式）の3つの選択肢を挙げたうえで，それぞれの意義及び根拠ないし利点を説明した。

第2の論点は，「所得比例年金の考え方と方式の選択」である。いわゆる報酬比例年金について，①現役世代が納める保険料で現在の高齢者の年金を賄う賦課方式を維持するか，それとも②自分の世代が納める保険料で自らの老後の年金を賄う積立方式に変更するかの2つの選択肢を挙げた。ここでは，わが国の少子高齢化の現状と将来予測を挙げたうえで，積立方式・賦課方式の両制度の意義と論拠を概説した。

第3の論点は，「年金の支給開始年齢の選択」である。年金の支給開始年齢について，①現行の制度のまま65歳（原則）とするか，それとも②65歳よりも引き上げるべきかを争点とすることとした。支給開始年齢の引上げによって給付総額

---

(33) 第5回社会保障改革に関する集中検討会議（2011年4月27日）配布資料1。
(34) 世代会計とは，コトリコフらによって提唱された概念であり，「「国民が生涯を通じて，政府に対してどれだけの負担をし，政府からどれだけの受益を得るか」を推計する手法」をいう（小黒一正『2020年，日本が破綻する日』（日本経済新聞出版社，2010年）118頁）。

図表3-24　討論フォーラムのスケジュール

5月27日（金）	
17:00～23:00	受付・参加者登録　参加者は，宿泊施設1階ロビーに設けた受付で，登録を行う。
5月28日（土）	
～8:20	ホテルのレストランで朝食をとる。
8:20～9:30	宿泊施設から討論フォーラムの会場まで，貸切バスで移動する。
9:30～10:20	**全体説明会・討論前アンケート調査（T2調査）**　公的年金制度のあり方をめぐる討論型世論調査の実施の意義について説明を受けた後，25分間で，討論前アンケート調査（T2調査）に回答する。その後，15分間の映像版討論資料を視聴する。
10:30～12:00	**小グループ討論①**　15人程度の小グループに分かれて，第1の論点である「基礎年金の仕組みと財源をどうするか」について，モデレータの進行の下，参加者同士で議論を行うとともに，全体会議のパネリストに対する質問を作成する。
12:00～12:50	昼食
13:00～14:30	**全体会議①**　第1の論点について，小グループ討論でつくられた質問を，グループの代表者（質問者）が質疑し，それに対する年金問題の専門家による応答を聞く。
14:45～16:15	**小グループ討論②**　小グループに分かれて，第2の論点である「所得比例年金をどうするか」について，モデレータの進行の下，参加者同士で議論を行うとともに，全体会議のパネリストに対する質問を作成する。
16:30～18:00	**全体会議②**　第2の論点について，小グループ討論でつくられた質問を，グループの代表者（質問者）が質疑し，それに対する年金問題の専門家による応答を聞く。
18:30～20:00	夕食
20:00～21:00	討論フォーラムの会場から宿泊施設まで，貸切バスで移動する。
5月29日（日）	
～8:00	ホテルのレストランで朝食をとる。
8:00～9:00	宿泊施設から討論フォーラムの会場まで，貸切バスで移動する。
9:10～10:20	**小グループ討論③**　小グループに分かれて，第3の論点である「年金の支給開始年齢を引き上げるべきか」について，モデレータの進行の下，参加者同士で議論を行うとともに，全体会議のパネリストに対する質問を作成する。
10:30～12:00	**全体会議③**　第3の論点について，小グループ討論でつくられた質問を，グループの代表者（質問者）が質疑し，それに対する年金問題の専門家による応答を聞く。
12:00～12:10	**討論後アンケート調査（T3調査）・全体説明会**　全体会議③に引き続き，説明を受けた後，15分間で，討論後アンケート調査（T3調査）に回答する。
12:35～13:15	昼食
13:15～14:00	討論フォーラムの会場から宿泊施設まで，貸切バスで移動後，解散する。

の抑制が図れるとしても，企業等における定年や高齢者の就労の問題も同時に考えなければならない。高齢者の生活設計の問題と密接に関連する支給開始年齢の引上げの是非について，賛否両論の根拠を整理した。

なお，今回の討論型世論調査では，冊子版のほかに，映像版の討論資料を作成し，29日の全体説明会中のT2調査の回答時間の後に上映した。[35]

（4）討論フォーラムのスケジュール

討論フォーラムは5月28日の朝から実施するため，参加者には，フォーラムの前日（5月27日（金））の夜までに宿泊施設に到着することを求めた。具体的には，参加者が仕事等を終えてからでも受付ができるように，討論フォーラムの参加者受付を17時から23時まで設置した。

討論フォーラムにおける参加者のスケジュールは，図表3-24のとおりである。

（5）小グループ討論とモデレータの養成

小グループ討論の会場は，普段は70人ないし130人を収容する通常の講義用の教室を利用し，机と椅子を円形に配置し，参加者が相互に対面できるようにした。

第2章で述べたとおり，小グループ討論において，モデレータは重要な役割を担う。これまでのわが国での討論型世論調査では，モデレータを主に日本ファシリテーション協会の会員に依頼していたため，今回も同会の会員の協力を得ることとした。[36]

小グループ討論の進行を務めるモデレータに対しては，事前に説明会と講習会を1回ずつ実施した。5月8日に行った説明会では，討論型世論調査の意義とモデレータの役割について，慶應義塾大学DP研究センターの所長である曽根教授が討論型世論調査の意義を説明したうえで，モデレータ・マニュアルに基づきモデレータの役割等について解説した。また，討論フォーラムの前日である5月27日に行った講習会では，スタンフォード大学DD研究センター所長のフィシュキン，副所長のアリス（Alice Siu Chao）及びラスキンによる講義とシミュレーショ

---

[35] この映像版討論資料については，株式会社NHKエデュケーショナルに制作業務を委託した。
[36] ただし，討論型世論調査でモデレータに対して期待されていることは，小グループでの議論を積極的に促進することではない。わが国におけるファシリテーション実践の第一人者である中野民夫氏と堀公俊氏によれば，ファシリテーション（ファシリテート）とは，「対話を始めとする「人と人とが関わる場を促進することすべて」であり，「人は人が関わる中で自分や他人を知り，学習や成長をしてい」き，「互いの意見や行動を調整するために合意形成をしたり，一緒になって問題解決を進めてい」くが，「そんな場に関わって，互いの主体性と相互作用を高め，個人，グループ，組織，社会の発展を促進する」ことであり，あるいは「人と人が集まってなにかをしようとする時，そのプロセスを促進したり，容易にしていくこと」を指すという（中野民夫・堀公俊『対話する力』（日本経済新聞出版社，2009年）35-37頁）。

ンを実施した。実際にモデレータを務める者がモデレータや参加者を疑似的に体験することにより，モデレータ等の役割に慣れるとともに，実際の小グループ討論で起こりうる問題点等を予見することができる。その後，シミュレーションについてのフィシュキンらによる講評や質疑応答が行われた。

（6）全体会議

　全体説明会と全体会議の会場は，普段は式典等で利用されるホールを使用した。会場では，参加者は，小グループごとにまとまって着席するものとし，モデレータ，レポータ（小グループ討論の記録係），オブザーバ（取材・見学者）は，参加者よりも後方のそれぞれ指定された座席を利用することとした。また，ホールの最前列は，全体会議の質問者用の座席として確保した。

　全体会議①の論点は，「基礎年金の仕組みと財源をどうするか」であり，労働経済学・経済政策を専門とする国際基督教大学教養学部教授の八代尚宏，財政学を専門とする早稲田大学政治経済学術院教授の牛丸聡，社会政策を専門とする駒村康平の3氏がパネリストを務めた。

　全体会議②の論点は，「所得比例年金をどうするか」であり，マクロ経済学・公共経済学を専門とする一橋大学経済研究所准教授の小黒一正，小野正昭，駒村康平の3氏がパネリストを務めた。

　全体会議③の論点は，「年金の支給開始年齢を引き上げるべきか」であり，公共経済学・経済政策を専門とする一橋大学経済研究所特任教授の高山憲之，連合副事務局長の逢見直人，経団連経済政策本部主幹（調査役）の清家武彦の3氏がパネリストを務めた。

（7）討論前後のアンケート調査

　討論フォーラムの冒頭で行ったT2調査と最後に行ったT3調査について（合わせてT1調査についても），主な質問に対する回答結果は，次のとおりである。

①公的年金制度への信頼

　図表3-25は，図表3-4に係る質問（公的年金制度への信頼，4段階尺度）について，「大いに信頼している」と「ある程度信頼している」との回答を信頼できる

第3章 公共政策をめぐる民主的討議の場の実験的創設

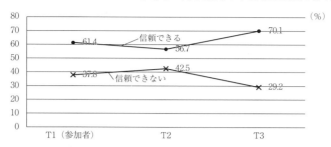

図表3-25 公的年金制度への信頼(T1(参加者)・T2・T3比較,集約)

図表3-26 公的年金制度の持続可能性(T1(参加者)・T2・T3比較)

(%)

	続けていくことができる	そうは思わない	その他
T1(参加者)	42.5	45.7	11.8
T2	45.7	38.6	15.0
T3	58.3	26.8	14.2

とし,「あまり信頼していない」と「まったく信頼していない」との回答を信頼できないと集約したうえで,T1・T2・T3の各調査段階における参加者の回答結果の推移である。

信頼できるという意見は,T2調査段階で一旦は下がるものの,T3調査段階で,再び上昇した。制度についての学習と議論を通じて,制度に対する信頼が向上したことが示される。

図表3-26は,公的年金制度の持続可能性についての質問(3択)について,T1・T2・T3の各調査段階における参加者の回答結果の推移を示したものである。

討論過程を経て制度の持続可能性に対する安心感が明らかに高まったということが示されている。

例えば,全体会議②の中で,次のような議論があった。

　　グループJ質問者:今の若い世代〔が〕みんな思っていることなんですけれども,現状の年金制度って,そんなに破綻することなく,ずっと信用することができるのですか。

191

駒村：今の制度が維持できますかとなると，今の制度をまったく手を付けない状態で維持しなさいということは……無理です。今の制度をいろいろ調整しながら維持するという選択肢はギリギリ可能だと思います。その場合はかなり厳しい調整になってくるだろうと思います。
　……今の年金制度がある日あるとき廃止されるのではないかという心配は〔必要〕ないです。なぜならば，今，高齢者の方々は投票率も高いですし，人間の数も多いですから，そういうことを言った政党が必ず負けますので，年金法が廃止されるという心配はないと思います。けれども，今の制度をこのまま維持して，費用負担は全部若い人に負担を任せればいいのだとなると，日本経済はどんどん弱くなって，ますます……年金制度は危なくなります。……

小野：質問の中で破綻という言葉が出てきましたけれども，……ちょっと極端だと思います。制度自体がなくなるというのはあり得ないことだと思います。
　……公的年金制度が今日からなくなってしまうとしたら，どうなるのでしょうか。働いているみなさんは，公的年金の保険料を払わないで済むだろうと。あるいは，それに充てていた消費税を払わないで済むかもしれない。……しかし，それで困る人が出てくる。それは，いま現在，年金を受給している人ですね。その人たちをそれでは個々の家族で賄いましょうという話になってくるわけです。そうすると，ものすごく不公平が発生します。独り住まいのお年寄りを誰が支えてくれるのでしょうか。……

小黒：私の結論からしますと，年金は破綻しないけれども，財政は破綻する……。なぜかというと，今の年金は，……入ってくる保険料よりも，出ていく給付のほうが増えて，そこは公費が入っていて補填されています。年金も含めて，医療とか毎年1兆円ぐらいで膨らんでいるわけです。10年経つと10兆円膨らむわけで，今の国の財政赤字が41兆円ですから，これは10年経つと51兆円に膨らむわけです。20年経てば64兆円……。したがって，政治がこの問題を解決しない限りというのが前提条件ですけれども，その状態であれば，財政がおかしくなる可能性は十分ある。……

　このように，全体会議においてパネリスト全員が（財政的には厳しく，改革は必須であるとしても）制度としての公的年金が破綻しないということを言明したことは，参加者の意見形成に大きく影響を与えたのかもしれない。
　朝日新聞の社会保障問題の専門記者である太田啓之氏によれば，巷間に流布しているいわゆる年金破綻論に関しては，実は，今日，公的年金制度を専門とする研究者の中で，それを正面から支持するものはいないという。[37]現行の制度に対して最も厳しい立場の鈴木教授も，「破綻という言葉が「年金財政」の破綻を意味

図表3-27　公的年金制度の全額税方式への移行（T1（参加者）・T2・T3比較）
(%)

	強い賛成 1	2	3	中間 4	5	6	強い反対 7
T1（参加者）	8.7	7.1	11.8	21.3	13.4	14.2	23.6
T2	5.5	5.5	15.8	26.8	18.1	12.6	14.2
T3	17.3	15.0	15.0	20.5	12.6	8.7	10.2

するのであれば，そのようなことは，まず起こらないと言え」るし，「厚生労働省やその関係者が言う「年金は破綻しない」という主張自体は技術的には正しい」と述べている。[38] 国民年金の保険料の未納者の増加や少子高齢化の進展が，直ちに制度としての公的年金の破綻には直結しないということが，参加者間の議論の過程で相互に理解されたものと推論しうる。

②基礎年金の仕組みと財源

図表3-27は，図表3-8・図表3-22に係る質問（基礎年金部分の全額税方式への移行，7段階尺度）について，T1・T2・T3の各調査段階における参加者の回答結果の推移を示したものである。

小グループ討論①では，第1の論点である基礎年金部分の全額税方式への移行の是非をめぐって議論が行われ，全体会議①では，その論点について専門家からの情報提供がなされた。例えば，全体会議での参加者による質疑とそれに対するパネリストからの応答の一部を見てみよう。

　グループⅠ質問者：先ほどから基礎年金を全額税方式に変更した場合のいろいろ問題点

---

(37) 太田啓之『いま，知らないと絶対損する年金50問50答』（文藝春秋，2011年）49頁。ただし，太田氏も，「デフレ経済が今後ずっと続けば公的年金は破綻する」可能性があることは認めている（82頁）。

(38) 「その理屈は簡単で，……保険料や税負担を引上げたり，2000年，2004年改正で行ったように給付カットを行えば，年金財政を技術的に維持することは可能であるから」であるという（鈴木亘『年金は本当にもらえるのか？』（筑摩書房，2010年）66頁）。ただし，そのような対処は「政治的な年金制度の破綻」であり，「やはり「年金制度は破綻するかもしれない」と言える」という（67頁）。なお，鈴木教授は，「国民年金加入者の過半数が保険料を払っていないという意味において，既に国民年金は実質的に破綻しているといってもよい」とも述べている（116頁）が，「国民年金の未納・未加入が増えても国民年金は破綻し」ないし「厚生年金，共済年金はもちろん，破綻するはずが」ないともいう（128頁）。

を聞かせていただきましたけれども，その他に想定される問題点，あるいはリスクがございましたら教えていただきたい……と思います。

八代：……例えば，無年金者をどうするか，今まで保険料をまったく払ってなかった人をどうするかとか，そういう問題が出てくるのです。……例えば，今まで保険料をまったく払っていなかった人にも税方式ではまったく同額の給付を出すとなると，当然その分だけ余分の財源がいるんです。そのことが社会保険料方式と比べて税方式のほうがコストが高いという形で発表されている。……無年金者対策というのは，今の社会保険料方式だって出てくる問題なのです。だから，それに手当をしようとしたら，今の社会保険料方式だって余分の財源が必要になるわけです。そういう……違う問題を混ぜるんのではなくて，純粋に無年金者対策は置いておいたとしたら，社会保険料方式から目的消費税方式に変えても別途の負担はゼロになるんです。……

牛丸：税方式に切り替えるというこの議論をするときに，2つ注意していただきたい点があります。1つは移行の問題。というのは，完全に税方式と，完全社会保険方式というんですか，その行き着いた先の比較と，これまでやってきたものを移行していくという，この問題をごちゃ混ぜにしないことが必要だと思います。……

……私は，この前の時間で，いくつの部屋で〔小グループ討論での〕議論を拝聴させていただいたんですけれども，その中で1つご意見がありました。これまでちゃんと〔保険料を〕納めてきた人間と，これまでいい加減に納めなかった人間と同じ扱いするのか。それは不公平じゃないか。こういうご意見も当然出てくると思うんです。ですから，低年金者・無年金者をどうするかという議論とは別に，これまでの〔保険料納付の〕対応に対してどう対応するかという，その公平感が必要なわけです。……

それから，もう1つは，実は，社会保険方式と税方式比較するときに，財源を税にするか社会保険料にするかという，よくそういう比較をされるわけです。そうではない。というのは，さっきお話ししたように，現在であっても半分は税金が使われているわけです。……大事なのは何かといえば，……拠出と給付との関係なのです。社会保険方式の一番の重要な点は，拠出をした人間に対してだけ給付する。拠出をしない人間には出さない。この原則を守るのが社会保険方式です。それに一部の税金を使われていても，それが守られるのは保険方式なのです。税方式となると，今度は極端に現在の生活保護のように，税を財源にして貧しい人に対してのみ資力調査をして給付するというふうに考えがちなのです。……

全額税方式への移行についての参加者の賛否の意見推移を明らかにするために，図表3-27について，尺度1から3までを賛成とし，尺度5から7までを反対と集約したうえで作成したのが，図表3-28である。

第3章 公共政策をめぐる民主的討議の場の実験的創設

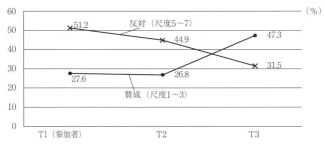

図表3-28 公的年金制度の全額税方式への移行（T1（参加者）・T2・T3比較，集約）

図表3-29 社会保障財源確保のための消費税率の引上げ（T1（参加者）・T2・T3比較）

(%)

	賛成	反対	その他
T1（参加者）	63.8	31.5	4.7
T2	63.8	29.1	5.5
T3	74.8	18.9	4.7

図表3-30 高齢者福祉目的の消費税率の引上げ（T1（参加者）・T2・T3比較）

(%)

	賛成	反対	その他
T1（参加者）	50.4	41.7	7.9
T2	55.9	33.9	9.5
T3	72.4	18.1	7.9

　討論過程の前後で，基礎年金部分の全額税方式への移行について，賛成の意見が増加し，反対の意見が減少した。これは，討論フォーラムでの議論の過程で，現行の社会保険方式では制度を維持することが困難であることを参加者が理解するとともに，現行制度の下でも，基礎年金部分については全額を保険料で賄っているのではなく，国庫負担があることを参加者が認識するに至り，税負担への抵抗感が緩和されたためであると推論される。

　基礎年金部分を社会保険方式のままとしても，国庫負担割合を引き上げなければならないため，あるいは全額税方式へ移行すればより一層，消費税率の引上げが政策的課題として問題となる。そこで，社会保障の財源を確保するための消費税率の引上げの賛否（図表3-29）と，高齢者福祉に目的を限定した場合の消費税率の引上げの賛否（図表3-30）について，それぞれT1・T2・T3の各調査段階における参加者の回答結果の推移を示す[39]。

　図表3-29に関して，T2調査からT3調査までで，消費税率の引上げについて賛成意見が増え，反対意見が減った。賛成意見と反対意見とが討論過程の前後

で10ポイント以上増減した。特に、討論フォーラムの開始時点で3割を占めた反対意見が、終了時点には2割を下回るようになったことについても注目したい。T1からT2への段階、すなわち、与えられた討論資料を読むだけでは、参加者の意見の変化はほとんどない。一方で、討論フォーラムにおいて、さまざまな世代の他の参加者との議論を通じて、より具体的な問題として参加者に強く認識されるようになり、制度の維持のための増税への抵抗が低くなったと考えられる。

また、図表3-30に関して、T1調査段階は半数（50.4％）に過ぎなかった、高齢者福祉目的に限定した消費税率の引上げに対する賛成意見が、T3調査段階では72.4％にまで支持を広げた。T1・T2・T3の順に41.7％→33.9％→18.1％というように、当初は半数近くが反対していたところ、最終的には、反対意見は2割を下回るようになった。これは、T1調査段階では、全世代で引き受けることになる消費税の負担の恩恵を、なぜ高齢者福祉に限定するのかという点で理解が得られなかったところ、討論資料を読むことにより理解が広がり、討論過程を通じてさらに理解の広がり、そのことが反対意見の半減につながったものと推察しうる。そして、T3調査段階では、図表3-29の賛否の割合が図表3-30の回答結果とほぼ同じになった。

③年金制度の財政方式のあり方

　第2の論点は、2階部分の報酬比例年金の制度のあり方についてである。具体的には、制度改革にあたって、現行の賦課方式を基本とする制度を維持すべきか、それとも積立方式を選択すべきかについて、議論が行われた。

---

(39)　この設問に賛成と回答した回答者に対しては、さらに「では、社会保障のために消費税の税率をいまの5％から引き上げるとしたら、あなたは、何％ぐらいまでなら認めてもよいと思いますか」という追加質問項目を設けた。T1調査の回答者全体の回答は、「7％」(18.7％)、「10％」(30.1％)、「15％」(4.5％)、「20％」(1.4％)、「その他」(2.6％) である（回答なし42.7％）。T2調査とT3調査の回答は、それぞれ順に、「7％」(11.1％、22.1％)、「10％」(29.5％、42.1％)、「15％」(7.4％、8.4％)、「20％」(1.2％、1.1％)、「その他」(1.2％、2.1％)、回答なし (39.5％、24.2％) である。討論過程を通じて、望ましい消費税率として7％と10％とする意見が大幅に増加した。

　なお、2012年8月に、社会保障の安定財源の確保等を図る税制の抜本的な改革を行うための消費税法の一部を改正する等の法律（平成24年法律第68号）が制定され、①国分の消費税収入については、公的年金制度その他の社会保障4経費に充てるものとされ、②消費税率は、2014年4月1日に8％（地方分1.7％を含む）、2015年10月1日に10％（地方分2.2％を含む）と、2段階で引き上げられることとなった。

図表3-31　公的年金制度の財政方式のあり方（T1（参加者）・T2・T3比較）
(%)

	賦課方式			中間			積立方式
	1	2	3	4	5	6	7
T1（参加者）	3.1	3.9	3.9	18.1	16.5	16.5	36.2
T2	7.1	1.6	7.1	18.9	22.8	18.1	22.1
T3	11.0	8.7	11.8	31.5	13.4	11.8	10.2

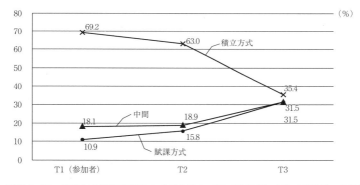

図表3-32　公的年金制度の財政方式のあり方（T1（参加者）・T2・T3比較，集約）

　図表3-31は，図表3-9・図表3-23に係る質問（公的年金制度の財政方式のあり方，7段階尺度）について，T1・T2・T3の各調査段階における参加者の回答結果の推移を示したものである。

　T1・T2調査の段階では，賦課方式ではなく積立方式をより志向する意見が多かったが，討論過程を経て，賦課方式を支持する意見が増加し，積立方式を支持する意見が減少した。賦課方式を支持する意見の増加は，現行制度の持続可能性への信頼が向上したことが主たる要因であろう。一方，積立方式を支持する意見の減少は，当初は，現行制度への不信感から，革新的な別の制度である積立方式に期待する参加者が多かったものの，討論過程で，積立方式の問題点が参加者に理解されるとともに，制度の移行が非常に困難であることが認識されたためであると推論される。ここでは，賦課方式が積極的に支持されるようになったというよりも，積立方式へ移行する際の問題点が参加者に認識されるようになったため，積立方式への支持が減少したとみるべきであろう。小グループ討論の発言記

録によれば，賦課方式の意義に積極的に注目したのは2つのグループにとどまった一方で，ほぼすべてのグループで，積立方式への移行が現実的にはきわめて困難であるということについて議論がなされていることからも，そのことが示される。

賦課方式か積立方式かという対立構造が明確な論点であったためか，小グループ討論の発言記録によれば，小グループ討論②では，多くのグループにおいて，まず，数人の参加者が積立方式支持を積極的に発言する，次に，積立方式の問題点が議論される，そして，積立方式への移行が容易ではないということに参加者が気づくという展開が見られた。

相対的に賦課方式を支持する意見（尺度1～3）と，同じく積立方式を支持する意見（尺度5～7）を集約したところ，討論前では積立方式を支持する意見（63.0％）が圧倒的多数であったが，討論後には，賦課方式（31.5％），中間（31.5％），積立方式（35.4％）というように，ほぼ拮抗するようになった（図表3-32参照）。

賦課方式と積立方式の中間の選択肢（尺度4）を選んだ参加者が増加することとなったが，中間という財政方式が存在するわけではない。これは，T2調査段階で積立方式を支持していた者が，この制度の難点を理解したものの，現行制度への支持へも踏みきれず，そのため，中間という選択肢がその受け皿になったと考えられる。

④支給開始年齢の引上げの是非

第3の論点は，年金の支給開始年齢の引上げの是非である。

賦課方式を基本とする公的年金制度の下では，年金財政を支える現役世代に対する受給者世代の割合が高まれば高まるほど，年金財政が逼迫する。少子高齢化

---

(40) 積み立てた保険料に低い利子のみが付くとしても，特に物価が急激に上昇した場合には，老後の生活を維持するには不十分な給付額にとどまる。したがって，積み立てた保険料を運用しなければならない。例えば，グループFでは，「例えばわれわれ若かったころの物価は，ラーメン1杯30円だった」との高齢参加者の発言がある一方で，「さっき利回りの話をしていたと思うんですけど，4.1％はちょっと無謀，無理です」という若年参加者の発言が続き，積立方式を支持する意見が一気にトーンダウンしていった。

(41) 移行期の保険料納付者世代が自らの将来の年金の積立てに加えて，そのときの年金受給者世代の年金分も負担する必要があるという，いわゆる二重の負担の問題がある。

図表3-33　年金の支給開始年齢の引上げ（T1（全体）・T1（参加者）T2・T3比較）　　　　　　　　　　　　　　　　　　　（％）

	遅くするほうがよい	どちらかといえば遅くするほうがよい	どちらともいえない	どちらかといえば65歳までのままでよい	65歳までのままでよい	その他
T1（全体）	1.5	5.6	13.0	30.7	45.2	3.8
T1（参加者）	0.8	7.9	9.4	24.4	51.2	6.3
T2	3.9	17.3	14.2	22.1	37.0	3.9
T3	3.9	11.0	8.7	25.2	44.1	5.5

が進展する中で年金制度を維持するためには，安定した財源を確保する一方で給付の抑制も検討すべきところ，後者の手段としては，給付額そのものの抑制と，支給開始年齢の引上げによる給付総額の抑制とが考えられる。給付額そのものの抑制はすでに受給している高齢者の生活に直接的な影響を与えるため，その実現にはさまざまな抵抗が見込まれる一方，支給開始年齢の引上げに関しては，これまでにも厚生年金の定額部分（基礎年金）については段階的に引き上げられており，(42) 諸外国の例や各種の公的年金制度の改革提言などを受けて，(43)（討論資料の作成時期には）政府内でも本格的な議論が行われていたため，(44) 第3の論点として取り上げることとした。

---

(42) 厚生年金の支給開始年齢は，制度発足当初の1944年の時点では55歳であったが，厚生年金保険法の累次の改正によって，定額部分（基礎年金）は65歳に引き上げられている。報酬比例部分については，2000年の法改正によって，60歳から65歳へと3年に1歳ずつ，男性は2013年度から，女性は2018年度から，それぞれ12年かけて引き上げられることになっている。なお，国民年金の支給開始年齢は，制度当初より65歳である。

(43) 米国では1983年に65歳から67歳へ，英国では2007年に65歳から68歳へ，ドイツでは2007年に65歳から67歳へ，それぞれ引上げが決定されたという（社会保険審議会第4回年金部会（2011年10月11日）資料1）。また，高齢者の就労環境の促進を条件としたうえで支給開始年齢の引上げを検討すべきと主張するものとして，産経新聞，日本経済新聞，日本商工会議所，読売新聞による改革提言がある（第2回社会保障改革に関する集中検討会議（2011年2月19日），同第3回会合（26日））。

(44) 政府・与党社会保障改革検討本部による「社会保障・税一体改革成案」（2011年7月1日閣議報告）では，年金の支給開始年齢の引上げの検討が挙げられていた。10月11日に開催された社会保険審議会第4回年金部会でも，高齢者雇用の確保を図りつつ，68歳ないし70歳へのさらなる引上げを検討するための具体案について，年金課長からの説明が行われた（なお，この会議では，この説明を受けて，（討論フォーラムのパネリストであった）駒村教授や逢見氏らによる議論もなされた）。しかしながら，与党であった民主党内の反発が強かったため，10月26日，小宮山洋子厚生労働大臣は，翌年の通常国会へ提出する関連法案に引上げを盛り込まない方針を示したという（朝日新聞2011年10月26日夕刊）。

年金の支給開始年齢の引上げの賛否ついての質問に対する回答結果は，図表3-33のとおりである。
　2011年2月中旬の時点では，年金の支給開始年齢の引上げについて，報道や提言などもあまり積極的に行われておらず，そもそも回答者の多くがこの質問の意義を十分に理解していたかどうかは疑わしい。なぜ引き上げようとするのかについての必要な情報がなければ，現状を維持すべきとする意見が多勢を占めるのは自然であろう。T1調査の段階では，回答者全体も討論フォーラムの参加者も，引上げに消極的な意見が多かった。
　その後，T2調査では，引上げに肯定的な意見の増加が見られる。これは，討論資料が事前に送付されて，それを通じて，支給開始年齢の引上げが給付総額の効果的な抑制策の1つであることが理解され，これもやむなしとして積極的な意見に転じたものと推察される。
　しかしながら，討論過程を経たT3調査では，引上げに肯定的な意見は減少した。これは，支給開始年齢を引き上げるとすれば，その年齢までの高齢者の生活をどのように維持するのかという問題に取り組まなければならないことが，参加者に強く認識されたものと思われる。支給開始年齢の引上げは，支給開始年齢までの高齢者の生活の保障のための施策とセットで行われなければならないところ，後者についての政府の取組みが不明確であることが，引上げに否定的な意見の増加につながったのであろう。全体会議③では，高齢者の雇用を確保し，稼働所得が得られる環境を整える必要があるが，労使双方に対して参加者から厳しい質問が行われた。

4　公共的討議の場の実験的創設

(1) 討論フォーラムについての参加者による評価

　T3調査では，固有の質問項目として，討論フォーラムへ参加した動機，資料や議論が意見形成へ与えた影響，小グループ討論や全体会議の進行への評価などの質問を設けた。
　第一に，討論フォーラムへ参加した動機についての質問である。「国策に反映される可能性があるから」，「年金というテーマに興味を持ったから」，「討論型世

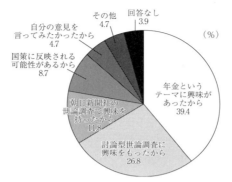

図表3-34　討論フォーラムへの参加の動機（T3）

論調査に興味を持ったから」,「自分の意見を言ってみたかったから」,「朝日新聞社の世論調査で興味を持ったから」,「その他」という6つの選択肢を設けた。その回答結果は,図表3-34のとおりである。

この回答結果からは,議題についての関心を理由に挙げて参加した者が最も多かったこと(全体の約4割)がわかる。一方で,討論型世論調査という新たな手法そのものに関心をもった参加者が4分の1を占めた点にも注目したい。わが国では討論型世論調査という手法は,一般にはほとんど知られていなかったため,めずらしいものとして参加者の関心を集めたものと思われる。

なお,T3調査の一部として行ったこの質問では,回答を典型的なものに限定し選択を求めたが,小グループ討論のアイスブレイクでは,モデレータが参加者に対して討論フォーラムへの参加動機を自由回答方式で尋ねていた。小グループ討論の発言記録によれば,やはり,議題についての関心を理由とした参加という回答が多く見られた一方で,旅行の契機とするためという動機や,討論フォーラムの会場に関心をもったという発言など,選択肢には含まれないような回答も複数あった。

例えば,グループAの小グループ討論①の冒頭のアイスブレイクの部分の実際の発言記録を見てみよう。

　モデレータ：お名前と,どちらからいらっしゃったのかと,こちらにいらっしゃった動
　　機を簡単にお話しください。〔着席順の〕時計回りということで,……よろしくお願

いします。

参加者A：……東京に住んでおりまして，みなさまから比べたら本当に近くて申し訳ないという感じがいたしております。こういう政治的な問題は，昔から好きでした。……今，非常に政治がごちゃごちゃしていまして，政治家が自分のことばっかり考えて国民のことを考えていないような感じの政局の状態なので，こういうところに参加させていただいて，みなさんのご意見を拝聴できて，また，学者の先生方のご意見を拝聴できたらなと思って参加いたしました。

参加者B：……四国の愛媛県から来た20歳の大学生です。はい，あの，今回ここに来ようと思ったのは，国民年金に携わるアルバイトをしていて，国民年金について興味があったし，あと慶応大学や東京もちょっと見てみたいなと思ったので，わざわざ旅行代を出してくれるということで，じゃあ，興味もあるし楽しそうだから行ってみようかなということで，軽い気持ちだったんですけど，参加させてもらいました。……

参加者G：……静岡県の○○市からまいりました。今日来たのは，日本のみなさんが，年金に対してどのよう考えているかということを聞きたくてまいりました。選ばれた全国の300人の方が，今日の意見で何か日本のこれからの日本を変えるというような，何か重要な，重大なみなさんが集まったというように感じました。……

参加者I：……北海道○○から来ました。年齢的に私が一番上のようです。年金を受給して約25年間経っております。年金生活者っていうものはどういうものか，それから定年後の再就職についての雇い主の考え方，それから自分の苦労等についていろいろ話したいと思っています。参加する動機は，近くの老人クラブで，年金からいろいろなものを差っ引かれるというような話があったときに，ちょうどこのアンケートが来たんです。自然にというのかな，来ました。いろいろみなさまの考え方をおうかがいして，帰って〔老人クラブの〕みなさんに話したいと思います。よろしくお願いします。

参加者J：横浜市から来ました○○です。私は……家の中に閉じこもっておりまして，あまり社会に参加してなかったような生活をしてきましたので，ちょっと環境を変えてみたくなった気持ちになりまして，参加させていただきました。

参加者K：たぶん私が一番遠くから来させていただいたのではないかと思いますが，沖縄県のほうから参加しました。何に関心があるとか言うと，やはり世論調査というと，わけのわからない状態で……「これについてはどうですか」と聞かれても，あんまりなんて言うのかな，世論の結果が薄いというか，内容がないと思っていたんだね。今回のようにちょっと勉強をさせていただいて，わからないところを教えていただいたりなんかすると，知識もついてきますし，考え方もできるようになってくると思うんです。そのうえでの世論調査だということですと，純度の高い世論です。民主

第3章 公共政策をめぐる民主的討議の場の実験的創設

主義は世論の政治ですね。この純度の高い世論というものが，もし可能になるとすればすばらしいことだな……。年金問題に関しては，ちょっとあんまりよくわからないし，あんまり関心もありません。

参加者L：……今までNHKのアンケートとか，政治でも，選挙の出口調査とかあんなの一度も〔調査対象として〕当たったことないんですけれども，今回初めてなんか当たって，宝くじに当たったような気持ちで，ちょっと来てみました。よろしくお願いします。

参加者M：……来た動機なんですけれども，東京にちらっと来てみたいなと思ったんですけど。あと，仕事で介護士をしております。自分の年齢で介護保険を引かれるようになって，年金っていうものをリアルにちょっと感じるようになって，本当に知識はないんですけれども，勉強したいなというのもありますし，聞きたいなというのもあります。

　第二に，資料や議論が意見形成へ与えた影響についての質問である。討論型世論調査の各構成要素が参加者個人の意見形成に役立ったか否かを，11段階尺度で尋ねた。図表3-35は，尺度0から4までを役に立たなかったとし，尺度6から10までを役に立ったと集約したうえで作成した。

　参加者の意見形成に有益と評価された順では，全体会議での専門家との質疑応答，討論資料からの情報，小グループ討論への参加の順となっている。特に，全体会議については，44.1％の参加者が「非常に役に立った」（尺度10）と回答している。参加者の多くが，全体会議における専門家の回答は適切であり，全体として理解の助けになったと回答している（図表3-35参照）。また，討論資料や小グループ討論についても，約8割が相対的に肯定的な評価をしており，議題についての参加者の理解の増進に寄与したことが示されよう。

図表3-35　討論フォーラムの構成要素への評価（T3, 集約）
(%)

	役に立たなかった （尺度0～4）	中間 （尺度5）	役に立った （尺度6～10）
①小グループ討論への参加	6.3	13.4	79.5
②全体会議での専門家との 　質疑応答	3.2	8.7	85.8
③討論資料からの情報	7.2	10.2	81.9

図表 3-36　小グループ討論や全体会議の進行への評価（T3，集約） (%)

	そう思わない （尺度1〜3）	どちらでもない （尺度4）	そう思う （尺度5〜7）
①小グループ討論で話し合うべき内容を話し合えた	5.5	2.4	91.3
②他者の意見が参考になった	4.7	1.6	93.0
③自分と異なる立場の意見にも，よいものがあると思った	3.2	1.6	93.7
④専門家の回答は適切であった	4.7	7.1	85.0
⑤他のグループの質問の論点に興味がわいた	5.5	2.4	90.5
⑥全体として理解の助けになった	2.4	0.8	96.1

　第三に，小グループ討論や全体会議の進行への評価についての質問である。7段階尺度で尋ねたが，図表3-36は，尺度1から3までをそう思わないとし，尺度5から7までをそう思うと集約したうえで作成した。

　「小グループ討論で話し合うべき内容を話し合えたか」との質問に対して肯定的な評価が参加者全体の9割を超えた。安心して発言できる討論の場の形成におおむね成功したということが，この回答結果から示されるといえよう。

　また，「他者の意見が参考になったか」との質問については93.0%が，「自分と異なる立場の意見にも，よいものがあると思ったか」との質問については93.7%が，より肯定的な評価をしている。これらの結果は，自分の意見を言うだけではなく，他者の意見を聞くということの意義を参加者が強く認識したことを示すものである。

　一般に，人々が公共政策の問題について議論するとしても，その相手は自分と同じような立場や意見の人々であることが多いところ，討論型世論調査の主唱者であるフィシュキンは，多様な背景をもつ人々と接触しうるということに討論型世論調査の1つの意義があると解しているが，[45] 参加者の回答が表しているのは，異見が自己の意見形成に役立つと多くの参加者が考えたという事実である。

---

(45)　Fishkin, *supra* note (9), p. 3（訳書14-15頁）。

(2) まとめに代えて

①討論型世論調査で世代を超える問題を討議できたか

　公的年金制度は，日本国憲法25条によって保障される生存権を具体化した社会保障制度の1つである。20歳から60歳まで保険料を納付し，65歳から老齢基礎年金を受給することができる国民年金制度は，加入者個人単位で考えるならば，加入時点で45年後という遠い将来のことを考えながら，その後40年間もの長期間，国家の用意した制度を信頼して保険料を納付するという仕組みである（現行の制度，完成時の場合）。人は，自分に将来どのような保険事故（その典型は，長く生きるということである）が起こるかをあらかじめ知ることはできないし，物価などの経済状況の変化を正確に予測することも困難である。老化に伴い稼得能力が減退して以降も，経済状況にかかわりなく安定した生活を行うためには，私的な扶養や貯蓄等のみに頼るのではなく，公的年金制度が必要である。

　学校教育等において社会保障制度の1つとして学ぶ機会があり，また，社会生活においても保険料の納付を求められることにより，年金制度を考える機会は少なからずあるが，多くの国民が，制度について必ずしも十分に理解しているとはいえない。現行の公的年金制度の財政方式ですら，十分な理解が得られていない。例えば，今回の討論型世論調査の小グループ討議②において，グループFのある参加者は，次のように発言している。

> 積立方式と賦課方式という言葉は，ぼく，この討論会に出席するまで知らなかったんです。これ〔討論資料〕を拝見して，積立方式と賦課方式ってこういう違いがあるんだなと初めてわかったんです。今まで思っていたのは，若いときからずっと働いてきて，給与明細に厚生年金という項目で天引きされている金額がありますね。これが将来，いわゆる積立てという形でぼくの年金に返ってくるかなという認識をしていたんです。

　受給者世代の年金給付をその時点の現役世代の保険料負担で賄う賦課方式と，現役時代（過去の加入期間）の保険料拠出により積み立てられた積立金によって年金給付が賄われる積立方式とで，どちらが望ましいかと問われれば，通常の世論調査（制度について詳細な情報を与えていないT1調査段階における討論フォーラム非参加者を含む全回答者）では，6割以上が後者を支持した（図表3-9・図表3-10参照）。討論フォーラム参加者についても，同様である。前述のとおり，小グルー

プ討論②の冒頭では，積立方式を支持する意見が圧倒的に多数であった（図表3-31・図表3-32参照）。グループCでの議論の冒頭部分を見てみよう。

参加者A：これ，積立方式がいいんじゃないですかね。ぼくは，そう思いますけれども。自分たちで積み立てていって，自分たちでもらうほうが確実ですものね。100％ですものね。
参加者B：労働意欲も上がる。
参加者A：そうでしょう。
参加者C：やっぱり将来的には負担が掛からないと思う，若い人に。
参加者A：そうですよね。
参加者D：賦課方式は，この少子高齢化で，もう子どもがいないのわかっているのに，続けていくのは厳しいと思いますね。
参加者E：ですから，今すでに給付しているお年寄りを支えていくのは，現役世代しかないわけですよね。それをどのような形で移行していくかですよね。何年かけて子どもたちに移行していくかですね。
参加者A：そういうことですね。やっぱりこれが一番いいんじゃないですかね。積立てにすれば，働くほうも，確実にもらえるってわかっているわけだから，〔保険料を〕払うしね。徴収の仕方が楽になるんじゃないですかね。不安がないんですから。もらえるんですから。
参加者E：積立方式という言葉からいったら，積み立てた以上のものはもらえないと。
参加者A：そういうことでしょうね。逆に言えば……
参加者E：このまま日本の寿命が伸び続けていったとしたら，とてもじゃないけれども積立てだけでもやっていけませんよね。
参加者A：まあ無理ですね。といっても，賦課方式だけでも無理だからね。
参加者F：そもそも賦課方式なんて，もう成り立たないようになっているんでしょう。
参加者A：でしょう。やっぱり積立てのほうがいいんじゃないか。
参加者F：おそらく賦課方式が今まで成り立っていたというのは，若い人がどんどんどんどん増えてきてという，そういう前提の高度成長の時代の前提やろから。賦課方式を今後も続けるということを言うたら，逆に成り立つんかなと。

積立方式が支持される理由は，それがあまり信頼されていない現行の賦課方式とは異なる財政方式だからであるということとともに，自分が納めた保険料が自分の将来受給する将来の年金給付の原資となるかのように見えるため，制度とし

第3章　公共政策をめぐる民主的討議の場の実験的創設

てわかりやすいからであろう。「日本の場合，多くの国民は支払った保険料は自分の持ち分（個人勘定の積立金）だと誤解して」いるが，積立方式は，まさにそのような誤解に親しみやすい制度を指す。一方，賦課方式は「見ず知らずの他人である高齢世代に対して，賦課方式の公的年金を通して自分の年金保険料を年金給付として渡すこと」であるから，「個人主義から抵抗が多い」とされる。

次に挙げるのは，グループEでの議論である。

　参加者A：……支える人がだんだん少なくなってくると若い人の負担が増えるので，自分が積み立てて自分でもらうっていうのが一番いいなと思います。でも，今まで私たちが積んだのはみな先輩に送っていたわけだけど，その分どうなるのっていうのが残ります。
　モデレータ：どうですか，これについて何か考えることありますか。
　参加者B：……○○さん〔参加者A〕が，自分がこれだけ納めているんだからこれだけもらえばいいやっていうことを，さっきおっしゃっていたけど，……それが基本のような気がして，自分が納めていれば，それだけ後で返ってくる。強制の何か貯金をしているみたいな，そんな形で一番すっきりするなとは思うんです。

駒村教授は，この賦課方式について，次のように説明している。「各世代の高齢者の数と現役世代の数によって保険料や給付が増減するため，人口構造によっては，特定の世代が支払った以上に年金を受け取ったり，あるいは支払った以下しか年金を受け取れないという状況が発生する。今後，人口高齢化が続くため，若い世代ほど，支払った年金保険料にみあう年金額をもらえない可能性が高い」。

今回の討論型世論調査において，参加者に提供した討論資料には，積立方式の論拠となるデータとして，社会保障全体における世代別の損得を計算した表（鈴

---

(46)　榊原・前掲注（18）4頁。
(47)　上村・前掲注（2）59頁。
(48)　一方，「積立方式は人口構造の影響を受けず，どの世代でも保険料の負担と受給額が見合っているため，世代間での公平な年金となる」（駒村康平『年金はどうなる』（岩波書店，2003年）25頁）。もっとも，賦課方式においても，世代間の公平を図ることは重要であると考えられている。ただし，ここでいう世代間の公平という概念は，積立方式に関して意味するところとはやや異なるものである。すなわち，「賦課方式では，どの時代に生まれても，現役世代の収入の一定割合の年金（これを所得代替率と呼ぶ）が保証されており，賦課方式では，これを世代間の公平と呼んでいる」という（同頁）。

木亘『年金は本当にもらえるのか？』（筑摩書房，2010年）56頁より引用）を挙げた。これによれば，少ない負担で多くの給付を受ける1940年生まれと，負担よりも少ない給付しか得られる見込みのない2010年生まれの差額は，5,460万円ないし5,930万円である。

　グループBでは，この表を見ながら，参加者中でおよそ平均程度の年齢のある女性の参加者が，次のように発言した。

　　このいただきました資料の31頁に，社会保障全体における世代別損得計算というのがありますね。1940年生まれの方が3,090万円得する。……私の息子は，平成元年生まれ，89年生まれですから，2,000万ぐらい損する。……こういうふうに見ますと，若い人が，例えば息子が，この表を見たら「あー，もう，ぼく，絶対，年金〔保険料を〕払わねぇ」っていうふうに言うんじゃない。「だって，損するために払ってるんじゃん」っていうふうに思うのかな……。この表を見ただけでは，当然，賦課方式よりも積立方式で行くべきなんだろうなっていうふうには，単純にはそう思いました……

　一方で，討論型世論調査では，小グループ討論の過程で，現行の賦課方式の意義に着目する参加者もいた。賦課方式とは，現役世代の保険料負担によって，その時々の高齢世代の年金給付を賄う財政方式であるが，政府は，しばしば，これを「世代と世代の支え合い」ないし「世代間扶養」と説明している。[49]厚生労働省年金局が2年おきに作成するパンフレットの最新版では，公的年金制度が賦課方式という世代間扶養の仕組みであることの説明に続いて，次のように記述されている。すなわち，「公的年金について「払った分が戻ってこないのだから，損するだけ」という声が聞かれることがあります。公的年金が世代間扶養の仕組みであることからすれば，給付と負担の関係だけで世代間の公平・不公平を論じることは適当ではないことに留意する必要があります[50]」。

　賦課方式と積立方式とで，どちらが得で，どちらが損なのか。そのような問い

---

[49]　坂口力厚生労働大臣は，「厚生年金，国民年金等につきましては，社会保険方式のもとで，現役世代が納付する保険料財源を基本として給付に必要な費用を賄う世代間扶養の仕組みで運営して」いると説明している（官報号外第151回国会衆議院会議録第15号（2001年3月22日）8頁）。

[50]　厚生労働省年金局『平成25年度 年金制度のポイント』9頁。さらに「公的年金制度の給付と負担は，本来，損得で論ずる問題ではありませんが，あえて計算したとしても，「払い損」にはなっていません」とも追記する（10頁）。

第3章　公共政策をめぐる民主的討議の場の実験的創設

に関連して，グループAのある高齢の男性参加者による発言を見てみよう。

> 賦課方式か積立方式かっていうことですけども。今やっているのは，一応，賦課方式ですね……。それから，積立方式は自助自立っていうんですかね。自分たちで助け合える，自分たちでするっていう考えなんですけど。……年金制度っていうのは，本来は，社会の連帯でもって成り立っているもんだと思うんです。そうですね，年代的に，私は，とにかくいただくだけなもんですから，深くは考えていなかったんですけども，損得ばかり計算されているんじゃないかなっていう考えがあるんです。みなさんどういうふうに思っているか知らないけど，私は，あんな損得ばかり表に出て，社会の連帯っていうものに対しての考えがなされていないんじゃないかなという考えをもっております。……

「賦課方式の「世代間扶養」は，社会全体で高齢世代を支える社会的連帯の考え方が基礎にある」と述べるのは，年金制度を専門とするわが国の代表的な研究者の1人の上村教授であるが(51)，討論フォーラム参加者も，まったく同じことに気づいている。世代を超えた社会的連帯と世代ごとの自助自立との選択が問題の根底にあるという，ここで引用した発言は，年金問題に詳しい学識経験者によるものではなく，あくまで，無作為抽出による世論調査の回答者から選定された討論フォーラムの参加者が，学習と議論の結果として到達したものであるということに注目されたい。

さて，賦課方式の年金制度において最も問題視されるのは，世代間の不公平ないし世代間格差の問題である。世代間格差をめぐる鈴木教授の問題提起に対しては，他の年金問題の研究者らの反応は大きく，特に，厚生労働省の社会保障の教育推進に関する検討会の第4回会合（2012年3月23日）や，社会保障審議会年金部会の第12回会合（2012年4月24日）などで詳細に取り上げられた(52)。これら厚生労働省の審議会・研究会において，事務局から示された資料では，世代間格差の議論において，「老親への私的扶養は，社会保険制度の充実に伴い減っているのでは

---

(51) 上村・前掲注（2）58頁。
(52) ここで批判的に取り上げられたのは，鈴木教授らが，2012年1月に，内閣府経済社会総合研究所のディスカッション・ペーパーとして公表した鈴木亘ほか「社会保障を通じた世代別の受益と負担」（ESRI Discussion Paper Series No.281, 2012年）である。ここでは，（年金に限らず医療・介護も含めた）社会保障全体について総合的に考察されている。

ないか」，「前世代が築いた社会資本から受ける恩恵は，今の若人の方が高齢者より大きいのではないか」，「教育や子育て支援による給付は，今の若人の方が高齢者より充実しているのではないか」，「少子高齢化の中で，親からの1人当たりの相続財産は，昔よりは増えているのではないか」などといった要素を考慮に入れるべきであるとの記述があった。⁽⁵³⁾

討論フォーラムの参加者の中には，これらの要素に気づき，単純な世代間格差論に与するべきではないと主張するものもいた。例えば，グループHのある若年参加者は，次のとおり，現在の世代が前世代の築いた社会資本から受ける恩恵という要素に気づいている。

　　……今までずっと日本を支えて，ここまで若い世代がこうやって働けるような土台を作ってきてくれたのは，戦後がんばってきてくださった……いま年金を受け取ろうとしている人たちです。これから年金を受け取ろうとしている人たちが，本当にずっと高度経済期とか，ずっと支えて働いてくれたからこそ，今の私たち若者が働くことができる。日本をもう世界でも認められた国にしてくれたということで，働くための土台を作ってくださったというのは，本当にありがたくて。そういう人たちをちゃんと敬ってちゃんと支えていきたいなという思いは，たしかに若い私としてはあるんです。

また，グループFのある女性参加者は，次のように，現在の受給者世代が過去に困難な時代状況にあったということを，世代間格差論を考えるうえで考慮すべきと主張する。

　　じゃあ，私たちは知らないで，本当にちょっとのことで，「損や，得や」と言ってますでしょう。だから，そこらへんが，本当にそんな考え方で年金を考えていいのかな。いや，すごい，私，偉そうな聖人君子のようなことを言っていますけど，だけど，本当にね。「お年取った方はたくさん年金をもらえていいなあ」というふうに言いますけれども，戦争に行かれていますよね。「こうやって年金あげるから，あんた戦争に行って」と言われたら，私は絶対嫌です。……おばちゃんみたいに「空襲が来て逃げたん

---

(53) 第4回社会保障の教育推進に関する検討会（2012年3月23日）資料2-1（これは，第12回社会保障審議会年金部会（2012年4月24日）においても配布されている）。なお，社会保障制度改革国民会議『社会保障制度改革国民会議報告書～確かな社会保障を将来世代に伝えるための道筋～』（2013年8月）45頁も参照。

で」って，絶対そんなのは嫌です。やっぱりそこらへんのことを，全然話〔が〕別ですけど，単なる，「得や，損や」じゃなくて，生活の満足感というものを考えないといけないん違うかなと思うんですよね。

　ともすれば，得をする高齢世代と損をする将来世代との格差を強調することは，世代間における社会の分裂を招来しかねない。上村教授は，「賦課方式とは，現役世代から高齢世代への所得移転であるから，現役世代が公的年金に対して信頼感を持っていなければ，年金保険料を拠出する動機が生じず，制度は成り立たない」，「高齢世代が現役世代に対して「思いやり」の気持ちを持っていることが，公的年金制度の存続につながる」と述べている[54]。しかしながら，高齢世代と現役世代とが公的年金制度をめぐって対話をするような機会は，実際にはほとんどない。制度を信頼せず負担に耐えられない若年者層は，自分らの犠牲の下で過大な利益を受けるかのように見える高齢者層に対して，いたずらに敵視するかもしれない。そして，その抵抗の手段の1つとして，国民年金の保険料を意図的に納付しないという方法が登場することになる[55]。

　頭の中で思考しているのみでは，かりに世代間扶養ということの意義を理解していたとしても，合理的な個人は，利己的な判断に囚われうるであろう。一方，討論型世論調査では，実際に，年金受給者世代と保険料納付者世代とが，同じ時間と空間を共有し，対面して議論を行う。討論フォーラムでは，抽象的な世代間の対立ではなく，具体的な個人間の対話が行われる。例えば，グループEでの議論の潮目が変わったといえる部分を見てみよう。

　　モデレータ：ちょっとこれ〔社会保障全体における世代別の損得を計算した表〕を見て若い世代の○○さん〔参加者A〕とか，どう感じるかなと。何年生まれですか，○○さん〔参加者A〕は。
　　参加者A：84年です。
　　モデレータ：1984年ですね，そうすると，どれだけ差があるかって。どう思われますか。何か思うことありますか。

---

(54)　上村・前掲注（2）21頁。また，上村教授は，「公的年金において次世代を考慮するかどうかは，いわば世代が持つ利他性である」と述べる（22頁）。
(55)　細野真宏『「未納が増えると年金が破綻する」って誰が言った？』（扶桑社，2009年）130頁。

211

参加者A：損ですね，生まれてきた時代が違うだけでというのは嫌ですけど。でも，昔の人は何もない時代にいろいろ作ってくれて，それで今自分が生きていると思おうと……。
参加者B：ありがたいね。
参加者C：すばらしいから拍手をしたい。
参加者A：それで昔の人を恨もうとは思わないですけど。ただ，やっぱり不安といえば不安ですけど，それはもう自分で何とかするしかないなと思います。どうにもできないんですけど。

　若年世代の年金問題というように単純に個人を記号化して議論するのではなく，目の前に現実に存在する27歳の青年が今後どのような社会保障を受けるのかという観点から論ずるとすれば，公共政策の問題は，より真摯な考察を必要とするもののように見えてくる。また，次に挙げるのは，グループDでの議論の一部である。

参加者A：だったら，積立てで残っていくんだったら，まあ最低限「ダメです，やめます」って言って，自分の積み立ててきた分だけは返してもらえれば，まあ損はしていないっていうところで，賦課方式で今の話〔を〕聞きよったら，ぼくらの世代は，確実に賦課方式だったら何か損しそうな気がして。どぶに捨てるかもわからん金をぼくも払いたくないじゃないですか，そんなの……
参加者B：それで，もらっているのが俺なんだよね。
参加者A：まあまあ，ぼくの気持ちとしては，何かそう。
参加者C：いや，すみませんって感じ。……

　賦課方式であれば保険料納付額よりも年金受給額のほうが少なくなるため，自分は保険料を納めたくないという若年参加者の率直な発言に対して，受給者世代の参加者が，その保険料の恩恵を受けているのが自分たちであると告白する場面である。これに対して，この若年参加者は，自分の発言の軽率さを反省し，その後，賦課方式に対する理解を急速に深めていく。
　逆に，高齢者の側が若年世代に対する理解を深めていく場面もあった。賦課方式から積立方式への移行の際に生ずる二重の負担の問題をめぐって，次のような議論が，グループFにおいて展開された。

参加者A：二重負担が発生するので，嫌がるでしょう，だって。
参加者B：困難なことを何で……
参加者A：単純に考えて，○○さん〔参加者C〕に，「じゃあ2人分の年金〔保険料を〕払ってください」と言うのと一緒なんだから。「ぼくの年金と○○さん〔参加者C〕の年金〔保険料を〕払ってください」と言えるでしょうか。

　抽象的な現役「世代」の負担ととらえるならば，それを受忍せよと主張しても，あまり気がとがめることはないのかもしれない。ところが，特定の具体的な若者個人に対する負担であると考えれば，人は，その妥当性をより真剣に考えるようになる。ここに引用したのは，積立方式へ移行する際に，ある高齢参加者が，隣の席に座っている若年参加者「○○さん」に対して，本人の給付のための保険料のみならず，自分の給付のための保険料の納付を求めることになるという現実に，まさに気づいた瞬間である。

　ここでは，公的年金制度のあり方をめぐる討論型世論調査のグループ討論②での議論の一部を取り上げた。公的年金制度の財政方式をめぐる直感的な意見から，十分な情報と他者との討議を通じて，討論フォーラム参加者が，議題に対する理解を深めていく様子が読み取りえたであろう。特に，重要な点は，①現実ではあまり見られない世代を超える対話が，討論型世論調査では実現したということと，②脱身体化された抽象的な政策論議ではなく，人格と肉体を有する具体的な個人が現実の政策を討議する空間が，討論型世論調査によって現出されたということである。すなわち，討論フォーラム参加者は，各世代の自己利益を主張し合い対立を深めるのではなく，他の世代の立場になって，相互に理解を深めようとした。また，公共政策の問題について，評論家然として抽象的な議論や社会的に望ましい意見を吐出するのではなく，当事者性のある深い考察を行った。

②討論型世論調査で公共的討議の場を構築できたか
　筆者らは，わが国で初めての全国レベルのフルスケールの討論型世論調査という社会実験を実施した。憲法学を専攻しもっぱら文献に基づく研究を行う筆者にとっては，大型の共同研究プロジェクトのマネジメントは初めての経験であり，

不手際があったことを反省している。討論フォーラムの参加者数が予想していた人数よりも大幅に下回ったため,調査の統計学的な意義は低いものと評価されるかもしれない。それでも,今回の討論型世論調査は,主唱者フィシュキンの講評によれば,小グループ討論での議論もすこぶる充実しており,これまでの数多くの調査の歴史の中で,世代を超える問題という複雑な議題を初めて取り組むことができたという点で画期的(epoch-making)であって,大成功であったという[57]。

討議民主主義理論を信奉する研究者は,民主政治における討議の意義や限界などについて,さまざまな議論をしてきた。論者の多くは,重要な公共政策を検討し決定する際には,人々による十分な討議が必要であると説き,そのためには,理性的な討議を可能にする場を創設すべきであると口々に主張してきた。

しかしながら,言うは(書くは)易く,行うは難しである。民主政治の基盤となる国民の公民性(citizenship)を涵養すべきであるだとか,市民社会の生成・発展のための社会関係資本(social capital)の充実が求められるなどと論じてきた我々理論研究者は,実際のところ,現実の国民による討議の場というものを,その目でしっかりと見て,その耳でじっくりと聞いてきたのだろうか。架空の理想的な哲人たちによる議論を,思考の世界で観念するだけに終始することが多かったのではなかろうか。

筆者らが取り組んだ討論型世論調査という社会実験は,まさに,公共政策をめぐる民主的討議の場を人工的に創設するものである。実際に討議の場への参入を一般の人々に促すことは,想像していたよりもはるかに困難であった。

民主主義社会において,人々は,日々の生活に忙しいために,自ら進んで社会に積極的に参画しようとはなかなか考えないものである。普段は手を挙げようとしなかったごくふつう人々が,無作為で送られた1通の調査票を契機に,この社会実験の中で,普段あまり熟考しなかった公共政策の問題について真剣に学び,日常の生活では接する機会のない多様な他者との討議を通じて,自らの意見を変容させていく。そして,参加者は,判断に必要な情報を資料や専門家から獲得し(前掲図表3-35参照),自由な討議の場において,自分とは異なる意見をも尊重し

---

(56) ただし,筆者自身は,統計学的な意義についてはほとんど関心がなく,もっぱら社会実験として現実に実践したという点に意義があると考えている。
(57) 2011年5月29日の記者説明会におけるフィシュキンの発言による。

つつ，真摯に議論し，自分の意見を形成できるようになった（前掲図表3-36参照）。

　地域や世代を超えて人々が熟慮し討議する反事実的な空間が（実験という形であるにせよ）現実に機能しうるということが示された点において，今回の討論世論調査の実施には意義があったといえよう。

第4章

公共政策の形成への民主的討議の場の実装
――エネルギー・環境の選択肢に関する討論型世論調査――

　エネルギー・環境の選択肢に関する討論型世論調査実行委員会は，政府のエネルギー・環境会議よって提示された「エネルギー・環境に関する選択肢」（2012年6月29日）に関して，2012年7月から8月にかけて，討論型世論調査を実施した。筆者は，この討論型世論調査の実行委員会の事務局長として，この調査事業の実施に従事した。本章は，その調査についての筆者による記録である。

　憲法研究者としての筆者にとって，エネルギー・環境政策は専門とするところではない。したがって，憲法学の見地から，エネルギー・環境に関する具体的な政策について有用な情報を提供できるとは考えていない。もっぱら関心を寄せるところは，いかに公共的討議の場を構成するのかである。エネルギー・環境の問題そのものは，筆者にとっては，あくまで討論型世論調査で取り扱った議題の1つにすぎず，筆者自身は，自らの専門的知見に基づき特定のシナリオを強く支持するということは困難であると考えている。

　わが国では，それまで5回の討論型世論調査が実施されてきたが，政府がその実施を決定し，政府予算で実施したのは，この調査が初めてである。さまざまな討議ないし参加の手法が提唱され実践されている中で，政策形成の参考に値する

（1）　愛敬浩二教授は，「民主主義は多義的な概念である」が，「近年の政治学や社会哲学，そして憲法学において注目されているのは，「熟議民主主義 deliberative democracy」という考え方である」としたうえで，憲法学の見地から，原発問題のような「「正解」のない公共的問題について，利害・価値観を異にする諸個人の間での合意を形成する方法として，熟議民主主義はその他の民主主義のモデルよりも優れていると私は評価する」と述べる（愛敬浩二「原発問題における学問の自由と知る権利」森英樹・白藤博行・愛敬浩二編『3・11と憲法』（日本評論社，2012年）156頁）。また，「原発政策が公共的問題である以上，……利害・価値観を異にする人々との関係でも，自らの立場を正当化する必要があ」り，「原発の是非は，安全性に関する科学的評価を踏まえつつ，原発の費用と便益に関する民主的な討議を通じて決定される必要がある」とも主張する（149頁）。

　では，具体的にどのように討議の場を構成するのか。本章は，その問いに対して，1つの応答を示そうとするものである。

公共的討議の場を構成する一手法として，討論型世論調査がわが国の政府によって認識されたことの意義は大きい。これまでの討論型世論調査は，社会実験としての側面が強かったが，今回のエネルギー・環境の選択肢に関する討論型世論調査は，政府が政策を決定するにあたっての参考として用いられることがあらかじめ決められており，純然たる学術研究とは，やや趣が異なるものであった。

1　エネルギー・環境の選択肢に関する討論型世論調査の概要

（1）調査の意義・目的

　エネルギー・環境の選択肢に関する討論型世論調査は，「革新的エネルギー・環境戦略」を策定するための，「エネルギー・環境の選択肢」に関する国民同士の意見交換が活発に行われるようにするための政府の取組みの1つとして，情報データベースの整備，意見聴取会，パブリックコメント，自治体・大学・民間団体主催の説明会への協力とともに行われたものである。もとより，政府がエネルギー・環境政策を決定するうえで参考にするという国民的議論の内容は，政府主導のものに限られず，政府以外の主体が自主的に行うものも当然に含まれる。

（2）　もっとも，科学技術に関する市民参加の手法を実践する一部の研究者等からは，（彼らが提唱し実践してきた市民参加の手法ではなくて）討論型世論調査を政府が採用したことについて，不満の声が上がった。

（3）　本調査に関しては，その概要，調査報告書等，集計表，検定表，ローデータ等が，内閣官房のウェブサイト（http://www.cas.go.jp/jp/seisaku/npu/kokumingiron/dp/index.html）に掲載されている。主要な調査結果は，筆者らが作成した調査報告書に掲載されているが，本書では，公共的討議の場の構築という観点から，筆者が特に重視した調査項目のみについて取り上げるものとする。

　なお，討論型世論調査の結果の公表については，（ローデータではなく）調査の実施主体がまとめた調査報告書によるのが一般的である。今回，筆者らがローデータを公開した理由は，調査の公益性を重視したためであった。すなわち，政府の予算によって実施したこの大規模調査の結果は，筆者らだけの所有物ではなく，一種の公共財であると考えており，また，この調査が政策決定へ一定の影響を与えうるものであることから，調査報告書における筆者らの分析に対して，第三者による再検証を可能にするため，敢えて，個人情報に係る部分を除きすべての情報を開示することとした。その結果，実際に，実施主体以外の第三者による検証も試みられた（例えば，菅原琢「公開データから得られる「エネルギー・環境の選択肢に関する討論型世論調査」の教訓」中央調査報661号（2012年）5819-5825頁）。

　今回の討論型世論調査では，実行委員会は，因子分析や各種検定などさまざまな統計学的分析をした（例えば，T1・T2・T3の各調査の因子分析については，エネルギー・環境の選択肢に関する討論型世論調査実行委員会『エネルギー・環境の選択肢に関する討論型世論調査 調査報告書』（2012年8月）47-49頁）が，統計学を専攻しない筆者は，本書では，それらに触れないこととする。

第4章　公共政策の形成への民主的討議の場の実装

　討論型世論調査の一般的な意義については，すでに本書の第2章で述べた。筆者としては，他の国民的議論のための取組みとの最大の違いは，①無作為抽出を基礎として参加者を募るため，いわゆる市民運動等に積極的に参画しようとする市民層ではない，ごくふつうの人々（いわゆるサイレント・マジョリティ）の意見を聴取できることと，②専門家の意見をもとに作成されたバランスの取れた資料を読んだうえで，他の参加者との議論や専門家との質疑応答等の過程を経るので，思いつきや思い込みによる表面的な意見ではなく，十分な情報に基づく熟考された意見を聴取できることの2つであると考えている。

　筆者としては，国民的議論は多様な方法によって重層的に行われるべきであると考えており，他の国民的議論のための取組みをいささかも否定するつもりはない。ただし，討論型世論調査には政府が実施した他の取組みにない特徴があると筆者は考えている。

　例えば，自ら積極的に応募した者が参加する意見聴取会では，議題となる政策課題について強く関心を有する者が出席し，自ら開陳したいメッセージを強く有している者が意見を主張するものである。そこで示されるのは，基本的には，あらかじめ自分の意見が定まっており，それを強く主張したいと望む者の意見である。ただし，そこで展開される個人の意見というものが，きちんとした根拠に基づき反省的な吟味を経たものであるかどうかは定かではない。また，意見聴取会では，異なる意見をもつ者同士が相互に尊重し合いつつも議論を戦わせるというような設計にはなっていなかった。(5) 加えて，電力会社の従業員等の参加は，行政指導により自粛させられた。(6) 一方，筆者らが取り組んだ討論型世論調査は，その

（4）　筆者は，今回の討論型世論調査のほかに，討論型世論調査の手法を応用して実施した「エネルギー・環境戦略 市民討議」（実行委員長＝柳下正治上智大学教授）の企画・運営にも参画した。この取組みは，今回の討論型世論調査と同じテーマを議題とし，ほぼ同じような構成をとり，ほぼ同じ時期に準備を進行し（実施主体であるエネルギー・環境戦略市民討議実行委員会の発足は，2012年7月2日である），その1週間後（8月12日（日））に討論フォーラムを開催したものであって，今回の討論型世論調査の実行委員会の委員のうち，筆者と柳下教授の2名が参画している。
　　なお，この調査事業は，川崎市内の有権者3,000人（選挙人名簿より無作為抽出）に対してT1調査（郵送調査）を実施し，670人の回答者から57人の討論フォーラムの参加者を得て，2セットの小グループ討議と全体会議を行うとともに，その前後でアンケート調査を実施したものである。宮城崇志・柳下正治「討論型世論調査の手法を用いた民間独自調査の試み」地球環境学8号（2013年）79-112頁参照。
（5）　意見聴取会及び福島県民の意見を聴く会は，7月14日から8月4日までの各週末等に，全国11か

ような意見聴取会で得られるものとは異質な意見を測定することができる。すなわち，第一に，自ら進んで手を挙げて発言しようとする市民ではなく，ごくふつうの人々の意見を聴取しうるものである。第二に，当初から特定の意見を強く有する参加者も（あるいは，明確な意見を形成しかねている参加者も），バランスの取れた討論資料に基づき，多様な意見（特に，自分の意見とは異なる意見）を有する他者と議論をすることで，自らの意見を客観的に見つめなおす機会を獲得する。そして，第三に，今回の討論型世論調査では，実行委員会は，参加者を職業等によって排除することは一切しなかった。例えば，電力会社の従業員等を排除すれ

　　所で開催され，約1,300人が参加し，136人から意見表明があったという。参加者（一会場100人〜200人）と意見表明者は公募された。意見聴取会等における意見表明者は，当初，3つのシナリオごとに3人ずつとしていたが，途中から，人数を12人に拡大し，3つのシナリオ以外の意見の表明者も追加するとともに，意見表明希望者の割合に応じて人数を配分するよう変更された。この変更の結果，意見表明希望者について動員が機能するようになり，少数者の発言が事実上困難になった。
　　3つのシナリオについての意見そのものを聴取することが目的であれば，3つのシナリオの意見表明者の人数を均等にする（少数意見も多数意見と等しい機会で聴取する）設計は妥当であった。一方，社会における各シナリオ支持者の分布を調査するためであれば，意見表明希望者の割合に応じた意見表明者を配分するという設計もありうる（ただし，意見分布が極端な場合には，少数意見を聴取することができない）。
（6）　7月15日に仙台市で行われた意見聴取会では，東北電力株式会社の執行役員企画部長が，16日に名古屋市で行われた会では，中部電力株式会社の原子力部の課長が，それぞれ20〜25シナリオを支持する意見表明を行ったことが報道等で取り上げられ，一部報道はそれを強く批判した。そのため，経済産業省は，18日，経済産業大臣名で，一般電気事業者・卸売電気事業者等13社の各社長及び電気事業連合会会長宛てに，意見聴取会やパブリックコメントの募集において，電力会社が組織として，社員に意見表明の応募や提案を促し，また，特定の意見表明を促すことのないよう徹底を求めるとともに，そうした行為が行われていると国民に疑念をもたれないよう十分留意するよう求めた（「エネルギー・環境の選択肢に関する意見聴取会等に係る要請」）。それ以降，電力関係者が抽選で選ばれることがあっても，意見表明を辞退するようになったという（朝日新聞2012年7月29日朝刊）。
　　この点，公権力が私人の政治的表現の自由を制約したということについては，憲法学の見地からは，否定的な評価がなされるべきであった（本件では，原発依存度の高いシナリオを支持することが見込まれる電気事業者等による意見表明のみを規制したため，表現内容中立規制ではなく，より厳格な基準で違憲審査がなされるべき表現内容規制というべきであり，特に，主題規制ではなく，特定の主題についてさまざまな立場や見解がある中で特定のもののみを規制するという観点規制であったことは，看過されるべきではない）。特定の私企業及びその役員・従業員たる私人による表現についてのみ，政府が事実上の規制を行うことは，経済的自由権の侵害ともなりうるし，平等保護の観点からも妥当ではあるまい。特に，当時は電気事業者等が積極的に意見表明できない社会的状況にあったことを前提とすれば，国家による規制があくまで行政指導にすぎなかったということは，かかる国家行為を正当化するものではなかろう（行政指導に不服がある場合，行政処分ではないため，それに従わなければよいのであるが，当時の社会的状況に鑑みれば，それに従わないという選択肢を採ることは電気事業者等には事実上著しく困難であった（なお，付言すれば，行政指導に対しては，行政不服審査法に基づく不服申立てや行政事件訴訟法に基づく抗告訴訟を行うことはできない））。

220

ば，その時点で参加者の無作為性を喪失することになり，討論型世論調査ではなくなるし，そもそも思想や職業に基づき公共的討議の場への参入を排除することは，平等保護という観点からも妥当ではないからである。たとえ電力会社の従業員であっても反原発団体の代表者であっても，世論調査で偶然に選ばれ，そして，討論フォーラムに参加が可能であるならば，筆者らは参加者として等しく尊重しようと考えていた。前者を排除し，後者だけ参加を認めるなどというダブルスタンダードは，討論型世論調査においては，そもそも許されるものではない。

　あるいは，パブリックコメントは，本来は，提出者が内容を真摯に検討して作成された意見であるからこそ，行政側がそれを熟読し参考に値するものと考えるのである。(7) もっとも，ここで示されるのも，基本的には，あらかじめ自分の意見が定まっており，それを強く主張したいと望む者の意見である。その中には，客観的な根拠に基づく熟考を経たうえで形成された意見もあろうが，そうであるとはいえないような意見も含まれうる。また，パブリックコメントを疑似「国民投票」であるとして，ソーシャルメディアや集会等で，特定の意見を提出するよう組織的に動員された例があるともいう。(8) 意見を開陳したい者が自由に提出できるパブリックコメントは，たしかに行政の民主性の確保という観点からは，非常に

---

(7)　「エネルギー・環境戦略に関するパブリックコメント」は，行政手続法第6章に定める意見公募手続によるものではなく，それに準じて任意に行われたものであった。宇賀克也教授によれば，「今回のパブリックコメントは，……行政手続法の意見公募手続とは違って，中央省庁改革基本法50条2項のパブリックコメントと位置づけることができる」という（「第2回国民的議論に関する検証会合議事概要」23頁）。同法は，「政府は，政策形成に民意を反映し，並びにその過程の公正性及び透明性を確保するため，重要な政策の立案に当たり，その趣旨，内容その他必要な事項を公表し，専門家，利害関係人その他広く国民の意見を求め，これを考慮してその決定を行う仕組みの活用及び整備を図るものとする」と規定している（50条2項）。宇賀教授は，そこでは「政策形成に民意を反映し，並びにその過程の公正性及び透明性を確保すること……すなわち，政策形成における民意の反映ということ」が目的であり，「今回は，具体的に政府として一定の案を固めてということではなくて，政府としてニュートラルな形で3つの案を示して，それについて国民の意見を聞いているということで」あるから，パブリックコメントにおいて「非常にはっきりとした意見を持たれている方の間で，かつ匿名で意見を出す方の間でそのような意見の分布があったということは，ひとつ参考にすべきことだろう」と述べる（「第2回国民的議論に関する検証会合議事概要」24頁）。
(8)　例えば，佐藤卓己准教授は，次のように述べている。「パブコメに関しては，……インターネット上には，これをペーストして送ってくださいというようなホームページ等もございます。そうしたコピーペーストされたような意見の存在をどう評価するかという問題は当然あります。……こうした問題点を踏まえた上で，パブコメは，そもそも数量化する意味はないのではないかと私自身は思います」（「第2回国民的議論に関する検証会合議事概要」22-23頁）。

重要な意義を有する。今般の「エネルギー・環境戦略に関するパブリックコメント」は、広く人々の意見を集めることに成功した。もっとも、パブリックコメントにおいて、本来重視されるべきは、集約された意見の数ではなく、その意見の内容であるはずであろう。

　討論型世論調査の議題となったエネルギー・環境の問題をめぐる議論状況は、決して尋常なものであると言えるものではなかった。反原発と原発推進という対立構造は、東日本大震災以前から存在していたが、特に、東京電力福島第一原子力発電所の事故以降、意見対立は激化し、もはや二項対立を克服し客観的で冷静な公共的討議ができる状況ではなくなった。どちらか一方を強く支持する者の中には、はじめから他の立場の意見に一切耳を傾けない頑強で教条的な態度をとるものも見られた。議論するまでもなく自説が絶対に正しいと確信し、そもそも議論をすること自体が悪であるというような主張も一部に見受けられた。また、あたかも特定のシナリオを支持している政府が、脱原発世論の「ガス抜き」に使うべく、「名ばかり」の討論型世論調査を実施するのではないかという屈折した見方もあった。「最初に結論ありきで、脱原発世論を「慰撫する」儀式になりかねない」との憶測が平然と展開されたことからも、当時、エネルギー・環境の問題を公平に議論することがいかに困難であったかが明らかであろう。

（9）　専用のウェブサイトの入力フォームから非常に容易に意見を提出できたほか、郵送やFAXでも受け付けていた。7月2日から8月12日までの間に、89,124件の意見の提出があったという。
（10）　この点、パブリックコメントの集計総数及びゼロシナリオを支持する数（無効票を除いた88,280件のうち、87％がゼロシナリオを支持していたという）が報道等で強調されていたことについては、筆者は、やや違和感を覚えた。なぜならば、パブリックコメントは、本来はその量ではなく内容に着目すべきものだからである。例えば、宇賀教授は、パブリックコメントについて、次のように述べている。「この制度が、費用を上回る便益をもたらすためには、国民が、この制度の趣旨を十分に理解して活用することが不可欠である。単に公表された案に対しての賛否を述べるのではなく、行政機関が寄せられた意見を判断する際に必要な当該意見の根拠、理由、資料も提示すべきであろう。パブリック・コメント手続を賛否の表決手続と誤解して、賛否のみを書いた意見書を組織的に大量に提出することは、制度の趣旨に沿わない。行政機関が看過していた論点を提示する等、行政機関から感謝されるようなコメントが多数提出され、この制度が、わが国における政策形成の質の向上に寄与することを期待したい」（宇賀克也「パブリック・コメント」法学教室225号（1999年）1頁）。
（11）　東京新聞2012年7月6日朝刊。
（12）　東京新聞は、「エネルギー・環境会議が示した将来の原発比率の三案のうち、政府には現状より少し依存度を減らした15％で決着させたい思惑が垣間見える」（2012年7月21日朝刊）、「〔意見〕聴取会に配られた資料で、15％の選択肢に添えられた記述は、あたかも「原発比率は15％が無難ですよ。苦しい思いもしなくていいですよ」と、誘導するかのような書きぶりだった」（同8月5日朝刊）な

第 4 章　公共政策の形成への民主的討議の場の実装

　筆者らは，討論型世論調査の制度設計・運営にあたっては，常に，議題について公平なものとなるよう取り組んでいるが，今回の調査に関しては，特に，努めて公平なものとなるよう，細心の注意を払った。一部の研究者や市民運動家，報道機関等から，自説に反する議論を討論資料において取り上げたり，対抗する立場の論者を専門家委員や全体会議のパネリストに充てたりしたことを理由に，この討論型世論調査を不公平なものであったと論難する向きもあった。筆者らは，討論資料においては，例えば，原子力発電に対して肯定と否定の両方の議論を併記することによって，バランスが取れると考えた。原発に対して否定的な意見を強く有する一部の論者にとっては，原発の利点をわずかでも書くことは不公平に

───────────

どと記述し，政府が当初から15シナリオ（後述）へと誘導しようとしていたと断定している。また，日経産業新聞2012年7月5日も，「担当官庁の幹部は『政府が想定するのは15％』と明かす」，「議論を尽くすほど日本人は中庸を選ぶ傾向が強まる。今回の選択肢もそうした行動に配慮している」と記述している。

　政府が15シナリオへの支持が増えることを見込んで討論型世論調査を採用したとする見方は，筆者らが調査結果を公表した翌日，一斉に報じられた。毎日新聞2012年8月23日朝刊は，「政府内では当初，15％案を有力視する見方が多く，DPには急速な『原発ゼロ』によるコスト増などへの理解を広げ，世論を15％に誘導する狙いもあった」が，「実際の議論では安全面への懸念が強まるだけで，思惑は裏目に出た」と述べている。朝日新聞2012年8月23日朝刊は，次のように記述している。「『討論すれば，意見は真ん中の15％に収束する』。経産省幹部は，初めて取り組んだ討論型世論調査で逆転をねらっていた。……討論型世論調査は無作為で選んだ電話調査の回答者6849人のうち希望した285人なので，脱原発色は薄まる。討論会で，経済や地球温暖化への影響，電気料金が値上げされるおそれなどを知れば，15％支持が増えるとみていた」。また，日本経済新聞2012年8月22日夕刊も，「『冷静に議論すれば原子力の必要性が理解される』との期待もあっただけに，討論型世論調査の結果を『誤算だった』（経済産業省幹部）と受け止める声も出ている」としている。

　もっとも，内閣官房や経済産業省の担当官らから，政府が特定のシナリオを想定していたとの説明を受けたことはない。政府が15シナリオを「本命」として考えているとの印象は，筆者らが直接接触した現場の担当官からは，まったく受けなかった。

　なお，15シナリオへ誘導しようとしているのではないかとの疑念に対しては，政府は，国会において明確に否定している。例えば，枝野幸男経済産業大臣は，「今回，国民の皆さんに選択肢をお示しするに当たっても，この審議会での御議論を基本的ベースにした上で，政府として何かに誘導しているという誤解を招くことのないように，できるだけそこでの議論を生のまま，整理だけはさせていただきましたが，お示しをしているということでありまして，まさに国民の皆さんからできるだけ白紙の状態で御意見を伺う，誘導をしないという方針に基づいて，自信を持ってやらせていただいています」と明確に答弁している（第180回国会衆議院予算委員会会議録第27号（2012年7月12日）28頁）。また，「市民の中からは，この三つの案を示すことで結局一五％前後に落ち着くよう誘導しているのではないかという批判もあります」との議員からの質疑に対して，細野豪志環境大臣は，「この三つのシナリオでございますけれども，国民的な議論のベースとしてお示しをしたものでありますので，誘導を目的として示されているということではないと考えております」と答弁している（第180回国会参議院環境委員会会議録第9号（2012年7月26日）2頁）。

223

見えたようであるし，一部の原発推進の論者にとっては，反原発を明言する有識者を専門家委員やパネリストに並べることが，参加者を誘導したかのように見えたのかもしれない。しかし，公平な議論の場を提供するためには，推進の議論だけを並べることも，反対の議論だけを並べることも，参加者の意見形成を誘導することになるため，認められない。残念ながら，議題について強い意見を有する一部の論者等にとっては，この点を理解するのが困難であったようである。

（2）調査の背景

　エネルギー・環境の選択肢に関する討論型世論調査を実施するに至った政治的な背景は，2011年3月11日のいわゆる東日本大震災，特に東京電力福島第一原子力発電所の事故に伴う，政府によるエネルギー・環境戦略の再構築にある。

　政府は，5月17日の新成長戦略実現会議において，電力制約の克服，安全対策の強化に加え，エネルギーシステムの歪み・脆弱性を是正し，安全・安定供給・効率・環境の要請に応える短期・中期・長期からなる革新的エネルギー・環境戦略を定めることを決定した。そして，6月7日の同会議において，原子力発電への依存度を2030年に約5割とするとした（当時の）エネルギー基本計画を白紙から見直すべき状況にあることなどが確認され，国務大臣によって構成するエネルギー・環境会議を設け，省庁横断的に，かつ聖域なくエネルギー・環境政策を練り直すことが決められた。

　6月22日に第1回の会合が持たれたエネルギー・環境会議は，7月29日に，「「革新的エネルギー・環境戦略」策定に向けた中間的な整理について」をまとめ，3つの基本理念を示した。そのうち，第一の「新たなベストミックス実現に向けた三原則」では，原発への依存度低減のシナリオを描く，エネルギーの不足や価格高騰を回避するために戦略的な工程を策定する，原子力政策に関する徹底検証を行い新たな姿を追求する，という3原則が示されるとともに，第三の「国民合意の形成に向けた三原則」では，反原発と原発推進の二項対立を乗り越えた国民的議論を展開する，客観的なデータの検証に基づき戦略を検討する，国民各層との対話を続けながら革新的エネルギー・環境戦略を構築する，という3原則が提示された（10-12頁）。

　この中間的整理に基づき，エネルギー・環境会議，原子力委員会（内閣府），総

第4章　公共政策の形成への民主的討議の場の実装

合資源エネルギー調査会（経済産業省）及び中央環境審議会（環境省）は，根本に立ち返った検証作業を開始した。エネルギー・環境会議は，12月21日に示した基本方針の中で，「来春を目途に，戦略の選択肢の全体像を提示」し，「その際，各選択肢がもつ利点と課題について，経済，産業，生活，温暖化，エネルギー安全保障等の視点から明らかにすることにより，「脱原発」と「原発推進」の二項対立を乗り越えた実りある国民的議論につなげ，夏を目途に戦略の全体像を提示する」と述べた。[13]

「エネルギー・環境に関する選択肢」は，①原子力の安全確保・将来リスクの低減，②エネルギー安全保障の強化，③地球温暖化問題解決への貢献，④コストの抑制・空洞化防止を「エネルギーの選択を行うに当たって重要となる4つの視点」と位置づけている。そのうえで，ゼロシナリオ，15シナリオ，20〜25シナリオの3つを提示した。

エネルギー・環境に関する選択肢は，震災前の2010年の時点で約26％（実績値）であった原発依存度を下げ，さらに化石燃料依存度を下げ，CO_2を削減できるシナリオであるとされている（8頁）。①ゼロシナリオとは，「2030年までのなるべく早期に原発比率をゼロとする」もので，発電構成は，火力65％，再生可能エネルギー35％である。[14]②15シナリオとは，「原発依存度を着実に下げ2030年に15％程度としつつ，化石燃料依存度の低減，CO_2削減の要請を円滑に実現する」もので，発電構成は，火力55％，再生可能エネルギー30％，原子力15％である。③20〜25シナリオとは，「緩やかに原発依存度を低減しながら，一定程度維持し2030年の原発比率を20〜25％程度とする」シナリオであり，発電構成は，火力50％，再生可能エネルギー30〜25％，原子力20〜25％である（10-15頁）。

2012年6月29日に示されたこの選択肢では，「3つのシナリオをもとに国民同士の対話が進むよう」，「客観的かつ具体的な情報提供を行い，国民同士が意見交換を行い議論を深める機会を提供しながら，国民各層の意向を丁寧に把握する」ために，①情報提供データベースの整備，②意見聴取会，③パブリックコメント

---

[13]　もっとも，2012年春を目途に示される予定であった選択肢が実際に示されたのは，6月29日であり，戦略そのものは，9月14日に策定された。
[14]　発電構成は，2010年実績値では，火力63％，再生可能エネルギー10％，原子力26％であり，当時のエネルギー基本計画では，火力35％，再生可能エネルギー20％，原子力45％であった（10-12頁）。

の募集，④討論型世論調査を行い，「併せて，自治体や民間団体主催の説明会に協力し，マスメディア等による世論調査をしっかりと見極めることにより，総合的に国民の意向を把握」したうえで，「責任ある選択を8月を目途に行い，政策を具体化する」こととされた。そのうえで，8月にエネルギー・環境の大きな方向を定める革新的エネルギー・環境戦略を決定し，速やかにエネルギー基本計画を定め，2012年内に，原子力政策大綱や地球温暖化対策，グリーン政策大綱をまとめるとされた（16-17頁）。

エネルギー・環境政策をめぐるそれまでの政策過程において，討論型世論調査は，国民的議論の方法の1つとして紹介されたことがある。すなわち，総合資源エネルギー調査会の基本問題委員会の第18回会議（2012年4月11日）において，同委員会の枝廣淳子委員が，「国民的議論に向けて」と題する資料を提出し，そこでは，コンセンサス会議などの手法とともに紹介された。また，原子力委員会の2012年の第10回会議（3月21日）では，柳下正治教授が，革新的エネルギー・環境戦略の策定に向けた国民的議論の1つとして，ステークホルダー会議を起点とした討論型世論調査の実施を提案していた。

なお，政府での検討とは別に，後に政府予算による今回の調査の実行委員会の委員となる曽根泰教教授及び柳下教授は，エネルギー・環境政策を議題として討論型世論調査を実施する意義を認識し，2011年夏には，それぞれ個別に調査の具体的な計画を立て始めるとともに，それ以降，断続的に政府関係者等に対して調査実施の必要性を主張してきた。曽根教授は，わが国における討論型世論調査の第一人者として，この調査手法で扱うべき最重要な政策課題として，エネルギー・環境の問題に着目していた。一方，柳下教授は，自らが研究代表者となった研究プロジェクトにおいて，エネルギー・環境問題そのものを対象とした政策

---

(15) 7月13日にエネルギー・環境会議事務局から示された「エネルギー・環境の選択肢に関する国民的議論の進め方について（第二報）」では，討論型世論調査の具体的な実施計画をはじめとするこれら4つの詳細が示されるとともに，「自治体や大学，民間団体主催の説明会への協力」が追加され，「政府主催の討論型世論調査や意見交換会における意向調査，政府協力の説明会における意向調査，マスメディアによる意向調査等を丁寧に集計・分析し，戦略を選択する際の材料とする」と明示された。

(16) 独立行政法人科学技術振興機構社会技術研究開発センター（RISTEX）平成20-23年度研究開発プログラム（「科学技術と社会の相互作用」）「政策形成対話の促進：長期的な温室効果ガス（GHG）大幅削減を事例として」。

対話の手法と、そこにおけるステークホルダーの役割についての実証研究を契機に、その社会への還元のためのさまざまな手法の1つとして、討論型世論調査に着目するに至った。2012年2月27日には、両教授が会談し、互いに認識を共有し、各々、引き続き、これを議題とする討論型世論調査を実現するための資金調達に向けて努めるとともに[17]、情報交換を行うこととした。そして、筆者は、曽根・柳下両教授と密接に連携し、それぞれの研究活動に共同研究者として参画することとした。

(3) 調査の実施体制

エネルギー・環境の選択肢に関する討論型世論調査は、政府が実施を決定し、政府の予算により行うものであるが、研究者によって構成され、政府から中立的な立場の実行委員会が、その企画・運営を行った[18]。

①実行委員会

実行委員会は、曽根泰教（慶應義塾大学大学院政策メディア研究科教授、政治学）、柳下正治（上智大学大学院地球環境学研究科教授、環境政策論）、そして、筆者（駒澤大学法学部准教授、憲法学）の3名の委員によって構成され、事務局を株式会社博報堂に置いた。第1回の実行委員会において、委員の互選により、曽根委員を実行委員長、柳下委員を副委員長、筆者を事務局長とすることとした。

一般に、討論型世論調査の実施主体は、調査の対象となる議題についての専門家ではなく（むしろ、一定の政策選好を有している（議題の）専門家は避けられるべきと考えられている）、公共的討議の手法についての専門家が望ましいと考えら

---

[17] 柳下教授は、独立行政法人環境再生保全機構による助成（平成24年度地球環境基金助成事業「エネルギー・環境戦略の選択肢に対する自立的国民的議論推進事業」）等を受けて、前述の「エネルギー・環境戦略 市民討議」の実施を計画していた。

[18] 今回の討論型世論調査は、経済産業省資源エネルギー庁が公募し、公正な競争的入札方式に基づき、株式会社博報堂が受託した「平成24年度電源立地推進調整等事業（革新的エネルギー・環境戦略の策定に向けた国民的議論の推進事業（討論会事業に係るもの））」として実施されたものである。同社は、わが国において公式の討論型世論調査を実施するためには、慶應義塾大学DP研究センターの協力が事実上必須であることに鑑み、同センターの曽根泰教センター長と事務局長である筆者に協力を依頼したという。なお、実施に至る経緯等については、日本経済新聞電子版2012年8月2日配信記事「討論型の世論調査、エネ政策に民意反映なるか」が詳しい。

れている。

　委員のうち,曽根教授と筆者は,慶應義塾大学DP研究センターのセンター長・事務局長として,それまでにわが国で実施された5回の討論型世論調査の実施のすべてに関与し,討論型世論調査の企画・運営に精通している。また,柳下教授は,政府がエネルギー・環境政策を決定するにあたっては,討論型世論調査などのような手法を用いた国民的議論を通じて検討を行う必要があるということを一貫して主張し続けてきた。関連する政府の各種会議等の多くを傍聴し,その議事録を網羅的に収集し分析するなどして,当該政策過程にきわめて詳しい。

　短期間で調査を企画し,機動的に実施するため,委員構成を不用意に肥大化させず,少人数で実行委員会を組織することとした。[19]エネルギー・環境問題の専門家の多くは,この調査の議題に関して,一定の政策選好を強く有しており,公平な調査の企画・運営という見地からは,実行委員会の委員に就任することは必ずしも適当ではないと考えられたため[20],専門家委員会の委員として委嘱することとした。

②専門家委員会

　実行委員会は,討論資料や調査票についてアドバイスを得るため,専門家委員会を設置することとし,エネルギー・環境政策の専門的知見を有する有識者に専門家委員(アドバイザ)を委嘱した。

　委員は,10名程度を選定することを想定し,15名程度の候補者に委員への就任を依頼した。最終的に委員就任を応諾したのは,植田和弘(京都大学大学院経済学研究科教授),枝廣淳子(幸せ経済社会研究所所長),大島堅一(立命館大学国際関係学

---

[19]　なお,筆者らは,6月上旬までに,科学技術に関する市民参加の手法に詳しい研究者数名に対して実行委員への就任を依頼した(ただし,7月3日までは,実行委員会が正式に発足するか否かは未定であった)が,応諾されなかったため,結果的に,実行委員会は上述の3名で構成されることとなった。

[20]　実行委員会としては,エネルギー・環境問題の専門家のすべてが,公平な国民的議論の場を設定する実行委員への就任に不適格であると考えていたのではない。しかしながら,例えば,脱原発の(あるいは,原発推進の)態度を鮮明にしている有識者を実行委員に連ねることは,いかに本人が公平な運営を行うことを誓約するとしても,当時の議論状況を踏まえれば,脱原発へ(あるいは,原発推進へ)意見を誘導しようとしているなどとの批判が見込まれたため,今回は,敢えて実行委員に委嘱することを避けた。

部教授），荻本和彦（東京大学生産技術研究所特任教授），崎田裕子（ジャーナリスト，環境カウンセラー），田中知（東京大学大学院工学系研究科教授），西岡秀三（地球環境戦略研究機関研究顧問），松村敏弘（東京大学社会科学研究所教授）の各氏である。エネルギー・環境政策に関して，さまざまな分野から，特定の意見のみに偏することなく，多様な意見を有する有識者を複数名選任することによって，バランスの取れた討論資料と調査票を作成できたと認識している。

討論資料と各調査の調査票への意見は，基本的には，電子メールにより募集した。スタンフォード大学センター・フォー・デリベラティブ・デモクラシー（以下，「DD研究センター」と略記する）の公式見解によれば，専門家への意見聴取にあたっては，物理的に会合を開催することは必ずしも求められておらず，もっぱら個別訪問，郵送ないしは電子メールによる意見の聴取で足りるとされているが，今回の討論型世論調査では，公平性に対する疑念をできる限り払拭するために，メール審議のほかに，実際に会議室に参集して3回の会議を開催した。

③監修委員会

討論型世論調査（Deliberative Polling®）は，スタンフォード大学DD研究センターの登録商標であり，同センターの承諾なく討論型世論調査と呼称することはできない。公式の討論型世論調査として実施するために，これまでの調査と同様に，同センターに調査の協力を依頼した。

監修委員会の任務は，討論資料及び各調査の調査票に関して，手法についての専門的見地から意見を提供するとともに，小グループ討論のモデレータを研修し，あわせて，今回の事業が公式の討論型世論調査の手法に従って実行されているかどうかを監修することである。

監修委員会の委員長には，討論型世論調査の主唱者であり，スタンフォード大学教授（DD研究センター所長）のフィシュキン（James S. Fishkin）を，その他の委員には，フィシュキンとともに討論型世論調査を実施してきたテキサス大学オースティン校准教授のラスキン（Robert C. Luskin）及びスタンフォード大学DD研究センター副所長のアリス（Alice Siu Chao）を，それぞれ委嘱した。

監修委員には，電子メールにより，討論資料及び全調査（T1・T2・T3調査）の調査票（いずれも英訳版）について監修を受けた。数十回にわたるメールでの議

論の末，最終的には，資料・調査票いずれも，スタンフォード大学DD研究センターの要求する討論型世論調査の素材として合格したものと認められた。

また，実行委員会は，監修委員のうちフィシュキン委員長とアリス委員をアメリカ合衆国から招聘した。両氏には，8月3日のモデレータ講習会の講師を務めてもらい，また，8月4日・5日の討論フォーラムそのものの監修を受けた。

④第三者検証委員会

実行委員会は，今回の調査で議題となるエネルギー・環境政策がとりわけ社会的に注目されており，調査の中立性・公平性への関心が高いことに鑑み，討論型世論調査が公平かつ適切に運営されているかどうかについて，実行委員会から独立した第三者の立場での検証を得るため，自らの意思で，第三者検証委員会を設置することとした。

第三者検証委員会の設置は，筆者の発案による。本来，討論型世論調査の運営の適切さの保証は，アドバイザと監修委員によって担保されるべきものとされており，今回設けたような組織の設置は認められていない。しかし，今回の調査が国民的注目を集めており，特に議題であるエネルギー・環境政策に関しては激烈な意見対立が存在しているため，実行委員会がいかに公平に調査を実施したとしても，調査そのものに対する不毛な議論が展開されることを懸念した。また，実行委員会の発足以前に，資源エネルギー庁による事業の公募書類に対して，一部の研究者等からの意見表明がなされていた。[21] このような状況を踏まえて，実行委員会としては，敢えて異例ながらも，第三者検証委員会を設けて，批判的な立場からの建設的議論に期待することとした。

そして，第三者検証委員会の委員長に，資源エネルギー庁の原子力広聴・広報アドバイザリー・ボードの委員長を務める小林傳司氏（大阪大学コミュニケーショ

---

(21) 科学技術に関する市民参加の手法に詳しい複数の研究者等が，2012年6月29日，資源エネルギー庁の公募事業について，①意見誘導にならないようにするための方策が講じられていないこと，②参加者の選出の妥当性を確保する方法が示されていないこと，③日程的な限界があることを問題視する内容の「「革新的エネルギー・環境戦略の策定に向けた国民的議論の推進事業」の問題点について」と題する意見書を，（筆者ら実行委員会に対してではなく）資源エネルギー庁に対して提出した。なお，6月29日の時点では，受託業者は決まっておらず，また，実行委員会も正式には発足していなかった。

ンデザイン・センター教授）を委嘱した。第三者検証委員会の委員の選任については，実行委員会は直接関与せず，第三者検証委員会の小林委員長が行うものとし，北村正晴（東北大学名誉教授）及び若松征男（東京電機大学理工学部教授）の両氏が就任した。

2 エネルギー・環境の選択肢に関する世論調査

(1) 世論調査の方法

わが国でこれまでに行われた討論型世論調査では，Ｔ１調査は，すべて選挙人名簿に基づく郵送調査で行われてきたが，調査票の発送から，回答の受領・督促，参加意向を示した者に対する討論フォーラムの説明と参加依頼までの作業を行うのに，最短でも１か月程度の期間を要する。そこで，今回は，準備期間の都合上，Ｔ１調査を電話調査により実施することとした。

一般に，電話調査は，世帯として固定電話をもっていない独居若年者層を捕捉しがたく[22]，また，音声情報のみで調査を行うため複雑な質問を行うには必ずしも適切であるとはいえない手法である。しかしながら，短期間で信頼性の高い調査を行うものとしては，確立された調査方法である。電話調査にはいくつかの問題点があるとしても[23]，現在，多くの調査会社や報道機関が世論調査の方法として採用しており，その意義を一切否定する主要な調査会社・報道機関は，現時点では存在しない[24]。

---

(22) 総務省の「平成23年通信利用動向調査」によれば，わが国の固定電話の保有率（20歳以上の世帯主がいる世帯）は83.8％である。ただし，20歳代の保有率が他の年代と比較して顕著に低い（20歳代の保有率は25.4％である）。

(23) 鈴木淳子『質問紙デザインの技法』（ナカニシヤ出版，2011年）49-51頁，小田利勝『社会調査法の基礎』（プレアデス出版，2009年）114-115頁。

(24) 例えば，NHK放送文化研究所の荒牧央氏は，「電話調査の特性上，質問の分量や形式にはどうしても制約があるものの，調査の実施や公表のスピードの点では今のところ電話調査に代わるものはない」と述べる（荒牧央「世論調査の手法に関する現状と問題点」マス・コミュニケーション研究77号（2010年）70頁）。内閣府大臣官房政府広報室「全国世論調査の現況 平成23年版（平成22年4月～平成23年3月調査分）」によれば，わが国で2011年度に実施された世論調査1,514件のうち，電話法（207件）は郵送法に次いで2番目に多く用いられた手法である。ただし，新聞社・通信社・放送局が実施した世論調査では，電話法は最も多く用いられており，報道機関による世論調査全体の83.5％を占めるという。

Ｔ１調査は，テレビ局や新聞社の世論調査等を請け負う定評のある専門業者に委託し，電話聴取調査により実施した。具体的には，コンピュータで無作為に数字を組み合わせて番号を作り，電話をかけて調査する RDD（Random Digit Dialing）方式によって実施した。対象としたのは，一般世帯に居住する成人である。[25]

　オペレータが電話をかけ，調査の趣旨を説明したうえで，その世帯に住んでいる成人の人数を聞き，その中から１人を選んで調査を依頼する。在宅率が高く電話に出やすい主婦や高齢者に調査対象者が偏向することを防ぐため，コンピュータによって無作為に数字 n を生成し，世帯の中で年齢が上からその n 番目の人に対して回答を依頼して実施した。対象者が不在の場合も対象者を変更せず，時間や曜日を変えて調査を行った。[26]

　調査期間は，７月７日（土）から７月22日（日）までである。在宅率が高い土曜日と日曜日に重点的に架電したほか，平日の日中などにも行った。また，調査対象者の在宅時間が判明した場合には，その時間帯に架電した。

　標本数は34,000件で，実際に電話をかけ20歳以上の者がいることが判明したのは12,048世帯である。そのうち，有効回答数は6,849件であり，回答率は56.7％である。[27]

---

[25]　今回の調査では，敢えて，有権者ではなく，成人を対象とした（第三者検証委員会による検証報告書には，調査対象は有権者であると記述されている（エネルギー・環境の選択肢に関する討論型世論調査第三者検証委員会『「エネルギー・環境の選択肢に関する討論型世論調査」検証報告書』（2012年８月）12頁）が，これは事実誤認である）。なお，第三者検証委員会は，今回の討論型世論調査のＴ１調査として RDD 調査を利用したことについて，「RDD 方式は略式であり，次善の策にすぎない」ため，「スタンフォード大学流の討論型世論調査」として妥当か否かを説明するよう実行委員会に対して要求している（11-13頁，24-25頁）が，これは，まさにスタンフォード大学流の通常の討論型世論調査では原則としてＴ１調査に RDD 調査が利用されているという事実を看過した批判であり，失当である（フィシュキン自らが，討論型世論調査のＴ１調査が「通常は，RDD 方式によって行われる」と述べており，また，電話調査を採用することで参加者に若干の偏りが生ずることは，指摘されるまでもなく承知している（James Fishkin and Cynthia Farrar, "Deliberative Polling: From Experiment to Community Resource," John Gastil and Peter Levine eds., *The Deliberative Democracy Handbook: Strategies for Effective Civic Engagement in the 21st Century*, Jossey-Bass, 2005, p. 74（津富宏ほか監訳『熟議民主主義ハンドブック』（現代人文社，2013年）118-119頁）））。

[26]　一般に，電話調査では，割当法（国勢調査人口などをもとに性別・年代別に獲得目標を設定して，受電した者を調査対象とし，目標を達成した性別・年代を次々と除外していき，不足分を補填し，目標数を回収できた時点で終了するという方法）ないし任意法（受電した者が条件に適合すれば調査対象とする方法）のほうが回収率が高く，労力や費用を低く抑えることができるが，得られるデータの質が劣る（土屋隆裕「RDD 調査における世帯内抽出法の比較実験」統計数理55巻１号（2007年）143-157頁）ため，今回の調査では，追跡法（確率法）により実施した。

第4章　公共政策の形成への民主的討議の場の実装

　実行委員会としては，当初，3,000件の有効回答を得て，その中から討論フォーラムの参加予定者300人を確保することを企図して電話世論調査を実施し，調査開始から1週間経過後と2週間経過後で，それぞれの討論フォーラム参加予定者数の歩留まりを踏まえて，サンプル数を4,500ないし6,000と増やしていくことを予定していた。(28)　実際に電話調査及び参加者リクルートメントを開始してみると，想定していたとおり討論フォーラムの参加予定者数が伸び悩んだため，1週間経過後の時点で4,500件程度の有効回答を得るように，また，2週間経過後の時点で6,000件程度の有効回答を得るように変更した。(29)

（2）世論調査の結果
①回答者の属性

　Ｔ１調査の回答者の属性は，図表4-1～図表4-4のとおりである。(30)

　総務省統計局による2012年10月1日時点の人口推計によれば，全国の20歳以上の総人口における男女比は，男性48.1％，女性51.9％であるから，Ｔ１調査回答者（全体）の男女比（男性46.8％，女性53.2％）は，歪んでいるとはいえない。

　また，年齢については，20歳以上の総人口の分布（20歳代12.7％，30歳代16.4％，40歳代16.8％，50歳代14.9％，60歳代17.6％，70歳代以上21.5％）を，Ｔ１調査の回答者全体の年齢構成と比較すると，20歳代が顕著に少なく，30歳代と40歳代がやや少ない一方，60歳代が顕著に多く，50歳代と70歳代以上がやや多かった。これは，

---

(27)　この回答率は妥当なものである（通常の電話世論調査と比較して，決して低いものではない）。
(28)　実行委員会としては，討論フォーラムの参加予定者が300人程度となることを目標としていた。わが国の討論型世論調査では，Ｔ１調査を電話調査により実施した先例がなく，電話調査とした場合の参加意向率が事前に判然としなかったため，母数を断続的に増やすという方法を採用した。
(29)　なお，標本数3,000件を対象とする調査であっても，6,000件を対象とする調査であっても，日本全国を統計学的に代表する社会調査として適切なものであると解されている。この調査の標本数がいかに多いかについては，報道機関等が実施している通常の世論調査の標本数と比較すれば明らかである。例えば，日本経済新聞社の電話調査（RDD調査）では，初期抽出標本数は約1万件で，電話をかける標本数が約4,000件であり，そのうち有権者がいる世帯が約1,600件となり，回答協力が得られる標本数は900件であるという（http://www.nikkei-r.co.jp/service/phone/method.html）。なお，政府が革新的エネルギー・環境戦略を策定するにあたり参考にしたマスコミ等の世論調査（後述）のうち，電話調査によるものの標本数は，最少で920件，最多で1,540件であった。
(30)　以下，図表中，「Ｔ１（全体）」とあるのは，Ｔ１調査の回答者全体（6,849人）のＴ１調査への回答を，「Ｔ１（参加者）」とあるのは，討論フォーラムの参加者（285人）のＴ１調査への回答を，それぞれ指す。

図表4-1　回答者の性別

T1（全体）	人数（人）	割合（％）
男性	3,202	46.8
女性	3,647	53.2

図表4-2　回答者の年齢

T1（全体）	人数（人）	割合（％）
20歳代	255	3.7
30歳代	894	13.1
40歳代	1,258	18.4
50歳代	1,165	17.0
60歳代	1,680	24.5
70歳代以上	1,583	23.1
答えたくない	14	0.2

図表4-3　回答者の居住地域

T1（全体）	人数（人）	割合（％）
北海道	332	4.8
東北地方	508	7.4
関東地方	2,320	33.9
北陸地方	282	4.1
中部地方	907	13.2
近畿地方	1,169	17.1
中国地方	391	5.7
四国地方	209	3.1
九州地方・沖縄	692	10.1
無回答	39	0.6

図表4-4　回答者の職業

T1（全体）	人数（人）	割合（％）
お勤め	2,426	35.4
自営業	707	10.3
農林漁業	138	2.0
主婦	1,761	25.7
無職	1,726	25.2
その他	82	1.2
答えたくない	9	0.1

今回の討論型世論調査のＴ１調査で使用した電話調査に固有の問題（家庭に固定電話を敷設していない世帯を捕捉できないこと）が影響したためであろう。通常は，RDD方式により世論調査を実施する際には，回答結果を集計時点で，家庭内の成人の人数，保有電話回線数，性別，年齢，都市規模などでウエイト補正を行う。年代に関しては，過剰に多く捕捉した年代の回答を減らしたり，あるいは少なく捕捉した年代の回答を膨らませたりするなどといった補正を行うのである[31]

---

(31)　例えば，朝日新聞社の電話調査では，固定電話の本数や世帯，有権者の人数に応じた調整をしたうえで，さらに，全体として地域別，性別，年代別の構成比の歪みをなくし，回答者の構成比が総務省発表の実態構成比と同じになるように補正するとのことである（http://www.asahi.com/spe-

第4章　公共政策の形成への民主的討議の場の実装

が，今回の討論型世論調査では実施主体の中立性についての無用な疑念を招来させないために，敢えて，加工していない生のデータを利用することとした。[32]

居住地域については，全国の20歳以上の総人口の分布（北海道4.3％，東北地方7.2％，関東地方33.7％，北陸地方4.2％，中部地方12.6％，近畿地方17.7％，中国地方5.9％，四国地方3.1％，九州地方・沖縄11.2％）とT1調査の回答者全体の分布と比較すると，目立った歪みはない。

②エネルギー・環境問題の判断基準（視点）

　エネルギー・環境の選択肢を判断する際に，安全の確保，エネルギーの安定供給，地球温暖化防止，コストの4つの判断基準（視点）について，それぞれをどの程度重視するかを尋ねた。11段階尺度で尋ねたが，図表4-5は，尺度0から4までを重視しないとし，尺度6から10までを重視すると集約したうえで作成した。

　この表からは，回答者の76.6％が安全の確保を重視していることがわかる。エネルギーの安定供給と地球温暖化防止については，6割以上が重視すると答えたのに対して，コストを重視するとの回答は43.7％にとどまった。もっとも，これは多くの回答者がコストを軽視すべきと考えていたということを意味するものではない。いずれの判断基準についても，全回答者の平均が中間（5）を下回ることがなく，また，重視しないとする回答が1割を超える項目はなかった。「もっとも重視しない」（尺度0）は，安全の確保で1.8％，エネルギーの安定供給で1.6％，地球温暖化防止とコストで2.8％にとどまった。

　また，年代ごとの回答結果（図表4-6）では，エネルギーの安定供給，地球温暖化防止，コストの3つに注目したい。エネルギーの安定供給は，40歳代，50歳

---

cial/08003/rdd.html）。
(32) 若年者層の回答を増やす方向でデータを調整することは，（後述するように，若年層にゼロシナリオを支持する意見が少なく，20～25シナリオを支持する意見が多いことから）原発推進方向で調査結果を人為的に操作することになる。しかしながら，そのような調整が社会調査の方法論として妥当であるとしても，もしそのような調整を実施主体である実行委員会が実施すれば，この調査が不公正な調査であるなどといった批判を反原発側から猛烈に受けることは必至であった。また，T1調査の回答者から討論フォーラムの参加者を選定する討論型世論調査において，回答が多く得られなかった年代についてデータの補正を行ったとしても，実際に存在しない回答者を討論フォーラムに参加させることはできないので，補正を行うことには実益がなかった。

図表4-5　エネルギー・環境問題の判断基準（T1（全体），集約）

	重視しない （尺度0〜4）	中間 （尺度5）	重視する （尺度6〜10）	平均値
安全の確保	3.5%	16.3%	76.6%	8.88
エネルギーの安定供給	3.4%	24.9%	68.0%	7.66
地球温暖化防止	6.5%	24.6%	66.2%	7.10
コスト	7.3%	42.7%	43.7%	6.13

図表4-6　エネルギー・環境問題の判断基準（T1（全体），集約，年齢別）　　（%）

		重視しない （尺度0〜4）	中間 （尺度5）	重視する （尺度6〜10）
エネルギーの安定供給	20歳代	5.5	23.1	69.0
	30歳代	3.0	22.6	72.9
	40歳代	2.5	21.1	75.0
	50歳代	2.7	22.1	73.4
	60歳代	3.6	27.5	65.1
	70歳代以上	4.1	28.9	58.8
地球温暖化防止	20歳代	14.5	24.7	60.0
	30歳代	7.9	29.1	62.3
	40歳代	7.0	24.6	67.6
	50歳代	5.8	25.4	67.6
	60歳代	5.7	21.5	69.6
	70歳代以上	5.2	24.7	63.8
コスト	20歳代	11.0	34.9	50.2
	30歳代	9.3	39.1	48.5
	40歳代	7.8	42.2	48.3
	50歳代	7.6	43.4	45.1
	60歳代	6.1	46.5	42.0
	70歳代以上	6.2	41.8	37.3

代，30歳代，20歳代，60歳代，70歳代以上という順で重視する意見が多い。社会における生産活動に従事する者が多い世代に，安定供給を重視する傾向が強いといえよう。地球温暖化問題は世代を超えて影響が及ぶ問題であり，若年者層に環

第4章　公共政策の形成への民主的討議の場の実装

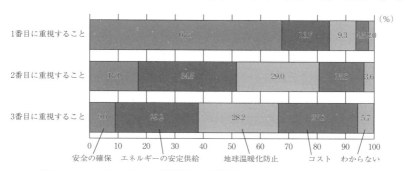

図表4-7　エネルギー・環境問題の判断基準の重視する順（T1（全体））

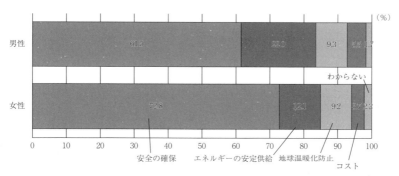

図表4-8　エネルギー・環境問題の判断基準の1番目に重視すること（T1（全体），男女別）

境保護重視の傾向が見られると予想されたが，調査結果はその仮説に反して，20歳代の約15％が環境保護を重視しないという結果となった。コストに関しては，20歳代の半数が重視すると答え，高齢者ほど重視しない傾向が見られた。

　図表4-5に係る質問では，4つの判断基準のそれぞれについて，どの程度重視する（しない）かを尋ねた。ここでは，すべての事項について同じ程度に重視する（しない）と回答することができた。しかし，この尋ね方では，回答者がこれら4つの判断基準のうち，どれをより重視し，どれをより重視していないのかを調べることができない。そこで，これについて，さらに4つの中で優先順位を付けることを求める質問を付加した。図表4-7は，その回答結果である。

　図表4-5では読み取ることができなかった判断基準についての優先順位を，

237

図表4-7は示している。最も重視されているのが安全の確保であり，次がエネルギーの安定供給であることがわかる。地球温暖化防止はその次であるが，「3番目に重視すること」の選択となると，安全の確保以外の3つの視点はほぼ横並びになっていることがわかる。

図表4-8は，図表4-7に係る質問にいう「1番目に重視すること」についての性別による回答結果の差である。

この図からは，女性の7割以上が安全の確保を最重要視している一方で，エネルギーの安定供給を最重要視する男性も相対的に多いことが示される。判断基準について優先順位を付けさせると，安全の確保とエネルギーの安定供給について約10ポイントの，それぞれ差があることが判明する。

③エネルギー・環境の選択肢（シナリオ）

エネルギー・環境の3つの選択肢（シナリオ）については，今回の討論型世論調査では，ゼロシナリオ，15シナリオ，20～25シナリオのどれを選択するのかというような択一的な尋ね方をせずに，各シナリオをそれぞれどの程度支持しうるかという質問を行った。三者択一で尋ねれば，各シナリオの支持の強さを測定することができないし，また，複数のシナリオを同時に支持する人は回答に窮することになる[33]。そこで，各シナリオを支持する意見について，それぞれ賛否を問うこととし，さらにその強度を調べうる質問とした。

具体的には，「すべての原子力発電所を2030年までに，なるべく早く廃止する」という意見（ゼロシナリオ），「原子力発電所を徐々に減らしていく（結果として2030年に電力量の15％程度になる）」という意見（15シナリオ），「原子力発電所を今までよりも少ない水準で一定程度維持していく（結果として2030年に電力量の20～25％程度になる）」という意見（20～25シナリオ）のそれぞれについて，賛否を11段階尺度で尋ねた。回答結果は，図表4-9のとおりである。

---

(33) 原発依存度をより引き下げたいと考える人は，ゼロシナリオを支持するのであろうが，15シナリオについても（ゼロシナリオよりは支持の程度が低いものの，20～25シナリオと比べれば）支持しうると考えるかもしれない。逆に原発を少しでも存置したいと考える人は，15シナリオでも20～25シナリオでも支持しようと考えるであろう。原子力発電をより推進したいと考える人は，ゼロシナリオ・15シナリオは論外と考えるが，20～25シナリオでも満足できないかもしれない。こういった回答者の思いに，三者択一の質問は十分には対応できない。なお，後掲注（57）も参照。

第4章　公共政策の形成への民主的討議の場の実装

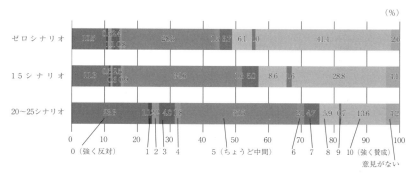

図表 4 - 9　各シナリオへの支持（T1（全体））

単純に評価するならば、3つの選択肢のうち、最も多く支持されたのがゼロシナリオであり、支持が最も少なかったのが20〜25シナリオである。ゼロシナリオの意見に対して「強く賛成する」（尺度10）が41.4％である一方、15シナリオが28.8％、20〜25シナリオが13.6％であり、その差は歴然としている。ただし、「強く反対する」（尺度0）のほうに注目するならば、20〜25シナリオ（23.3％）は他のシナリオの倍以上であるが、ゼロシナリオ（10.5％）と15シナリオ（11.3％）は、ほとんど差がないことがわかる。

これらについて、「意見がない」を除き、尺度0から4までを反対とし、尺度6から10までを賛成と集約したうえで作成したのが、図表4-10〜図表4-12である。

これらの図から一見して明らかなように、半数以上の人々がゼロシナリオを支

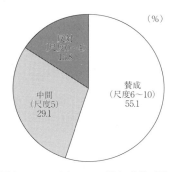

図表 4 -10　ゼロシナリオへの支持（T1（全体），集約）

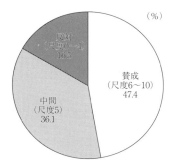

図表 4 -11　15シナリオへの支持（T1（全体），集約）

239

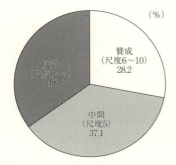

図表4-12　20〜25シナリオへの支持(T1 (全体),集約)

持している。ただし，賛成の強度を捨象して，相対的に賛成傾向の意見をまとめると，15シナリオの賛成も47.4%であり，ゼロシナリオの賛成意見（55.1%）とあまり大きな差がないことがわかる。これは，反対意見についても同様であり，ゼロシナリオの反対（15.8%）と15シナリオの反対（16.5%）とでは，ほとんど差がない。さらに注目すべきは，20〜25シナリオである。たしかに反対意見は他のシナリオと比べて最も多い（34.8%）が，それよりも，中間（尺度5）を選択した人々のほうが多く（37.1%），また，賛成意見も約3割（28.2%）であることがわかる。

　これらの図について，さらに年代ごとに図示したのが，図表4-13〜図表4-15である。

　年代ごとでは，ゼロシナリオ支持は（70歳代以上を除き）高齢になるほど多く，20歳代が44.7%にとどまったのに対して，60歳代では57.4%にのぼっている。また，20歳代のゼロシナリオ反対傾向が顕著である（21.6%）。20歳代の約10人に1人（11.0%）は，ゼロシナリオに「強く反対する」（尺度0）を選択している。15シナリオと20〜25シナリオについては，高齢になればなるほど賛成が減り，反対が増える傾向にある（20〜25シナリオ反対の70歳代以上を除く）。20歳代は，55.7%が15シナリオに賛成し（70歳代以上は37.5%），反対はわずか8.6%にとどまっている（70歳代以上は18.3%）。また，20〜25シナリオに対しては，20歳代は，35.7%が賛成し，反対は25.9%であった。このように，2030年の発電構成について，若年層ほど原発を維持するシナリオを支持していることが，T1調査からは明らかである。[34]

---

(34)　前述のとおり，このT1調査は，RDD法で実施し，敢えて補正を行わなかったが，実際の総人口の分布に合わせて補正を行った場合，図表4-9に示した結果は，ゼロシナリオへの反対が増え（賛成が減り），15シナリオと20〜25シナリオへの賛成が増える（反対が減る）ことが予想される。

第4章　公共政策の形成への民主的討議の場の実装

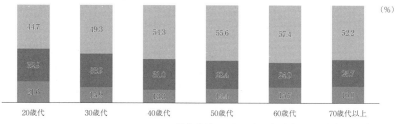

図表4-13　ゼロシナリオへの支持（T1（全体），年齢別）

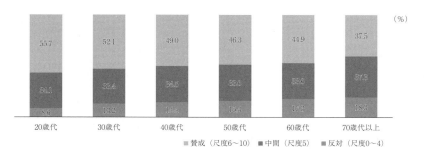

図表4-14　15シナリオへの支持（T1（全体），年齢別）

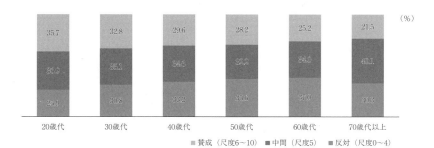

図表4-15　20～25シナリオへの支持（T1（全体），年齢別）

④エネルギー・環境についての政策

　調査では，判断基準（視点）と選択肢（シナリオ）に続いて，エネルギー・環境についての具体的な政策に関する質問をいくつか実施した。

　まず，「原子力発電の安全確保は難しいので，原子力発電は利用すべきではな

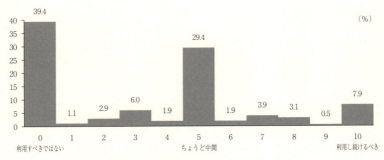

図表 4-16　原子力発電の利用（T1（全体））

い」という意見と，「原子力発電の安全確保は可能なので，原子力発電を利用し続けるべき」という意見とを対比させて，11段階尺度で選択させた。この質問に対する回答結果は，図表4-16のとおりである。

　安全の確保という観点から原子力発電を利用すべきか否かについては，「利用すべきではない」（尺度0）が約4割（39.4％），「利用し続けるべき」（尺度10）が7.9％で，「ちょうど中間」（尺度5）が約3割（29.4％）であった。

　尺度0から4までを利用すべきではないとし，尺度6から10までを利用し続けるべきと集約すると，利用すべきではないという意見が51.4％であるのに対して，利用し続けるべきという意見は，17.3％であった。

　性別では，利用すべきではないとの意見が，男性が50.0％で，女性が52.6％であり，女性がやや多いものの，目立った差とはいえない一方，利用し続けるべきとする意見は，男性が23.1％であるのに対して，女性は12.2％にとどまり，男性のほうが女性よりもはるかに原発存置を望んでいることがわかる。なお，中間は，男性が25.3％，女性が33.0％であり，この点，女性のほうが態度を決めかねていることが指摘できる。

　図表4-17は，原子力発電を利用すべきか否かについての年代ごとの意見分布であるが，高齢になればなるほど原発利用に否定的な意見が増え，肯定的な意見が減る傾向にある（否定的意見の70歳代以上を除く）。20歳代の約3割（29.0％）が原発を利用し続けるべきと考えているのに対して，同様の意見は60歳代の13.9％にとどまった。一方，利用すべきでないとする60歳代が57.0％であるのに対して，

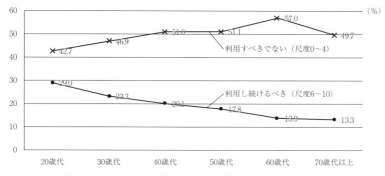

図表 4 -17　原子力発電の利用（T1（全体），集約，年齢別）

20歳代では42.7％である。世代間で意見の違いが，ともに約15ポイントあった。

次に，「地球温暖化対策のためには，コストが高くなっても，再生可能エネルギーや省エネルギーを進めるべきだ」という意見に対する賛否を11段階尺度で尋ねた。尺度 0 から 4 までを反対とし，尺度 6 から10までを賛成と集約したうえで作成したのが，図表 4 -18である。

コストよりも地球温暖化対策を重視し，再生エネルギー・省エネルギーを推進すべきという意見に対して，賛成が全体の約半数（50.4％）である一方，反対は約 1 割（9.6％）で，中間が37.4％であった。

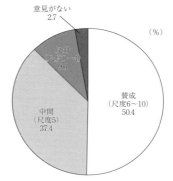

図表 4 -18　再生エネルギー・省エネルギーの推進（T1（全体），集約）

年代ごとでは，賛成が40歳代に多く，70歳代以上は著しく少ない。一方，反対は20歳代に多く，50歳代は少ない（図表 4 -19参照）。

エネルギー・環境政策に関する最後の質問は，「現在より生活が不便になったとしても，エネルギーや電力の使用量を大幅に減らすライフスタイルに変えるべきだ」という意見に対する賛否についてである。これも11段階尺度で尋ねたが，図表 4 -18に係る質問と同様に集約したうえで作成したのが，図表 4 -20である。

ライフスタイルを変えるべきだとする意見が全体の約半数（51.4％）である一方，そう思わないという意見は12.3％であった。

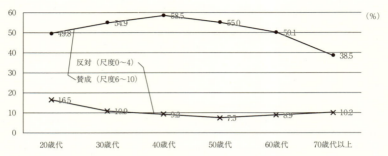

図表 4-19　再生エネルギー・省エネルギーの推進（T1（全体），集約，年齢別）

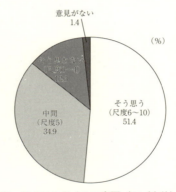

図表 4-20　ライフスタイルの変更（T1（全体），集約）

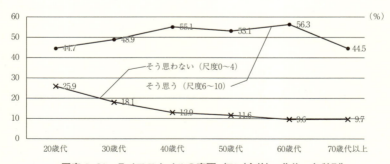

図表 4-21　ライフスタイルの変更（T1（全体），集約，年齢別）

第4章　公共政策の形成への民主的討議の場の実装

図表4-22　情報の信頼性（T1（全体），集約）

	信頼できない （尺度0〜4）	中間 （尺度5）	信頼できる （尺度6〜10）	平均値
政府の情報	57.9%	33.7%	6.9%	2.96
原子力問題専門家の情報	36.6%	42.3%	17.2%	4.12
電力会社の情報	67.4%	25.2%	5.3%	2.47
マスコミの情報	39.2%	47.1%	11.3%	4.00

　年代ごとでは，高齢になればなるほど，ライフスタイルの変更に肯定的な意見が増える（70歳代以上を除く）。現在のライフスタイルを維持したいという意見は60歳代と70歳代以上では1割を切る（9.6%，9.7%）のに対して，20歳代の約4分の1（25.9%）は，省エネ・節電よりも生活の利便性を追求しているといえる（図表4-21参照）。

⑤情報の信頼度

　エネルギー問題に関して信頼できる情報源について質問を設けた。具体的には，T1調査では，政府の情報，原子力問題専門家の情報，電力会社の情報，マスコミの情報の4つについて，11段階で信頼できるかどうかを尋ねた。回答結果について，尺度0から4までを信頼できないとし，尺度6から10までを信頼できると集約したうえで作成したのが，図表4-22である。

　回答の平均値は，政府の情報が2.96，原子力問題専門家の情報が4.12，電力会社の情報が2.47，マスコミの情報が4.00である。人々は，原子力問題専門家，マスコミ，政府，電力会社の順に，信頼できる情報源であると考えている。もっとも，平均値が中間の5を超える項目が1つもなかったことから，いずれの情報源についても，人々は基本的には信頼していないといえよう。最も信頼できるとされた専門家の情報であっても，信頼できるという意見は17.2%にとどまり，最も信頼できないとされた電力会社の情報に至っては，信頼できるという意見はわずか5.3%であった。

　「まったく信頼できない」（尺度0）と回答した者は，政府の情報が31.7%，原子力問題専門家の情報が17.6%，電力会社の情報が38.3%，マスコミの情報が14.3%であった。どの情報に関しても，尺度6以上の信頼できるという意見の割

合が「まったく信頼できない」と回答した割合を上回るものは1つもなかった。

3 エネルギー・環境の選択肢に関する討論フォーラム

(1) 討論フォーラム参加者の選定

　一般に，シンポジウムやワークショップなどの参加者を希望者から募る場合には，論争的な議題をめぐるものであれば，参加者募集はさほど困難ではなかろう。しかしながら，そのような公募方式とは異なり，無作為抽出の世論調査を基礎とする討論型世論調査では，参加者の選定は非常に困難である。

　今回の調査では，討論フォーラムの参加者のリクルートメントを，電話世論調査を行う際に同時に行った。T1調査のすべての質問項目への回答を聴取し終えた後に，有効回答を得た調査対象者全員に対して，討論フォーラムの概要を説明したうえで，参加を依頼した。

　わが国では，一般に討論型世論調査という手法が認知されておらず，また，個人のプライバシーに対する意識が高い（そのこと自体は，非常に望ましいことである）ため，電話でのリクルートメントは非常に困難であった。(35)

　重要な点は，T1調査の回答者全員に対して，討論フォーラムへの参加を依頼したということである。電話調査で6,849件の有効回答を得てしてようやく，301人の参加予定者（7月28日時点）を獲得することができたのである。土曜日・日曜日の個人の自由な時間を拘束し，全国から東京の会場へ参集を求め，さらに複雑なエネルギー・環境問題について学習と議論を要求することは，一般の人々にとって負担が大きい。このような調査への善意の協力を獲得することは，非常に困難なことである。(36)

　T1調査そのものは，7月22日に終了したが，参加意向を示した調査対象者に対して，討論フォーラムの具体的な実施要領を説明するとともに最終的な参加意向を確認する作業は，7月28日まで行った。

---

(35) 今回は，(郵送調査とは異なり) 討論型世論調査についての説明を口頭で行わざるを得ず，電話において，討論フォーラムの会場までの交通費や宿泊を手配したうえで，参加者には謝礼が支給されるなどと説明したため，新種の詐欺ではないかと誤解されたりもした。

(36) もとより自ら進んで参加を希望する者を募集することは容易であろうが，それでは，サイレント・マジョリティの意見を調査することにはならない。

第 4 章　公共政策の形成への民主的討議の場の実装

図表 4-23 回答者の性別（割合）(%)	
T1（参加者）	
男性	67.0
女性	33.0

図表 4-24 回答者の年齢（割合）(%)	
T1（参加者）	
20歳代	4.9
30歳代	10.5
40歳代	23.9
50歳代	13.7
60歳代	29.5
70歳代以上	17.5

図表 4-25 回答者の居住地域（割合）(%)	
T1（参加者）	
北海道	3.2
東北地方	6.5
関東地方	40.1
北陸地方	2.5
中部地方	12.8
近畿地方	21.1
中国地方	2.9
四国地方	3.2
九州地方・沖縄	8.7

図表 4-26 回答者の職業（割合）(%)	
T1（参加者）	
お勤め	44.2
自営業	12.6
農林漁業	1.4
主婦	13.0
無職	27.4
その他	1.4

（2）討論フォーラム参加者の構成

　無作為抽出を基礎として選定された参加者による討論フォーラムが社会の縮図（microcosm）となっているかどうかについて検討しなければならない。

　結論を先に述べるならば，今回の討論型世論調査では，T1調査そのものは，回答者の年齢についての補正を行えば，ほぼ社会の縮図であると認められる一方で，討論フォーラムについては，参加者の性別と年齢の点で，必ずしも十分な縮図であるとはいえないと筆者は考える。[37]

①属性についての比較

　討論フォーラムの参加者の属性は，図表4-23〜図表4-26のとおりである。

　T1調査の回答者全体と討論フォーラム参加者との比較において，最も注目すべきは，性別である。回答者全体では女性のほうがやや多く，これはわが国の総人口における分布ともほぼ等しいが，討論フォーラム参加者については，男性の

---

[37]　フィシュキンは，監修委員会報告書において，「日本国民を，非常に信頼でき，かつ代表性をもつ科学的に構成された「社会の縮図」にし」た（エネルギー・環境の選択肢に関する討論型世論調査監修委員会『エネルギー・環境の選択肢に関する討論型世論調査監修委員会　報告書』（2012年8月）2頁），ないし，「参加者のサンプルは完璧とはいえないまでも，これまでに1カ所に集められたものの中では，最もよく日本国民を代表しているといえる無作為抽出の標本であったことは間違いなく言える」（3頁）と評価しているが，この点，筆者は，やや慎重にとらえている。

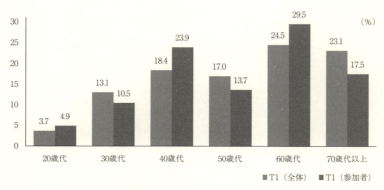

図表4-27　回答者の年齢（T1（全体）・T1（参加者）比較）

ほうが多くなっており，しかも，男性の参加者は女性の参加者の約2倍となった。この点，女性の参加率が低い最も大きな要因は，今回の討論フォーラムが8月上旬の土・日曜日に，全国から1泊2日の日程で行うものであったことであると思われるが，あくまで推測の域を超えるものではない。[38] もっとも，女性の参加の過少を理由に討論フォーラムの構成の不均衡をいたずらに批判するよりも，より検討すべき本質的な問題は，討論型世論調査のような取組みに対して女性が参加しやすい社会的環境をどのように整備していくのかについてであろう。

次に，参加者の年齢構成についてである。補正をしなかった結果，そもそも20歳代の回答者が少ないため，討論フォーラムの参加候補者も，20歳代が少なくなっている（図表4-24）。

なお，T1調査の回答者における討論フォーラムの参加者の割合は，20歳代，40歳代，60歳代で多く，30歳代，50歳代，70歳代以上で少ない（図表4-27参照）。一般に，自宅等で回答しうる世論調査とは異なり，討論フォーラムへの参加（特に，今回の討論型世論調査のように，全国から参集を求め，宿泊を伴う場合）は参加者への負担が大きいため，70歳代以上の参加は少なくなる。母数の少ない20歳代で

---

[38] 討論型世論調査の討論フォーラムの1週間後の日曜日に，川崎市在住の有権者のみを対象に東京都千代田区内で実施し，宿泊なしの1日のみで行った「エネルギー・環境戦略 市民討議」の討論フォーラムにおいても，参加者の構成は，男性が全体の67%であるのに対して女性は33%であった。したがって，日程や宿泊の有無にかかわらず，女性の参加は低いといえる。

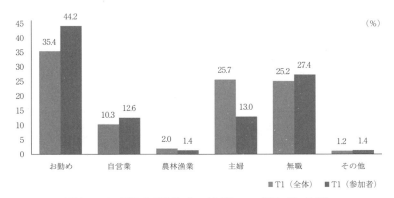

図表 4-28　回答者の職業（T1（全体）・T1（参加者）比較）

参加を希望する回答者が相対的に多かったことは，討論フォーラムの参加者の年齢構成の歪みの是正に寄与することとなった。

居住地域については，東京での実施にもかかわらず，すべての地域から満遍なく参加が得られ，文字どおり日本全国の縮図になったといえる（図表4-25）。

職業についても，主婦層が少ない点を除き，きわめて妥当な結果となった（図表4-26）。一般に，市民参加型イベントについては，参加する市民に主婦や無職者が多くサラリーマン層が少ないため，社会の構造と遊離しているなどと批判されることが多いが，今回の討論型世論調査では，サラリーマン層の参加が多く，また，無職者の参加もやや多い程度にとどまっている。一般の市民参加の取組みでは過多になりがちな主婦層に関しては，今回の討論型世論調査では多くなっていない（図表4-28参照）。

②意見についての比較

図表4-29は，エネルギー・環境問題の判断基準について，T1調査の回答者全体の回答結果とT1調査段階での討論フォーラム参加者の回答結果とを比較するものである。

全体と比べて参加者のほうに安全の確保を重視する意見が多いように見えるが，それと対立するエネルギーの安定供給を重視する意見も同様に参加者のほうが多い。また，温暖化防止とコストに関しては，ともに重視しないとする意見が

249

図表 4-29　エネルギー・環境の判断基準（T1（全体）・T1（参加者）比較，集約）　　　　　　（％）

	安全の確保			エネルギーの安定供給		
	重視しない (尺度0〜4)	中間 (尺度5)	重視する (尺度6〜10)	重視しない (尺度0〜4)	中間 (尺度5)	重視する (尺度6〜10)
T1（全体）	3.5	16.3	76.6	3.4	24.9	68.0
T1（参加者）	1.8	10.5	87.0	6.3	17.9	74.4

	地球温暖化防止			コスト		
	重視しない (尺度0〜4)	中間 (尺度5)	重視する (尺度6〜10)	重視しない (尺度0〜4)	中間 (尺度5)	重視する (尺度6〜10)
T1（全体）	6.5	24.6	66.2	7.3	42.7	43.7
T1（参加者）	10.9	24.2	62.8	13.3	40.7	42.1

参加者に多かった。これらのことは，参加者にある特定の意見をもつ者が多かったということではなく，よりはっきりと意見を有する者が相対的に参加者に多かったということを示すものとなろう。

　判断基準の優先順位に注目するならば，1番目に重視することについて，T1調査の回答者全体では，安全の確保が67.5％，エネルギーの安定供給が16.7％，地球温暖化防止が9.3％，コストが4.5％であったのに対して，討論フォーラム参加者では，安全の確保が68.1％，エネルギーの安定供給が19.3％，地球温暖化防止が7.4％，コストが4.2％であり，エネルギーの安定供給が多く，地球温暖化防止がやや少ないものの，（ゼロシナリオ選択に強い相関があると考えられる）安全の確保をはじめ，他の視点の支持はほぼ同じであることがわかる。

　シナリオ選択に関していえば，図表4-30に示したとおり，全体と比較して参加者には，ゼロシナリオに賛成する人が多く，15シナリオと20〜25シナリオに反対する人が多いが，その差は顕著であるとはいえない。むしろ，ゼロシナリオに反対する人及び15シナリオ・20〜25シナリオに賛成する人も同様にやや多い。これらのことから，ゼロシナリオを支持する人のみが特に集中して討論フォーラムに参加したということはいえない。ただ読み取りうることは，原発の存廃について，当初からどちらかの意見を有していた人がより参加する傾向にあり，どちらともいえない中間の意見を示した人の参加があまり多くなかったということである。

第4章　公共政策の形成への民主的討議の場の実装

図表 4-30　各シナリオへの支持（T1（全体）・T1（参加者）比較，集約）　　　　　　　　（%）

	ゼロシナリオ			15シナリオ		
	反対 （尺度0〜4）	中間 （尺度5）	賛成 （尺度6〜10）	反対 （尺度0〜4）	中間 （尺度5）	賛成 （尺度6〜10）
T1（全　体）	15.4	28.3	53.7	15.8	34.6	45.5
T1（参加者）	18.9	21.1	59.6	22.1	27.4	47.4

	20〜25シナリオ		
	反対 （尺度0〜4）	中間 （尺度5）	賛成 （尺度6〜10）
T1（全　体）	33.3	35.5	27.0
T1（参加者）	44.6	23.2	29.8

（3）日時・会場

　討論フォーラムは，2012年8月4日（土）の午後から5日（日）の午後まで慶應義塾大学三田キャンパス（東京都港区三田）で開催した。

　これまでのわが国の討論型世論調査では，討論フォーラムの会場は，事前に，ウェブサイトなどで広く公表していた。

　しかしながら，この調査と同様に政府による取組みの1つである意見聴取会において，一部に会場周辺が混乱する事態が発生したことを踏まえ[39]，参加者が静かで落ち着いた環境で安心して議論に集中できるよう，警備体制を強化する必要があった。

　そこで，討論フォーラムの終了時まで会場を一般には公表しなかった。参加者に対しても，案内文書において，会場について関係者以外へ不用意に伝達したり，インターネット等へ書き込みしたりしないよう，理解と協力を求めた。7月12日に日本プレスセンタービルで行った事業計画についての記者説明会では，実行委員会は，記者からの質問に対して会場が慶應義塾大学三田キャンパスであることを回答したが，その際に，参加者の意見形成に不当な影響が与えられるのを

---

(39)　例えば，報道によれば，7月22日の大阪市内で行われた意見聴取会では，脱原発を目指す市民団体が会場周辺で集会を開催し，大飯原発の再稼働反対などの掛け声を繰り返し，会場へ侵入しようとしたところ，それを制止する警備員ともみ合いになるなどの混乱があったという（後掲注（47）参照）。

防ぐため実行委員会は事前にこれを積極的に公表しないということを説明したうえで配慮を要請した。⁽⁴⁰⁾

（4）討論資料

　今回の討論型世論調査では，政府のエネルギー・環境会議が作成した「エネルギー・環境に関する選択肢」をもとに，政府その他の機関ないし研究者によって公表されている資料に基づき原案を作成し，監修委員会（英訳版に基づく）及び専門家委員会に対して助言を求め，両委員会の委員による意見を踏まえて，最終的には実行委員会の責任の下で制作した。

　討論資料は，7月27日に，宿泊施設や集合場所等の案内文書や討論フォーラムの時間割とともに，参加者に対して発送した。

　また，討論資料は，一連の国民的議論に寄与するべく，討論フォーラムの終了後にウェブサイトに掲載した。報道関係者や見学者に対しては，討論フォーラムの開始時点で，その終了まで公表しないよう協力要請をしたうえで提供した。

　討論型世論調査の意義や構造を踏まえずに，報道やソーシャルメディアなどを通じて，討論資料が著しく不公正であるなどといった一方的な批判が展開されれば，討論フォーラムの参加者の意見形成に不当な影響を与えるおそれがある。特に，今回の討論型世論調査は社会的に非常に注目されていたため，討論型世論調査の中立性に先入観を有する者や，一定の政策選好へ誘導しようと企図する者が，故意に討論資料を不公平だと誇張して論評することによって，討論フォーラムが混乱するおそれなどが見込まれた。したがって，討論フォーラムを適正に開催するうえで，討論資料をめぐる政治的意図に基づく批判を防止する必要があったため，討論資料の公表・開示の時期を制限した。⁽⁴¹⁾

---

(40) この趣旨を踏まえて，多くの報道機関が自発的に協力したため，実行委員会が把握している限りでは，テレビでは5日夕方の番組まで，新聞では6日付朝刊の紙面まで，会場が明示されることはなかった（「都内」あるいは「東京都港区」などと報道されるにとどまった）。

(41) なお，実行委員会としては，討論資料の論評そのものを制限するつもりもなければ，討論資料を秘匿する意図もなかった。あくまで，参加者の意見形成に不当な影響が与えられるのを防ぐため，公表等の時期を制限したにすぎない。

第4章　公共政策の形成への民主的討議の場の実装

（5）討論フォーラムのスケジュール

　今回の討論フォーラムでは，小グループ討論と全体会議を2セット行うこととした。わが国で行われた討論型世論調査では，第3章で取り上げた1例（3セット）を除きすべて2セットで実施されていた。また，参加者の宿泊を伴う討論フォーラムは，わが国では，同じく1例（2泊3日）を除き実施されてこなかったが，日本全国から参加者を募る以上，討論フォーラムの会場への移動時間を考慮して，（1日終日で行うのではなく）1泊2日で行う必要があった。

　討論フォーラムにおける参加者のスケジュールは，図表4-31のとおりである。

　討論フォーラム会場において金属探知機（空港等にある設備と同様のもの）を設

図表4-31　討論フォーラムのスケジュール

8月4日（土）	
12：30～13：30	受付・参加者登録　参加者は，直接，討論フォーラム会場に設けた受付で，登録を行う。
14：00～14：50	**全体説明会・討論前アンケート調査（T2調査）**　エネルギー・環境の選択肢に関する討論型世論調査の実施の意義について（討論型世論調査の一般的な意義とともに，エネルギー・環境の選択肢に関する国民的議論における本調査の位置づけについても）説明を受けた後，25分間で，討論前アンケート調査（T2調査）に回答する。
15：15～16：45	**小グループ討論①**　15人程度の小グループに分かれて，第1の論点である「エネルギー・環境とその判断基準を考える」について，モデレータの進行の下，参加者同士で議論を行うとともに，全体会議のパネリストに対する質問を作成する。
17：15～18：45	**全体会議①**　第1の論点について，小グループ討論でつくられた質問を，グループの代表者（質問者）が質疑し，それに対するエネルギー・環境問題の専門家による応答を聞く。
19：00～20：30	夕食
20：30～21：00	討論フォーラム会場から宿泊施設まで，貸切バスで移動する。
8月5日（日）	
～7：30	ホテルのレストランで朝食をとる。
8：00～8：30	宿泊施設から討論フォーラム会場まで，貸切バスで移動する。
9：00～10：30	**小グループ討論②**　小グループに分かれて，第2の論点である「2030年のエネルギー選択のシナリオを考える」について，モデレータの進行の下，参加者同士で議論を行うとともに，全体会議のパネリストに対する質問を作成する。
10：50～12：20	**全体会議②**　第2の論点について，小グループ討論でつくられた質問を，グループの代表者（質問者）が質疑し，それに対するエネルギー・環境問題の専門家による応答を聞く。
12：20～13：00	**討論後アンケート調査（T3調査）・全体説明会**　全体会議②に引き続き，説明を受けた後，25分間で，討論後アンケート調査（T3調査）に回答する。
13：00～14：00	昼食　その後，解散する。

置し，参加者及び見学者等に手荷物検査への協力を求めた。これは，資源エネルギー庁の事業の入札公告の仕様書で，「来場した討論会参加者，報道関係者に対し金属探知機を用いた検査を行うこと」と「必要に応じて手荷物検査を行うこと」が要請されていたためである。また，今回の調査ではきわめて論争誘発的な政策課題であるエネルギー・環境の問題を取り扱っており，また，報道等によって討論型世論調査に対して注目が集まっていたため，万が一の可能性として考えられる妨害活動の発生を未然に防止し，参加者の安全を確保するためにも有益であると実行委員会は考えた。

(6) 小グループ討論

　7月27日時点の参加予定者数は301人であったが，実際に8月4日当日に討論フォーラムの受付をしたのは，286人であった。ただし，このうち1人が都合により早退したため，集計結果から除くこととした。したがって，T1・T2・T3すべての調査に回答した分析対象者数は，285人である。

　小グループ討論の進行を務めるモデレータに対しては，事前に説明会と講習会を1回ずつ実施した。7月23日に行った説明会では，実行委員会が，討論型世論調査の意義を説明したうえで，モデレータ・マニュアルに基づきモデレータの役割等について解説した。また，討論フォーラムの前日である8月3日に行った講習会では，スタンフォード大学DD研究センターのフィシュキンとアリスによる講義とシミュレーションを実施した。

　図表4-32は，T3調査における討論型世論調査についての評価に関する質問の結果の一部である。モデレータは，できるだけ多くの参加者が議論に貢献し，各論点について多様な考え方が出るように導く役割を担っており，また，モデレータ自身が自分の見解を披瀝することは厳しく禁止されているが，図表4-32の①と②から，これらの点につき，今回のモデレータは求められている職務を全うできたものであるといえよう。

　また，自分のグループの人が討論にほぼ等しく参加したと思う参加者（図表4-32③）と議論を独占した人がいたと思わない参加者（同④）が6割程度であったことから，話し手と聞き手とが固定するようなことは多くなく，小グループ討論が公共的討議の場として実質的に機能していたといえよう。

図表4-32　小グループ討論の進行への評価（T3, 集約） (%)

	そう思わない （尺度1～3）	中間 （尺度4）	そう思う （尺度5～7）
①モデレータは，全員が討論に参加できるような機会を適切に作っていた	4.9	12.3	82.5
②モデレータは，ときに自分の意見を示して影響を与えた	82.8	7.0	7.7
③私のグループの参加者は，討論にほぼ等しく参加した	16.8	20.7	61.4
④議論を独占した人がいた	63.9	21.1	13.7

（7）全体会議

　全体会議は，インターネットの動画共有サービスであるUstreamによって，同時中継されたほか，討論フォーラム終了後も，録画されたものが配信された。全体会議を一般に公開することによって，調査の透明性を確保するとともに，参加者以外の一般の人々に対しても，エネルギー・環境の選択肢について学習の機会を提供することを企図した。

　全体会議①の論点は，「エネルギー・環境とその判断基準を考える」である。エネルギーシステムを専門とする荻本和彦，電力・エネルギー政策を専門とする富士通総研経済研究所主任研究員の高橋洋，原子力工学・システム安全工学を専門とする大阪大学大学院工学研究科教授の山口彰，科学技術史・科学技術政策を専門とする九州大学副学長・同大学比較文化研究院教授の吉岡斉の4氏がパネリストを務めた。

　全体会議②の論点は，「2030年のエネルギー選択のシナリオを考える」である。パネリストは，枝廣淳子，崎田裕子，原子力工学・放射性廃棄物管理を専門とする田中知，環境システム解析・地球環境政策を専門とする西岡秀三の4氏が務めた。

　全体会議①のパネリストについては，論点となりうる問題に関して，参加者から提起されるであろう質問に回答しうる有識者を選定した。省エネ・再エネの専門家1名，エネルギーコストの専門家1名，原子力問題のうち，技術的側面と社会的側面の専門家各1名に依頼した。また，エネルギー・環境のシナリオを考える全体会議②については，ゼロシナリオ，15シナリオ，20～25シナリオの支持者

から各1名と，環境問題の専門家1名に依頼した。原発に対する態度に関していえば，全体会議①・全体会議②ともに，推進派と慎重派を2名ずつ選ぶことによってバランスを取ることとした。

　有識者に対するパネリストの依頼は，困難を極めた。選定の趣旨に合致するとともに，全体としてバランスを取ることが求められる。また，全体会議の開催時期に会場に出席できることが必須の要件であった。20人以上の候補者が挙がったが，本人が出席を固辞したり，日程の調整がつかなかったりするなどの例もあり，最終的には上述のとおりとなった。

（8）討論前後のアンケート調査

　討論フォーラムの冒頭で行ったT2調査と最後に行ったT3調査について（合わせてT1調査についても），主な質問に対する回答結果は，次のとおりである。

①エネルギー・環境問題の判断基準（視点）

　図表4-33は，図表4-5に係る質問（エネルギー・環境問題の判断基準（視点）につき，それぞれをどの程度重視するか，11段階尺度）について，T1・T2・T3の各調査段階における参加者の回答結果の推移を集約したうえで作成したものである。

　T1調査段階で参加者の87.0％が重視する（11段階尺度のうち，尺度6～10）と答えた安全の確保については，T3調査段階では，参加者の92.3％が重視すると回答した。平均値は，T1・T2・T3の順に8.88→9.20→9.27と上昇した。「もっとも重視する」（尺度10）とする意見も，T1・T2・T3の順に67.0％→74.4％→76.5％と上昇しているが，これは，相対的に重視するという者だけでなく，重視の程度が強い者が増加しているということを示している。エネルギーの安定供給は，安全の確保ほどではないにしても，重視する意見が徐々に上昇している。一方，地球温暖化防止は，平均値が7.10（T1）から6.80（T2）へと低下し，T3もそのままの数字である。温暖化防止を「もっとも重視する」意見は，T1・T2・T3の順に33.3％→22.1％→20.7％へと低下している。また，コストについては，重視する意見の割合が上昇するものの，逆に重視しない意見も増えている。

図表4-33　エネルギー・環境問題の判断基準（T1（参加者）・T2・T3比較，集約）

安全の確保	重視しない （尺度0～4）	中間 （尺度5）	重視する （尺度6～10）	平均値
T1（参加者）	1.8%	10.5%	87.0%	8.88
T2	1.4%	6.3%	91.6%	9.20
T3	2.8%	3.9%	92.3%	9.27

エネルギーの 安定供給	重視しない （尺度0～4）	中間 （尺度5）	重視する （尺度6～10）	平均値
T1（参加者）	6.3%	17.9%	74.4%	7.66
T2	4.6%	18.6%	74.7%	7.83
T3	4.6%	15.1%	78.2%	8.05

地球温暖化 防止	重視しない （尺度0～4）	中間 （尺度5）	重視する （尺度6～10）	平均値
T1（参加者）	10.9%	24.2%	62.8%	7.10
T2	11.2%	25.6%	60.7%	6.80
T3	13.0%	24.2%	60.4%	6.80

コスト	重視しない （尺度0～4）	中間 （尺度5）	重視する （尺度6～10）	平均値
T1（参加者）	13.3%	40.7%	42.1%	6.13
T2	10.9%	39.6%	46.7%	6.33
T3	15.1%	34.0%	48.4%	6.18

　図表4-34は，判断基準のうち「1番目に重視すること」のT1・T2・T3の各調査段階における参加者の回答結果の推移である。
　判断基準のうち，安全の確保を最も重視する者が増加しているのが目立つ。討論過程を通じて，エネルギー問題を考えるうえで最も重視すべき視点は安全の確保であるという認識が強まっていることが示される。

②エネルギー・環境の選択肢（シナリオ）
　図表4-35は，図表4-9に係る質問（エネルギー・環境の選択肢（シナリオ）につき，それぞれをどの程度支持するか，11段階尺度）について，T1・T2・T3の各調査段階における参加者の回答結果の推移である。

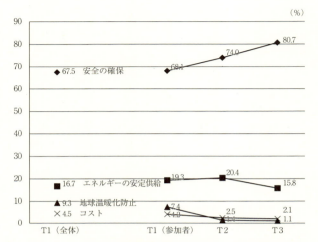

図表 4-34 エネルギー・環境問題の判断基準の1番目に重視すること（T1（全体），T1（参加者）・T2・T3比較，集約）

図表 4-35 各シナリオへの支持（T1（参加者）・T2・T3比較） (%)

ゼロシナリオ	強く反対 0	1	2	3	4	ちょうど中間 5	6	7	8	9	強く賛成 10
T1（参加者）	12.3	0	2.1	3.2	1.4	21.1	2.1	2.8	6.3	2.5	46.0
T2	10.5	0.7	1.4	4.2	1.1	21.4	1.4	5.3	8.8	4.6	40.4
T3	9.5	0.4	2.8	4.6	1.4	14.0	1.8	3.5	8.8	3.5	49.8
15シナリオ	強く反対 0	1	2	3	4	ちょうど中間 5	6	7	8	9	強く賛成 10
T1（参加者）	17.2	0.4	0.4	2.1	2.1	27.4	1.4	6.0	6.0	2.8	31.2
T2	18.9	1.4	1.4	4.2	0.4	30.2	3.9	5.6	12.6	3.9	15.4
T3	20.7	2.1	3.9	3.9	1.4	26.0	1.8	7.4	9.5	4.9	16.8
20〜25シナリオ	強く反対 0	1	2	3	4	ちょうど中間 5	6	7	8	9	強く賛成 10
T1（参加者）	30.9	2.5	3.9	4.9	2.5	23.2	2.8	2.1	6.3	1.1	17.5
T2	31.9	5.3	4.2	4.6	3.2	24.9	3.9	3.2	6.0	1.4	9.8
T3	41.8	3.5	2.1	7.0	2.8	17.9	2.8	3.2	6.0	2.1	9.8

第4章　公共政策の形成への民主的討議の場の実装

図表4-36　各シナリオへの支持（T1（参加者）・T2・T3比較，集約）　　　　　　（％）

ゼロシナリオ	反対（尺度0～4）	中間（尺度5）	賛成（尺度6～10）
T1（参加者）	18.9	21.1	59.6
T2	17.9	21.4	60.4
T3	18.6	14.0	67.4
15シナリオ	反対（尺度0～4）	中間（尺度5）	賛成（尺度6～10）
T1（参加者）	22.1	27.4	47.4
T2	26.3	30.2	41.4
T3	31.9	26.0	40.4
20～25シナリオ	反対（尺度0～4）	中間（尺度5）	賛成（尺度6～10）
T1（参加者）	44.6	23.2	29.8
T2	49.1	24.9	24.2
T3	57.2	17.9	23.9

　T1調査からT2調査までで，ゼロシナリオを「強く賛成する」（尺度10）という意見は減少しているものの，その減り幅は大きくない一方で，15シナリオと20シナリオを「強く賛成する」意見が半減していることがわかる。T2調査は討論フォーラムにおける討論過程の直前に実施したものであるから，T1調査からT2調査までの参加者の意見変化は，討論過程の影響ではなく，討論資料その他参加者の情報接触の影響であると考えられる。[42]

　図表4-35について，尺度0から4までを反対とし，尺度6から10までを賛成と集約したうえで作成したのが，図表4-36である。

　この表からは，T1・T2・T3の順で，討論フォーラムの参加者全体で，ゼ

---

[42]　討論資料に関して，東京新聞2012年8月6日朝刊は，討論フォーラムの参加者の感想という形に仮託して，「ゼロシナリオ支持者を困惑させる意図が垣間見える」「原発推進意図の資料」であったと断定する。そして，「参加者からは「政府や電力会社寄りの資料を配っておきながら，国民の声を聴いたという免罪符を得ようとしている」と五千万円以上の予算を費やしたDPの中立性に不満が噴出した」であったなどと批判する。（ゼロシナリオを明確に支持する）専門家を含む専門家委員会による意見・助言を受けて作成した討論資料については，実行委員会としては，15シナリオないし20～25シナリオへと誘導しようとする内容では決してなく，議題についてバランスの取れたものであったと確信している。討論フォーラムの参加者の6割が役に立ったと評価した討論資料の内容が，かりにこの記事のいうように「原発推進意図の資料」であったとすれば，T2調査段階でのゼロシナリオ以外の「強く賛成する」意見の激減について，整合的に説明することは困難であろう。

ロシナリオに賛成する意見が増加し，15シナリオと20シナリオに賛成する意見は減少している（それとともに，15シナリオと20シナリオに反対する意見は増加している）ことがわかる。通常の世論調査の段階のT1調査，討論フォーラムに参加することになり討論資料が提供された段階のT2調査，そして，討論フォーラムで小グループ討論と全体会議を経た段階のT3調査において，徐々にゼロシナリオ支持が高まっていることから，今回の調査の状況においては，学習と討議の過程が参加者の多くをゼロシナリオ支持に向かわせていることがいえる。

また，ゼロシナリオと20〜25シナリオについて，T1・T2調査の段階でそれぞれ2割程度あった中間の意見が，T3調査の段階で減少していることがわかる。T3調査は各2回の小グループ討論と全体会議を経た後に実施したものであることから，T2調査からT3調査までの参加者の意見変化は，討論過程の影響であると考えられる。これらのシナリオについて，当初，賛否を明確に示していなかった参加者が，討論フォーラムへの参加を経て，自らの意見を形成し，それをはっきりと表示できるようになったということがいえよう。

同じデータであっても，集約方法次第では，異なる含意を導き出すこともできる。例えば，図表4-37は，後述する国民的議論に関する検証会合（第2回会合，2012年8月27日）において，政府によって作成され配布された「討論型世論調査の結果について」と題する資料に挙げられた「3つのシナリオへの賛否の強さを

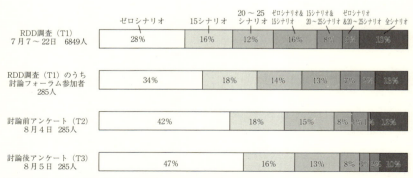

図表4-37　3つのシナリオへの賛否の強さを11段階で尋ねたところ，支持レベルが最も高かったシナリオ

（出典：第2回国民的議論に関する検証会合（2012年8月27日）配布資料）

11段階評価で尋ねたところ，支持レベルが最も高かったシナリオ」のグラフである。

　これは，参加者が3つのシナリオのいずれか，ないしその複数を支持していると仮定して，各シナリオへの賛成の強さに注目して，相対的に最も強い尺度が付けられたシナリオを「支持レベルが最も高かったシナリオ」とするものである。

　この図によれば，図表4-35と図表4-36では見えてこなかった，3つのシナリオのうち，参加者がどれを最も支持しているのかが明らかになる。

　さて，図表4-35や図表4-36にせよ，図表4-37にせよ，いずれも各段階における参加者個人の意見の変化を捨象し，討論フォーラム参加者全体で合計した値の推移をみているにすぎない。しかしながら，合計数の変化はあまり大きくなくても，反対から賛成に回ったり，逆に賛成から反対に転じたりした参加者は少なくない。参加者個人に注目して，意見の変化（賛成・反対への「出入り」）に注目すると，図表4-38となる。

　T1調査からT3調査までで一貫してゼロシナリオを賛成した参加者は（他のシナリオについての賛否に関する意見変化を含めて）最も多く，122人であった（図表4-38上段）。

　図表4-38中段によれば，15シナリオについては，T1調査からT3調査までで一貫した選択が少なく（反対が20人，中間が14人，賛成が44人），意見を変化させた者が多い。また，その方向性についても，賛成から反対に回る者もいれば，反対から賛成に転ずる者もいる。

　これは，15シナリオの意味するところの不明確さが，参加者の選択を混乱させたためではないかと考えられる。すなわち，15シナリオは，2030年に原発依存度15％とするものであるが，これは，①将来的に原発依存度ゼロに向かっていく途上の割合であり，確実に脱原発とするが，その縮減進度が緩やかな政策を意味するのか，②現状ないし予定よりは確実に依存度を低くするものの，中長期的な基幹エネルギーとして原子力を将来にわたっても一定程度維持し続けるという政策なのか，それとも，③エネルギー・環境をめぐる状況が今後どうなるのかは不確定要素が多いので，現時点では脱原発とも原発堅持とも決めずに，2030年時点での原発依存度は，その時々の状況に応じて判断するという政策を意味するのかが，不分明であった。したがって，15シナリオは，原発を維持すべきでないと考

図表4-38　各シナリオへの支持の変化（T1（参加者）・T2・T3比較，集約）

ゼロシナリオ (人)

T1	T2	T3	人数	T1	T2	T3	人数	T1	T2	T3	人数	T1	T2	T3	人数
反対→反対→反対			15	中間→反対→反対			7	賛成→反対→反対			6	賛成→不明→賛成			1
反対→反対→中間			4	中間→反対→中間			1	賛成→反対→中間			4				
反対→反対→賛成			1	中間→反対→賛成			2	賛成→反対→賛成			10	不明→反対→賛成			1
反対→中間→反対			6	中間→中間→反対			5	賛成→中間→反対			6				
反対→中間→中間			7	中間→中間→中間			12	賛成→中間→中間			5				
反対→中間→賛成			3	中間→中間→賛成			10	賛成→中間→賛成			7				
反対→賛成→反対			2	中間→賛成→反対			0	賛成→賛成→反対			6				
反対→賛成→中間			2	中間→賛成→中間			2	賛成→賛成→中間			3				
反対→賛成→賛成			14	中間→賛成→賛成			21	賛成→賛成→賛成			122				

15シナリオ (人)

T1	T2	T3	人数	T1	T2	T3	人数	T1	T2	T3	人数	T1	T2	T3	人数
反対→反対→反対			20	中間→反対→反対			10	賛成→反対→反対			15	反対→賛成→不明			1
反対→反対→中間			4	中間→反対→中間			5	賛成→反対→中間			4	反対→不明→不明			1
反対→反対→賛成			6	中間→反対→賛成			5	賛成→反対→賛成			4				
												中間→中間→不明			1
反対→中間→反対			6	中間→中間→反対			6	賛成→中間→反対			6	中間→不明→不明			1
反対→中間→中間			9	中間→中間→中間			14	賛成→中間→中間			17				
反対→中間→賛成			4	中間→中間→賛成			8	賛成→中間→賛成			11	賛成→賛成→不明			1
												賛成→不明→反対			2
反対→賛成→反対			3	中間→賛成→反対			0	賛成→賛成→反対			19	賛成→不明→賛成			2
反対→賛成→中間			1	中間→賛成→中間			7	賛成→賛成→中間			10				
反対→賛成→賛成			8	中間→賛成→賛成			21	賛成→賛成→賛成			44	不明→反対→反対			2
												不明→中間→反対			2
												不明→中間→賛成			2
												不明→賛成→中間			1
												不明→賛成→賛成			2

20〜25シナリオ (人)

T1	T2	T3	人数	T1	T2	T3	人数	T1	T2	T3	人数	T1	T2	T3	人数
反対→反対→反対			82	中間→反対→反対			19	賛成→反対→反対			13	反対→反対→不明			1
反対→反対→中間			8	中間→反対→中間			2	賛成→反対→中間			3	反対→不明→反対			1
反対→反対→賛成			5	中間→反対→賛成			2	賛成→反対→賛成			4				
												中間→中間→不明			1
反対→中間→反対			11	中間→中間→反対			6	賛成→中間→反対			7	中間→不明→不明			1
反対→中間→中間			3	中間→中間→中間			10	賛成→中間→中間			14				
反対→中間→賛成			4	中間→中間→賛成			4	賛成→中間→賛成			7	賛成→不明→反対			1
												賛成→不明→中間			1
反対→賛成→反対			3	中間→賛成→反対			6	賛成→賛成→反対			10	賛成→不明→賛成			1
反対→賛成→中間			2	中間→賛成→中間			3	賛成→賛成→中間			4				
反対→賛成→賛成			7	中間→賛成→賛成			12	賛成→賛成→賛成			20	不明→反対→賛成			1
												不明→中間→反対			3
												不明→中間→中間			1
												不明→賛成→反対			1
												不明→賛成→賛成			1

える参加者にとっては、②と解釈しうる以上賛同できず、また、原発を維持すべきであると考える参加者にとっては、①と解釈しうるために賛成できなくなる。調査初期の時点では、15シナリオは、いかようにも解釈しうる柔軟な選択肢であり、原発の存廃について態度を決めかねていた回答者にとって魅力的なものであった。しかし、討論過程を経て、原発の存廃についての参加者の意見が次第に明瞭になるにつれ、多義的に解釈されうる15シナリオは、脱原発を支持する者からも原発存置を支持する者からも支持されにくくなったと考えられる。

図表4-38下段によれば、20～25シナリオについては、反対で一貫している者が多い（82人）一方で、賛成で一貫している者が少ない（20人）。

各シナリオについて、T1調査段階で反対としていた者が最終的にT3調査段階で賛成へと意見を変えた例は、あまり多くない（ゼロシナリオにつき18人、15シナリオにつき18人、20～25シナリオにつき16人であった）。

その逆に、T1調査段階で賛成しT3調査段階で反対へと意見を変えた者は、ゼロシナリオについては18人であったのに対して、15シナリオと20～25シナリオで、それぞれ42人、31人と、非常に多かった。今回の調査では、T1・T2・T3の順に、ゼロシナリオが増えていくという傾向が見られるが、これら賛成・反対の出入りの表からは、15シナリオと20～25シナリオを当初賛成していた参加者の多くが反対へと転じたという事実が読み取れる[43]。

次に、同じデータについて、さらに別の集約方法を用いて分析することとしよう。

前述のとおり、各シナリオについて、尺度6から10までを賛成とみなす集約方法（図表4-36・図表4-38）では、参加者によるシナリオ選択の優先順位を探ることができない。一方、図表4-37のように、意見の強さ如何にかかわらず、最高点を付けたシナリオをその回答者の支持するシナリオとする集約方法では、回答者の真意が当該シナリオを不支持であっても支持するものへとみなすという単純

---

[43] T2調査からT3調査までの間で、15シナリオについて賛成から賛成以外へ意見を変えたのは、43人である（そのうち、T1調査段階で賛成だった者は、討論フォーラムへの参加者の約1割にあたる29人である）。討論フォーラムの実施以前に、3つのシナリオをめぐって一般の人々が議論をすれば、中庸に落ち着きやすいから、15シナリオを中間のシナリオに据えて、誘導する意図があったなどとする見方が一部にあった（前掲注（12））が、このような見解に根拠がないことは、この結果からも証明されたといえる。

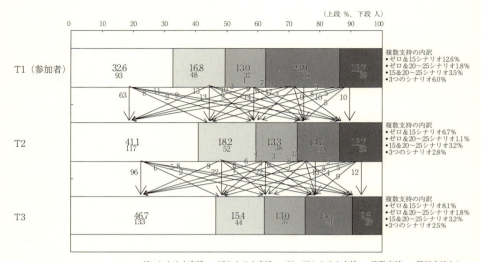

図表4-39　各シナリオへの支持の変化（T1（参加者）・T2・T3比較，集約）

化をしている[44]。

　これらの集約方法の難点を克服するため，図表4-39では，参加者が付けた各シナリオへの賛否の尺度について，尺度6以上が付けられたシナリオを比較し，そのうち最高点が付けられたシナリオを「支持するシナリオ」として扱うこととした。最高点が同数の場合，「複数シナリオ支持」に分類した。いずれのシナリオにも，尺度6以上を与えていない回答者は，「積極的支持シナリオなし」と分類した。

　この図表4-39でも，図表4-37と同様に，T1・T2・T3へと進むにつれて，ゼロシナリオ支持が増えていることがわかる。図表4-37と異なり，15シナリオ支持は一旦T2調査段階で増加するもののT3調査段階で減少し，20～25シナリオはほぼ同じ支持率で推移していることが図表4-39から示されるが，この差異は，集約方法の違いに起因するものであろう[45]。

---

(44)　例えば，3つのシナリオすべてを支持できないと考える回答者が，ゼロシナリオと20～25シナリオの両方に尺度0を付け，相対的にましな選択肢として，15シナリオに尺度1を付けたとすると，この集約方法では，当該回答者は積極的に15シナリオを支持したものと扱われることになる。

3つのシナリオのすべてで，各段階における出入りが多いが，他のシナリオと比べると，ゼロシナリオ支持は転出率（他のシナリオ支持へと移動した参加者の割合）が低い（T2での転出は32.2％，T3での転出は17.9％）。一方，15シナリオ支持は，T2での転出が72.9％，T3での転出が57.7％であり，20〜25シナリオ支持は，T2での転出が62.2％，T3での転出が42.1％であった。これらのことから，ゼロシナリオの支持者は比較的に意見を固定させる傾向がある一方，15シナリオの支持者や20〜25シナリオの支持者は，意見を変容させやすいことがわかる。

③議題に関する知識

　通常の世論調査では，議題に関する十分な知識を有しているか否かが問われないので，回答者は，十分な知識のないまま，思い込みや思い付きに基づき回答することもありうる。一方，討論型世論調査では，資料や討論過程を通じて，討論フォーラムの参加者は議題について学習したうえで，情報や熟考に基づき自分の意見を形成し，回答することができる。

　討論フォーラム参加者の学習効果を測定するため，討論型世論調査では，議題に関する知識を尋ねる質問を設けるのが一般的である。例えば，震災前の総発電量に占める原子力発電の比率を尋ねる質問では，T1・T2・T3へと進むにつれ，正答率が47.4％→59.3％→61.4％と上昇した。この結果からは，単純な世論調査では，半数以上の人々が，原発比率というきわめて基礎的な事項について誤った理解のままで意見形成をしていたという事実と，討論型世論調査において，資料提供や討論過程を通じて正確な知識を獲得し，確固たる意見を形成しうるということが示される。

---

(45) 討論型世論調査の結果は，討論フォーラムの開催（8月5日及び6日の朝刊など）と同様に，新聞やテレビ等で大きく報道された。全国紙では，朝日新聞2012年8月22日夕刊，23日朝刊，産経新聞23日朝刊，日本経済新聞22日夕刊，23日朝刊，毎日新聞22日夕刊，23日朝刊，読売新聞22日夕刊，23日朝刊に，それぞれ調査結果が掲載されているが，結果の集約方法については，図表4-39によるものに基づく。
　なお，共同通信社は，選挙の際のいわゆる出口調査と同様の手法を用いて，討論フォーラム終了後に，「参加者の約3割にあたる88人に聞いたところ，2030年の原発比率として政府が示した0％，15％，20〜25％の3案のうち，約7割がゼロ案を支持すると回答」したと速報した（多くの地方紙の2012年8月6日朝刊参照）。実行委員会は3つのシナリオのそれぞれについて支持の程度を尋ねたが，三者択一で質問した同社による調査とは手法が異なるため，その結果は一致しない。

なお,そのほかにもエネルギー・環境に関する問題を5つ設けたが,調査段階が進むに連れて,ほとんどの問題で正答率の上昇が見られた。

④討論フォーラムについての参加者による評価

今回の討論フォーラム全体について,討論フォーラムの参加者がどのように評価したのかは,討論型世論調査の成否を判断するうえで重要な要素の1つである。

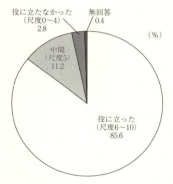

図表4-40　討論フォーラムへの評価（T3,集約）

参加者は,全国各地から参集し,1泊2日の時間を費やし,公共政策の問題をめぐる討議を,もともと面識のない他者とともに行うことになる。謝礼が支給されるとしても,参加者にとっては相当な負担となる。討論フォーラムの終了時の疲弊した状態において,通常であれば,必ずしも好意的な評価が得られるとはいえないが,今回の討論型世論調査では,参加者の討論フォーラム全体に対する評価は,すこぶる高かった。

討論フォーラム全体が参加者個人の意見形成に役に立ったか否かを,T3調査段階において,11段階尺度で尋ねた。尺度0から4までを役に立たなかったとし,尺度6から10までを役に立ったと集約したうえで作成したのが,図表4-40である。

85.6％が役に立ったと答えており,討論フォーラム全体に対する参加者の満足度がきわめて高いことが示される。また,「非常に役に立った」（尺度10）と回答した参加者は,46.3％であり,約半数が最高点をつけている。

図表4-41　討論フォーラムへの評価（T3,集約）　　　　　　　　　　　　　　　　（％）

	そう思わない （尺度1～3）	中間 （尺度4）	そう思う （尺度5～7）
①自分の考えが明瞭になった	5.6	16.1	77.9
②問題が複雑なことがわかった	7.7	15.4	76.1
③自分の考えをまとめるのが難しくなった	47.4	22.1	29.5

第4章　公共政策の形成への民主的討議の場の実装

図表4-42　小グループ討論への評価（T3，集約）　　　　　　　　　　　　　　　（%）

	そう思わない （尺度1～3）	中間 （尺度4）	そう思う （尺度5～7）
①自分と違う立場の人から多くを学んだ	8.8	17.2	72.6
②私の小グループでは，互いの意見を尊重していた	5.3	13.7	80.4

図表4-43　自分と異なる意見をもつ者への態度（T2・T3比較，集約）　　　　（%）

		反対 （尺度1～2）	中間 （尺度3）	賛成 （尺度4～5）
①たとえ意見が違っていても，私は彼らの見解を尊重する	T2	6.3	24.6	67.4
	T3	6.7	16.1	76.8
②彼らとは意見の一致を見ることはありえない	T2	24.6	46.3	26.3
	T3	33.3	38.6	27.0
③両者が支持できるような解決策を見つけるため，私は妥協をする用意がある	T2	10.2	29.5	57.9
	T3	14.0	21.8	62.8

　討論フォーラムへの参加が参加者の意見形成へどのように影響を与えたのかについては，T3調査段階における11段階尺度での質問に対する回答結果を集約して作成した図表4-41から考察することとする。

　一般に，エネルギー・環境の問題のような複雑な議題をめぐっては，討論資料を読み討論フォーラムに参加して，情報を得れば得るほど，あるいは検討をすればするほど，考えが明瞭になる人がいる一方で，逆に判断に迷うようになる人もいる。この点，77.9%の参加者が自分の考えが明瞭になったと回答しており，考えをまとめるのが難しくなったと回答するものは29.5%にとどまった。もっとも，考えが明瞭になりまとめられるようになるとしても，問題が簡単であると受け止められたわけではない。問題が複雑であることがわかったと回答したのは，76.1%であった。

⑤対話の可能性

　T3調査における小グループ討論の内容や進行への評価（7段階尺度）について

の回答結果を集約したうえで作成したのが，図表4-42である。

7割以上の参加者（72.6%）が，小グループ討論において，自分と異なる立場の人から多くを学んだと考えており，また，参加者の8割（80.4%）が，互いの意見を尊重するよう小グループ討論が運営されていたと証言している。

また，自分の意見と異なる意見をもつ者への態度（5段階尺度）についてのT2・T3調査における回答結果の推移を集約したうえで作成したのが，図表4-43である。

討論過程の前後で，エネルギー・環境問題について自分と異なる意見をもつ者に，①「たとえ意見が違っていても，私は彼らの見解を尊重する」という記述への賛成（67.4%→76.8%）と，③「両者が支持できるような解決策を見つけるため，私は妥協をする用意がある」という記述への賛成（57.9%→62.8%）が増えており，また，②「彼らとは意見の一致を見ることはありえない」という記述への反対（24.6%→33.3%）が増えている。これらから，討論過程を通じて，参加者の間に異見に対する寛容の精神が生まれ，相互対話の可能性が高まったことがうかがえる。議論を通じて異なる見解の者を（排斥するのではなく）尊重しうると考えられるようになり，自分自身も妥協しうると考える参加者が増えている。

次に，自分の意見と異なる意見をもつ者への評価（11段階尺度）については，T2・T3調査における回答結果の推移を集約したうえで作成した図表4-44から考察することとする。

図表4-44　自分と異なる意見をもつ者への評価（T2・T3比較，集約）　　　　（%）

		反対 （尺度0～4）	中間 （尺度5）	賛成 （尺度6～10）
①彼らは，問題がよくわかっていない	T2	17.5	56.8	18.6
	T3	28.8	46.3	21.4
②彼らは，本当でないことを信じている	T2	16.1	57.9	18.9
	T3	28.4	42.5	25.6
③彼らは，問題を明瞭に考えてはいない	T2	17.5	53.7	21.4
	T3	32.6	38.2	24.6
④彼らには理屈がある。ある側面についての理屈はしっかりしている	T2	10.5	46.0	35.8
	T3	10.5	31.6	54.4

討論過程の前後で，エネルギー・環境問題について自分と異なる意見をもつ者に関して，①「彼らは，問題がよくわかっていない」という記述への反対（17.5％→28.8％），②「彼らは，本当でないことを信じている」という記述への反対（16.1％→28.4％），③「彼らは，問題を明瞭に考えてはいない」という記述への反対（17.5％→32.6％），④「彼らには理屈がある。ある側面についての理屈はしっかりしている」という記述への賛成（35.8％→54.4％）が，それぞれ増えている。これらからも，討論過程を通じて，異なる意見をもつ者に対する理解が深まり，相互対話の土壌が形成されていることがわかる。自分の考えとは異なる見解が絶対に誤っており，異見は真摯な考察の対象とはならないとする考え方が，一定程度氷解していることがわかる。[46]

今回の討論型世論調査の議題であるエネルギー・環境の問題には，冷静な公共的討議が困難なほどの反原発と原発推進という深刻な二項対立が存在した。新聞報道によれば，この調査と並行して政府が実施していた意見聴取会においては，場内がヤジと喝采で支配され，場外からは組織化された群衆が叫声とともに警察官の制止を乗り越え闖入しようとした会場もあったという。[47]一方で，討論型世論調査の討論フォーラムでは，そのような混乱はなく，穏やかな雰囲気の下で参加者による白熱した議論が展開されたが，そのことは参与観察に基づく定性的評価からだけではなく，このような定量的データからも示唆されよう。

⑥定性的なデータ

今回の討論型世論調査に関しては，実行委員会としては，もっぱらＴ１・Ｔ２・Ｔ３の各調査結果をもとに定量的な分析に基づき報告書を作成したが，討論型世論調査において得られるデータは，それだけではない。小グループ討論における参加者間の議論や，全体会議での参加者とパネリストとの間の議論は，す

---

(46) ただし，①から③までについては記述に対する賛成もやや増加しており，討論を通じて対立軸が明確になり，異見の問題点に注目する参加者もいたことがわかる。

(47) 朝日新聞2012年7月23日朝刊は，意見聴取会の模様について，次のように報じている。「抽選に漏れて中に入れなかった人ら約40人が会場外に集まり，「大飯原発の再稼働反対」などと抗議活動をした。警察官と一時もみ合いになるなど現場は騒然とし，原発反対の叫び声が会場内まで届くなかで開かれた。……原発0％の発言には拍手が起きる一方で，20〜25％の発言者にはあちこちで反論が出る場面もあった」。

べて記録されているが，これらは分析対象となるべきデータである。

　全体会議における質問は，小グループ討論において各グループが議論をした結果，専門家であるパネリストに対して尋ねたい参加者の疑問点が集約されたものであり，まさに各グループの議論の焦点であったものであると考えられる。例えば，「エネルギー・環境とその判断基準を考える」をテーマとした小グループ討論①では，多くのグループで，判断基準の1つであるコストをめぐる議論が集中的に取り組まれてきた。そして，それに続く全体会議①では，原子力発電や再生可能エネルギーの技術開発に関する費用や，原子力発電所の稼働を停止することによる経済への影響などといった，コストに関する質問が多く寄せられた。また，「2030年のエネルギー選択のシナリオを考える」をテーマとした全体会議②では，ゼロシナリオの実現可能性について質問が集中した。参加者の多くが，原発依存度が低いシナリオを支持しようと考えていたものの，はたしてゼロシナリオが現実的なものなのか，それとも実現不可能な理想にすぎないのか，判断しかねた結果として示された質問であろう。また，全体会議②では，2030年に原発依存度がゼロとなるシナリオではなく，2050年にゼロとするシナリオや，2030年までに毎年1％ずつ依存度を下げるシナリオを提案し，それらへの意見を専門家に尋ねるグループもあり，原発依存度を低くするための進め方については参加者の中でも意見が分かれていることがあらわれているといえよう。

　こういった参加者の意見形成過程を探究するためには，第3章で行ったのと同様に，小グループ討論や全体会議の記録について内容分析を行うのが最も適切な研究手法であるといえよう。監修委員長を務めたフィシュキンも，「後に，録音されたデータに基づく分析や，定量，定性データを組み合わせる企画も提供できるだろう」，「われわれは，定量と定性のさらなる分析を期待している」と述べている。[48]しかしながら，本書においては，紙幅の都合上，内容分析は割愛せざるを得ない。[49]

　今回の討論型世論調査については多くの報道機関が取材をしており，その中に

---

[48] エネルギー・環境の選択肢に関する討論型世論調査監修委員会・前掲注（37）2頁。
[49] 曽根泰教ほか『「学ぶ，考える，話しあう」討論型世論調査』（木楽舎，2013年）115-222頁（上木原弘修執筆）は，小グループ討論と全体会議の議事録等をもとに，議論の模様の一部を再現し，分析したものである。

第4章　公共政策の形成への民主的討議の場の実装

図表 4-45　討論型世論調査に参加した人の主な意見

支 持 す る 原 発 比 率

	参加前	参加後	理由
福岡県の主婦（39）	0%	→ 0%	今すぐではなくとも将来は原発ゼロを目指すべきだ
東京都の会社経営男性（64）	0%	→ 0%	福島の事故で原発への意識が変わった
広島県の病院職員女性（22）	15%	↘ 0%	東北の人と話して意識が変わった
北海道の会社員女性（35）	15%	↘ 0%	電力使用量を抑えれば原発ゼロは実現できる
沖縄県の男性保護司（72）	0%	↗ 15%	化石燃料はいつか枯渇するので、原発は必要
佐賀県の主婦（43）	15%	→ 15%	国も借金を抱える中、再生エネにコストはかけられない
東京都の公務員男性（54）	15%	↗ 20～25%	再生エネの普及の難しさが分かったから
埼玉県の無職男性（74）	15%	↗ 20～25%	生活水準や経済を維持するには原発が必要
大阪府の会社員男性（34）	20～25%	→ 20～25%	再生エネの普及がどのくらい進むかも見通せない
神奈川県の会社員男性（36）	20～25%	→ 20～25%	環境への影響が大きい火力への依存に反対

（出典：読売新聞2012年8月6日朝刊）

は，参加者に対する聴取調査をしたものもある。筆者らによる内容分析に代えて，読売新聞2012年8月6日朝刊が紹介するところの「討論型世論調査に参加した人の主な意見」を，図表4-45として挙げることとする。

4　政策形成への公共的討議の場の実装

（1）エネルギー・環境政策の決定への影響

エネルギー・環境の選択肢に関する討論型世論調査実行委員会は，2012年8月22日，調査の結果を公表した。そして，政府のエネルギー・環境会議は，9月14日に「革新的エネルギー・環境戦略」を策定し，その後，内閣は，9月19日に，

---

(50) 同様に，筆者らが実施した討論フォーラム参加者の感想等は，朝日新聞，産経新聞，日本経済新聞，毎日新聞等の2012年8月6日朝刊記事に掲載されている。

「今後のエネルギー・環境政策について」を閣議決定した。

　もっとも，討論型世論調査の結果の公表から政府による政策の決定に至るまでの道程は，直線的なものではなかった。この調査をはじめとするエネルギー・環境の選択肢に関する国民的議論のための取組みの成果をめぐって，その意義等を整理するための過程が設けられた。また，戦略の策定や閣議決定に対しては，原子力関連施設立地自治体，経済団体，原子力の平和利用に関する協力関係にある諸外国による働きかけが影響を与えたと考えられる。

①国民的議論に関する検証会合の設置

　8月22日の午前中に，実行委員会は，調査報告書を公表し，大手町ファーストスクエアで調査結果についての記者説明会を実施した。そして，同日の午後，第1回目の国民的議論に関する検証会合が開催された。この検証会合は，国民的議論から得られる含意を政府が検証するにあたって，世論調査やパブリックコメント等の専門家から意見を聴取するためのものとして，急遽，設置されたものであり，古川元久国家戦略担当大臣が座長を務め，22日，27日，28日の3回開催された。[51]この会合での議論は，「戦略策定に向けて～国民的議論が指し示すもの～」という文書にまとめられ，「国民的議論に関する検証会合の検討結果について」と題する資料とともに，国家戦略担当大臣によって第13回エネルギー・環境会議（2012年9月4日）に提出された。

　この検証会合において，国民的議論のための取組みがどのように議論されたの

---

(51) 会議時間は合計で6時間2分であったが，これが十分であったか否かは，意見が分かれるところであろう

　なお，約6時間という長さは，エネルギー・環境の選択肢に関する討論型世論調査の討論フォーラムのうち，各2回の小グループ討論と全体会議を合計した時間にほぼ相当する。討論型世論調査において，6時間の討論過程というのは決して短すぎるものではないが，今回の討論型世論調査に対しては，「計6時間の議論で，どこまで「熟議」されるかは見通せない」（朝日新聞2012年8月3日朝刊）などと疑問視する向きもあった（この批判は，国民的議論に対する検証会合にこそ向けられるべきなのかもしれない）。もっとも，学識経験者等と異なり，討論フォーラムの参加者（平素から長時間の議論を行うよう格別な訓練を受けているわけではない，一般の人々である）にとって，6時間の集中的な議論は，それだけでも十分に負担の大きいものであり，これ以上に討論時間を増やすのは容易ではなかろう。また，参加者が全国から集まっているということを踏まえれば，討論時間を増やすためには，2泊3日以上の参加協力が必要となるが，それも，やはり，一般の人々にとっては困難なことである。

かを概観することにしよう。

　意見聴取会については，意見表明申込者は1,542人で，実際に意見表明をした者は136人であった。意見表明申込者のシナリオ支持の割合は，ゼロシナリオが68％，15シナリオが11％，20～25シナリオが16％，その他が５％であった。会場アンケートは1,276件集まり，その内訳は，ゼロシナリオが35％，15シナリオが２％，20～25シナリオが６％，その他が57％であった。意見聴取会の特徴に関して，日本全体の縮図になっているか否かについては，「時間があり関心が高い方が参加するので，国民の意見の縮図とは異なる」ので，「一定の限界あり」とされ，知識の提供の有無については，事務局から説明があることを挙げて，「△」とされ，選択の理由が明らかになるかについては，「意見の理由が示されるため，ロジックを把握することが可能である」ので，「○」とされた。取りまとめ文書である「戦略策定に向けて」では，「一般的に，意見聴取会は，意見の理由が示されるため，ロジックを把握することが可能である」が，「他方，時間があり関心が高い方が参加するので，国民の意見の縮図とは異なる」とされた。

　89,124件が提出されたパブリックコメントにおけるシナリオ支持の割合は，ゼロシナリオが87％（そのうち，直ちにゼロとすべきとする意見が78％），15シナリオが１％，20～25シナリオが８％，その他が４％であった。パブリックコメントの特徴に関して，日本全体の縮図になっているか否かについて，「強い意見を持った人ほどコメントを出すモチベーションを持っており，意見の分布がある一方に偏る可能性が高い」ので，「一定の限界あり」とされ，知識の提供の有無については，「webの情報のみ」なので，「×」とされ，選択の理由が明らかになるかについては，「行政が十分気付かないような様々な意見や情報を広く収集できる」ので，「○」とされた。取りまとめ文書では，「一般的に，パブリックコメントは，行政が気付かないような様々な意見や情報を広く収集できるほか，国民参加が保障されやすい」が，「他方，強い意見を持った人ほどコメントを出すモチベーションを持っており，意見の分布がある一方に偏る可能性が高い」とされた。

　検証会合では，政府主体で実施したものではないものの，マスコミ等の世論調査も議論の対象とされた。ここでは，新聞社，テレビ局，通信社による７月から８月までに行われた12件の世論調査[52]が取り上げられた。対象者は，全国の成人男

女とするものとさらに有権者に絞るものとがあり，抽出方法は1件を除きすべて電話調査（RDD方式）で行われ，有効回答数は，最少が920人で最多が2,249人である（有効回答率は，50％から75％まで）。各調査は，調査期間が異なり，質問文と回答の作成方法も異なるため，結果に差が出ている。最も支持されるものがゼロシナリオ（49％）の調査もあれば，15シナリオ（54％）の調査もある。ゼロシナリオは，29％から49％までの支持で，最も支持を得ている場合と15シナリオの次の場合がある。15シナリオは，29％から54％までの支持で，最も支持を得ている場合とゼロシナリオの次の場合がある。20～25シナリオは，10％から19％までの支持で，どの調査でも3つのシナリオのうち3位となっている。世論調査の特徴について，検証会合では，日本全体の縮図になっているか否かについては，「全国の縮図であり国民全体の方向性を推し量る上では有力な手法」であり，「調査毎に手法は異なるが，基本的に，母集団の設定や補正等により，できる限り全国実績に近い比率を実現」していることを理由に「○」とされ，選択の理由が明らかになるかについては，「直前に聞いたニュースの影響を受けるなどの特性は免れず，なぜこの選択肢を選んだのかという理由などはわからない」ので，「△」とされた。取りまとめ文書では，「マスメディアの世論調査は，全国の縮図であり国民全体の方向性を推し量る上では有力な手法である」が，「他方，質問文や選択肢の微妙な差で結果が異なったり，たまたま直前に回答者が接したニュース等に影響されて答えやす」く，また，「なぜこの選択肢を選んだのかという理由などはわからない」とされた。

　そして，筆者らが実施した討論型世論調査に関しては，日本全体の縮図になっているか否かについて，「最初の電話調査段階では，全国の縮図に近い母集団となるが，討論への参加の段階で縮図が歪む可能性がある」ので，「○→△」と表示され，知識の提供の有無については，「討議資料と専門家の質疑応答」があることを理由に，「○」とされ，選択の理由が明らかになるかについては，「討論の過程での意見の推移やロジックが明らかにされる」ので，「○」とされた。取りまとめ文書では，「一般的に，討論型世論調査は，最初の世論調査段階で全国の

---

(52)　NHK（7月6～8日，8月10～12日），朝日新聞（7月7～8日，8月4～5日，7～8月（郵送調査）），読売新聞（7月13～15日，8月11～12日），日本テレビ（7月20～22日，8月17～19日），共同通信（8月11～12日），毎日新聞（8月11～12日），日本経済新聞（8月24～26日）。

第4章　公共政策の形成への民主的討議の場の実装

縮図に近い母集団の意見の取集を行うことに加え，その中から討論フォーラムに参加した者の討論の過程での意見の推移やロジックが明らかにされる点が他の調査にはない特徴であり，代表性と熟議の双方を兼ね備えようとする手法である」と記述された。[53]

　一部の検証会合構成員が討論型世論調査の意義を十分に理解できなかったためであろうか，この調査手法では，「最初の世論調査の母集団から討論への参加者を募る段階で，時間を費やしてでも討論に参加しようとする者が参加する」こと[54]が懸念として示された。また，構成員からは，「意見の強い人に議論が引きずられたり，社会的に望ましいと回答者が思う意見が出やすい」との懸念も示された[55]

---

(53)　本文引用の箇所に，さらに，「なお，今回の討論型世論調査では，固定電話でアプローチをするいわゆるRDD方式を採用したため若年層の参加比率が低く，討論フォーラムの開催が夏休み期間中となったために小さな子供のいる主婦層の参加が少ない結果となっておりこの点には一定の留意がいる」と付記されている。しかし，実は，後段に関しては，完全に根拠のない記述である。T1調査において子どもの有無や養育の要否について調査していないため，幼い子どもがいる主婦層の多くが討論フォーラムに参加しなかったということ（養育すべき子どもの有無と不参加との因果関係）は証明できないはずである。

(54)　いわゆる公募型の市民参加の取組みと同一視するかのような誤解を招きかねない点で，あくまで無作為抽出を基礎として参加者を募るという討論型世論調査の特徴を過小評価しており，失当というほかなかろう。

(55)　国民的議論に関する検証会合において，同会合の構成員である田中愛治教授は，「実際に意見を言う方は285人とかになるわけですが，285人の中では意見が強い方が多いと思いますが，その中でも意見が強い方がおっしゃったときには，ソーシャルにディザイアブルだと世の中で好まれていない意見を自分は持っていると思った方は黙る可能性が高い」と述べ，また，フォーカスグループでは「強い意見の方が引っ張る。ディスカッションをすごく発言する方がほとんど引っ張ってしまう」と主張した（フォーカスグループと討論型世論調査における小グループ討論とは，構造がまったく異なるのであるが，田中教授は「非常に形が近い」と考えているようである）。これに対して，同じく構成員である曽根教授は，諸外国の先行研究では，討論型世論調査において，強い意見をもつ者に議論が引っ張られることはないということが逆に実証的に証明されており，意見の分極化は実証的には証明されておらず，そして，討論型世論調査の構造上，各調査の回答が無記名で行われ秘密が保たれており，訓練されたモデレータが小グループ討論を進行するので，かかる主張は成り立ちえないと反論した（「第2回国民的議論に関する検証会合議事概要」13-17頁）。実際に，6割以上の（討論フォーラムの）参加者（63.9％）が，小グループ討論で議論を独占した参加者がいたとは思わないと回答した（図表4-32④参照）。

　また，田中教授と同様に，飯田健特命講師は，討論フォーラムの「参加者は顔と名前が分かっている中で議論するので，自分を良く見せようと『社会的に望ましい答え』を言いがちになる」と主張している（読売新聞2012年7月31日朝刊）が，これは，討論型世論調査における討論フォーラムが，相互に面識がなく，また終了後は再び集まることのない参加者による一回だけの会議体である（したがって，自分をよく見せようとする誘因は，通常は働かない）ということを看過した議論であり，明らかな誤りである。

275

というが，これは，単なる印象論的な主張にすぎず，実証的な根拠に基づくものではない。

②国民的議論のための取組みの結果の解釈

　討論型世論調査をはじめ国民的議論のための取組みの結果を，国民的議論に関する検証会合等を通じて，政府がどのように解釈したのかについては，先に挙げた第13回エネルギー・環境会議に国家戦略担当大臣により提出された「戦略策定に向けて～国民的議論が指し示すもの～」から明らかになる。

　まず，「支持率集計から得られること」として，討論型世論調査における各シナリオへの支持についての結果として，次のように述べる。

- ゼロシナリオの支持は，討論型世論調査では討論を経た後に支持が高まり，5割と最も支持を集めた。
- 2030年までに原発ゼロを支持する国民は，直ちにゼロといった意見，2030年までは原発をある程度利用し続けるという意見も含めて，調査にもよるが現時点では少なくとも半数近くいると言える。
- 15シナリオについては，討論型世論調査では討論前後で2割弱と安定した結果になった。
- 15シナリオを支持する者の中には，2030年以降の将来的に原発ゼロを目指す意見，2030年以降も原発をある程度利用し続けるという意見，2030年以降の原発依存度はその時々の状況を見極めて決めるべきという意見のいずれも含まれている。
- この点に関して，討論型世論調査では，15シナリオ支持のうち，原発を利用すべきではないという意見が約半分，利用し続けるべきだという意見とどちらでもないという意見が4分の1ずつとなっている。原発ゼロへの途中段階として15シナリオを支持する者と原発を活用する，あるいはどちらでもないといった者がそれぞれいる結果となっている。

　いずれにせよ，多様な意見が出るようにモデレータが小グループ討論の進行を行うべきものとされており，社会的に望ましいとされる意見が実際に出やすかったかどうかは，小グループ討論を観察しない限りは，断定できなかろう。なお，実際に小グループ討論を参与観察した第三者検証委員長の小林教授は，（「全部のグループディスカッションを見たわけではありません」，「各グループのディスカッションの記録は全部録っておられますので，それの分析を待たなければわからない」と留保しつつも）「私どもが傍聴した範囲においては，……意見の制圧のような構造はあまり見られなかったように思」うと述べている（「第2回国民的議論に関する検証会合議事概要」19頁）。

第4章　公共政策の形成への民主的討議の場の実装

・20〜25シナリオへの支持は，討論型世論調査，各種世論調査とも1〜2割程度ある。
・その他やわからないとする意見は，討論型世論調査の討論後の調査，各種世論調査とも1割程度ある。この比率は，世論調査としては高い数字であり，2030年における3つの選択肢という提示が比較的選びにくいということを示唆している。わからないと答えている国民は，熟慮の結果，あえて選択したという可能性もある。
・性別，年齢別の傾向がある。女性の場合はゼロシナリオ支持が多く，原発の将来世代に与える影響を懸念している。現在，20代，30代の若年層は，討論型世論調査では15シナリオの支持が平均よりも高く25％を占めている。
・意見聴取会や討論型世論調査における討論参加者は男性で高齢層が多く，今回行った調査結果には一定の留意が必要である。

　次に，この結果そのものから3つの「含意」を導き出すが，そのうち，討論型世論調査に直接関係するものは，はじめの2つである[56]。
　第一の含意は，「原発への依存度に関する大きな方向性について」である。ここでは，「ゼロシナリオと15シナリオの支持を合計すると，討論型世論調査では7割」となったが，「15シナリオの中には，2030年以降原発維持あるいは見極めたいという意見が含まれていることから，この7〜8割の全てではないが，今回の国民的議論によれば，少なくとも過半の国民は，年齢や性別での違いはあるにせよ，原発に依存しない社会にしたいという方向性を共有している」とされている。
　第二の含意は，「原発に依存しない社会を実現するスピード感や実現可能性について」である。ここでは，「ゼロシナリオ以外の支持率というくくり方でみてみると，討論型世論調査では5割を占め，各種世論調査では5〜7割を占めている。2030年までにゼロという点に関しては，調査にもよるが半数程度の国民が何らかの懸念を有している」と述べられている。筆者らは，シナリオ選択に関して

---

(56)　もう1つの含意は，「パブコメなど多くの国民が直接行動を起こしている背景について」である。ここでは，「民意を把握するために，代表性の確保，すなわち日本全国の縮図となるように調査対象を選ぶことは重要な要素であ」り，「この点に関して，無作為で調査対象を選ぶ世論調査，討論に参加する者を選ぶ前に無作為で対象者を募る討論型世論調査に比べて，パブリックコメントや意見聴取会については参加する意思とコストが嵩む結果，代表性という意味では一定の限界がある」ため，「パブリックコメントや意見聴取会における支持率の数字に関してはこうした限界があることを認識しなければならない」と述べられている。

277

は，討論過程を経てゼロシナリオ支持が多くなったという点に注目していたが，取りまとめ文書の述べるとおり，ゼロシナリオ以外の支持を集約すれば，半数がゼロシナリオを支持していないとする解釈も可能であろう。また，「討論型世論調査では，最初の電話調査の段階では半分近くの人がいずれかのシナリオに絞り切れておらず，討論後でも4分の1の人は絞り切れていない」点と，「個人毎の各段階でのシナリオの支持の変遷をみると，半分程度の人が，各段階で支持するシナリオを変更している」点に注目し，「少なくとも過半の国民は，原発に依存しない社会にしたいという方向性を共有していると言えるとしても，今回の国民的議論によれば，いつまでにゼロにするかどうかといったスピード感，あるいはその実現可能性に関しては，意見が分かれている，あるいはまだ定まっていないといえる」としている。

そのうえで，「分析」として，「「原発ゼロ＋グリーン推進＋ライフスタイル転換＋コスト高容認」という意見と，「原発ゼロ以外＋原子力人材・技術の確保＋安定供給重視＋コスト重視」という意見の対立がみえる」が，「討論型世論調査によれば，前者の意見を支持する国民は，政府や専門家の情報を信頼せず，後者の意見を支持する国民は，専門家の意見を信頼しようとするという差も見られ」，「全体として，政府の情報に対する信頼性は低い」ことと，「討論型世論調査でも，4つの視点のうち，安全の確保が圧倒的に重視されている」ことが挙げられるとともに，「1割を超える「わからない，その他」を選択する者がいること」から，「2030年という20年後の将来見通しに関する問いかけであり，政府が示した3つのシナリオが国民にとって選びにくい，議論しにくいという側面も明らかになった」としている。

③エネルギー・環境会議における「革新的エネルギー・環境戦略」の策定

国家戦略担当大臣による「戦略策定に向けて」を受けて，それが提出された次の回の第14回エネルギー・環境会議（2012年9月14日）において，「革新的エネルギー・環境戦略」が決定された。[57]

---

(57) 当時，誤解する向きが多かったが，そもそも，エネルギー・環境に関する選択肢の3つのシナリオの中から最も支持されたものが自動的に革新的エネルギー・環境戦略となるわけではない（そのことが，筆者らが3つのシナリオについて敢えて三者択一方式で尋ねなかった理由の1つでもある）。

第4章　公共政策の形成への民主的討議の場の実装

　この革新的エネルギー・環境戦略は，「省エネルギー・再生可能エネルギーといったグリーンエネルギーを最大限に引き上げることを通じて，原発依存度を減らし，化石燃料依存度を抑制することを基本方針とし，これまでの広く多様な国民的議論を踏まえ」，①原発に依存しない社会の一日も早い実現，②グリーンエネルギー革命の実現，③エネルギーの安定供給という3本柱を掲げた（1-2頁）。

　このうち，第一の柱である「原発に依存しない社会の一日も早い実現」では，「2030年代に原発稼働ゼロを可能とするよう，あらゆる政策資源を投入する」と述べられている（2頁）。原発稼働ゼロを明確に宣明する一方で，それは，2030年ではなく2030年代（すなわち，それは2039年までを意味する）までに可能とするものとされた。直ちに原発稼働をゼロとすることは明確に否定されており，「安全性が確認された原発は，これを重要電源として活用する」ものとされた点（同頁）で，パブリックコメントの回答の8割を占めた即時ゼロという意見は採用されなかったと評価してよかろう。

　原発に依存しない社会の実現に向けた原則として，①40年運転制限制を厳格に適用すること，②原子力規制委員会の安全確認を得たもののみ，再稼働とすること，③原発の新設・増設は行わないことの3つを原則とするものとした（4頁）。特に，停止中の原発の再稼働を進めていくことが示された点は注目される。

　また，原発に依存しない社会の実現に向けた道筋に関して，わが国のエネルギー構成のあり方は国際的なエネルギー情勢や技術開発の動向などによって大きく左右されてきたが，現時点において，こうした情勢を将来にわたって正確に見通すことはきわめて困難であるので，「こうした現実を踏まえ，エネルギー戦略を構築するに当たっては謙虚な姿勢で臨み，いかなる変化が生じても柔軟に対応できるようにしなければならない」としている（7頁）。事情の変更により，原発依存度ゼロを目指すこと自体についても，将来の柔軟な政策変更を認める余地

　枝野経済産業大臣は，国会審議において，「三択で一つを選ぶということで選択肢をお示ししているわけでは」ないと明確に答弁している。「国民的議論を進める上で，本当に十人十色の多様な意見がある中で，それで白紙で議論をしてくださいと言っても国民の皆さんも困るだろう，かといって，余りたくさん選択肢を示してもなかなかわかりにくいだろうということの中で，議論を進めていく上のスタートラインというかベースということで三つをお示ししていますので，今決めている，示している三つの中の一つが選ばれるということではありません。むしろ，これをベースに議論いただいた結果，総合的に判断していくということで」あるという（第180回国会衆議院経済産業委員会議録第10号（2012年7月25日）15頁）。

を残している。

　なお，戦略策定の直前には，使用済み核燃料の再処理工場（試運転中）や中間貯蔵施設（建築中）があり核燃料サイクルの中核を担う青森県が反発し[58]，また，わが国のエネルギー政策に対して，米国，英国，フランス等から懸念が示される[59]などの動きがあった。戦略には，「日本の核燃料サイクル政策を含む原子力政策は，米国をはじめとして，諸外国との密接な協力体制の中で行われて」おり，「原発に依存しない社会の実現に向けた政策の見直しに当たっては，国際機関や諸外国と緊密に協議し，連携して進める」ことと，「原子力関連施設立地地域対策については，国の新たな要請によって影響を受けることになる立地自治体に十分に配慮して，措置を講じ」，「また，これらの立地自治体の構造転換を促すため，グリーンエネルギーの導入支援を含めた各種施策を優先的・重点的に行う」ことなどが明記されている（6頁）が，これらは，諸外国や原子力関連施設立地自治体による影響を受けて記述されたものと推察される。

④内閣による「今後のエネルギー・環境政策について」の閣議決定

　革新的エネルギー・環境戦略に対しては，経済界からは強い反発があった。日本経済団体連合会の米倉弘昌会長は，戦略決定の前日である9月13日，野田佳彦内閣総理大臣と電話で会談し，2030年代の原発依存度ゼロの方針に対して不満を伝えていたが[60]，戦略が決定されたことを受けて，18日，経団連の米倉会長，経済同友会の長谷川閑史代表幹事及び日本商工会議所の岡村正会頭が，共同で記者会見を開き，戦略を撤回するよう政府に求めた[61]。

　エネルギー・環境会議は国家戦略担当大臣を議長とし，国務大臣によって構成

---

(58) 青森県の三村申吾知事は，8月22日，首相官邸や経済産業省などを訪れ，国が基本政策としてきた原子力発電と核燃料サイクルの推進を継続するよう要望したという（読売新聞2012年8月23日朝刊）。

(59) わが国は，米国，英国，フランス，カナダ，オーストラリア，中国及び欧州原子力共同体（EUR-ATOM）との間で，原子力平和利用に係る協力のための二国間協定をそれぞれ締結している。協定に基づき，わが国で生じた核燃料の再処理を英国とフランスに委託し，その際に発生する放射性廃棄物をわが国に戻す（青森県がそれを受け入れる）ものとしている。新聞報道によれば，米国エネルギー省副長官が，9月11日，訪米中の民主党の前原誠司政策調査会長と会談し，また，駐日英国大使（11日）と駐日フランス大使（13日）が藤村修内閣官房長官と会談し，そこにおいて，それぞれわが国の原子力政策への懸念が示されたという（読売新聞2012年9月14日朝刊）。

(60) 読売新聞2012年9月14日朝刊，朝日新聞2012年9月19日朝刊。

第4章　公共政策の形成への民主的討議の場の実装

される会議であるが，そこで決めた事項を正式に内閣による決定とするためには，別途，閣議決定が必要となる(62)。

　9月19日，内閣は，「今後のエネルギー・環境政策について」を閣議決定した。その全文は，「今後のエネルギー・環境政策については，「革新的エネルギー・環境戦略」（平成24年9月14日エネルギー・環境会議決定）を踏まえて，関係自治体や国際社会等と責任ある議論を行い，国民の理解を得つつ，柔軟性を持って不断の検証と見直しを行いながら遂行する」というきわめて簡素なものであった。

　戦略そのものを閣議決定せずに事実上の参考文書として扱ったことについて，「新戦略を今後の政府の政策として踏まえ柔軟に見直すとした基本方針を加えることで政策に見直し余地をつくり，原発ゼロに反対する経済界や米国などの声に配慮」したものであり(63)，「原発ゼロをめざす表現もない」ため「「原発ゼロ」が骨抜きになるおそれもある(64)」との論評がなされた。

　このことについて，枝野幸男経済産業大臣は，「エネルギー・環境戦略を踏まえて，様々な政策を推進していくということを決めていますので，エネルギー・環境戦略に書いてあることの内容は閣議でオーソライズされているということです」と述べた(65)。閣議請議をした主務大臣である古川国家戦略担当大臣も，「閣議決定の今回の形式としてこういう形をさせていただいたということであって，特にその裏に特別な意図があるということはございません」と弁明した(66)。

---

(61)　朝日新聞2012年9月19日朝刊。「年初を除き，経済3団体トップが共同会見をするのは極めて異例」であるという（読売新聞2012年9月19日朝刊）。
(62)　革新的エネルギー・環境戦略を決定した第14回会議には，野田内閣総理大臣が出席していたものの，もとより，それで閣議に代わるというものではない。
(63)　日本経済新聞2012年9月19日朝刊。
(64)　朝日新聞2012年9月19日朝刊。
(65)　枝野経済産業大臣は，2012年9月19日の記者会見で，次のように述べた。「閣議決定の形式というか，いろいろなものがある，やり方があるというふうに承知をしておりますが，例えばエネルギー関連でも，平成17年に原子力政策大綱を決定した時には，今回のようなやり方とほぼ類似したやり方であります。内容的にも，正にエネルギー・環境戦略を踏まえて，各政策を総合的に行っていくということでありますので，内容的にはエネルギー・環境戦略が閣議決定されたというふうに，私は理解しています」。
(66)　古川国家戦略担当大臣は，2012年9月19日の記者会見で，「このような本文をそのまま閣議決定しないというのは，原子力委員会の原子力政策大綱や規制改革会議の規制改革推進のための答申など，これまでもそういう形が様々とられている」と述べた。

戦略そのものを閣議決定しなかったことについて，経済界は，原発依存度ゼロとする政策を実質的に変更しうるものと受け止め，おおむね好意的に評価した。(67)なお，わが国政府は，9月5日以降，革新的エネルギー・環境戦略についての協議を米国との間で重ねていたが，その際，「戦略の閣議決定の是非を判断する直前，米国政府側が閣議決定を見送るよう要求していた」との報道がある。(68)

　エネルギー政策基本法12条に基づき，エネルギー政策の基本的な方向性を示すため，政府は，エネルギー基本計画を策定しなければならない。エネルギー・環境の選択肢をめぐる国民的議論は，2030年のエネルギー・環境政策について検討していたが，原発依存度の検討時期が2030年である理由は，当時のエネルギー基本計画が，「2030年までの今後「20年程度」を視野に入れた具体的施策を明らかにすること」（3頁）としていたためである。

　経済産業省資源エネルギー庁の総合資源エネルギー調査会基本問題委員会は，2011年10月からエネルギー基本計画をゼロベースで見直すための議論に着手していたが，革新的エネルギー・環境戦略の策定を受けて，2012年9月18日の委員会で議論が紛糾し，その後，2か月間，委員会の開催が中断した。政府は，当初，10月上旬までに基本計画を閣議決定する方針だったとされる(69)が，11月14日に基本問題委員会は再開したものの，エネルギー基本計画の策定は先送りされることとなった。(70)

---

(67)　毎日新聞2012年9月20日朝刊は，「原発ゼロを批判していた長谷川閑史・経済同友会代表幹事は19日の記者会見で「（原発ゼロ撤回の）余地を残したことは良かった」と述べ」，また，「経団連の米倉弘昌会長は記者団に「原発ゼロを回避できた」との認識を示した」と報じている。

(68)　東京新聞2012年9月22日朝刊は，米国の高官や政権関係者らが，訪米中の大串博志内閣府政務官や長島昭久内閣総理大臣補佐官らに対して，「法律にしたり，閣議決定して政策をしばり，見直せなくなることを懸念する」と述べたことを受け，「野田内閣は米側の意向をくみ取り，……「原発稼働ゼロ」を明記した戦略そのものの閣議決定は見送った」と報じている。さらに，同10月20日朝刊は，米高官が「「日本の主権を尊重する」としながらも，「くれぐれも外圧と取られないように注意してほしい。この協議は極めて機密性の高いものだ」などと発言」したとして，米国側が外圧批判を恐れて口止めをしたと断定している。

(69)　読売新聞2012年10月27日夕刊。

(70)　読売新聞2012年11月15日朝刊。そして，基本問題委員会は，この日の会合以降，招集されることはなかった。

第**4**章　公共政策の形成への民主的討議の場の実装

⑤国民的議論のための取組みが政策決定へ与えた影響

　討論型世論調査をはじめとする今般の国民的議論のための取組みが，わが国のエネルギー・環境政策の決定に対して実質的に影響を与えたといえるだろうか。

　政府は，エネルギー・環境に関する選択肢を提示した当初から，「3つのシナリオに関する国民的議論を経て，……エネルギー・環境の大きな方向を定める革新的エネルギー・環境戦略を決定」すると明言していた（17頁）。そして，革新的エネルギー・環境戦略は，「これまでの広く多様な国民的議論を踏まえ」て策定され，2030年代に原発稼働を「ゼロ」とすることを明記した（1-2頁）。戦略そのものが討論型世論調査をはじめ国民的議論を踏まえて策定されたことを認めている以上，これが政策決定に一定の影響を与えたということは否定できない。討論型世論調査をはじめ国民的議論のための取組みの結果として，おおむねゼロシナリオが最も支持されたところ，「ゼロ」と明記された戦略は，端的に，国民的議論のための取組みの成果と評価すべきであろう。また，かりに一部報道がいうように，政府が当初15シナリオで決定することを予定していたとすれば，ゼロシナリオ支持多数という国民的議論の結果が，15シナリオからの政策変更を促したことになる。

　国民的議論のための取組みのうち，意見聴取会やパブリックコメントは[71]，あらかじめ強い意見をもった人ほど参加するものであり，参加者が組織的に動員されることも多く，また，マスコミ等の世論調査は，十分な情報に基づくものとは限らず，回答が直前の情報に影響されやすいという難点がある。一方，討論型世論調査では，自ら進んで参加する強い意見をもつ者でもなく，動員された人でもない，ごくふつうの人々が，十分な情報に基づき熟考し討議した。そして，その結果として，討論過程を経てゼロシナリオ支持が増加したということが，今般の戦略策定に与えた影響は少なくなかろう。とりわけ，通常の世論調査の結果において，ゼロシナリオ支持と15シナリオ支持とが拮抗していたのに対して，討論型世論調査において，当初少なくなかった15シナリオ支持が討論過程を経て明らかに

---

(71)　パブリックコメントにおいて最も多かった即時ゼロが採用されなかったということには注意が必要である。なお，パブリックコメントでは，（原子力発電所の）再稼働反対という意見が多数あったが，そもそも原子力発電所の再稼働の是非は，今般の国民的議論の対象ですらない（つまり，争点すら理解することなく寄せられたパブリックコメントが多数存在したということである）。

減少したことが，戦略において（「15％」ではなく）「ゼロ」の明記につながったと考えられる。[72]

　原子力関連施設立地自治体や経済界の要望ゆえに，革新的エネルギー・環境戦略は単純なゼロシナリオではなくなり，またそれ自体も閣議決定すらされなかったことを理由に，国民的議論の成果は無視されたとする見解もあろう。しかし，それはあまりに短絡的な見方である。

　国民的議論とは，政府が用意した取組み（意見聴取会，パブリックコメント，そして，筆者らが取り組んだ討論型世論調査）に限られないと筆者は考える。地方公共団体は，立憲的統治機構の重要な構成要素であり，その首長及び議会の議員は，住民の直接選挙によって選出されることが憲法上規定されている（日本国憲法93条2項）。地方公共団体の住民を法的に代表する当該地方公共団体の首長・議会の議員による要望は，政府が政策を決定するにあたって，当然に重視されるべきものの1つである。また，企業による経済活動は国家が存続するための不可欠な要素であるが，わが国最高裁判所は，いわゆる八幡製鉄事件判決（最大判昭和45年6月24日民集24巻6号625頁）において，憲法上の権利の享有主体性を内国法人に対しても認めている。企業は（あるいは，その経営者等によって構成される団体も），自然人と同様に，特定の政策を支持し，または反対するなどの政治的行動をなす自由を有しており，その行使が国民の政治意思の形成に作用することがあるとしてもそれは否定されるものではない。つまり，地方公共団体や内国法人の要望は，まぎれもなく一種の国民的議論であって，政府が政策決定の際に参考にすべきものの1つであると筆者は考える。また，わが国のエネルギー政策に対する諸外国による懸念そのものは，たしかに国民的議論ではないものの，それをわが国政府が真摯に受け止めて自ら政策決定の際に参照しようとしたのであれば，それは決して不当な外圧ではなく，わが国自身による主体的な判断であり，これをもって国

---

(72) 第2回国民的議論に関する検証会合において，佐藤准教授は，今回の討論型世論調査が政策形成に与えた意義について，次のように述べる。「私は，DPをやった意味というのはあると思うんです。……この15％シナリオのメッセージの弱さというものがはっきり表れた。それが明らかになったということは，今後の政策判断の中では非常に重要なポイントだろうと思います。これは恐らく，マスコミの世論（せろん）調査だけを見ていると，15％シナリオがある部分妥当なような印象をどうしても受けるわけで，だからその意味では，そうしたことがあぶり出されたということは評価できると思うんです」（「第2回国民的議論に関する検証会合議事概要」22頁）。

第**4**章　公共政策の形成への民主的討議の場の実装

民的議論と認めることもやぶさかではないと筆者は考える。

　これら広義の国民的議論は，政府が主体的に取り組んだ国民的議論のための取組みの結果が出そろった後で，にわかに登場したものである。後発的に現れた広義の国民的議論が，狭義の国民的議論を根拠とした政策決定を事実上変更したものと解するならば（もとより，そのように解すべきか否かは，議論が分かれるところであろうが），それは不当であるとみる向きもあろう。しかしながら，政策決定の参考にされるべき国民的議論なるものは，政府が当初予定していた狭義の国民的議論に限られなければならない理由はない。新たに参照しうる情報が発見されたのならば，より多くの情報に基づくより優れた政策決定のために，それを利用することが妨げられるべきではなかろう。

　原子力関連施設立地自治体の意向，経済界の要望，外交上の配慮等といった広義の国民的議論は，ゼロシナリオ支持優位という狭義の国民的議論のための取組みの結果の趨勢が見えてきたところで（それに加えて，狭義の国民的議論の成果を公表し，世論の形成を牽引した報道機関による報道が寄与したところも大きいと筆者は解している），本格的に展開されるようになった。すなわち，この現象については，筆者らが取り組んだ討論型世論調査をはじめとする狭義の国民的議論が，広義の国民的議論を誘発したと解釈することもできよう。公共的討議のあり方は多様であり，討議が重合的に行われるべきであると解する筆者にとっては，閣議決定に至るまでの過程は，決して消極的に解すべきものではなく，むしろ，1つの理想的な公共的討議の展開であったといえる。

（2）政権交代とエネルギー・環境政策の見直し

　2012年12月16日，第46回衆議院議員総選挙が行われた。エネルギー・環境政策は，環太平洋経済連携協定（TPP）への参加，景気回復・財政再建・円高対策，社会保障と税の一体改革，これまでの民主党を中心とする政権への評価などと並び，総選挙における最重要争点の1つであった。

　「2030年代に原発稼働ゼロを可能とするようあらゆる政策資源を投入する」と主張した民主党は，公示前の231議席から174減らして57議席となり，下野した。一方，「いかなる事態・状況においても社会・経済活動に支障がないよう，エネルギー需要の安定に万全を期し」，また，「全てのエネルギーの可能性を徹底的に

掘り起こし，社会・経済活動を維持するための電力を確実に確保するとともに，原子力に依存しなくてもよい経済・社会構造の確立を目指」すとしたうえで，「中長期的エネルギー政策として，将来の国民生活に責任の持てるエネルギー戦略の確立に向け，判断の先送りは避けつつ，遅くとも10年以内には将来にわたって持続可能な「電源構成のベストミックス」を確立」するとの公約を掲げた自由民主党が，294議席（公示前の118議席の約2.5倍）を獲得し，政権を奪還した。そして，「原発の新規着工を認めず，原発の40年運転制限制を厳格に適用し」，「生活や産業，立地地域の経済・雇用，技術者の確保に万全を期しながら，1年でも5年でも10年でも早く，可能な限り速やかに原発ゼロを目指」すとする公明党は，自民党とともに連立政権を組んだ。いわゆる脱原発を主張する複数の政党等が第三極となるべく結集して，日本未来の党が11月28日に結党した。総選挙の公示前の同党の衆議院議員は61人であり，衆議院における勢力では，民主党，自民党に次ぐ第3党であった。同党は，「原発稼働ゼロから遅くとも10年以内の完全廃炉・完全卒業の道筋を創」るとして，「卒原発」を最重要公約として挙げ，111人の候補者を擁立したが，当選者は9人にとどまり，その後，12月27日に解党した。

　12月26日に，特別国会が召集され，新政権が発足した。[73]新たに任命された茂木敏充経済産業大臣は，12月28日の記者会見で，「当面の問題で言」うと「原子力への依存度……は落ちてくるということになる」，「自公の合意でもそういった方向を目指していくということであ」ると述べる一方で，前政権による革新的・エネルギー環境戦略に対しては，「2030年代に原発ゼロと，こういう決めつけはいたしません」として，再検討する考えを明らかにした。

　2013年1月30日の衆議院本会議で，安倍晋三内閣総理大臣は，革新的エネルギー・環境戦略を維持するつもりがあるかとの議員からの質問に対して，次のように答弁した。「いかなる事態においても国民生活や経済活動に支障がないよう，エネルギー需給の安定に万全を期します。前政権が掲げた二〇三〇年代に原発稼働ゼロを可能とするという方針は，具体的な根拠を伴わないものであります。これまで国のエネルギー政策に対して協力をしてきた原発立地自治体，国際

---

(73)　なお，エネルギー・環境会議の親会議である国家戦略会議は，2012年12月26日の閣議決定により廃止された。また，内閣官房国家戦略室は，同年12月31日付けで廃止された。

第4章　公共政策の形成への民主的討議の場の実装

社会や産業界，ひいては国民に対して，不安や不信を与えました。このため，前政権のエネルギー・環境戦略についてはゼロベースで見直し，エネルギーの安定供給，エネルギーコスト低減の観点も含め，責任あるエネルギー政策を構築してまいります」。[74]

政権が交代したため，前政権で策定された革新的エネルギー・環境戦略は，ゼロベースで見直されることとなった。[75]これに対して，一部の研究者や報道機関等[76]から批判が展開された。

そして，経済産業省資源エネルギー庁の総合資源エネルギー調査会の総合部会と基本政策分科会における議論等を経て[77]，2014年4月11日，第4次のエネルギー

---

[74] 官報号外第183回国会衆議院会議録第2号（2013年1月30日）3-5頁。官報号外第183回国会参議院会議録第2号（2013年1月31日）3-5頁も同旨。

[75] ただし，新政権によってゼロベースで見直されることとなったのは，討論型世論調査をはじめとする国民的議論そのものではなく，前政権によって策定された革新的エネルギー・環境戦略である。安倍内閣総理大臣は，革新的エネルギー・環境戦略の策定のための国民的議論についての質問に対して，「前政権が原発に関して昨年夏に実施したいわゆる国民的議論については，大きな方向性として，少なくとも過半の国民は原発に依存しない社会の実現を望んでいる一方で，その実現に向けたスピード感に関しては意見が分かれていると分析されて」おり，「原子力を含むエネルギー政策については，まず，いかなる事態においても国民生活や経済活動に支障がないよう，エネルギー需給の安定に万全を期すことが大前提であり，この点，二〇三〇年代に原発稼働ゼロを可能とするという前政権の方針はゼロベースで見直し，エネルギーの安定供給，エネルギーコスト低減の観点も含め，責任あるエネルギー政策を構築し」，「その際，できる限り原発依存度を低減させていくという方向で検討してまい」ると答弁している（官報号外第183回国会参議院会議録第3号（2013年2月1日）30頁）。つまり，新政権は，（前政権の戦略そのものは否定したが）国民的議論については否定したのではなく，むしろその結果を尊重していると解すべきであろう。

[76] 例えば，東京新聞2012年12月17日朝刊の社説は，総選挙の結果を受けて，なおも「脱原発は引き継げ」と主張する（「民主党は敗北したが，次期政権が引き継ぐべきものがある。それは原発ゼロを目指す方針だ。「脱原発」勢力は半数に達しなかったが，自民党も原発稼働継続を堂々と掲げて勝利したわけではない。党内にも原発ゼロを目指すべきだとの意見もある。そもそも，時期はともかく原発稼働ゼロは各種世論調査で常に半数前後を占める「国民の声」だ。野田内閣は「三〇年代の原発稼働ゼロを可能とするよう，あらゆる政策資源を投入する」との戦略を踏まえ，エネルギー・環境政策を進めることを閣議決定した。原発ゼロを実現するには十分ではないが，閣議決定であり，特段の状況変化がない限り，後継内閣が方針を引き継ぐのは当然だ」）。また，同紙の2013年1月4日朝刊の社説は，「討論型世論調査では半数が「二〇三〇年原発ゼロ」を支持してい」ることを挙げつつ，「原発の新・増設に含みを持たす安倍政権に」対しては，原発政策に関して「後戻り」をするなと求めている。同様に，朝日新聞と毎日新聞の社説も，討論型世論調査の結果等を明示的に挙げたうえで，新政権によるエネルギー政策の転換に懐疑的な立場をとる（朝日新聞2012年12月24日朝刊，毎日新聞同28日朝刊）。

[77] エネルギー基本計画は，2013年3月15日以降，基本問題委員会ではなく，その親会議である総合部会で検討されるようになり，また，7月1日に審議会組織の見直しが行われ，同月24日から12月13日まで，新たに設けられた基本政策分科会で検討された。

基本計画が閣議決定された。この新しい基本計画では，原子力発電は「エネルギー需給構造の安定性に寄与する重要なベースロード電源」として位置づけられ(21頁)，「原子力規制委員会により……規制基準に適合すると認められた場合には，その判断を尊重し原子力発電所の再稼働を進める」こととされた（21-22頁）。[78]

このような政権交代後の抜本的な政策転換について，討論型世論調査の企画・運営に従事した筆者の評価は，必ずしも否定的ではない。

討議民主主義理論は，そもそも個人の政治的選好が所与不変のものではなく，情報の獲得などを通じた個人の内心における熟慮，他者との討議，その他時間の経過などといった諸要因によって変容しうるものであるということを前提としている。

2012年夏の時点では，国民の多数の関心はエネルギー・環境政策，とりわけ原子力発電の存廃にあり，特に原発依存について消極的な態度を示す国民が多かった。しかしながら，冬の時点では，エネルギー・環境問題を争点として優先するのか，そして，この争点に関してどのような政策を望むのかについて，有権者の意識に変化があったのかもしれない。[79] そのことは，2012年12月の総選挙において，脱原発依存を公約に掲げた政党が大敗北を遂げ，必ずしも原発に対して否定的な態度をとらない自民党が圧勝したことから示されよう。

もとより，選挙における政党の公約はいわば政策のパッケージであって，[80]有権

---

[78] ただし，この新しいエネルギー基本計画においてもなお，「原発依存度については，省エネルギー・再生可能エネルギーの導入や火力発電所の効率化などにより，可能な限り低減させる」(22頁)と明記されており，前政権における国民的議論の影響は依然として残っていると解すべきであろう。

[79] 例えば，総選挙前の時点での朝日新聞による世論調査では，「今度の衆議院選挙で投票する政党や候補者を決めるとき，原子力発電に対する政党や候補者の姿勢をどの程度重視して決めますか」との質問に対して，「大いに重視する」が28％，「ある程度重視する」が47％，「あまり重視しない」が17％，「全く重視しない」が5％であり，「原子力発電は，今後，どうしたらよいと思いますか」との質問に対して，「早くやめる」が18％，「徐々に減らしてやめる」が66％，「使い続ける」が11％であった（朝日新聞2012年12月3日朝刊）が，総選挙後の同紙の世論調査では，「今回の選挙で各政党が掲げた政策のうち，最も関心を持った政策は何ですか」との質問（4つの選択肢から択一）に対して，「景気や雇用」が35％，「消費税や社会保障」が30％，「憲法改正や外交・安全保障」が12％であるのに対して，「原発などエネルギー問題」は17％にとどまった（同19日朝刊）。翌2013年7月の参議院議員選挙でも，民主党は議席を大きく減らし，自民党と公明党の連立政権は衆参両院で過半数を占めることになるが，その際に日本経済新聞が行った世論調査では，参院選で最も重視する政策について，「景気や雇用」が32％であり，それに続き「社会保障」が23％，「消費税など税制改革」が13％であり，「エネルギー政策」はわずか5％であった（日本経済新聞2013年7月17日朝刊）。

第 4 章　公共政策の形成への民主的討議の場の実装

者の多くが自民党を支持したのはエネルギー政策だけが理由ではないと主張する向きもあろう。むしろ，2012年冬の総選挙は，2009年夏の総選挙後の政権交代以降の民主党等による政権運営に対する国民の審判であったとの見方もありうる。しかしながら，選挙に際して，報道機関は問われるべき重要な争点の１つとしてエネルギー政策を挙げており，また，一部の政党等は原発問題を強く争点化していた。有権者は，多様な政策争点の中から重要であると考える争点を自由に選択することができるし，当該争点について，多様な政策の選択肢の中から実現すべきと考える政策を自由に選択することができる。エネルギー問題が本当に重要な争点であったのならば，総選挙において，有権者は，その争点で政策を選択したはずである。にもかかわらず，12月の時点での有権者の多くは，結果的には，エネルギー・環境問題を選挙の最大の争点とは据えなかったし，あるいは，争点と据えたとしても脱原発依存の政策を選択しなかったのである。[81]

　いずれにせよ，わが国憲法上，最も正統性の高い，悉皆的な参加が許された国民的議論の装置としての総選挙において，１つの民意が示された。政治的選好を固定的にとらえるのではなく変容しうるものと理解する筆者の立場からは，2012年末の政権交代後の政策転換は肯定的に評価しうることになる。

（３）まとめに代えて

　エネルギー・環境の選択肢に関する討論型世論調査に対しては，討論型世論調査の主唱者フィシュキンからは，「全体的に……あらゆる主要な点において極めて高い水準で実施された」との講評を得た。今回の討論型世論調査は，国政レベ

---

(80)　現実の政治過程において実行可能なものとして公共政策を考えるならば，原発の存廃のみを切り取って議論することは，あまり生産的ではない。ある１つの政策は，通常，単独で存在するのではなく，他の政策と不可分である。例えば，原発の存廃は，エネルギーコストの抑制（国際競争力，家計への影響，産業の空洞化の防止，雇用の確保），エネルギーの安定供給（エネルギー安全保障の強化），地球温暖化の防止などの問題と密接に連関している。責任ある政党は，有権者に対して，複数の争点について互いに整合的な政策を体系的に提示すべきであろう。
(81)　有権者にとって，エネルギー問題が何を差し置いても重要な問題であると考えていたならば，そして，脱原発依存を目指すべきであると考えていたならば，いかにこれまでの政権運営に問題があろうとも，「2030年代に原発稼働ゼロを可能とするようあらゆる政策資源を投入する」と主張した民主党が多数の支持を獲得したであろうし，同様に脱原発を主張する他の政党が躍進したはずである。そうならなかったという事実は，有権者が，エネルギー・環境政策という争点を重視しなかった，あるいは脱原発依存という政策を支持しなかったということを示すものと解するほかなかろう。

ルの重要な政策争点について，政策決定前に政府が意見聴取をするためのものとして公式に位置づけられた，世界で最初のものである。フィシュキンは，討論型世論調査において，「国民や利害関係者たちの激しい感情対立があるこの種の難しいテーマを扱うことができるのはほんの一握りであ」り，「組織するための時間制約が厳しい条件下で，対立がある争点をめぐって，この水準の質を達成したということは注目に値すべきことである」として，今回の調査の実施について高く評価している[82]。

筆者らが実施した討論型世論調査は，エネルギー・環境政策という国の重要な政策課題を扱ったものであり，それが非常に論争誘発的な問題であったため，また，政府が実施を決定し政府予算によって行われたものであったため，社会的にも非常に注目を集めた[83]。

今回の調査の実施にあたって，準備の期間が短すぎたとの指摘が多く寄せられた。そのほとんどは，エネルギー・環境に関する選択肢を公表するのが遅れ，国民的議論の具体的な方法を暫時決定しなかった政府に対する批判であるが[84]，討論型世論調査を企画・運営した筆者としての，このような指摘に対する見解を示しておきたい。

なるほど，筆者も，準備にあたって十分な時間があったとは考えていない。準備期間が長ければ，より多くの時間を討論資料の作成に充てることもできたであろうし，討論フォーラムの運営に関してもさまざまな工夫をすることができたかもしれない。しかしながら，政府から国民的議論の呼びかけがあり，その1つとして，限られた時間の中で討論型世論調査の実施が求められた際に，筆者らは，時間がないことを言い訳にしようとは思わなかった[85]。筆者らは，実装可能な公共的討議の手法の専門家としての責任を自覚し，政府からの求めに対して逃げては

---

(82) エネルギー・環境の選択肢に関する討論型世論調査監修委員会・前掲注（37）2頁。
(83) エネルギー・環境の選択肢に関する討論型世論調査に関して，筆者らが確認することができた記事の件数は，全国紙（読売新聞，朝日新聞，毎日新聞，日本経済新聞，産経新聞）で215件，NHK・民放各社（東京キー局のみ）で53件であった（集計対象は，新聞は2012年6月1日～9月30日，テレビは，2012年7月12日，13日，8月3日，4日，5日，6日，22日，23日）。なお，集計対象期間の前後にも，今回の調査についての報道は多数あった。
(84) 例えば，第三者検証委員会による検証報告書は，「強調しておくべきことは，この時間的制約の問題は実行委員会の責任ではなく，依頼した政府の責任だという点である」としている（エネルギー・環境の選択肢に関する討論型世論調査第三者検証委員会・前掲注（25）8頁）。

第4章　公共政策の形成への民主的討議の場の実装

ならないと考えた。

　また，時間がないからといって，現実の政治過程を無視した調査の制度設計を考えることもしなかった。8月中を目途にエネルギー・環境戦略を策定すると政府が明言していた以上(86)，実行委員会側から，準備期間が足りないので調査の実施を先延ばしすることを容認してほしいなどと政府に対して求めることはできなかった。時間がないことを嘆くのではなくて，限られた時間の中で最大限の努力をするのが，筆者らが進むべき道であったと確信している(87)。

　前述のとおり，今回の調査の議題であるエネルギー・環境の問題については，反原発と原発推進という二項対立構造があった。福島第一原発の事故以降，多くの人々が，原子力発電を危険視し，それを無条件で否定すべきであるとの意見をもつようになった。そして，一部の研究者や報道機関等がそれを慫慂し，政府が国民的議論を促した2012年6月下旬から8月にかけては，原子力発電に対して肯

---

(85)　革新的エネルギー・環境戦略の策定に関して討論型世論調査を行うことについて，当初，一部の報道機関が好意的な論評を行っていた。例えば，朝日新聞2012年6月24日朝刊の社説は，「政府が今後のエネルギー基本政策をまとめるにあたり，DPをとりいれるというのは歓迎すべき動きだ」と述べていた。また，東京新聞2012年7月2日朝刊の社説は，「メディアや専門機関が行う通常の世論調査では瞬間的に意見を求められ，十分な情報がないまま思いつきで答えてしまいがちだ」，「大衆迎合に陥りやすい民主主義の弱点を補う手法が討論型世論調査（DP）だ」と述べたうえで，次のように主張していた。「年金，原発をどうするか——国民に多様な意見があるはずだ。すでに「民意なき民主主義」に陥っている。将来のつけはすべて国民に回ってくる。熟議できない政治家に代わって，しっかりとした民意を示していくためにもDPを援用したい。……エネルギー政策やTPPなど国民に賛否両論がある問題にDPは有効だ」。

(86)　結果的には，革新的エネルギー・環境戦略の策定は遅れることとなったものの，野田内閣総理大臣は，2012年6月15日の参議院本会議において，「今後，政府として，選択肢を提示し，国民的議論を経た上で，八月を目途に革新的エネルギー・環境戦略を決定すること」とする旨明言していた（官報号外第180回国会参議院会議録第16号（2012年6月15日）8頁）。6月下旬の時点では，第180回通常国会は9月8日に会期末を迎える予定であったし，与党である民主党の代表選挙が9月21日に行われることが予定されていた。また，政府内においては，予算決算及び会計令8条1項に定めるとおり8月31日までに概算要求を行うことを，財務大臣が求めていた（安住淳財務大臣の2012年7月10日の記者会見による（ただし，8月29日に公布・施行された平成二十五年度予算に係る歳入歳出等の見積書類の送付期限の特例を定める政令によれば，その期限は9月7日とされた））。

(87)　なお，「今回のDPはすべてが「突貫工事」の様相を呈して」おり，「全体の進め方があまりにも雑で急場しのぎが目立つ」と論評する向きもある（林香里「討論型世論調査でめざした民主主義の「実験」は成功したか？」Journalism 272号（2013年）28頁）が，実際に討論型世論調査を傍聴した研究者や取材した報道関係者からは，そのような批判はほとんどなかった。実行委員会を構成することになる各研究者の（討論フォーラム開催の）1年以上前から取り組まれていた研究構想や，政府内部での検討過程も含めて考えれば，エネルギー・環境の選択肢に関する討論型世論調査が決して突貫工事のようなものではないことは明らかである。

定的な言説を展開することが非常に困難な状況にあった。冷静な議論を展開することがほぼ不可能であったと断定しても過言ではない。一部には，議論をするまでもなく反原発こそが絶対の正義であって，討論型世論調査のような討議型の意見聴取方法ではなく，住民投票ないし国民投票を実施して脱原発の方針を決定すべきとの主張も見られた。筆者ら実行委員会が討論型世論調査の実施を公表した時点で，原発存置に肯定的な立場からは，世論調査でゼロシナリオへの支持が多数であることが客観的な数値として示されることを危惧し，国民的議論に基づく政策決定を問題視する一方で[88]，脱原発論者は，政府が討論型世論調査を通じて15シナリオへと誘導しようとするものであると疑念を抱き非難した[89]。そして，ゼロシナリオが増加したという討論型世論調査の結果が明らかになるや，原発存置論者は調査手法を批判するようになる一方で[90]，脱原発論者は調査結果を政策決定に直結させるべきだとの主張を展開した[91]。こういった批判等を受けることを覚悟したうえで[92]，筆者らは，敢えてこの大規模調査に挑戦した。

討論型世論調査で得られる結果を政策決定にあたってどのように用いるのかを

---

(88) 読売新聞2012年7月25日朝刊の社説は，討論型世論調査について，「討論を通じて理解を深め，意見の変化を見るという趣旨はわかるが，討論の資料や運営によって考えが誘導される恐れはないだろうか」，「政府は実験的な取り組みにとどめ，結果をストレートに政策判断へ反映させてはならない」と主張する。また，産経新聞2012年7月7日朝刊は，「DPは討論のための資料や専門家から十分な情報提供を受け，じっくりと討論した後に再度意見を調査する」，「政策課題に十分な情報を持たず，意見や態度を決めかねている人でも十分な情報を得て判断するため，合理的な意見を得やすくなると期待される」と評価する一方で，「エネルギー政策は安全保障にも関係し，重要な政治判断が求められる」，「政府が「国民的議論」に頼るのは責任の丸投げで，「決められない政治」の表れともいえる」と述べている。

筆者は，「結果をストレートに政策判断へ反映させてはならない」との意見に対して全面的に賛同するし，政府が国民的議論に「責任の丸投げ」をするのは妥当ではない（国民的議論を参考にしつつも主体的に政策決定を行うべきである）と考える。

(89) 例えば，東京新聞2012年7月6日朝刊，8月6日朝刊等。

(90) 例えば，21世紀政策研究所の澤昭裕研究主幹は，「原発比率に関する「国民的議論」の取りまとめ方法には，問題が多すぎる」，「日本で初めて実施した討論型世論調査は，「誘導型」の調査といえる」と批判している（産経新聞2012年8月28日朝刊）。また，経団連の米倉会長は，「感覚的な調査だ」と指摘したという（同9月11日朝刊）。

しかしながら，（その当否は別論として）従前の原子力発電の推進体制こそ誘導的であったとの批判がなされており（斎藤貴男『民意のつくられかた』（岩波書店，2011年）1-62頁），その反省を踏まえて，誘導と疑われうるようなことを一切行わずに政策決定をするために，国民的議論が行われることとなったのである。また，まさに通常の世論調査こそ，十分な情報に基づかない感覚的な調査であり，今般，熟考された民意を探るために，討論型世論調査の実施が決定されたものと筆者は理解している。

第4章　公共政策の形成への民主的討議の場の実装

あらかじめ明確にしておくべきだとの主張が，筆者らが準備を進める過程でしばしば行われてきた。この主張についても，もっぱら政府に対して寄せられたものであり，筆者ら調査の実施主体に対するものではないが，筆者が考えるところを示しておきたい。

政府が政策決定をするにあたって，この種の公共的討議の結果について採りうるべきは，「参考にする」と「参考にしない」の2つの選択肢しかあるはずがなかろう。代議制民主主義を前提とする限り，「政策決定に直結させる」という選択肢は，そもそも採るべきではないと筆者は考えている。そして，「参考にする」のであれば，どのように参考にするかについて簡単に叙述することができないということは，社会科学の研究者にとっては，自明のことであろう。政治部門が政策決定をする際に，総合的な判断過程の中でどのような要素をどの程度重視するのかは，政治部門が，自由な裁量の下で，自らの責任により決すべきことである。

なお，「国の重要政策決定の一環として位置づけられたことで，今回の討論型世論調査は結果が民意としてそのまま政策に反映されるという幻想を国民に与えてしまった」との分析もあるが，(93)（この討論型世論調査を含め）国民的議論の結果をエネルギー・環境政策に直接反映させるとの説明は，政府によってなされたことはないし，そのような幻想を国民が抱いたということを示すデータはない。討論型世論調査の実行委員会は，この調査の結果があくまで政策決定の参考にとどまるものであると説明しており，結果が政府の政策決定を法的に拘束するなどと

---

(91)　東京新聞2012年8月24日朝刊の社説は，次のように主張している。「これで「原発ゼロ」の声は無視できなくなっただろう。野田政権が今後のエネルギー・環境戦略に反映させるとした国民的議論の結果が出そろった。……とりわけ注目すべきは，国民同士の議論や専門家の話を聞き，その前後で意見が変化したかを調べる「討論型世論調査」の結果である。最多は「0%」支持で，討論前の32%から討論後は46%に大きく増えたのが特徴だ。……このことは「原発ゼロ」の選択が一時の感情などではなく，賛否多様な意見を踏まえ熟慮した末の決定を意味するものだろう。……国民の重い選択を考えれば，政府が九月までに下す選択は「原発ゼロ」しかない」。
　　もっとも，討論型世論調査の企画・運営に従事した筆者自身は，そのようには考えない（むしろ，場合によっては，原発ゼロ支持多数という結果を十分に参考にしたうえで，政治部門が原発存置の選択をすることがあってもよいと考える）。
(92)　実行委員長の曽根教授は，討論型世論調査を実施するにあたって「あえて火中のクリを拾った」と述べている（毎日新聞2012年9月9日朝刊）。
(93)　西田一平太「討論型世論調査〜"世界初"の実験に伴ったリスク」東京財団ウェブサイト（http://www.tkfd.or.jp/topics/detail.php?id=363）。

293

誤って伝えたことは一度もない。実際に討論フォーラムに参加した参加者自身も,「エネルギー政策に影響を与えられそうだから」という理由で参加したのは全体の40.0％にとどまる[94]。

　重要な政策決定にあたって,審議会等への諮問,意見聴取会の開催,パブリックコメントの募集などの従前の手法に加えて,政府が,今回,新たに討論型世論調査の実施を決めたことについては,その結果として決定された政策の内容の妥当性如何にかかわらず,筆者は,きわめて意義のあることだったと評価したい。自ら進んで手を挙げようとはしないごくふつうの人々による,十分な情報に基づく熟考と討論を経た意見を,政策決定の参考にしようとしたのは,わが国の政治史において初めてのことであった。

　エネルギー・環境の選択肢に関する討論型世論調査は,政府による政策決定に一定の影響を与えたものである。これによって,討論型世論調査は,実験から社会実装段階へと新たな一歩を踏み出した。また,討論型世論調査がさらなる国民的議論を誘発したという意味で,(それ自体が公共的討議の場であったということに加えて)公共的討議の場の創出にも寄与したものであるといえよう。

---

(94)　討論フォーラムへの参加動機は,考えられる10の項目について,それぞれに11段階尺度で尋ねたものであり,そのうちそう思うとする意見（尺度6〜10）の合計の値である（10の理由につき複数回答を認めるものであるので,本文で挙げた40.0％という割合は,択一で尋ねる場合と比べれば,過大に示されたものである）。参加者の参加動機は,「興味があるテーマだったから」が最も多く（83.9％）,次いで「謝金が出るから」（68.4％）,「専門家に質問する機会があるから」（49.5％）である。「エネルギー政策に影響を与えられそうだから」については,「日本中のさまざまな人に出会うことができるから」と並び,40.0％がそう思うと回答したにすぎない。

結　論

　フィシュキンが提唱した討論型世論調査（deliberative polling）の着想の原点は，古代ギリシャの五百人評議会である[1]。2500年の時空を超えて，現代に，反事実的（counterfactual）な公共的討議の場を復活させようというロマンティックな挑戦である。ただし，この試みは，決して直接民主制への憧憬に基づくものではなく，あくまで代議制民主主義の枠内での冒険である。

　民主主義とは，治者と被治者との自同性である。今日，民主主義をまったく否定するような議論は，立憲主義という理念を共有する国家においては，およそありえない。考えるべきことは，民主主義か否かではなく，どのような民主主義なのかである。前世紀の半ばを過ぎて，参加民主主義が勃興した。それは，基本的には，代議制民主主義を敵視して，直接民主制と共鳴しつつ（参加の質を探究するよりも）より多くの参加の機会を求める社会運動であった。その後，世紀の転換期において，熟慮と討議（deliberation）という要素を重視する民主主義観が，にわかに注目されるようになった。この討議民主主義（deliberative democracy）理論は，およそ，公共的な事項の検討・決定にあたっては，十分な情報に基づく個人の内心における熟慮と他者との間の討議という過程によって形成される選好を重視すべきであるとする理論である。そして，これは，（復権を企図する参加民主主義の一部の潮流をも含めて）多様な理論を包摂する理論群である。わが国で討議民主主義が議論される際には，市民社会における討議に注目が集まりがちであるが，この新しい民主主義理論は，それだけではなく，議会や裁判所など公式の立憲的統治機構の制度における討議（審議・評議）をも重視している（少なくとも，

---

[1] James S. Fishkin, *When the People Speak: Deliberative Democracy and Public Consultation*, Oxford University Press, 2009, p. 11（曽根泰教監修・岩木貴子訳『人々の声が響き合うとき』（早川書房，2011年）27頁）．フィシュキンによれば，この五百人評議会をはじめとして，古代ギリシャの政治は，討議と無作為抽出という2つの要素をともに重視していた．その後，民主政治の制度の設計に際して，これら2つの要素の両立は意義を失った．しかしながら，近時，討議民主主義を実現するに際して，2つの傑出的要素の両立が試みられるようになったという（*ibid*, p. 13（訳書30頁））．

そのように解するのが討議民主主義理論の源流であるということを、筆者は強調したい(2)。

　理論的考察に取り組んだところで、また別の問題が提起される。すなわち、民主主義にとって討議が本質的に重要だというのであれば、では、民主的討議を具体的にはどのように実践するのか。所詮、研究者は、理想的な発話状態の下での、現実には存在しえない哲人たちによる神々しい議論を頭の中で夢想しているだけではないのか。市民社会における討議のさらなる活性化が求められるなどと主張している理論家は、現実の公共的討議をその目で見たことがあるのか。そして、そのための努力をしてきたのか。

　いや、それは我々の仕事ではない——賢明な研究者であれば、そのように回答するのであろう。これこれこうすればこのような帰結になるのだなどと、頭の中と紙の上で展開するだけで、本来の学者の使命は十分果たされるのかもしれない。しかしながら、筆者らは、ロマンティストだった。反事実的な公共的討議というものを現実に作ってみようと考えた。

　世界に目を転じれば、多くの理論研究者が、討議民主主義の理念を具体的に実践しようと挑戦していた。欧米でのさまざまな議論を学ぶ過程で、筆者らは、討論型世論調査という1つの実践モデルに出逢った。討論型世論調査は、討議民主主義の実現という明確な目標の下に制度設計されたものであり（その点が、参加民主主義に基づくものでありながら、この新しい民主主義理論の登場後に理念の後づけをされた他のミニ・パブリック（mini-public）と比較した際の、討論型世論調査の強みである）、憲法学からの真摯な検討に十分に耐えうるものである。

　理論を実践へ。まずは、社会実験として討論型世論調査に取り組んだ。そして、図らずも、討論型世論調査は現実の政策過程に利用されることになった。い

（2）　討議民主主義理論に関して、もう1つ強調したい点は、ここでいう討議の意味である。討議を単なる話し合いの意味で用いるならば、討議民主主義などという構想は不要であろう。筆者が、deliberationの訳語として、じっくりと議論するという意味である「熟議」（この日本語の熟語には、もともと熟慮プラス討議という意味は存在しない）ではなく、「討議」を用いる理由については、拙著『裁判員制度の立法学——討議民主主義理論に基づく国民の司法参加の意義の再構成』（日本評論社、2009年）175-176頁（特に、176頁注（95））。近時（特に、2009年秋以降）熟議という言葉が濫用されているきらいがあるが、社会科学のテクニカルタームとしてのdeliberationには、単なる話し合い以上の、はるかに深い意味がある（さしあたり、同書150-201頁）。熟議のインフレーションともいうべき状況に対して懐疑的な見地に立ち、理念なき熟議と一線を画するためにも、筆者は、deliberationに「討議」という日本語をあてることとしたい。

結　論

ろいろな課題があるとしても，これが社会実装可能な公共的討議の場であるということは証明されたといえよう。

　ごくふつうの人々が十分な情報に基づき討議ができるよう制度設計された討論型世論調査においては，構造上，集団極性化，同調，戦略的発言などといった討議の病理が生じにくい。もっとも，このような公共的討議の企画・運営に自ら取り組んだからこそ，改めて実感したことがある。すなわち，討論型世論調査がいかに討議性の優れた討議の場であるとしても，憲法上の根拠を有する公式の立憲的統治機構の制度ではないし，すべての国民が悉皆的に参加できるものではないため，その結果を政策決定に直結させてはならない。

　第3章で紹介した公的年金制度のあり方をめぐる討論型世論調査において，十分な情報に基づく，地域や世代を超えた反事実的な討議空間が現実に機能することが示された。討論フォーラムの参加者は，自己利益を主張し合い対立を深めるのではなく，自分と異なる立場の意見を尊重しつつ，相互に理解を深めようとした。複雑な政策課題をめぐって，脱身体化された抽象的な政策論議にとどまるのではなく，一般の人々による当事者性のある深い議論が展開された。

　第4章では，エネルギー・環境問題という論争的な課題をめぐって，冷静な公共的討議が困難な状況において，この新たな調査手法が現実の政策過程にどのように活かされていったのかを描写した。2012年の夏，筆者らの取組みをはじめとする狭義の国民的議論だけでなく，それが誘発したところの広義の国民的議論をも踏まえて政策決定が行われた。そして，その年の冬には，悉皆的な参加が許された，最も正統性の高い，総選挙という名の国民的議論の結果，政権交代が行われ，抜本的な政策転換が図られた。

　さて，そろそろ本書の結論を述べることとしよう。

　あらゆる公共政策は，わが国憲法体制の下で，国民によって選挙された議員により構成される国会及びそれにより創出された内閣などからなる政治部門によって決定されるべきである。[3] 本来の負託の範囲内の政策事項に関しては，国民による選挙を基礎とした政治部門が，通常の民意の集め方に基づき決定作成をする。しかしながら，憲法政治のような重要な政策選択が求められるような場合には，政治部門は，可能な限り情報を拠出し国民的議論を喚起したうえで，討議的な国

民の意見を聴取して,それを参考に政策決定を行うことが求められる。

有権者は選挙において十分な情報に基づき討議的な投票を行い,政治部門は討議的な審議等を経て政策決定を行うべきである。政治部門の判断に資する反事実的な討議的意見を聴取する方法は存在するとしても,それに対する過度な期待は禁物である——本書において筆者が到達した結論はあまりにも凡庸すぎるため,革新的な構想を期待された読者を落胆させるものであったにちがいない。しかしながら,代議制が機能不全であるならば,代議制に代わるほかの何かを追及するのではなく,代議制を機能させるように努力すべきではないか。たしかにわが国の現在の選挙と議会という制度にまったく問題がないとはいえないが(4),議会の議員を正統化するための選挙が約1億人の有権者に参加を認める制度であるという事実に思いを致すとき(5),正統性において選挙と議会という組み合わせに勝る公共

---

(3) より重要な点は,さまざまな方法で議論を展開させ意見を聴取するとしても,決定を行うのは政治部門であるということである。意見聴取はあくまで政治部門による政策判断の参考にすぎず,政策主体は,決定の責任を民意に押し付けてはならない。公共政策の決定権を有する政治部門が政策決定の責任を放棄することは,民主政治の正しいあり方とはいえない。

(4) 討議民主主義理論に立脚しつつ代議制民主主義の再評価を求める筆者の主張に対しては,現代では議会が正統性を徐々に失いつつあるのではないかなどとして,疑義を示す向きもあろう。疑念の根拠となるものの典型は,①選挙制度の設計が歪んでいるため,議会を構成する議員が国民を正しく代表していないのではないかという一票の較差の問題と,②選挙において棄権する有権者が少なくないため,議員は国民の代表であるとは十分にはいえないのではないかという低投票率の問題である。

このうち,前者に関しては,拙稿「一票の較差」岩崎正洋編『選挙と民主主義』(吉田書店,2013年)57-77頁において,問題の所在を明らかにするとともに,わが国のこれまでの関連判例を簡潔に整理した。もとより,筆者は,投票価値の不平等を正当化するつもりは毛頭ないし,一票の較差の是正を求める活動には敬服する。しかしながら,投票価値の不平等を理由に選挙無効訴訟を提起するということは,自分の選挙権の価値がゼロになることを求めるということを意味する。そもそも「自分の選挙権が0.4票分しかないのはおかしい」と訴える原告の選挙区の選挙が,裁判の結果無効とされ,議員の当選が無効となれば,一時的に選挙権が実質的に0票になる(いうまでもなく,0票となるということは,自分の選挙権が軽んじられているどころの話ではなく,当該選挙区の有権者が国会に完全に代表されないという状態を意味する)。原告本人はそれで充足するかもしれないが,では,他の有権者の利益はどうなるのか。原告が訴訟を追行し裁判所が無効判決を宣告すれば,原告以外の有権者の民意はまったく無視されることになる。選挙無効訴訟をめぐる議論において欠けている視点は,たとえ一票の価値が軽んじられていようとも,それでも投票をしようとする民主主義を信じる健気な有権者の利益である。公職選挙法の規定の歪みゆえに,国会によって選挙権の価値が不当に軽んじられ,かつ,それでも行った投票が裁判所によって無効とされるならば,傷つけられた有権者はどこに救済を求めればよいのだろうか。

後者に関しては,まったく賛同できない。もとより,筆者は,より多くの有権者が主体的に政治に関心をもち,自ら進んで投票するようになることが望ましいと考えている。しかしながら,はたして,選挙において投票率が低いことは一概に否定的に評価されるべきなのだろうか。民主主義を信じる真摯な有権者は,投票率が低いことを嘆く必要はない。むしろ,自分の一票が過大に評価される好

結　論

政策の討議的な決定方法を，筆者はいまだ思いつかない。

　公共的討議の新手法を直接民主制(6)の実現のために用いたいと考える向きもあるだろう。しかしながら，筆者は決してそのようには考えない。むしろ，代議制の討議的運用の可能性を信じたい。

　公共政策の決定へ直接的に影響を与えることには慎重であるべきと解するならば，では，何のために新たな公共的討議の場を創出しようと試みてきたのかと疑問を抱く読者も多かろう。その問いに対する筆者の回答は，本文中で示してきたとおり，政策主体や有権者に対して有益な参照情報を提供することであるが，筆者は，討論型世論調査にはそれ以外にも意義があるとも考える。フィシュキンは，討論型世論調査の効果として，①政策態度における変化，②投票意思における変化，③情報量における変化，④よりよい公民（citizen）の育成，⑤集合的整合性における変化，⑥公共的対話における変化，⑦公共政策の変化の7つを挙げている(7)。そして，筆者は，特に，ここでいう④に着目する。

　これまでの討論型世論調査の結果によれば，討論フォーラムの参加者は，討論過程を経て，自分自身の努力によって政治過程ないし政策過程に影響を与えうる

　機であると考えよ。それのどこに問題があるのか。いや，組織的な投票が選挙の結果を歪める危険性があるなどという批判が容易に想定されるが，これに対しては，筆者は，真正面から反論したい。組織化を悔しく思うなら，組織化を妨害しようと企てるのではなく（それは，結社の自由が人権として保障されているわが国においては，立憲主義に対する不当な挑戦である），自ら望ましいと考える政治理念の下に組織化に努めるべきであろう（そのような努力を怠って，他者の努力を妬み嫉むのは筋違いである）。有権者は，選挙において投票するのも棄権するのも自由である。選挙権を有していながら棄権を自ら選択した者は，自律ではなく他律を望み，自己決定ではなく他者による支配を自ら進んで受容したのである。棄権者は自らの選択が招来した不利益を甘受すべきであるし，それが受忍限度を超えるならば，次回の選挙で投票しようと自発的に考える誘因となるだろう。以上の記述は，額面どおりに受け止めてもらってもかまわないし，あるいは，投票をしようとしない有権者に対する挑発だと理解されてもよい。

（5）　例えば，2012年12月の総選挙では，6,167万人の有権者が実際に投票所に足を運んでいる。何百人が議論をした，何千人が世論調査に回答した，何万人がパブリックコメントを書いた，何十万人がデモや集会に参加したといっても，何千万人もの有権者が参加した選挙の結果には，少なくとも数のうえではかなわない。

（6）　ここでいう直接民主制とは，第1章第1節（3）で述べた間接民主制の対義語としてのそれである。第1章第2節（2）で述べた媒介民主制の対義語としての直接民主制は，そもそも基本的には代議制と対立するものではない。

（7）　Fishkin, *supra* note (1), p. 133（訳書207-208頁）.

という内的・政治的有効性感覚（political efficacy）を高め，かつ，政府が人々のもつ関心に応答的であるという外的有効性感覚を高める。それらに加えて，公益への参加者の関心をも高めていることから，フィシュキンは，J. S. ミル（John S. Mill）の表現を借りて，討論型世論調査を公共精神の学校（school of public spirit）と位置づけようとしている。つまり，討論型世論調査は，参加者に対して，公共的事項への関心を抱かせ，政治参加を促す効果がある。[8]

　討論型世論調査に参加することによって，人々は，公共政策の問題について熟慮と討議を行うことになる。普段は熟考しなかった政策課題について，日常では触れ合うことのない多様な人々とともに，自己の考えを反省的に吟味しつつ検討するようになり，その過程を通じて公民的徳性（civic virtue）が涵養される。（当初から社会への参加意識の高い市民を参加させその欲求を充足させるだけの，動員されまたは自発的に結集する集会・デモや，参加者公募型のミニ・パブリックとは異なり）討論型世論調査は，日々の生活に忙しい一般の人々にとって，社会への参画の契機となりうる。[9] そして，（自ら手を挙げるような，自分たちとは異質な「市民」ではなく）同輩意識をもちうる共感できるふつうの人々が，公共政策の問題について真摯に討議する様子が広く伝えられれば，討論型世論調査に参加しなかった人々にも，同じように自分も検討してみようという意識が醸成されるだろう。このような契機となりうる討論型世論調査は，公共的討議の場を創設するための「陶冶の企て（formative project）」であるといえよう。[10]

　重要な政策選択が求められるような局面においては，十分な情報に基づかない熟考されていない表面的な直感を集計するだけではなく，討議的な意見を聴取するために公共的討議の場を設けることが必要である。それによって，十分な情報を獲得し熟考した能動的な公民が育成されるのであれば，社会がそれを支援すべきであるし，また，政策主体もそれに応答すべきなのである。

---

(8)　*Ibid.*, pp. 141-143（訳書219-222頁）.
(9)　だからこそ，筆者は，自ら進んで積極的に手を上げようする市民のみが参加するミニ・パブリックよりも，討論型世論調査のような，参加者選定において無作為抽出を基礎とした公共的討議の場に注目するのである。
(10)　同じく立憲的統治機構の１つである裁判所における評議の討議性に関しては，拙著・前掲注（２）。この前著では，裁判員制度を，刑事事件の裁判という公共的な事項について，一般の国民が討議を行い，決定する公共的討議の場を創設するための陶冶の企てと解すべきであると主張した。本書と合わせて参照されたい。

あとがき

　本書を，私の指導教授である曽根泰教教授（慶應義塾大学大学院政策・メディア研究科）に謹んで捧げたい。2002年の秋に初めて曽根先生にお目にかかり，爾来10年以上お仕えしてきた。博士論文をまとめる最初の7年間は，畏れ多くて口ごたえなど一切できなかったが，ここ数年は，討論型世論調査を二人三脚で実践していく中で，共同研究者として扱われることが徐々に増えてきた。傍に置いていただいた感謝の気持ちを形にしたいと思い，できあがったのが本書である。

　本書の初出は，次のとおりである。
第1章
- 「憲法学における民主主義の原理をめぐる論点整理・序論」公共選択第59号（2013年3月）26-47頁
- 「憲法学における民主主義の原理をめぐる論点整理」駒澤法学第12巻第3・4号（2013年3月）27-117頁
- 「討議民主主義理論と公共政策」大山耕輔監修『公共政策の歴史と理論』（ミネルヴァ書房，2013年4月）187-208頁

第2章（2節（5）以降は，書き下ろし）
- 「討論型世論調査の意義と概要」曽根泰教ほか『「学ぶ，考える，話しあう」討論型世論調査――議論の新しい仕組み』（木楽舎，2013年10月）67-113頁
- 「討論型世論調査の意義と課題」*Voters*（明るい選挙推進協会）第9号（2012年8月）10-11頁
- 「討論型世論調査の意義と社会的合意形成機能」*KEIO SFC JOURNAL* 第4巻第1号（2006年7月）76-95頁

第3章
- 「公共政策をめぐる民主的討議の場の実験的創設――わが国における初めて

の本格的な討論型世論調査の実施の概要」駒澤大学法学部研究紀要第70号（2012年3月）55-144頁

第4章
- 「公共政策の形成への民主的討議の場の実装——エネルギー・環境の選択肢に関する討論型世論調査の実施の概況」駒澤大学法学部研究紀要第71号（2013年3月）53-186頁

　第1章は，公共選択学会第16回全国大会（2012年7月1日，於 専修大学神田キャンパス）のために書き下ろした報告用の論文「公法学理論からの熟議民主主義」を改稿したものである。小澤太郎教授（慶應義塾大学総合政策学部）のお心遣いで，報告の機会を得た。討論者の田村哲樹教授（名古屋大学大学院法学研究科）と福元健太郎教授（学習院大学法学部）からは，理論と実証の両面から鋭い論評を頂戴した。この第1章部分は，数理志向の強い政治学研究者と政策志向の強い経済学研究者の集う学会において，憲法学では民主主義の原理をどのように論じているのかを紹介したうえで，筆者の私見を述べたものである。憲法研究者にとっては，わざわざ文章にするまでもない当たり前の議論であるため，当初は，本書への採録を躊躇したが，他の分野の方々にとっては益するところが少なくなかろうと思い，意を決して載せることとした。

　第2章の前半部分は，指導教授らとともに書いた共著の新書を基礎としている。後半部分は，一応，大学院生時代に書いた査読論文の問題意識を展開したものであるが，ほぼ全面的に書き改めており，まったく原型をとどめていない。

　討論型世論調査の実践の記録である第3章及び第4章については，慶應義塾大学大学院法学研究科の「政治・社会論特殊演習」（2011年度，曽根教授）及び「憲法特殊講義」（2012年度，駒村圭吾教授），ならびに同志社大学政策学部の田中宏樹教授の研究会などで，報告の機会を与えていただいた。第4章に関しては，科学技術社会論学会第12回年次研究大会（2012年11月18日，於 湘南国際村センター）での報告「科学技術社会論と討論型世論調査〜エネルギー・環境の選択肢に関する討論型世論調査の実践を通じて」と，日本公共政策学会2013年度研究大会（2013年6月1日，於 コラッセふくしま）での報告「国民的議論に基づく政策決定の意義と限界〜討論型世論調査がエネルギー・環境政策へ与えた影響を中心として」に

あとがき

おける議論も反映している。前者に関してお招きくださった科学技術社会論学会の関係者や，後者の司会をお務めいただいた内閣府原子力委員会の鈴木達治郎委員長代理（当時）をはじめ，学会や研究会等で議論を交わした先生方にもお礼を申し上げる。日本学術会議（第22期）社会学委員会第2回討論型世論調査分科会（2013年9月4日，於 内閣府日本学術会議）や，第16回サイエンススタディーズ研究会（2013年9月23日，於 東京大学駒場キャンパス）での報告に対する参加者からの意見も参考になった。

ミネルヴァ書房東京支社の東寿浩氏には，出版業界をめぐる現下の厳しい状況において，私の学術書としての2冊目の単著の刊行を実現させてくれた。京都・山科にある本社に草稿を郵送したところ，その翌々日には，東京・神田の東京支社へ転送されたそれを手にした東さんから連絡をいただいた。誠実に迅速に仕事をしてくださったおかげで，このように本書が人々の目に触れることができた。

慶應義塾大学SFC研究所上席所員（訪問）の松浦淳介氏からは，本書の草稿に対して，的確な指摘が寄せられた。統計学的手法を駆使して次々と政治現象を解明していく若き俊英による厳しいコメントによって，本書の内容は鍛錬された。筆者は，平素は文献に基づく理論的考察を行っており，実証的な論文は普段書いていない。描き慣れない素人によるグラフの難点などを，同門のよしみで，忌憚なく批判していただいた。

本書の後半部分は，民主的討議の実践としての討論型世論調査を実施した記録である。このような大規模社会調査は，決して1人ではできない。志を同じくする多くの人々と協働してこそ，実現できるものである。調査にあたって一緒に時間を共有した仲間たちに対して，お礼をお伝えしたい（以下，学界関係者のみ顕名とし，また，所属は当時のものによる）。

スタンフォード大学のフィシュキン教授，同大学センター・フォー・デリベラティブ・デモクラシーのアリス副所長，テキサス大学オースティン校のラスキン准教授には，討論型世論調査をわが国で実施する際は，いつも，はるばる海を越えて来日し，監修を引き受けていただいている。2012年1月に開催された国際シンポジウムでの私の報告について，「グッド・プレゼンテーションだったよ」と講評されたときは，本当にうれしかった。

日本ファシリテーション協会の方々，特に，HさんKさん，Oさん，Uさん，Yさんには，毎回，小グループ討論のモデレータを務めていただいている。彼らのような対話の場づくりのプロがいなければ，討論型世論調査を開催することはできない。討論の最も中核的な部分を知っているのは，実は，彼らである。
　2011年春の公的年金制度のあり方をめぐる討論型世論調査では，朝日新聞社世論調査部のN部長はじめ同社の部内の方々，NHK放送文化研究所のM主任研究員，NHKエデュケーショナルのOディレクターをはじめとする同社及び協力会社の方々にお世話になった。慶應義塾大学湘南藤沢研究支援センターと駒澤大学教務部研究支援課の事務職員のみなさんには，大変にご面倒をおかけした。会場提供その他では，慶應義塾塾監局管財部のMさんには特別なご配慮をたまわった。宿泊施設や交通の手配に関しては，近畿日本ツーリスト東京団体旅行支店のT次長とA課長には，いろいろなご無理を通していただいた。
　2011年秋のBSE全頭検査の継続の是非をめぐる討論型世論調査は，北海道大学の杉山滋郎教授（大学院理学研究院）と三上直之准教授（高等教育推進機構）をはじめ，北大BSE-DP科研の研究グループのみなさんとともに成し遂げた。最高のチームワークだったからこそ，毎週のように東京と札幌とを往復しても，つらいと感じることは一度もなかった。研究グループの基礎となったCoSTEPは，笑顔の途絶えない優しくて温かい人たちが学び合う，居心地のよい素敵な場所だった。美しいキャンパスでの楽しい語らいは，今も私の心に切なく残る。
　上智大学の柳下正治教授（大学院地球環境学研究科）と宮城崇志研究員（同）をはじめ柳下研究室のみなさんには，本書第4章で言及した「エネルギー・環境戦略 市民討議」，そして，それに関連して，上智大学創立100周年記念フォーラム，公開シンポジウム，共著の出版などでお世話になった。柳下先生に初めてお会いしたのは2011年の冬だったにもかかわらず，ずっと昔からの知り合いだったような気がするのは，あまりにも濃密な時間をともに過ごしていたからだと思う。使命感に燃える男のそばには，信頼できる有能な人たちが常に集まっていた。
　札幌市市長政策室広報部市民の声を聞く課のY課長，K広聴係長，Mさん，Iさん札幌市役所のみなさんとともに取り組んだ「雪とわたしたちのくらし」（2014年3月）は，これまでで最も優れた討論型世論調査であった。ひたむきな自治体職員の情熱に心から感動し，この人たちと一緒に最高水準の調査を実現しよ

あとがき

うと誓い、そして、その目論見は大成功した。本書の脱稿後の取組みであるため本書での言及はほとんどないが、フィシュキン教授らが絶賛したこの調査は、間違いなく今後の討論型世論調査の模範たるべき事例の1つとなるだろう。

そして、感謝の思いは、2012年夏のエネルギー・環境の選択肢に関する討論型世論調査の実施に際して、めぐりあった方々にもお伝えしたい。

ある月曜日の昼下がり、内閣府本府庁舎205号会議室で、この物語は始まった。内閣官房国家戦略室のF内閣参事官、I企画調整官、T企画官、経済産業省資源エネルギー庁長官官房総合政策課のN課長補佐、O企画調整係長をはじめ政府職員の方々には、ときには励まされ、ときには諫められた。外野からどんなに理不尽なことを書かれても愚痴の1つも言わないで、日夜、国民のために身を尽くす官僚たちがいる限り、日本の民主政治は大丈夫だと私は確信する。

博報堂PR戦略局のシニアストラテジックプランニングディレクターのUさん、公共政策推進部PRディレクターのSさん、ソーシャルアカウント局アカウントエグゼクティヴのIさんをはじめ同社及び協力会社のみなさんには、広告代理店のプロの仕事というものを見せていただいた。東京メトロ千代田線を赤坂駅で降りて、キラキラと美しく人々が輝くBizタワーに毎日のようにワクワクしながら通ったが、なぜか受付で入館証をもらうのときには、いつもドキドキした。

朝日新聞のT記者、日本経済新聞のS論説委員、読売新聞のM記者、日本テレビのM記者をはじめ、取材対応の過程で知り合った報道関係者の方々からもいろいろと教えられた。平気な顔で演じていたが、記者会見は初めての経験だったから、本当はとても緊張していた。自分たちが実施した討論フォーラムの模様がテレビのニュース番組で放送され、自分たちが公表した調査結果についての記事が日本中の新聞の一面や社会面を埋めたのは、痛快だった。

これまで接することのなかった業界とお付き合いすることになり、さまざまな意味で大変に勉強になった。ふつうに自分の仕事だけをしていたら、絶対に味わうことのできない充実した日々だった。たくさんの魅力的な方々と出会い、自分の知らない世界を教えていただいたことに、心から感謝している。いま自分は最高におもしろい仕事をしていると言えるか。エネルギー・環境の選択肢をめぐる討論型世論調査に取り組んでいたあの夏の日々、私は、確実にそうだと言える自信があった。

これまで生きてきた中で最も忙しかった2012年の夏の日々を振り返り，実は，後悔もしている。
　民主的討議の実践という取組みを通じて，私は，社会・公共のために働くことの尊さを学ぶと同時に，その空しさも思い知らされた。いま自分は日本の民主主義のためにとても大切な仕事をしているのだと，自分自身を鼓舞して家を駆け出していった——顧みれば，それは，とんだ思い上がりだったのだ。そして，ふだん憲法の講義を通じて天下・国家を偉そうに語っている私には，愚かなことに，自分の足もとが全然見えていなかった。この民主主義理論の実践的研究に取り組む過程で，得るものもたくさんあったが，失うものは非常に大きかった。深く心を傷つけた人に対しては，別れの言葉すらもう告げることができない。
　比較法学的研究を基礎とした憲法解釈論を展開するものではないこの本を，上梓したところで憲法の研究者として評価されないということを，私は十分承知している。これまで自分の個人研究に充てるべき時間を犠牲にしてきた分，過去のことはさっぱり忘れたほうがよいではないかという気がしないでもない。しかしながら，私の本来の仕事である憲法の理論研究に専心するためにも，どこかで自分なりのけじめをつけなければならない。
　前に進むために。本書は，そのけじめである。

2014年10月

柳瀬　　昇

索　引

あ 行

アドバイザ　82, 186, 223, 228, 252
意見形成のための討議　66
違憲審査制　41, 71
意見聴取会　218, 269, 273
違憲判決の効力　71
一般的効力説　71
一票の較差　298
イニシアティブ　18, 111
インターネット世論調査　161
エネルギー・環境会議　224, 278
エネルギー・環境の選択肢　218, 224, 238, 250, 257, 276
エネルギー・環境問題の判断基準　235, 249, 256
エネルギー基本計画　224, 282, 287
エリート民主主義　62
オンライン版討論型世論調査　99

か 行

科学技術社会論　124, 218, 228
閣議決定　271
革新的エネルギー・環境戦略　218, 224, 271, 291
過激主義　96
過大抽出　141
監修委員　186, 229, 252
関心（公的年金制度への）　184
間接民主制　8, 14, 19
議院内閣制　31
共通善　26, 104
共和主義的憲法理論　56, 71, 74
ギリシャ　1, 295
計画細胞　→プラーヌンクスツェレ

欠如モデル　124
決定機関としての正統性　151
決定作成のための討議　66, 67
原発依存度　223, 224, 238, 250, 257, 272
憲法　5, 96, 148, 155, 217, 296
憲法改正　25
憲法政治　26, 104
権力分立　68
合意形成　66, 68, 83, 101, 129, 152
合意形成型民主主義　39
交通費　79
公的年金制度　186, 205
公平さ（公的年金制度の）　167
公民　26, 104, 214, 299
公民的徳性　37, 57, 71, 126, 300
合理的無知　76
コオルとしての司法　54
国民主権　7, 53
国民審査　17
国民的議論　111, 218, 224, 272, 287, 290
国民投票
　　諮問型――　→レファレンダム
　　憲法改正――　17, 25
国民内閣論　31, 35
国民発案　→イニシアティブ
五百人評議会　1, 295
コンセンサス会議　116, 122, 132
コンセンサス文書　117, 129

さ 行

財政的幼児虐待　178
財政方式（公的年金制度の）　172, 185, 187, 196, 205
最低保障年金　168, 187
裁判員制度　70, 74, 300

307

裁判所　41, 50, 69
サイレント・スピーカー　85
サイレント・マジョリティ　219, 246
サウンドバイト　109
参加者公募制　118, 126, 134, 184, 275
参加民主主義　3, 62, 124, 147, 295
支給開始年齢（公的年金の）　186, 199
持続可能性（公的年金制度の）　166, 191
実施主体　82, 158, 227
実体的民主主義　13
司法権　50, 69
司法権の独立　46
市民　77, 124, 132, 184, 219
市民鑑定　120, 129
市民陪審　115
社会関係資本　214
社会的属性　134, 164, 182, 233, 247
社会的に望ましい意見　130, 275
社会の縮図　77, 79, 182, 247, 273
社会の分裂　96, 211, 222, 291
社会保険方式　168, 186, 194
謝礼　79, 121
集計民主主義　62, 73
自由主義　11, 68
集団極性化　96, 138, 275
住民投票　→レファレンダム
宿泊　79, 160, 248
首相公選制　31
小グループ討論　78, 106, 189, 201, 205, 254
小選挙区制　27, 33, 35
消費税率の引上げ　169, 195
自律　149, 299
審議会　131
人権　11
人的正統性　51
信頼
　　エネルギー問題の情報源への――　245
　　公的年金制度への――　165, 185, 190, 205
政権交代　35, 68, 169, 285
政治的代表　8

政治的有効性感覚　299
政治部門　53
政党制　27, 33
世代会計　155, 187
世代間公平　155, 177, 207
世代間扶養　172, 208
世代を超える問題　155, 157, 205
全額税方式　168, 185, 187, 193
選挙　157, 285
選挙制度　27, 33, 35, 298
選好　73, 110
全体会議　78, 106, 188, 190, 203, 255
全体説明会　188, 190
専門家　82, 124, 186, 190, 223, 228, 252, 255

た　行

代議制（民主主義）　3, 15, 63, 108, 147, 293, 295
第三者検証委員会　230
大統領制　31, 58
代表　7, 32, 132, 151
代表（民主）制　→代表, 代議制（民主主義）
対話的違憲審査の理論　72
多数者支配的民主主義　11, 39, 47, 52
多数派支配型民主主義　→多数者支配的民主主義
多数派の暴政　57
多党制　27
他律　149, 299
知識　81, 163, 265
治者と被治者の自同性　5, 148, 295
地方自治　7
地方自治特別法　17, 20
調査票　80, 162, 229, 231
直接請求制度　20
直接民主制　1, 7, 14, 18, 32, 35, 112
沈黙のらせんモデル　97
通常政治　26, 104
積立方式　172, 185, 187, 196, 205
テクノロジーアセスメント　124
手続的民主主義　13

索　引

デモクラシーの複線化　64
テレビ討論　105
電話調査　231, 234, 274
動員　135, 220
討議　56, 61, 76, 296
闘技　143
討議体としての正統性　151
討議の日　75, 104
討議民主主義　3, 40, 56, 62, 67, 73, 76, 124, 147,
　　214, 217, 288, 295
統計学的代表　133, 151
同調　130, 139
投票率　298
陶片追放　1
陶冶の企て　71, 300
討論型世論調査　74, 75, 77, 89, 91, 96, 114, 122,
　　132, 152, 155, 217, 295
討論資料　82, 186, 203, 219, 228, 252
討論フォーラム　78, 180, 182, 189, 190, 200,
　　246, 247, 251, 252, 253, 254, 255, 256, 266

な　行

内容的正統性　51
ナシオン主権　8, 14
二院制　41, 58, 68
二階の多数者構成問題　150
二元的民主政理論　26, 45, 104
二党制　27, 33
ねじれ判決　71
ノモクラシー　54

は　行

媒介民主制　32, 35
陪審制度　102, 130
破綻（公的年金制度の）　166, 191
パネリスト　86, 190, 223, 255

パブリック・フォーラム　96
パブリックコメント　218, 273
反事実性　146, 215, 295
半代表（民主）制　18, 29
反多数決主義という難点　44
半直接（民主）制　17
東日本大震災　180, 222, 224
非態度状態　76
比例代表制　27, 36
プープル主権　8, 14, 21
フォーマン　106
賦課方式　172, 185, 187, 196, 205
複線的な討議政治論　65
プラーヌンクスツェレ　119, 122, 132
法原理部門　53
法的代表　8, 151
法の支配　53
法理的正統性　→ノモクラシー
補正　234

ま　行

ミニ・パブリック　114, 122, 150
ミニ・ポピュラス　114
民会　1
民主的司法のディレンマ　52
民主的正統性　44, 50, 69, 149
無作為抽出　108, 125, 133, 219, 246
モデレータ　83, 103, 139, 189, 254, 275

や・ら　行

世論調査　75, 77, 161, 164, 231, 233, 273
利害関係者　135, 184
リコール制　8
立憲的意味の憲法　5
立憲民主主義　11, 47, 52
レファレンダム　17, 20, 62, 291

309

《著者紹介》

柳瀬　昇（やなせ・のぼる）
　1977年　神奈川県横浜市生まれ
　2000年　慶應義塾大学法学部法律学科卒業
　2002年　慶應義塾大学大学院法学研究科前期博士課程（公法学専攻）修了
　　　　　修士（法学，慶應義塾大学）
　2006年　慶應義塾大学大学院政策・メディア研究科後期博士課程単位取得退学
　2009年　博士（政策・メディア，慶應義塾大学）
　　　　　信州大学全学教育機構講師，准教授，駒澤大学法学部准教授を経て，
　現　在　日本大学法学部准教授，慶應義塾大学法学部・総合政策学部非常勤講師
　専　門　憲法学
　主　著　『裁判員制度の立法学――討議民主主義理論に基づく国民の司法参加の意義の再構成』
　　　　　（日本評論社，2009年）
　　　　　『要点演習３　憲法〔第４次改訂版〕』（公職研，2010年）
　　　　　『教育判例で読み解く憲法』（学文社，2013年）（いずれも単著）

MINERVA 人文・社会科学叢書⑳
熟慮と討議の民主主義理論
――直接民主制は代議制を乗り越えられるか――

2015年2月20日　初版第1刷発行　　　　　　　〈検印省略〉

定価はカバーに表示しています

著　者　　柳　瀬　　　昇
発行者　　杉　田　啓　三
印刷者　　藤　森　英　夫

発行所　株式会社　ミネルヴァ書房
607-8494 京都市山科区日ノ岡堤谷町1
電話代表　(075)581-5191
振替口座　01020-0-8076

©柳瀬　昇，2015　　　　　　亜細亜印刷・兼文堂

ISBN978-4-623-07230-9
Printed in Japan

西野喜一 著
さらば、裁判員制度
四六判・272頁
本体2000円

君塚正臣 編著
比較憲法
A5判・332頁
本体3500円

君塚正臣 編著
法学部生のための選択科目ガイドブック
A5判・274頁
本体2800円

工藤達朗 編
よくわかる憲法［第2版］
B5判・240頁
本体2600円

大森正仁 編著
よくわかる国際法［第2版］
B5判・240頁
本体2800円

畑　安次 編著
日本国憲法
A5判・316頁
本体3500円

大山耕輔 監修／笠原英彦・桑原英明 編著
公共政策の歴史と理論
A5判・328頁
本体2800円

坪郷　實 編著
比較・政治参加
A5判・304頁
本体3200円

T. ポグントケ・P. ウェブ 編／岩崎正洋 監訳
民主政治はなぜ「大統領制化」するのか
A5判・556頁
本体8000円

R. D. パットナム 編著／猪口　孝 訳
流動化する民主主義
A5判・466頁
本体4800円

島田幸典・木村　幹 編著
ポピュリズム・民主主義・政治指導
A5判・220頁
本体4500円

―― ミネルヴァ書房 ――

http://www.minervashobo.co.jp/